竹田健二編

懐徳堂研究　第二集

汲古書院

目　次

序章　懐徳堂研究の現在　竹田健二……3

第一部　五井蘭洲研究

第一章　大阪府立中之島図書館蔵蘭洲遺稿について　寺門日出男……17
第二章　五井蘭洲『非伊編』について　寺門日出男……31
第三章　五井蘭洲「『中庸』天命性図」について　湯城吉信……43
第四章　五井蘭洲と中井履軒の格物致知論　佐藤由隆……71

第二部　懐徳堂の思想的特質

第一章　懐徳堂学派の『論語』解釈——「異端」の説をめぐって——　湯浅邦弘……95
第二章　中井履軒にとっての「命」——『論語逢原』の程注批判から——　藤居岳人……115
第三章　尾藤二洲の朱子学と懐徳堂の朱子学と　藤居岳人……139
第四章　儒者と寛政改革と　藤居岳人……161

第五章　中井履軒の服喪説――『服忌図』と「擬服図」との成立過程及びその特色――　黒田秀教……189
第六章　尽くは書を信ぜざる儒者――中井履軒の経書観――　黒田秀教……231
第七章　中井履軒の忠孝観――忠孝背反事例を中心に――　佐野大介……257
第八章　懐徳堂の「不孝有三無後為大」解釈　佐野大介……277

第三部　幕末期の懐徳堂

第一章　並河寒泉の陵墓調査――幕末懐徳堂教授の活動――　矢羽野隆男……299
第二章　幕末懐徳堂の情報環境――島津久光の率兵上洛を中心に――　矢羽野隆男……331

第四部　懐徳堂資料の継承と顕彰運動

第一章　中井木菟麻呂が受け継いだ懐徳堂の遺書遺物――小笠原家に預けられたものを中心に――　竹田健二……363
第二章　中井木菟麻呂宛「西村天囚書簡」の基礎的検討　池田光子……385
第三章　懐徳堂文庫新収資料中の大田源之助旧蔵資料　竹田健二……401

第五部　懐徳堂資料のデジタルアーカイブ化

第一章　書簡と扇のデジタルアーカイブ――懐徳堂文庫の取り組み――　湯浅邦弘……427

第二章　懐徳堂文庫所蔵「版木」のデジタルアーカイブ　湯浅邦弘……439
初出誌一覧……449
著者紹介……*1*

懐徳堂研究　第二集

序章　懐徳堂研究の現在

竹田健二

懐徳堂・重建懐徳堂と懐徳堂研究会

懐徳堂は、「五同志」と呼ばれる大坂の大商人らによって享保九年（一七二四）に設立され、その後百四十年あまり活動を続けた「学校」である。懐徳堂は享保十一年（一七二六）に江戸幕府による官許を得て、その後はいわば半官半民の学校として近世大坂の文教を担った。学主や助教として三宅石庵・五井蘭洲・中井甃庵・中井竹山・中井履軒らが、また門人として山片蟠桃・富永仲基・草間直方らが活躍したことはよく知られている。

明治二年（一八六九）に懐徳堂は閉鎖されるが、明治四十三年（一九一〇）に懐徳堂記念会が設立され、同会は明治四十四年（一九一一）十月五日、大阪公会堂において懐徳堂記念祭を盛大に挙行した。大正二年（一九一三）、懐徳堂記念会は財団法人として認可され、大正五年（一九一六）には重建懐徳堂と称される講堂を建設した。この重建懐徳堂においては、松山直蔵をはじめとする専任の教授・助教授・講師に加えて、京都帝国大学等から招かれた講師が多数の講義・講演を行った。昭和二十年（一九四五）三月に大阪大空襲によって焼失するまで、重建懐徳堂は戦前の大阪における文科大学・市民大学として機能したのである。

懐徳堂研究会は、このように近世から近代にかけて大阪における文教の拠点として長く重要な位置を占めた懐徳堂と重建懐徳堂とを研究対象として、日本漢学におけるその思想史的位置の解明に取り組む共同研究組織である。

大阪大学大学院の湯浅邦弘教授を中心として二〇〇〇年に設立された本研究会は、その設立後、懐徳堂関係資料の総合調査や解題の作成、或いはデジタルアーカイブ化などの事業に取り組んできた。(1) そして、その活動の中で研究会メンバーが執筆した論文の中から特に精選されたものを収録し、日本学術振興会平成十九年度科学研究費補助金（研究成果公開促進費）を得て刊行したのが、湯浅邦弘編著『懐徳堂研究』（汲古書院、二〇〇七年）である。

本書『懐徳堂研究　第二集』は、この『懐徳堂研究』刊行後、懐徳堂研究会が更に共同研究を継続する中で構想されたものであり、懐徳堂・重建懐徳堂に関する最新の研究成果である。以下、『懐徳堂研究』刊行後の本研究会の活動と本書との関係について述べる。

「儒蔵」と「懐徳堂の総合的研究」

懐徳堂研究会が『懐徳堂研究』の刊行と前後して取り組んだのが、「儒蔵」プロジェクトである。「儒蔵」とは、北京大学など中国の約二十五の大学や研究機関が連携して推進している、儒学に関連する教典を網羅しようとする大事業である。「儒蔵」には、中国のみならず、日本・韓国・ベトナムの儒教関係の重要資料が収録されることとなり、二〇〇六年（平成十八年）に湯浅氏が「儒蔵」日本編纂委員会委員に就任した。そして、研究会メンバーが分担して中井履軒の『大学雑議』・『中庸逢原』・『論語逢原』・『孟子逢原』の原稿執筆に当たった。原稿は既に完成し、編纂委員会に提出済みである。(2)「儒蔵」プロジェクトへの参画は、懐徳堂が国際的儒教研究においても注目される存在であることを示しており、その出版が今後懐徳堂研究の国際化を一層進展させることを期待したい。

「儒蔵」プロジェクトの原稿提出が完了した後、二〇一三年（平成二十五年）に、筆者を研究代表者とする日本学術振興会の科学研究費補助金基盤研究（Ｂ）「懐徳堂の総合的研究」が採択された。「懐徳堂の総合的研究」は、懐徳堂と重建懐徳堂とを、中断を挟みながらも連続する一つの学校として位置付けた上で、（１）懐徳堂・重建懐徳堂の学問について、総合的な資料調査を基盤とした実証的解明を行うこと、（２）懐徳堂・重建懐徳堂の学問を中心として、近世以降の大阪における儒教の展開の全容を解明すること、（３）大阪における儒教が日本の儒教史において占める位置を解明することを目的とし、研究期間は四年間であった。懐徳堂研究会のメンバーが研究分担者・研究協力者・連携研究者として研究組織に加わり、四年間の研究期間に精力的に共同研究に取り組んだ。

「懐徳堂の総合的研究」の活動の一つの柱は、懐徳堂・重建懐徳堂に関する基礎的資料のデジタルアーカイブ化の推進であった。デジタルアーカイブ化未着手の資料の中から重要度が高いと考えられるものを選択して撮影を行い、撮影した画像をＷＥＢ懐徳堂の既存のデータベース（http://kaitokudo.jp/）に搭載してその拡充を行った。もとより、予算には限りがあり、候補となった資料をすべてデジタルアーカイブ化することはできなかったが、懐徳堂文庫蔵『論語聞書』、及び同『懐徳堂内事記』・『懐徳堂外事記』・『学問所建立記録』・『懐徳堂定約附記』、並びに梅花女子大学蔵の中井終子の日記『うば玉の闇夜の記』をＷＥＢ懐徳堂の新たなコンテンツとして組み入れた。

「懐徳堂の総合的研究」において最も力を入れて取り組んだのが、研究会合である。懐徳堂研究会は創設以来、所属するメンバーがデジタルコンテンツ作成作業、或いは個々の研究活動で得た様々な新たな知見を研究会合において発表し、そしてその後学会での口頭発表や論文執筆へと発展させることを重視してきた。「懐徳堂の総合的研究」においても、年に四回（最終年度のみ三回）定期的に開催した研究会合をその共同研究活動の中心に据えた。メンバーは懐徳堂関係資料の調査に精力的に取り組むと共に、それぞれが分担する課題について研究に取り組み、その成果を研究会合において発表し、参加者全員によって討議を行った。研究期間内に開催した研究会合と発表者・発表題目は以下の通りである。

●二〇一三年度第一回　二〇一三年六月十五日（土）
・矢羽野隆男・池田光子「天理大学附属図書館所蔵「並河潤菊女遺物諸目録」紹介」
・凸版印刷株式会社「トッパンのアーカイブ事例」
●二〇一三年度第二回　二〇一三年九月九日（月）
・岸田知子「愛日文庫と読売新聞（大阪）八月三十一日夕刊の記事について」
・矢羽野隆男「並河寒泉の陵墓研究」
・池田光子「西村天囚書簡について――概要と現状――」
・湯浅邦弘「懐徳堂学派の「異端」の説」
●二〇一三年度第三回　二〇一三年十二月十五日（日）
・岸田知子「北京人民大学シンポジウムの報告」
・寺門日出男「五井蘭洲と津軽藩」
・藤居岳人「中井竹山がめざしたもの」
・竹田健二「『懐徳堂纂録』とその成立過程」
・矢羽野隆男・池田光子「並河潤菊家傳遺物目録について」
・湯浅邦弘「台湾大学で開催された「第四届日本研究年会」の報告」

●二〇一三年度第四回　二〇一四年三月二十六日（水）
・寺門日出男「大阪府立中之島図書館蔵五井蘭洲遺稿について」
・矢羽野隆男「泊園書院の『大学』解釈――徂徠学の継承と発展――」
・竹田健二「新田文庫所蔵『懐徳堂記録拾遺』と懐徳堂記録」
・岸田知子「広瀬旭荘と幕末の大坂」
・湯浅邦弘「懐徳堂デジタルコンテンツの制作について」
●二〇一四年度第一回　二〇一四年六月二十九日（日）
・湯城吉信「中井蕉園『騮碧囊』について」
・黒田秀教「尽くは書を信ぜざる儒者――中井履軒の経書観と経学手法と――」
・福田一也「中井履軒と均田制」
・佐藤由隆「「鵜学問」三宅石庵と陸象山」
・竹田健二「「東アジア文化交渉学会第六回年次大会」（中国・復旦大学）報告」
・福田一也「報告・懐徳堂関係資料のデジタルアーカイブのための撮影について」
●二〇一四年度第二回　二〇一四年八月二十五日（月）
・寺門日出男「大阪府立図書館所蔵五井蘭洲関係資料について」
・杉山一也「中井履軒『史記雕題』伍子胥列伝について」
・矢羽野隆男「並河寒泉『居諸録』に見える風聞――島津久光への期待――」
●二〇一四年度第三回　二〇一四年十二月二十日（土）

・椛島雅弘「中井履軒『述龍篇』と八陣解釈」
・池田光子「(新収資料) 尾藤二洲宛書簡について」
・草野友子「懐徳堂文庫所蔵『管子纂詁』書き入れの初歩的整理」
・曹方向氏「【試論】批註對《管子》的理解及其特點」
・竹田健二「西村天囚の懐徳堂研究と五井蘭洲関係資料」
・湯浅邦弘「梅花学園資料室所蔵「中井終子関係資料」について」
・竹田健二「懐徳堂文庫資料のデジタルアーカイブ化について」
●二〇一四年度第四回　二〇一五年三月二十七日（金）
・久米裕子「中井履軒『通語』について」
・竹田健二「西村天囚の五井蘭洲研究と『懐徳堂記録』」
・佐藤由隆「『蘭洲遺稿』の他氏批評から見る五井蘭洲の学問観」
・寺門日出男「五井蘭洲『非伊編』について」
●二〇一五年度第一回　二〇一五年六月六日（土）
・湯城吉信「五井蘭洲「中庸天命性図」の復元を試みる」
・黒田秀教「儒者のやまとごころ――中華論より萬世一系論へ――」
・湯浅邦弘「板木のデジタルアーカイブ――韓国所蔵の板木と懐徳堂文庫所蔵の板木――」
・矢羽野隆男「西村天囚の楚辞研究――「日本楚辞学の基礎的研究」の一環として――」
●二〇一五年度第二回　二〇一五年八月二十二日（土）

・佐藤由隆「消された格物致知論――自筆本『質疑篇』と『質疑疑文』――」
・寺門日出男「五井蘭洲『非伊編』について（続）」
・中村未来「中井竹山・履軒の『尚書』注釈――今古文解釈を中心に――」
・竹田健二「東京大学史料編纂所所蔵の懐徳堂関係資料――中井木菟麻呂関連の八点について――」
・湯浅邦弘「懐徳堂文庫貴重資料の大阪府文化財指定の可能性について」
●二〇一五年度第三回　二〇一五年十二月六日（日）
・湯城吉信「蘭洲遺稿は自筆か？」
・池田光子「天囚書簡」の全体像について
・池田光子「第二次新田文庫」整理作業のための事前調査
●二〇一五年度第四回　二〇一六年三月二十九日
・湯城吉信「五井蘭洲の『荘子』理解（その一）」
・寺門日出男「中井履軒の京都行について」
・藤居岳人「尾藤二洲の朱子学と懐徳堂の朱子学と」
・湯浅邦弘「懐徳堂デジタルアーカイブの新展開」
・湯浅邦弘「懐徳堂の新しい図録制作について」
・湯浅邦弘「懐徳堂記念会新収資料について」
●二〇一六年度第一回　二〇一六年六月十九日（日）
・湯城吉信「五井蘭洲の『荘子』理解（その二）」

・竹田健二「懐徳堂文庫新収資料・整理番号42～45の四点について」
・竹田健二「東アジア文化交渉学会第8回大会の報告」
●二〇一六年度第二回　二〇一六年八月二十二日（月）
・湯城吉信「五井蘭洲の学派理解――五井蘭洲の『荘子』理解（その3）」
・佐藤由隆「五井蘭洲と中井履軒の格物致知論」
・矢羽野隆男「土佐儒官山本家と大坂の儒者――寒泉・東畡・南岳」
・竹田健二「懐徳堂文庫新収資料と太田源之助」
●二〇一六年度第三回　二〇一七年三月二十五日（土）
・湯城吉信「五井蘭洲『茗話』の写本の存在について」
・佐野大介「孝行譚の和様化と『とはずがたり』」
・黒田秀教「懐徳堂における漢作文と達意と――徂徠学派との比較を通じて――」
・寺門日出男「並河寒泉の蕉園詩文集編纂」
・矢羽野隆男「明治期大阪の儒学振興と懐徳堂と」
・竹田健二「中井木菟麻呂が受け継いだ懐徳堂の遺書遺物――小笠原家に預けられたものを中心に――」

以上の記録からも、四年という限られた時間の中で、研究会メンバーが如何に精力的に研究を推進したかが窺えよう。

また「懐徳堂の総合的研究」では、東アジア文化交渉学会第八回大会（二〇一六年五月）において、「大阪の漢学と文化交渉―懐徳堂を中心に―」と題するパネルにおいてメンバーである湯浅・寺門・矢羽野・池田・著者の五人が集中的に研究発表を行い、更に国際シンポジウム「儒学―蜀学と文献学―」（二〇一六年十二月）を主催するなど、国際的な学術交流をも精力的に推進した。

更に、公開講演会「歴史資料のデジタルアーカイブ―WEB懐徳堂公開10周年記念講演会―」（二〇一三年十二月）を主催し、シンポジウム「梅花女子大学所蔵中井終子日記を通して探る懐徳堂研究と女子教育の揺籃期」（二〇一五年十二月）・同「梅花女子大学所蔵中井終子日記を通して探るvol.2「懐徳堂研究と女学生文化」」（二〇一七年一月）を共催するなど、研究成果を一般に広く公開するための活動にも積極的に取り組んだ。

以上のような「懐徳堂の総合的研究」の共同研究活動の中で、研究会メンバーはそれぞれの問題意識から個々の研究に取り組み、その成果を論文として次々と発表した。懐徳堂研究会の総意として、『懐徳堂研究』刊行から十年を一つの節目として、その中から精選したものを収録した第二の研究書の刊行を目指すこととし、この度日本学術振興会科学研究費補助金（研究成果公開促進費）を得て刊行したのが、本書『懐徳堂研究　第二集』である。

本書の構成

本書の構成は、以下の通りである。

先ず第一部は「五井蘭洲研究」である。「懐徳堂の総合的研究」による研究成果の中で特筆すべきものの一つは、五井蘭洲関係の資料調査の進展を踏まえた、初期懐徳堂の学問の実態の解明である。大阪府立中之島図書館に収蔵されている『質疑篇』・『蘭洲先生遺稿』等が蘭洲自筆の資料であるかどうか、また従来『非物篇』と並んで蘭洲の代表的著述の一つとされながらも実態が不明であった『非伊編』とは何か、といった諸問題の解明が大いに進展した。

第二部は、「懐徳堂の思想的特質」と題し、懐徳堂の全盛期とも言うべき中井竹山・履軒兄弟等が活躍した時期に関する論考九編を収録した。前述の通り、履軒の業績が「儒蔵」に収録されることとなったことに象徴されるように、懐徳堂の学問は広くアジア全域の中でも注目されている。その意味からも、竹山・履軒兄弟に関する研究は、懐徳堂研究の中でも特に重要な位置を占めるものである。

第三部は、「幕末期の懐徳堂」である。懐徳堂の最後の教授として活躍した並河寒泉が、幕末という大きな社会的変動の中でどのような活動を展開したのか、また懐徳堂が大坂の知的拠点としてどのような機能を果たしていたのかについて論究した。

第四部は「懐徳堂資料の継承と顕彰運動」である。「懐徳堂の総合的研究」によるもうひとつの特筆すべき成果が、懐徳堂の閉鎖後に、懐徳堂関係の資料がどのように伝承されたのかについて、従来注目されてこなかった資料の調査結果を踏まえて解明が進んだ点である。懐徳堂の閉鎖後から明治の末以降の懐徳堂顕彰運動の隆盛までの間は、これまでいわば空白の時期であった。その四十年間に、大田源之助など、これまでほとんど注目されることの無かった人物が、資料の保存や蒐集といった面で重要な役割を果たしていたことが明らかになりつつある。また、西村天囚関係の新資料も発見されている。

第五部は、「懐徳堂資料のデジタルアーカイブ化」である。前述の通り「懐徳堂の総合的研究」では、懐徳堂関係資料のデジタルアーカイブ化に積極的に取り組んだ。デジタルアーカイブ化の進展は人文科学研究に多大な影響をもたらしつつあり、懐徳堂関係資料のデジタルアーカイブ化の一層の進展は、今後懐徳堂研究の裾野を大きく広げるものと期待される。そこで前著『懐徳堂研究』には無かった要素として、特に本書にこの部を加えた。

以上のように、「懐徳堂の総合的研究」により、懐徳堂・重建懐徳堂に関する資料の調査・整理は進展し、そして初期懐徳堂における学問の実態や、懐徳堂顕彰運動の実態について、従来の研究では十分には解明されていなかった問題の解明が大きく進みつつある。

「懐徳堂の総合的研究」の成果を集約した本書が、今後の日本漢学史、或いは広く近世から近代にかけてのアジアの歴史研究に資するものとなれば幸いである。

注

（1）本会の設立の経緯や設立後の主な活動については、後述する『懐徳堂研究』の序章において、その編著者である湯浅邦弘氏が既に詳しく述べている通りである。また、拙稿「懐徳堂研究会」（『中国研究集刊』第六十一号、二〇一五年十二月）も参照されたい。

（2）詳細については、湯浅邦弘「蘇る懐徳堂四書――「儒蔵」編纂事業について」（『懐徳堂センター報』二〇〇九、大阪大学大学院文学研究科・文学部・懐徳堂センター）参照。なお、二〇一七年八月の時点で、まだ刊行されていない。

［附記］掲載した資料の画像は、特に注記のない限り、すべて大阪大学懐徳堂文庫所蔵資料のものである。画像の掲載については、現在の所蔵者である大阪大学大学院文学研究科、大阪大学附属図書館、一般財団法人懐徳堂記念会の許可を得た。

第一部　五井蘭洲研究

第一章　大阪府立中之島図書館蔵蘭洲遺稿について

寺門日出男

はじめに

五井蘭洲（一六九七〜一七六二）は、懐徳堂の黄金期を支えた中井竹山・履軒兄弟の師であり、「懐徳堂の学風を確立した」（山川出版社『日本思想史辞典』、「五井蘭洲」項、平成二十一年四月）人物と位置づけられており、懐徳堂研究では看過し得ない存在である。

しかし、かつて陶徳民が懐徳堂研究の状況について、「山片蟠桃のような異色な門下生については研究密度がかなり高いのに対し、その師竹山・履軒についての検討は充分とはいえず、中井兄弟の師蘭洲という『通儒全才』についての研究はなおさら不十分である」（『懐徳堂朱子学の研究』三頁、平成六年三月、大阪大学出版会刊）と指摘したように、懐徳堂学派の研究においては、山片蟠桃・冨永仲基の二人に焦点をあてたものが主流であった。近年、竹山・履軒については一定の研究成果が蓄積されてきているが、蘭洲をめぐる研究状況については、残念ながら陶の指摘から二十年を経た今も、大差ない状況である。

さらに、蘭洲を研究する際に利用される文献が限定的である点もまた、問題である。元文五年（一七四〇）に津軽藩を致仕して以降、蘭洲は懐徳堂の助教として後進の育成に努める傍ら、著述に精力的に取り組んでいたようであり、蘭洲の墓碑銘には、「撰述の書、既に笥（本箱）を累」ねるほどであったと記されている。墓碑銘という文章の性格を考慮したとしても、それでも蘭洲が相当量の著述を残していたことは、ほぼ疑いない。それに対して、従来の研究で取り上げられるのは、『古今通』、『勢語通』といった日本古典の研究書、漢文では荻生徂徠『論語徴』を批判した『非物篇』が主であり、その他の資料が俎上に上ることは少ない。そもそも、蘭洲撰とされる資料が、どれだけの量がどこに現存しているのか、その中に仮託書は含まれていないのかといったことが、現在なお、明確にされていない。

蘭洲関係の資料を最も多く所蔵しているのは、大阪府立中之島図書館である。総部数は刊本・鈔本・手紙等、計約九十点にものぼる。その中心にあるのが、〔五井蘭洲講義筆記〕と称される資料群である。それらが名称のとおり、蘭洲の講義録であるならば、蘭洲の学問研究においては無論のこと、懐徳堂研究においても極めて重要な意味を持つ。

私はかつて、「五井蘭洲遺稿の伝存について」（都留文科大学国文学会『国文学論考』四十号、平成十六年三月）と題する論考を発表し、蘭洲著述がどのような経緯で伝存しているかを検討した。その際、大阪府立図書館に所蔵されている〔五井蘭洲講義筆記〕中の鈔本に、蘭洲自筆本が含まれている可能性を指摘したが、十分に検討することができなかった。

本章は、その際に取り上げた『質疑篇』・『蘭洲先生遺稿』を中心に検討し、〔五井蘭洲講義筆記〕がどのような性格の資料なのかを明らかにすることを目的としている。

一　『蘭洲先生遺稿』は自筆本か

『質疑篇』・『蘭洲先生遺稿』を含む〔五井蘭洲講義筆記〕は、全六十五種から成るものである。同資料の全容は、

「若干の懐徳堂関係資料」（平野翠・多治比郁夫、『大阪府立図書館紀要』第二十七号、平成三年三月発行）に示されている。(2)同論考ではこの六十五種の資料について、「筆者不明ながらすべて同筆」という説明が添えられている。〔五井蘭洲講義筆記〕という名称が、いつ、誰によってつけられたものかは未詳である。ちなみにこれらの資料群は、昭和二十一年十二月に大阪市内の古書店から一括購入したものである。この中には例えば、『中庸講義』、『易経紀聞』、『詩経講説』のように、講義の筆記録と考えられるものが大量に含まれていることから、古書店が命名していたのではないかと思われる。

次に、これから検討の主な対象とする、『質疑篇』・『蘭洲先生遺稿』の書誌情報を挙げ、その後に私見（※）を付したい。

①質疑篇　一冊

〔寸法〕郭内二〇・三cm×一四・七cm

〔書式〕四周単辺。有界。毎半葉十行字数不定。版心「（黒魚尾）巻之（葉数）」

〔内題〕「質疑篇」。

〔外題〕書き題簽「質疑篇　五井蘭洲先生著幷書」。

〔印記〕巻頭に「尚経閣図書記」・「大阪府立図書館蔵書之印」の印。(3)

〔分類（請求）番号〕一八六―三八二

※題簽（図1）の字は本文と別筆。内容は漢文体のいわゆる読書札記であり、「講義録」ではない。「五井蘭洲先生著幷書」という題簽が本当ならば、五井蘭洲の自筆定稿本ということになるが、現時点では貴重書扱いはされて

図1

図2

いない。蘭洲の没後、中井竹山・履軒が遺稿を整理校訂して刊行したものに、『質疑篇』と題する同名の書があるが、これとは別本。巻頭に「寛延庚午（一七五〇）孟夏」の序文があり、同年、蘭洲が自撰したものと考えられる。

②蘭洲先生遺稿　二冊

〔寸法〕上冊郭内二〇・三cm×一四・七cm、下冊郭内一九・七cm×一四・五cm

〔書式〕四周単辺。有界。上冊・下冊ともに毎半葉十行字数不定。版心上冊・下冊ともに「（黒魚尾）巻之（葉数）」

〔内題〕なし。

〔外題〕書き題簽「蘭洲先生遺稿　上（下）」。

〔印記〕各冊一葉に「尚経閣図書記」・「大阪府立図書館蔵書之印」の印。

〔分類（請求）番号〕〇四一―四二〇

※題簽（図2）の字は①の題簽と同筆で、本文とは別筆。蘭洲が著した漢詩文を集めたもの。冒頭に「中風行擬白楽天」と題する七言古詩。二番目に「四楽説」という散文、その末尾に「宝暦己卯（九年）……執筆病床（病床に執筆す）」とある。三番目が「中風論」。四番目が「有間（引用者注：有馬のこと）記事」。いずれも、宝暦九年

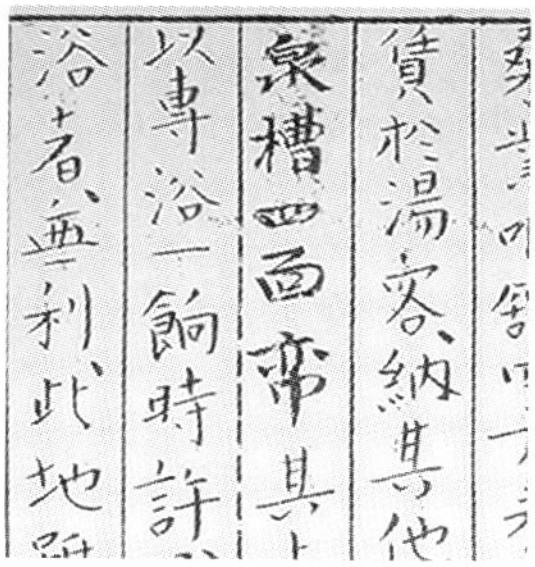

図3

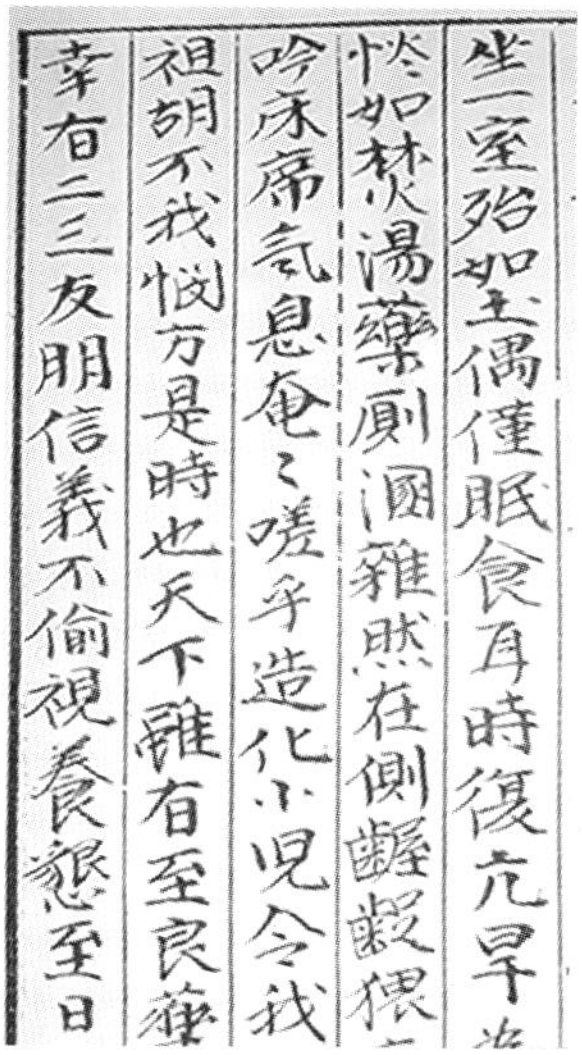

図6

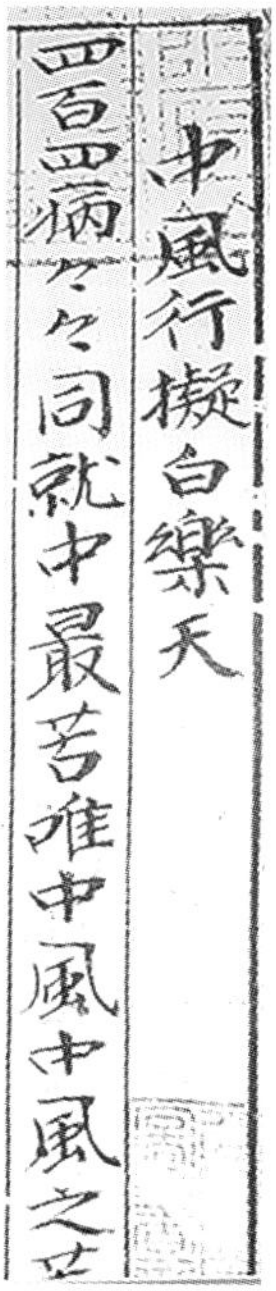

図5

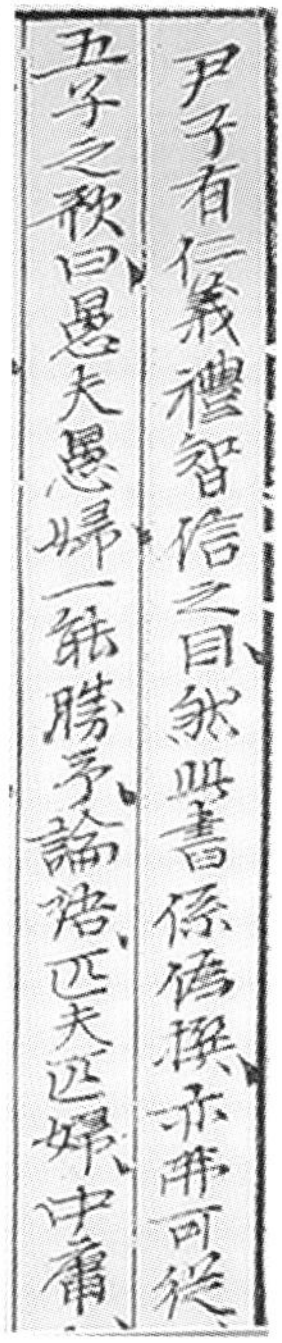

図4

（一七五九）に蘭洲が中風を発症し、有馬温泉で湯治をしていた時の作が続いている。したがって、この書は同年に書き起こされたものと思われる。上下冊を通じて同筆であるが、上冊の五～十六葉のみ別筆。ただし、その中に見られる字句の訂正は同筆（図3）。

まず用紙に着目すると、①と②の上冊とは匡郭内の寸法が同じである。それだけでなく、匡郭右端の疵の位置が同じである（図4・5）。このことから、両者は同じ版木で印刷されたものであることは疑いない。ただ、裏葉の左から三番目の界線を見ると、①には見られなかった疵が②の上冊にある（図6）ことから、①を印刷した段階では、版木の損傷が右端に限定されていたが、②上冊の用紙を印刷する時点までに劣化が進み、②下冊を執筆する時点ではさらに損傷が進んだため、新たな版木を使用したと考えられる。

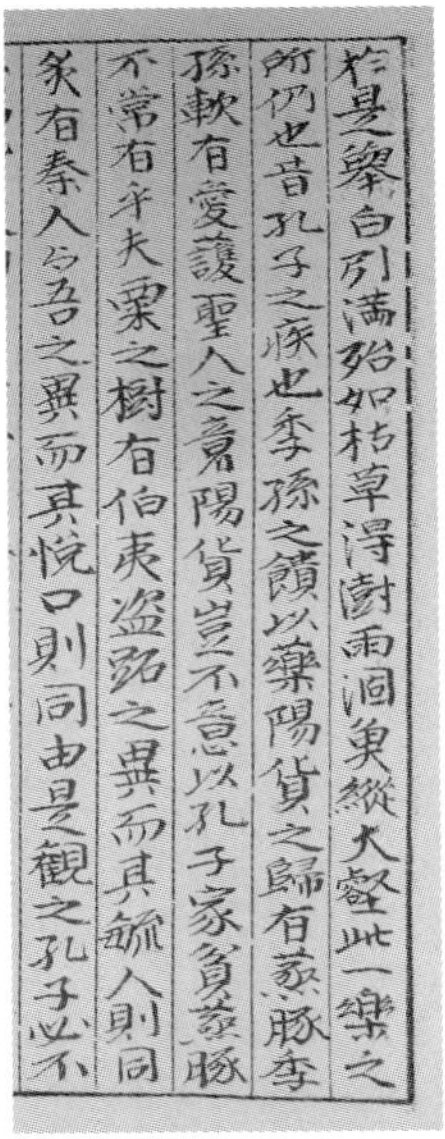
於是之樂白刃滿殆如枯草得澍雨涸魚縱大壑此一樂之
所仍也昔孔子之疾也季孫之饋以藥陽貨之歸有蒸豚季
孫歟有愛護聖人之意陽貨豈不意以孔子家貧蒸豚
不常有乎夫栗之樹有伯夷盜跖之異而其飫人則同
矣有秦人與吾之異而其悅口則同由是觀之孔子必不

図７

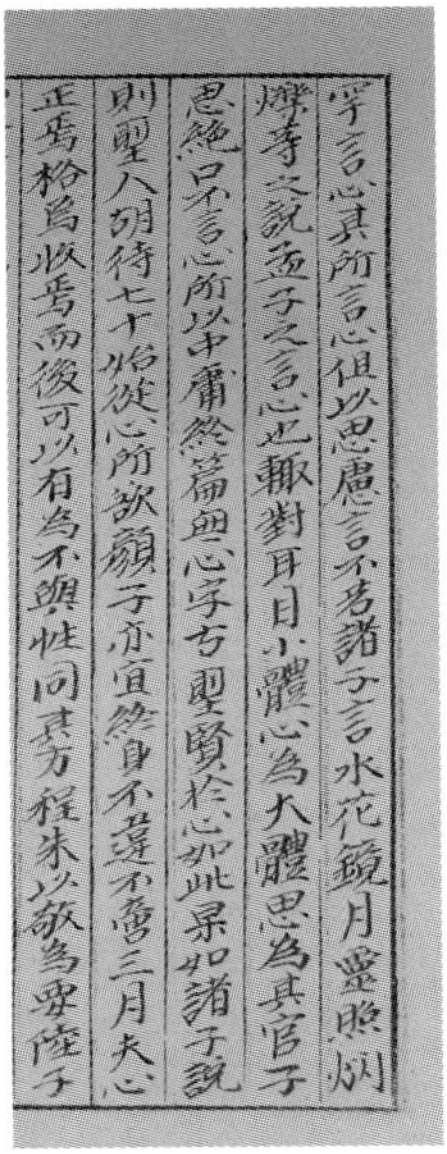
乎言心其所言心但以思慮言不若諸子言水花鏡月靈照炯
炯等之說孟子之言心也輙對耳目小體心為大體思為其官子
思絶口不言心所以中庸終篇無心字古聖賢於心如此果如諸子說
則聖人胡待七十始從心所欲顏子亦宜終身不違不啻三月夫心
正焉格焉收焉而後可以有為不與性同其方程朱以敬為要陸子

図８

無論、①および②上冊のような疵のある版木で刷られた用紙が、市販のものとは考えられない。①と②とは、同一人物が手持ちの版木で罫線を印刷したものと考えるべきであろう。

次に、印記について触れておきたい。「尚経閣図書記」の印が誰のものであったのか、現段階では未詳であるが、〔五井蘭洲講義筆記〕の多くに押されているものである。「尚経閣」とは、おそらく旧蔵者の書室の名なのであろう。①・②にはないが、〔五井蘭洲講義筆記〕には同印の外、「船曳氏蔵書」の印が押されているものが多数存在する。したがって、この資料群は船曳氏なる人物の旧蔵書であった可能性が高い。①・②の題簽は、船曳氏の筆跡なのではないかと考えられる。

本文の筆跡は、一見しただけでは①と②が同一人の筆か否か、判断に迷う。しかし、双方とも蘭洲が書いたものであれば、同一人のものと考えても不自然ではない。なぜなら、②を執筆する前に、蘭洲は中風を発症して、左半身が不随になっているからである。発症当初は特に、筆記に困難を伴ったに相違ない。②上冊の冒頭部分（五～十六葉）の別筆で書かれたものは、第三者に筆記を依頼し、後から蘭洲が校訂をしたものと思われる。つまり、①・②ともに蘭洲自筆本であると考えられるのである。

運筆を見ても、②が蘭洲自身の手に成るものであろうことが察せられる。すなわち、上冊初めの方では文字が大きく運筆が遅い（図7）のに対し、次第に文字が小さく、筆の運びも速くなり、下冊に入ると一変して①の状態に近づいている（図8）。おそらく、上冊の執筆を始めた頃は、自由の利かない体で一字ずつ書いていたのであろう。やがてリハビリの成果で次第に中風発症前に近い状態に近づいたものと思われる。

二　『非伊編』と『蘭洲先生遺稿』との関係

『蘭洲先生遺稿』が、蘭洲自筆本であることをさらに裏付ける資料が、〔五井蘭洲講義筆記〕の中にある。それは『非伊編』である。まずは書誌情報と私見とを掲げる。

③非伊編　一冊

〔寸法〕外形二七・二cm×一九・四cm

〔書式〕無郭無界の紙を使用。十行二十字。

〔内題〕「非伊編」。

〔外題〕打付け書き「非伊編」。

〔印記〕巻頭に「尚経閣図書記」・「大阪府立図書館蔵書印」の印。

〔分類（請求）番号〕一八六―三四六

※外題と本文は同筆。内容は伊藤仁斎の『論語古義』等の著作を非難したもの。蘭洲の代表的著書の一つとして諸書にあげられているが、一般には『非伊篇』の表記で通用している。[4] 管見の限り、府立図書館本以外に鈔本を発

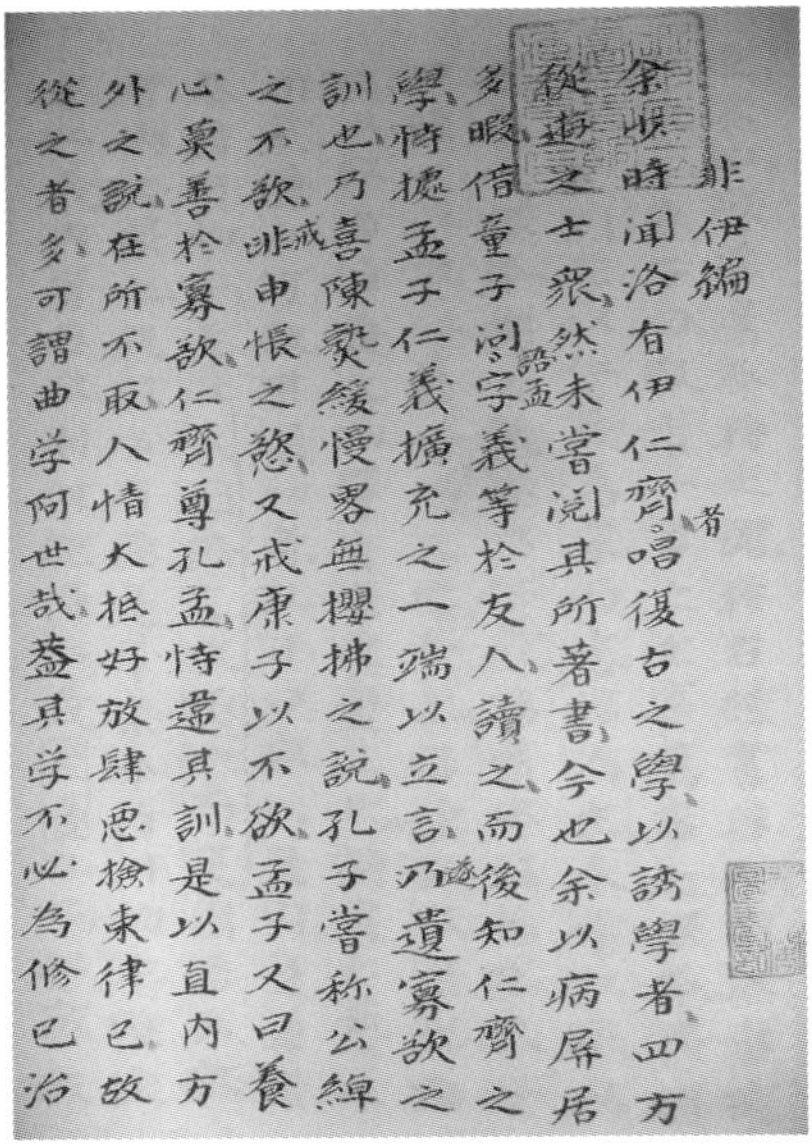
非伊編
余少時聞洛有伊仁齊唱復古之學以誘學者四方
從遊之士衆然未嘗閲其所著書今也余以病屏居
多暇借童子問字義等於友人讀之而後知仁齊之
學特據孟子仁義擴充之一端以立言乃遺寡欲之
訓也乃喜陳褻緩慢畧無撄拂之説孔子嘗称公綽
之不欲非申帳之慾又戒康子以不欲孟子又曰養
心莫善於寡欲仁齊尊孔孟特遺其訓是以直内方
外之説在所不取入情大抵好放肆悪檢束律己故
從之者多可謂曲学阿世哉蓋其学不必為修己治

図９

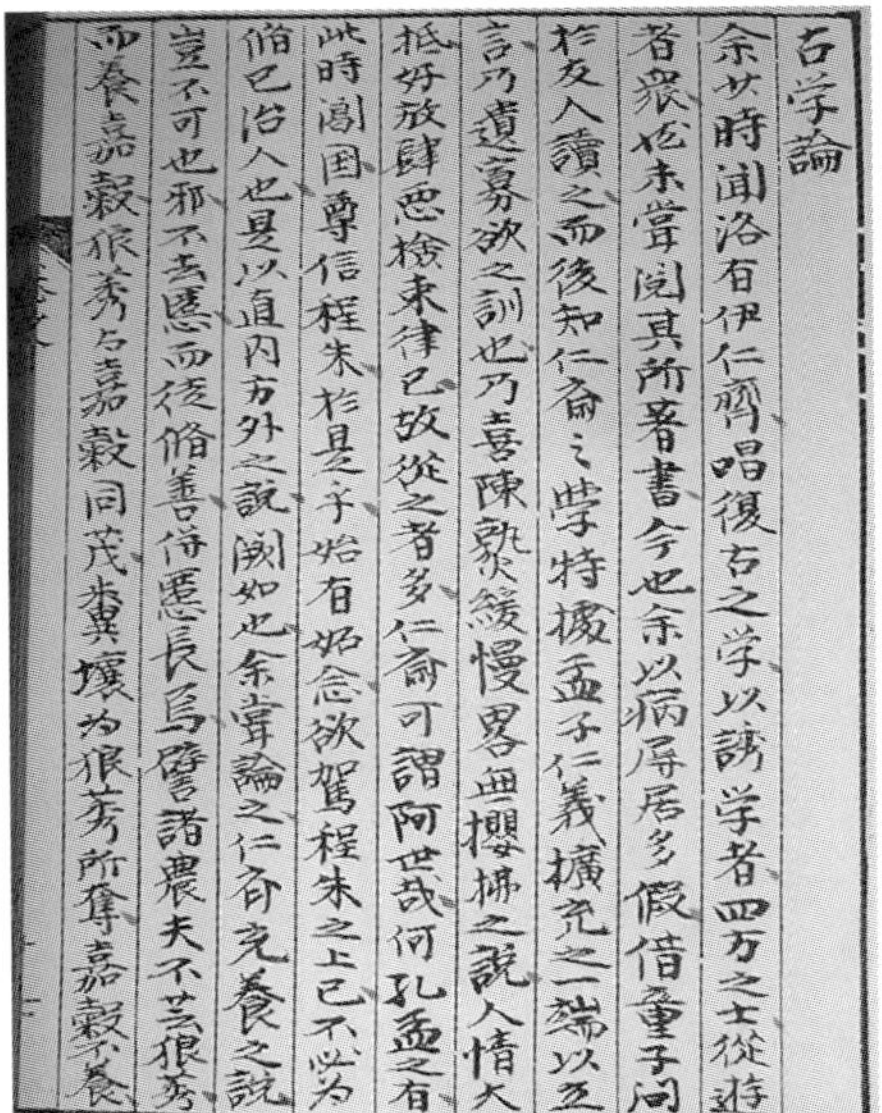
古学論
余少時聞洛有伊仁齊唱復古之学以誘学者四方之士從遊
者衆然未嘗閲其所著書今也余以病屏居多暇借童子問
於友人讀之而後知仁齊之学特據孟子仁義擴充之一端以立
言乃遺寡欲之訓也乃喜陳褻緩慢畧無撄拂之説人情大
抵好放肆悪檢束律己故從之者多仁齊可謂阿世哉何孔孟之有
此時閭困尊信程朱於是乎始有妒忌欲駕程朱之上已不必為
脩己治人也是以直内方外之説闕如也余嘗論之仁齊克養之説
豈不可也邪不去悪而徒脩善脩悪長焉譬諸農夫不芸莨莠
而養嘉穀莨莠与嘉穀同茂莨壤為莨莠所奪嘉穀不養

図10

見できていない。全体に推敲の跡が見られる。末尾に本文と同筆で、「此一篇係宝暦十一年病中作」とある。

この『非伊編』冒頭部（図９）と②上冊所収の「古学論」（図10）とが、類似しており、しかも同筆である。ただ、全体の分量は大きく異なっており、『非伊編』は全三十四葉余、概算で一万三千字程になる。一方、「古学論」は全体で約千五百字、ほぼ『非伊編』の序文に相当する。

では、両者の関係はどうなのか。双方の冒頭部分を掲げ、比較対照してみたい。（一部、異体字を改めた。説明の都合上、初めから「古学論」と異なっている箇所に傍線を付し、後から本文の右側に書き加えられた箇所を太字にした。原本の表記に従ったため、新旧字が混交している）

古学論

余少時聞洛有伊仁齊、唱復古之学、以誘学者、四方之士、從遊者衆。然未嘗閱其所著書。今也余以病屛居多假、借童子問於友人讀之、而後知仁斎之學、特據孟子仁義擴充之一端以立言、乃遺寡欲之訓也。乃喜陳熟緩慢畧無攖拂之說。人情大抵好放肆悪撿束律已。故從之者多。仁斎可謂阿世哉。

非伊編

余少時聞洛有伊仁齊者、唱復古之學、以誘学者、四方從遊之士衆。然未嘗閱其所著書。今也余以病屛居多暇、借童子問語孟字義等於友人讀之、而後知仁斎之學、恃據孟子仁義擴充之一端以立言、遂遺寡欲之訓也。乃喜陳熟緩慢畧無攖拂之說。孔子嘗称公綽之不欲、戒申悵之慾、又戒康子以不欲、孟子又曰、養心莫善於寡欲。仁齋尊孔孟、恃違其訓。是以直内方外之説、在所不取。人情大抵好放肆悪撿束律已。故從之者多。（仁斎）可謂曲学阿世哉。

「古学論」が書かれたのは宝暦九年、『非伊編』は宝暦十一年。「古学論」は仁斎の『童子問』を読んだ上での批判であるのに対し、『非伊編』では『語孟字義』等の諸書に、対象が拡大している。後者が二年後に書き改められたことと符合する。また、『非伊編』は「古学論」を基としながら、相当に改変を加え、さらにその上で推敲を重ねていることが分かる。

こうした書き換えが、蘭洲以外の人物、例えば懐徳堂関係者などによって為されたとは考えにくい。『非伊編』は蘭洲の自筆稿本と考えるほかない。同筆の『五井蘭洲先生遺稿』についても、同じである。

三　「五井蘭洲講義筆記」の旧蔵者

では、これら〈五井蘭洲講義筆記〉を所蔵していた「船曳氏」とは誰か。それを明らかにできる資料が現段階では見当たらないため断言はできないが、懐徳堂に関わりのある人物から該当しそうな者を探せば、船曳谷園（一七二四～一八〇二）がその人ではないかと考える。

『稿本大阪訪碑録』所載の船曳谷園墓碑銘(5)によれば、谷園は播磨出身の医者。二十四歳の時、大坂に出て開業する傍ら、懐徳堂第二代学主中井甃庵（竹山・履軒兄弟の父。蘭洲とは友人）の門下で儒学を学んだ。著書に『傷寒通明』・『中風通明』等があったという。書名からみて、後者は中風についての研究書と思われる。谷園は中風治療の専門医であった可能性が高い。

中井履軒がしばらくの間、介護に付き添っていたことは、『蘭洲先生遺稿』上冊所収の「送中井徳二兄還郷」詩に、「臥病在他郷　今朝与君別（病に臥して他郷に在り　今朝、君と別る）」とあること等で明らかであるが、竹山あるいは懐徳堂が、蘭洲のために他にどのような手当てを行ったのか、よく分かっていない。

宝暦八年、谷園が師事していた中井甃庵が亡くなっている。その一年後、蘭洲が病を発した時、谷園がなお懐徳堂で学んでいたかは分からない。しかし、谷園が中風の専門医であったことから、竹山に依頼されて、あるいは谷園自らが申し出て、蘭洲の治療にあたった可能性が高い。

五井蘭洲は生前、自分の著述をすべて処分するよう、周囲に依頼していたらしい(6)。それなのになぜ、このように蘭洲の著述がまとまって残ったのか。蘭洲の最期を看取った谷園が、その遺稿を処分してしまうことを惜しみ、一括して引き取り、保存していたものが、〈五井蘭洲講義筆記〉として今に伝わるものではないかと、考えられるのである。

おわりに

蘭洲は中風に罹ってもなお、「披繙（読書）・論著し、斃れて後已」んだと伝えられる[7]。現に、本章で取り上げた『蘭洲先生遺稿』は、中風発症からそれほど時を置かずに、『非伊編』は宝暦十一年に、それぞれ著わされ、その後も推敲を繰り返していた様子が窺える。彼は宝暦十二年に没しているから、「斃れて後已む」という竹山の言葉は、決して誇張ではなかったのである。

ただ、蘭洲は自己の著述を公開すること、自己を喧伝することを好まなかった。同じく墓碑銘によれば、「請梓者屢而弗聴（梓を請ふ者、屢なるも聴さず）」、竹山に「死之日、勿碣焉、勿文焉（死するの日、碣する勿れ、文する勿れ）」と遺言していたという。そのためもあって蘭洲の学問的業績も、その思想も、正しく把握されてこなかった。

だが、蘭洲のこうした生き方が、後進に与えた影響は決して小さくない。たとえば中井履軒は、その代表的な撰述である『史記雕題』第一冊見返しに、「復謵不餽而忘人、因以為天人（復謵して餽ぢずして人を忘れ、因りて以て天人と為らん）」[8]という、『荘子』庚桑楚篇に基づく書き入れをしている。そこには世俗が自己をどう評価するかは意識せず、ひたすら自己を高めるために学問に打ち込む、履軒の生き方が表現されている。それは、中風に倒れた後も読書・論著に励んだ師・蘭洲の姿を、強く意識したものであったろう。ちなみに、履軒も蘭洲と同じく、生前は門人等が刊行することを求めても、決して許さなかったという。蘭洲の処世観が竹山・履軒をはじめとする懐徳堂学派にどのように継承されていったのかは、今後もっと検討する必要があるだろう。

本章における検討によって、『質疑篇』・『蘭洲先生遺稿』および『非伊編』は、いずれも蘭洲自筆本であることが明らかになった。さらに、これと「同筆」の〔五井蘭洲講義筆記〕六十五種全てが、蘭洲自身によって書かれたものである可能性が極めて高い。これら全体についての検討も、今後の課題としたい。

注

（1）「五井蘭洲墓碑銘」（中井竹山撰）による。蘭洲の墓は、実相寺（現大阪市天王寺区上本町）に今も残っている。墓石の劣化が著しかったが、懐徳堂記念会によって修復され、文字の判読も十分に可能である。池之上晃敏「五井蘭洲の墓石保存処理について」（『懐徳』七十七号、平成二十一年一月、懐徳堂記念会）を参照されたい。

（2）同図書館所蔵の懐徳堂関係資料を網羅した目録として、他に湯城吉信「大阪府立中之島図書館所蔵懐徳堂関係資料目録」（大阪大学中国学会『中国研究集刊』第三十七号所収、平成十七年六月）がある。この目録は「若干の懐徳堂関係資料」に載る情報に本づき、カード検索と実見とに基づいて補完し、同館所蔵の懐徳堂関係資料の全容を紹介したものである。次のサイトでも公開されている。http://www.ct.osakafu-u.ac.jp/~y_yuki/

（3）本章では、大阪府立図書館の受入印（受入年月日・受入番号）については割愛した。

（4）たとえば『漢学者伝記及著述集覧』（小川貫道著、昭和十年四月）、『近世漢学者伝記著作大事典』（関儀一郎他著、昭和十八年六月）は、ともに蘭洲の著述として『非伊篇』の名を挙げている。その原因として考えられるのは、「五井蘭州先生墓碑」に『非伊篇』とあること、蘭洲の徂徠学批判の著述が『非物篇』であること等によると思われる。

（5）本章では『浪速叢書』第十巻（昭和四年五月、浪速叢書刊行会）によった。同書によれば、谷園の墓は生玉寺町（現大阪市天王寺区生玉寺町）の銀山寺にあったという。銀山寺は現存するが、谷園の墓石はもとより、船曳家の墓所自体も残っていない。

（6）『非物篇』序（竹山撰）に、蘭洲没後、竹山・履軒兄弟が、「奉治命、以整理遺稿（治命を奉じ、以て遺稿を整理す）」とある。竹山があえて「治命（健康な時の命）」の語を用いていることから、健康な時には原稿の校訂を依頼されていたものの、死期が近づくと、逆に遺稿を処分するよう依頼していたと考えられる。

（7）注（1）に同じく、「五井蘭洲墓碑銘」による。

（8）この文の解釈については諸説あるが、ここでは履軒撰『荘子雕題』に拠った。

第二章　五井蘭洲『非伊編』について

寺門日出男

はじめに

五井蘭洲の代表的な著述として、荻生徂徠『論語徴』を批判した『非物篇』とならんで、『非伊編』[1]という書名が挙げられることが多かった。

例えば、子安宣邦監修『日本思想史辞典』（二〇〇一年六月、ぺりかん社刊）では、五井蘭洲の代表的著作として「荻生徂徠を批判した『非物篇』、伊藤仁斎を批判した『非伊篇』などがある」と書かれている。また、石毛忠他編『日本思想史辞典』（二〇〇九年四月、山川出版社刊）でも、五井蘭洲の項において、「伊藤仁斎や荻生徂徠朱子学批判に対抗して、積極的な仁斎・徂徠批判を展開した。その成果が「非伊篇」「非物篇」である」と、やはり両書が並挙されている。

『非物篇』については、蘭洲の弟子、中井竹山・履軒兄弟の校訂を経て、すでに天明四年（一七八四）に刊行されている。また、近年では、竹山の手に成る定稿本も出版され、[2]蘭洲の代表的著述としてよく知られている。この書は朱子学派による古文辞学批判の嚆矢とされている。

それに加え、蘭洲の日本古典注釈書である、『古今通』・『勢語通』等についても、国文学史研究の分野で注目され、近年、蘭洲に対する注目度は高まってきている[3]。しかし、『非伊編』に限っては、代表的著述とされながらも、その内容に論及する研究はほとんどなかった。

第一章では『非伊編』を採り上げ、大阪府立中之島図書館所蔵の〔五井蘭洲講義筆記〕六十五種[4]に含まれる『非伊編』が、『蘭洲先生遺稿』[5]所収の「古学論」を大幅に増補改訂した、蘭洲自筆のものであることを明らかにしたが、本章では、『非伊編』の特徴について、『非物篇』を視野に入れつつ検討し、蘭洲が仁斎・古義学をどのように見ていたのかを探っていきたい。

一　従来の『非伊編』評価

『非伊編』の内容について検討する前に、従来の概説書等において、その内容について全く検討されてこなかったにもかかわらず、なぜ同書が蘭洲の代表的著作とされてきたのかについて、確認しておきたい。

懐徳堂の歴史について考える際に避けて通れないのが、西村天囚『懐徳堂考』である。同書では次のように『非伊編』について次のように述べていて、おそらく前掲書の概説書も、これに基づいたのであろう。

> 程朱の爲に侮を禦ぎて、排異を以て己の任と爲し、非伊、非物、皆壯時に成り、…（中略）…仁齋の學を爲す物は、義氣を蔑して心性を踈んず、…（中略）…非伊は仁齋攻擊ならん、其の大意は遺稿に在り、
>
> （『懐徳堂考』上巻四五頁）

この文章の記述内容からみて、天囚が『非伊編』を実見していなかったのは、ほぼ間違いない。なぜなら、『非伊編』の巻末に「此の一篇、宝暦十一年病中に係はる作」と、蘭洲自身が書いているからである。宝暦十一年（一七六二）は、蘭洲が亡くなる前年であるから、最晩年の著と言うべきで、「壮時に成」ったものではない(6)。「仁斎攻撃ならん」という推量表現から考えても、天囚が実見していなかったことが窺える。ただ、「其の大意は遺稿に在り」という言葉から推すと、『蘭洲先生遺稿』所収の「古学論」は読んでいたと考えられる。

もっとも、天囚は見ることを怠ったのではなく、見ることができなかったのだと思われる。なぜなら、現存する『非伊編』は、昭和二十一年十二月、大阪府立図書館が市内の古書店から一括購入した、〔五井蘭洲講義筆記〕六十五種中の一本だからである。他に伝本がない孤本であり、大阪府立図書館が閲覧に供する以前は、現存すること自体が、当時の所蔵者以外、ほとんど知ることがなかったと思われる。したがって、『懐徳堂考』が執筆された当時、『非伊編』がどこにあるかは勿論、現存するか否かさえも知らなかったと考えられる。

では、その『非伊編』を何故天囚が引いたのか。それは恐らく竹山が撰した蘭洲の墓表の、次の一文に拠ったのであろう。

（蘭洲は）非伊・非物・非費・承聖の諸篇を著し、榛蕪を芟りて以て周行を示し、後進をして郷ふ所を知らしむること、大寐新醒の若し(7)。

榛蕪は藪もしくは雑木のこと。周行は大道の意。寐は寝ること、醒は目が覚めること。大意は、蘭洲が著作によって古学派や仏教等を攻撃したことで懐徳堂の学生たちも覚醒し、正道に向かうようになったということ。これを読む限り、『非伊編』は『非物篇』同様、壮年期の頃に著され、懐徳堂の門人等に大きな影響を与えたかのように読める。おそらく天囚はこの文に拠って、『非伊編』が壮時に成ったと判断したのであろう。

しかし、『非伊編』が本当に後進の者達に大きな影響を与えたのならば、他に鈔写本が多数残っているはずである。なぜそれが無いのか。蘭洲が中風を患い、懐徳堂に出講することがなくなった晩年に成ったものだからである。何より蘭洲自身が宝暦十一年に著したと記している。竹山が墓表を撰した目的は蘭洲の顕彰であり、漢文として対偶に配慮する必要もあったので、文面通りに解釈する必要はない。

本章の冒頭で採り上げた『日本思想史辞典』等が『非伊編』を挙げているのも、竹山撰の墓表とそれを踏襲した『懐徳堂考』の記述に拠っているに過ぎず、実際に『非伊編』の内容を確認した上でのものではない。これまでの蘭洲研究では、『非伊編』を実見することがなかったにも関わらず、代表的著作として高く評価してきたのである。

二　構成上の特色

次に、『非伊編』について検討していきたい。まず書誌情報を掲げる。

○『非伊編』

分量　一冊

外形寸法　縦二七・二cm×横一九・三cm

外題　表紙に打ち付け書き「非伊編」

印記　「尚經閣圖書記」・「大阪府立圖書館藏書之印」・受入印「大阪府立圖書館・昭和廿一年十二月六日　一五七一九一」

書式　毎半葉十行　行二十字

装丁　五針眼訂法　全三十五葉　見返し裏面に「非伊　五井蘭洲先生著」の字が見えることから、原装は薄表紙だったものに、改めて厚紙の表紙・裏表紙をつけたと考えられる。

構成　（序文）一葉表～五葉裏七行
（『論語古義』批判）五葉裏八行～十八葉裏
（『語孟字義』批判）十九葉表～三十五葉表三行

これまで『非伊編』は『非物篇』と一対を為す書として採り上げられてきた。だが、分量・構成ともに、大きく異なっている。『非物篇』は、竹山定稿本で本文二百十一葉（竹山の序文を除く）、刊本では六冊からなる、堂々たる著述である。内容は徂徠の論語解釈を逐一採り上げて批判する部分がほとんどである。

一方の『非伊編』は三十五葉の小冊であり、ほぼ半分が『語孟字義』の内容を批判したもので、『論語古義』の注を批判しているのは、三分の一程度に過ぎない。採り上げている『論語古義』の章は、わずか二十一章である。しかも、その配列をみると、以下に示す通り、『論語』の順序に従って著されていない。

④学而第一第七章
⑤為政第二第六章
⑥学而第一第十一章

⑦八佾第三第八章
⑧八佾第三第二十二章
⑨衛霊公第十五第三十二章
⑩為政第二第十二章
⑪公冶長第五第十三章
⑫里仁第四篇第三章
⑬子罕第九篇第三十章
⑭先進第十一第十一章
⑮先進第十一第十八章
⑯顔淵第十二第一章
⑰子路第十三第十八章
⑱衛霊公第十五第三十四章
⑲衛霊公第十五第三十一章
⑳陽貨第十七第一章
㉑陽貨第十七第二十四章
㉒微子第十八第六章
㉓子張第十九第十一章
㉔堯曰第二十第一章

この配列をみると、八佾篇から衛霊公篇に跳び、再び為政篇に戻る等、到底整えられたものとは言えない。長年『論語古義』を読みながら注釈を書き入れ、それを清書したものではなく、短期間に書き留められて成った、未定稿に近い段階のものなのであろう。

また、『論語古義』の解釈の誤りを正すことに、あまり熱心ではないように見える。実際、蘭洲は（非論語古義）の冒頭で次のように述べている。(8)

仁斎嘗て論語朱註を撤去して古義を作り、以て訓詁を改む。夫れ訓詁は漢字の訓詁に非ずや。朱子は則はち漢人なり。漢人にして漢字の訓詁を解けば、中らずと雖も遠からざるなり。仁斎は則はち倭人なり。倭人にして漢人の訓詁を議するは、吾、枘鑿（引用者注：穿った解釈）の多くして後学を誤らしめんことを恐る。今、其の一、二を辨じ、餘は類推すべし。悉くは論及せずと云ふ。

このように述べておきながら論語解釈の当否を論じるのは矛盾しているようにも思うが、少なくとも「壯時」に『論語徵』の一言一句を論じていたのとは、明らかに異なる。古義学における論語解釈の方法論には疑問を持ちつつも、逐一あげつらうことはしていないのである。

三　撰述の目的

では、『非伊編』を著す主目的は何だったのだろうか。書誌情報の「構成」で触れたように、『非伊編』は宝暦十一年に書き起こされたものではない。（序文）は、少なくとも中風発症以前に著された、「古学論」を基に増補改訂を重ねたものである。「古学論」は、むろん、仁斎の注釈に対してではなく、その人格に対する批判が中心となっている。（序文）もそれを継承している。

では、仁斎のどのような点を批判しているのであろうか。蘭洲が具体例を挙げて批判しているのは、以下のようなものである。

仁斎曾て曰く、「明の方孝孺、義として燕王に降らず。禍、宗族朋友に及ぶは不仁の甚だしきなり」と。吾意ふに然らず。人誰か死せざらん。…（中略）…宗族朋友、正學の操に頼り、皆忠義の魂と為れり。豈に啻だ朋友宗族のみならんや。明一代四百年、君臣の道・仁義の學、未だ地に墜ちず。諸儒輩出し、皆正学義に赴くは、国初の致す所なり。嗚呼盛んなるかな。設使、仁斎是の時に当れば、其れ必ずや鼠伏蠖屈し、代はりて降詔を草し、燕王を称して堯舜復た出づと為し、涕泣して憐れみを乞ひ、而る後に富貴を得ん。（序）

方孝孺は明初の儒者。明の第二代皇帝・建文帝の信任を得て重用される。しかし、燕王（後の永楽帝）が靖難の変で帝位を簒奪し、方孝孺は捕えられる。永楽帝は方孝孺に、即位の詔を書くよう命ずる。しかし、建文帝に恩義を感じている方孝孺は拒絶。そのため、磔刑に処され、その宗族・親友までも連座して処刑されたという（『明史』巻百四十一）。

公刊された仁斎の著作に、上掲どおりの文章は確認できていないが、『童子問』に「宋儒謬って中庸明哲保身の旨を解し、害を善類に貽すこと甚だ大なり。方孝孺が永楽に在る、李夢陽等が正徳に在るは、是のみ。謹まざるべけんや」（第十二章）とあることから、蘭洲が批判する通り、仁斎が方孝孺の生き方に対して否定的であったことは疑いない。ちなみに、李夢陽は明の詩人・政治家。彼もまた剛直な人物で権力者と衝突し、しばしば生命の危険に遭ったと伝えられている。仁斎は、つまらない意地を張ることは自らを窮地に陥れ、それればかりか親族友人まで巻き込んでしまうので良くない、と考えていたのである。

しかし、蘭洲はそうは考えない。孔子が「志士・仁人は生を求めて以て仁を害すること無く、身を殺して以て仁を成すこと有り」（衛霊公篇）と言っているように、方孝孺が燕王の命を拒絶して死んだことが後世の士大夫階級に多大な影響を与え、それによって明王朝の時代は仁を好む風潮が続いたというのである。そして、方孝孺の生き方を否定する仁斎を口を極めて罵倒している。

この問題は蘭洲にとって重要であったようで、さらに次のように別の事例を挙げて論じている。

> 仁斎復た近代の蒲家の寡婦、豊太閤の非禮の聘を肯んぜず、国 遂に除かるを論じ、以為へらく、一婦人の節軽く群臣喪祿の禍重しと。余又意ふに然らず。亦た唯一婦人の節に頼りて、群臣皆忠義の人と為るを得るなり。

「蒲家の寡婦」とは蒲生氏郷の未亡人・冬姫のこと。冬姫は織田信長の次女で、美貌の持ち主であったという。氏郷は秀吉に仕え、会津九十二万石の大大名まで出世するが、四十歳の若さで病死する。その直後、秀吉は未亡人となった冬姫に懸想し、側室となるよう働きかける。しかし冬姫は拒絶。貞節を守って尼となった。そのため嫡子の秀行は秀吉に憎まれて、宇都宮十二万石に減封させられたという。

仁斎が冬姫に対して、実際にこのような論評をしたのか、現存の仁斎の著述に裏付けるものは確認できていない。

だが、方孝孺や李夢陽の処世観を否定していることから帰納すれば、当然そのように考えていたと考えられる。蘭洲の父・持軒はかつて京都で仁斎に師事していたことがあるので、父からの伝聞によったのかもしれない。あるいは、懐徳堂と古義堂とは一定の交流があったことから、関係する者にそのような話を聞いたのかもしれない。あるいはまた、蘭洲自身が伊藤東涯に学んだことがあるので、その折に聞いたことなのかもしれない。いずれにしても、蘭洲はこうした仁斎の考えに強い嫌悪感を抱いていたため、方孝孺・冬姫の例を重ねて挙げていると考えられる。

仁斎が京都の町衆出身であったことを考慮すると、仁斎がこのような処世観を持っていたことは首肯できる。歴史上、京都は覇権を争う者たちの目標であった。特に南北朝の騒乱期などには目まぐるしく権力者が入れ替わっており、そうした困難な状況を生き抜く知恵が、自然と町衆達の間で磨かれていったのであろう。京都に生まれ育った仁斎もまた、そうした処世観を幼少期から持っていたと考えられる。

一方の蘭洲は、それとは対極の、武士階級寄りの処世観を持っていたと言える。古学派が流行して以降、朱子学派の間でも経書注釈において古学派の方法論を取り入れるようになっていった。『非物篇』注釈を見ても、その傾向を見ることができる。そのこともあってなのか、晩年の蘭洲にとって、古義学の注釈自体は、それほど反感を感じるものではなかったのかもしれない。だが、その処世観だけは断じて容認できないものだったのである。このことこそが、『非伊編』撰述の契機だったと考えられる。

おわりに

懐徳堂は大阪町人の学問所であったことから、懐徳堂学派イコール町人の思想と捉えられがちである。しかし、西村天囚が「石菴の學は鵺を以て稱せられしも、蘭洲は程朱を宗として、操守甚だ堅し」（『懐徳堂考』上巻四三頁）と述べるように、懐徳堂の学風は不変だったわけではない。五同志を中心にはじめられた初期懐徳堂の学風は、諸学の長所を柔軟に取り入れる折衷学的傾向の強いものであった。それを一変させ、懐徳堂黄金期をもたらしたのが、蘭洲である。中井竹山は蘭洲の教えを親しく受けたからこそ、堀田正邦や松平定信など、当時、幕府に重きを置く人物に一定の支持を得たのであろう。

竹山は蘭洲の学問について、「榛蕪を芟りて以て周行を示し、後進をして郷ふ所を知らし」（前掲蘭洲墓誌）めたと評価したが、この評価に最もあてはまるのは、（『非費』を除いて）『非伊編』[9]だったのではないかと思われる。『非物篇』とは全く性格の異なる書物であるが、蘭洲最晩年に成った代表的著述といっていいだろう。

注

（1）従来、諸書では『非伊篇』と書かれているが、本章では五井蘭洲自筆本の表記にしたがった。

（2）平成元年二月、懐徳堂友の会発行。

（3）たとえば、『懐徳堂研究』第七号（平成二十八年二月二十九日、懐徳堂研究センター発行）収載の論考は、全五本中四本が蘭洲に関わるものである。

（4）「若干の懐徳堂関係資料」（平野翠・多治比郁夫、『大阪府立図書館紀要』第二十七号、平成三年三月）では、これら六十五種の資料について、「筆者不明ながらすべて同筆」と説明している。また、これらの資料群には、「尚経閣図書記」・「船曳氏蔵書」の印が押されていることが多く、題簽（本文とは別筆）に同筆のものが見られる等のことから、「船曳」氏が一括して所蔵していたものと考えられる。「船曳」氏については、第一章「大阪府立中之島図書館蔵蘭洲遺稿について」を参照されたい。

（5）五井蘭洲の遺稿をまとめたものは複数あるが、ここでは宝暦九年（一七五九）の蘭洲自序のあるものを指す。大阪府立中之島図書館所蔵の一本は、蘭洲の自筆定稿本である。

（6）一方の『非物篇』は、竹山が序文で「其の稿を立つるは壮歳東遊の日に在り」と書いているのに拠れば、『非物篇』は「壮時」の著作である。

（7）蘭洲の墓石は実相寺（大阪市天王寺区）に現存するが、経年劣化によって一部判読不能である。本章では木村敬二郎著『稿本大阪訪碑録』（浪速叢書第十巻、昭和四年五月、浪速叢書刊行会）に拠った。文中の「承聖」は『承聖篇』で、仏教批判の書。大阪大学懐徳堂文庫、大阪府立中之島図書館等に鈔本がある。「非費」は管見の限り見当たらず、どのような内容の書なのか、未詳。

（8）『非伊編』の原文は漢文。引用に際し、全て書き下し文に改めた。

（9）『懐徳堂考』によれば、蘭洲が中風を発病すると、竹山は、「老師の病發するや、全く引取りていと懇に介抱し、弟の履軒をして蘭洲の有馬湯治に供せしめ、又其の一女を養妹と爲して出嫁を約するなど、骨肉も及ばぬ情義を盡し」（上巻五一頁）とある。蘭洲のもとを頻繁に訪れ、当然『非伊編』を閲読していた筈である。

第三章　五井蘭洲「『中庸』天命性図」について

湯城吉信

はじめに

本章では、江戸時代の儒者五井蘭洲作「『中庸』天命性図」の復元を試み、その特徴を考察したい。同図は、図そのものは残されていないが、『蘭洲先生中庸天命性図解』の詳細な記述により復元が可能である。

五井蘭洲（一六九七～一七六二）は、江戸中期の大坂出身の儒者である。懐徳堂草創期に講義を担当するために招聘され、津軽藩に仕えた後、再び懐徳堂に戻り、懐徳堂学派を代表する学者となる中井竹山、履軒兄弟を弟子として育てた。以後の懐徳堂の学風の形成に大きな影響を与えた人物であると言える。懐徳堂を痛烈に批判した上田秋成も蘭洲だけはよい学者であったと評価している[1]。

蘭洲の著作は、荻生徂徠を批判した『非物篇』、仏教を批判し儒教を称揚した『承聖篇』、『茗話』などの筆記、『勢語通』などの和学の著作などがある。朱子学を尊奉していたが、祖述を宗とし自らまとまった著作は残さず、『蘭洲先生遺稿』[2]に雑駁な文章が見える他、大量に残されているのは講義録及び筆記である（大阪府立中之島図書館に「五井蘭洲講義筆記六十五種」として所蔵）[3]。上述の他学派批判の書は、晩年、中風に罹ってからの著作であり、自らの寿命を悟った後、斯学を守るという使命感に駆られてようやく著したものである。蘭洲は学者である以前に教育者であり、平生は著作を残すことよりも講義に力を注いでいたのであろう。

さて、以上の大量に残された講義録及び筆記は、『易経紀聞』『論語解』『孟子筆記』『小学紀聞』『二程全書講義』など、儒教の経典や朱子学の文献を解説したものであり、その中から蘭洲の特徴を見出すことは困難である。ただ、目に見える特徴として、図解が多く用いられていることがある。

本章では、これらの蘭洲の図を紹介し、その中、特に重要であると思われる「天人事物一貫之図」及び「『中庸』天命性図」の中、復元が可能な「『中庸』天命性図」の復元を試みる。さらに、この図と関係すると思われる図を紹介し、蘭洲の「『中庸』天命性図」の特徴を明らかにしたい。

一　蘭洲の教学における図の多用

「はじめに」で述べたように、蘭洲の講義録・筆記にはしばしば図が見える。それらの中には、朱筆で彩色されたものもある。本節では、それらの一斑を紹介したい。以下、図の名称は湯城による仮称、数字は丁数、オは表、ウは裏である。

①　魂魄図（『百一録』17オ）〔図1〕

この図は、人の魂魄と精神の働きを図示したものである。蘭洲は、人の魂魄は、天地の鬼神に対応するもので、鬼が陰、神が陽であるのに対して、魂は陽、魄は陰であると言う。図の白黒はその陰陽を表している。そして、人の精神はこの魂魄が「屈伸往来」するものに他ならない。図の真中に、神＝陽、精＝陰としているのはその「屈伸往来」

する様子を表したものである（周敦頤「太極図」の「陽動陰静」の部分を参照されたい。神＝陽、精＝陰に固定化したものではない）。

② 満腔子仁図（『鉤深録』59オ）〔図2〕

程明道に「満腔子是惻隠之心」という語がある（『二程遺書』巻三、『近思録』巻一）。満腔子は体全体という意味であり、その自らの体いっぱいに充満した惻隠の情を世の中に押し広げていく様子を表したのがこの図である。図では、中心の円から一番外の四角形の辺に向けて、朱色の線が十六本、放射状に描かれており、下に「朱ニテ引タル筋ハ皆恕也」とあるように、恕（思いやり）を広げていくのである。蘭洲は、仁を及ぼす範囲は、学者は「一家」、賢人は「一国」、聖人は「天下」であり、それぞれ、その範囲を意識することが重要であると言う。

③ 仁之骨髄図（『鉤深録』13オ）〔図3〕

朱子は『論語』学而篇の「孝弟也者、其為仁之本与」に対して、「仁者愛之理、心之徳也」という注を付けており（『論語集注』）、朱子の高弟・黄幹は「愛之理」は「偏言」（狭義）、「心之徳」は

〔図１〕魂魄図（『百一録』17オ）

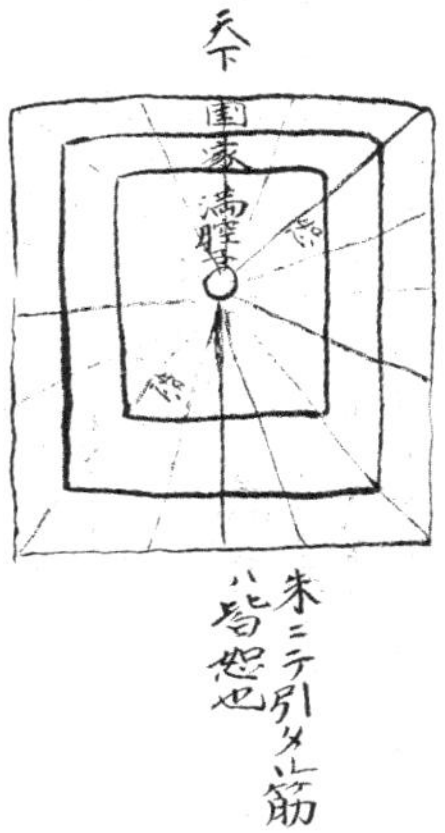

〔図２〕満腔子仁図（『鉤深録』59オ）＊朱線が放射状に画かれている。

〔図３〕仁之骨髄図（『鉤深録』13オ）＊円の中の塗りつぶしは朱色。

「専言」（広義）と説明している（『勉斎集』巻十六）。だが、蘭洲は「愛之理」も「全体小割」で理解してはならないと考えてこのような図を表したのであろう。なお、この図も中は朱で色づけされている。

④　一貫図（『道学関轄録』6ウ〜7オ）〔図4〕

理は、各事物に存在するが、大きく言えば一つであるという所謂「理一分殊」を説明したものである。『論語』里仁篇「子曰、参乎、吾道一以貫之。……曽子曰、夫子之道、忠恕而已矣」の朱子集注に「聖人之心、渾然一理、而泛応曲当、用各不同」（聖人の心は渾然と一理であり、ひろくすべての物に完璧に対応する）とある。「分殊」の部分は、右図と左図で違いがあり、それぞれ下に以下のような書き入れがある。

右：「竪ニ引モノ横ニ置バ一トナリ、又、横ヨリ見レバ一トナル。横ニ引モノ本来一也」（濁点は補った）

左：「此小圏図、竪ニ引ノバセバ竪ニ一トナリ、横ニ引ノバセバ横ニ一トナル」

つまり、「分殊」は右図のようにも左図のようにも描くことが可能で、どちらでも理屈が通じることを言っているのであろう。

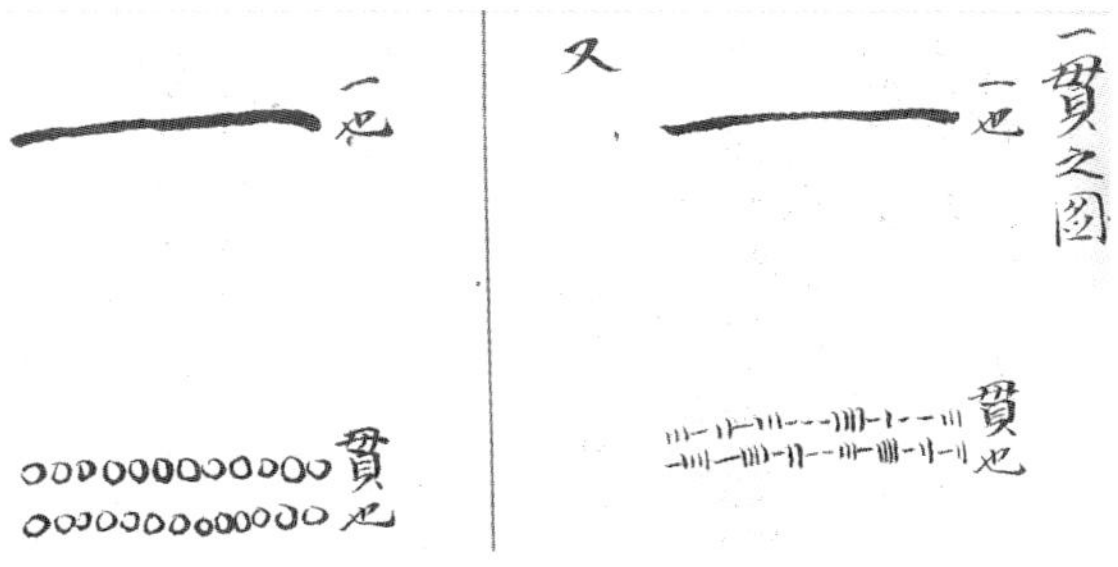

〔図4〕一貫図（『道学関轄録』6ウ〜7オ）

⑤　心図（『知新録』87オ）〔図5〕

蘭洲は、儒教は完全な善である性に基づくのに対し、仏教は善悪合わせ持つ心をよりどころとする点を批判している（「仏氏本心不本天。其唯本心也、故其説出思慮運用。彼亦知悪之、遂欲滅思慮。思慮豈可滅乎。」（『蘭洲先生遺稿』上巻44オ））。その心が清濁合わせ持つ様子を表した図である。張載の「心者統性情」を表したものだという説明がある。

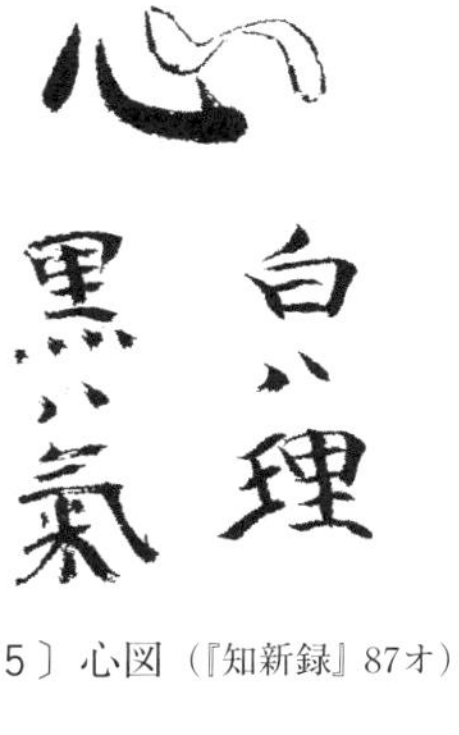

〔図5〕心図（『知新録』87オ）

⑥　性善図（『性論明備録』10ウ）〔図6〕

『朱子語類』巻九十五に、弟子の正淳が郭氏性図について朱子に尋ねた記述がある。この部分は山崎闇斎『性論明備録』にも引かれており、蘭洲の発言が見えるのはその『性論明備録』の講義録の中である。1と2が朱子が考えをそのまま図示

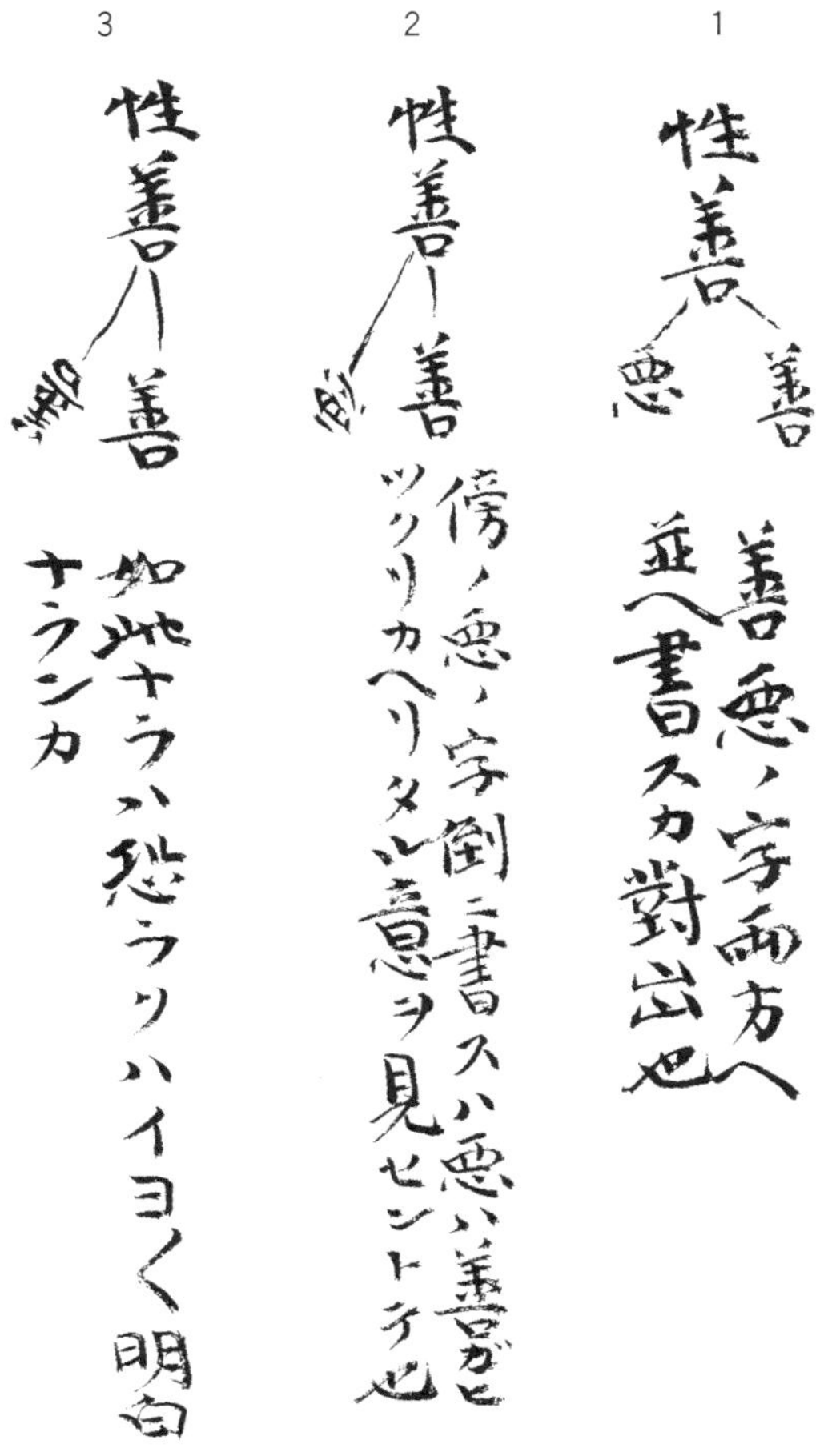

〔図6〕性善図（『性論明備録』10ウ）

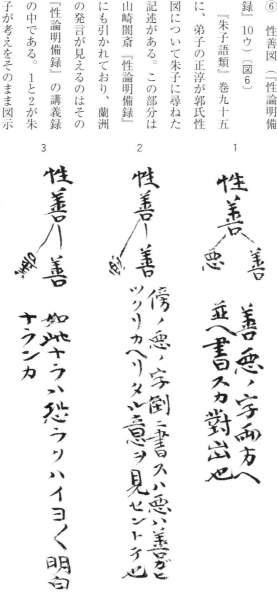

したものであり、3が蘭洲が改良を加えた図である。程明道の「悪亦不可不謂之性（悪も性だと言わざるを得ない）」を図示する場合に、「1のように善と悪とを同等に並列するのは間違っている、悪は善がひっくり返ったものなので、2のように字もひっくり返して描くべきだ」というのが朱子の考えである[4]。それに対して、蘭洲は、「それなら悪という字を使わずに、善という字をひっくり返して3のように描くべきだ」と言っているのである。この蘭洲の修正図においては、「悪」という字そのものが消えている。これは、善を中心に考え悪はその変態に過ぎないとする（悪を固定的に考えない）蘭洲の考えを反映している点、重要である[5]。

二　「太極図説」に対する評価

本節では、「太極図説」に対する蘭洲の理解を紹介したい。蘭洲は、「太極図説」を高く評価しつつも、修正も必要だと考えていた。

①「太極図説」の目的・由来

蘭洲は「太極図説」が作られた目的について次のように言う。

太極図説何為而作也。蓋周子欲使人之為善也。即知非出造作、又非出聖人矯揉、皆所奉天命而行、不可已之道、所以敷演『中庸』所謂天命之性也。非区々一心之工夫矣。不知者徒視図為弄具、不知切諸身。程子曰、聖人之道本於天、是也。　　　　（『蘭洲先生遺稿』上巻86ウ～87オ）[6]

「太極図説」が作られたのは、人々に善を行わせるためだというのである。道徳は、聖人が考え出した人為的なものではなく、自然法則に基づくものである。それがわかっていないと形式的に行うだけになってしまう。そうならないように周敦頤はこのような図説を作ったというのである。そして、『中庸』に言う「天命之性」を敷衍したものだと言う。「太極図」はともすれば、抽象的、神秘的な図だと考えられるが、蘭洲は決してそうではないと考えていたのである。

「太極図」は、その神秘的表現のため、道家に由来するとも言われるが、蘭洲はそれも否定している。蘭洲は以下のように言う。

太極ノ図ハ宋ノ始ノ陳摶ノ輩道家ニ用ヒタリ。ソレヲ周子道ノ上ヘ用ヒテ図説ヲツクルトイヘリ。陳摶ハ周子ノトキイマダ存生ノ人也。然レバコノ太極ノ図ハ唐ノ末五代ノコロノ道ヲ知ル人ヒソカニ此図ヲツクリタルモノ也。然ルヲ陳摶ノ輩道家ノ事ニ仮リ用ルハ八卦ハ伏羲ノ作レヲ占方ヲシテ失セモノナドヲ占フ人ノ用ルヤウナルモノ也。

（『雑纂』下巻50ウ）(7)

周敦頤が使った「太極図」は直接には道家の陳摶らが用いていたものだが、それはもともと道を悟った儒者が作ったものだったというのである。つまり、儒家→道家→儒家と流伝したものなのでもともと儒家のものだというのである。

②「太極図」に対する疑義

ただ、蘭洲は今の「太極図」には誤りもあると考えていた。上記引用部分に続けて蘭洲は次のように言う。

今、印本ノ陽動陰静ノ図ハ伝写ノ誤リアリ。今ノ陽動陰静ノ図ノ中ノ白圏ヲ太極トスレバ陰陽ヨリ太極生ズルヤウ也。今ノ陰静陽動図ノ外マハリニ圏図アルベシ。其中ヘ陽動陰静ノ図ヲカキ入レタル也。外ノ圏図ハ太極也。カヤウニ図スレバ、太極陰陽ヲ生ズル意見ユル。

（『雑纂』下巻50ウ～51オ）

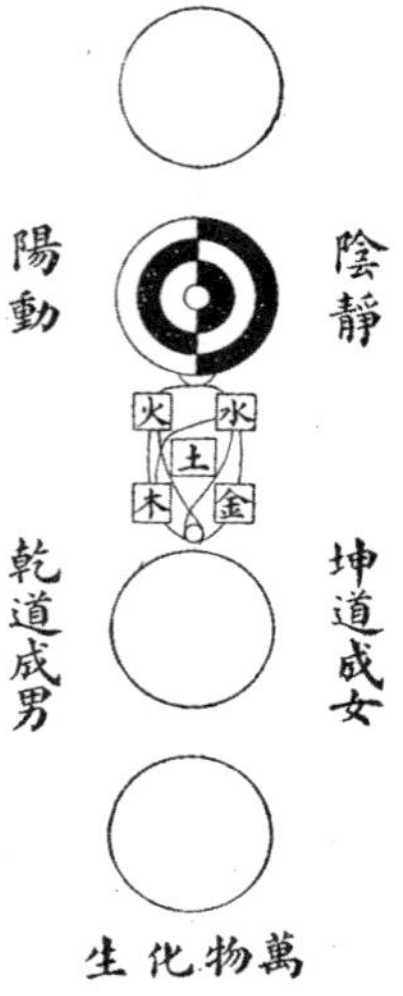

〔図７〕「太極図」

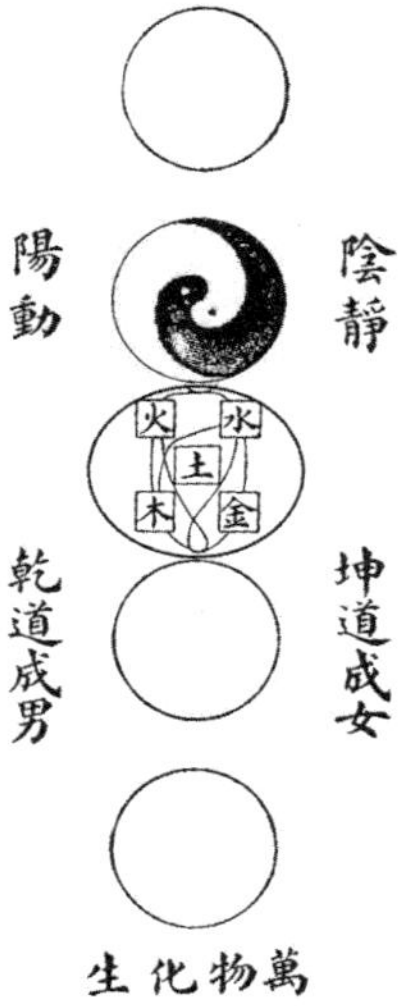

〔図８〕「蘭洲の考えた太極図」（湯城推測）

つまり、今の「太極図」の上から二つ目の「陽動陰静」の部分は、真中の小さな白丸が太極だとすると、陰陽から太極が生じるように見える。本当は、太極から陰陽を生じるので、太極を表す円は中ではなく外周りにあるべきだと言うのである。さらに、蘭洲は次のように言う。

又、今ノ図ノ如ク陽動陰静ノ継目フトク截然ト分ルヤウニ図スル事ニ非ズ。動テ陽、静ニシテ陰トナル事、イツ動静スルトモ分レヌモノ也。故ニモトハ陽動陰静ノ継目ノ処ヲ細ク図シテ、イツノマニヤラ動静シテ、ハッキリト動静分レヌヤウノ意ヲ示シタルモノ也。……明ノ章潢ガ著ス図書篇ノ中ニ古ノ陽動陰静ノ図アリ。此図持軒先生（＊蘭洲の父）ノ口授スルイツ動静スルヤラ分ラヌト云処ノ模様ヲ図スルニヨクカナヘリ。今ノ印本ノ図ニハ遙ニマサレリト也。

（『雑纂』下巻51オ～51ウ）

今の「陽動陰静」の部分は、陰陽の継ぎ目がはっきりと分かれている。だが、本当は、陰陽は徐々にいつの間にか変化していくものなので、このようにはっきりした継ぎ目ではなく、細くすべきだと言うのである。蘭洲は、明の章潢の『図書編』の中の「古ノ陽動陰静ノ図」が今の図より優れると言う。『図書編』の中に「古ノ陽動陰静ノ図」という名の図はないが、おそらくは「古太極図」（現在も道教のシンボルになっている白黒が渦巻いた「陰陽魚太極図」）を指すと思われる。

さらに、上から三つ目の五行の部分については以下のように言う。

又五行ノ図ノ下ノ圏図モ今ノ図ノ如ク小ニ図シテハ太極ガ別ニアルヤウ也。此圏図ハナキモヨシ。モシ圏図ヲ書スナラバ、大ニ図スルガヨキト也。コレ持軒先生ノ口授也。（『雑纂』下巻51ウ）

「五行ノ図ノ下ノ圏図」とは五行の部分の小円であろう。二つ目の部分同様、この部分も、このように描くと、五行と太極の関係が明らかではないので消した方がよい。ただ、もし、太極から五行が生まれることを表すためには、太極を表す円は小さく描くのではなく、外周りに大きく描くべきだと言うのである。

以上の蘭洲の考えを反映し、二つ目の「陽動陰静図」を今の太極図に入れ替え（その場合、外周りの円は要らないものと考える）、三つ目の「五行図」から下の白丸を取れば、おおよそ〔図8〕のようになるのではなかろうか。

三　「天人事物一貫之図」と「『中庸』天命性図」

一節、二節では、蘭洲が図解を重視していたことを明らかにした。本節では、蘭洲にとって最も重要であったと思われる「天人事物一貫之図」と「『中庸』天命性図」について述べたい。

①　「天人事物一貫之図」

蘭洲が「天人事物一貫之図」なる図を作っていたことは、『蘭洲先生遺稿』下巻に記述が残っていることからわかる。「太極図説」について二節で確認したような内容を述べた（注6）の箇所）後に、蘭洲は以下のように言う。

欲知本天、幸此図（＊図7「太極図」）有存焉。……今世頼有講程朱学者、唯争章句之末・議論之間、惜矣哉。余頃作天人事物一貫之図以示従遊者、庶幾有羽翼乎此図、亦懼識者有不自揣之誚爾。

（『蘭洲先生遺稿』下巻3オ〜3ウ）

ここでは、人間の道徳が天に由来することを明らかにするものとして幸い「太極図」が残されていると言った後で、「天人事物一貫之図」なる図を作っていたことと、それは「太極図」の補助として、議論だけの学者ではなく心から納得して道徳実践できる人物を養成することを目的とするものだったことを述べている。

以上の記述から、この図に対する蘭洲の重視と自負が伺えよう。ただ、この図については『雑纂』下巻の中に断片的記述が残るに過ぎない。

　孟子性善ト云ハ天人事物一貫之図ノ天（割注：陽陰）—道—善—人性ト人性ノ上ニアル善也。コレスナハチ繋辞ニ成性ノ上ニアル継善ノ善也。

（『雑纂』下巻45オ）

＊『易経』繋辞伝には「一陰一陽之謂道。継之者善也。成之者性也」と見える。

また、この部分に関しては以下のような記述も見える。

　天人事物一貫之図ニ道ノワキニ不対徳トアルハ、徳トイヘバハヤ人事ニワカル、此道ノ字一陰一陽之謂道ノ道ノ字ニテ、継善成性ノ前ナレバ……

（『雑纂』下巻47オ）

この二つの記述を総合すると、この図の一部は

　天陽陰　—　道不対徳　—　善　—　人性

となっていたことがわかる。(8)

その他、天人事物一貫之図の様子を窺うことのできる記述として以下の箇所が挙げられる。

先生天人事物一貫之図ニ仁ノ筋ノ処ニ愛孝温和慈恵之属ト云、義ノ筋ノ処ニ敬忠廉潔果敢之属ト云テ、仁義ノ下ニバカリカヤウノ辞ヲ加ヘルハ繋辞ノ意ヲ含テノ意也。愛孝ハ親ニ愛ヲスレバ孝トナリ、敬忠ハ君ヲ敬スレバ忠トナルヲ云也。〔割注〕此図天人事物一貫之図不改前ノ図ニツキテ云説也。

（『雑纂』下巻44オ～44ウ）

ここを見ると、蘭洲は『易経』などを参考にこの図を作り、その一部分は

仁―愛孝温和慈恵之属

義―敬忠廉潔果敢之属

となっていたことがわかる。ただし、これは改正前の図だという注記があり、改訂を加えていたことも窺える。また、以下のような記述もある。

天人事物一貫之図ニ情ノ処ニ感而動ト云、意ノ処ニ感而応ト云テ、動ト応トニテ分タリ。感而動ハ俗ニマニハットイレヌト云如ク、少シモユトリナク性ヨリ直ニ発スヲ云。故ニ情ニツクル也。感而応ハ少シユトリアリテ差別アル也。譬バ貴人呼ベバ答フレドモアイト云。目下ノ人呼ベバ直ニ答フトイヘドモヲウト云類ナリ。故ニ意ニツクル也。ココヲ以テ情ト意トノ別ヲ知ルベシ。

（『雑纂』下巻45オ～45ウ）

＊「マニハツトイレヌ」は「間髪容れず」。

この記述によれば、「天人事物一貫之図」には以下のような部分があったことがわかる。

情―感而動

意―感而応

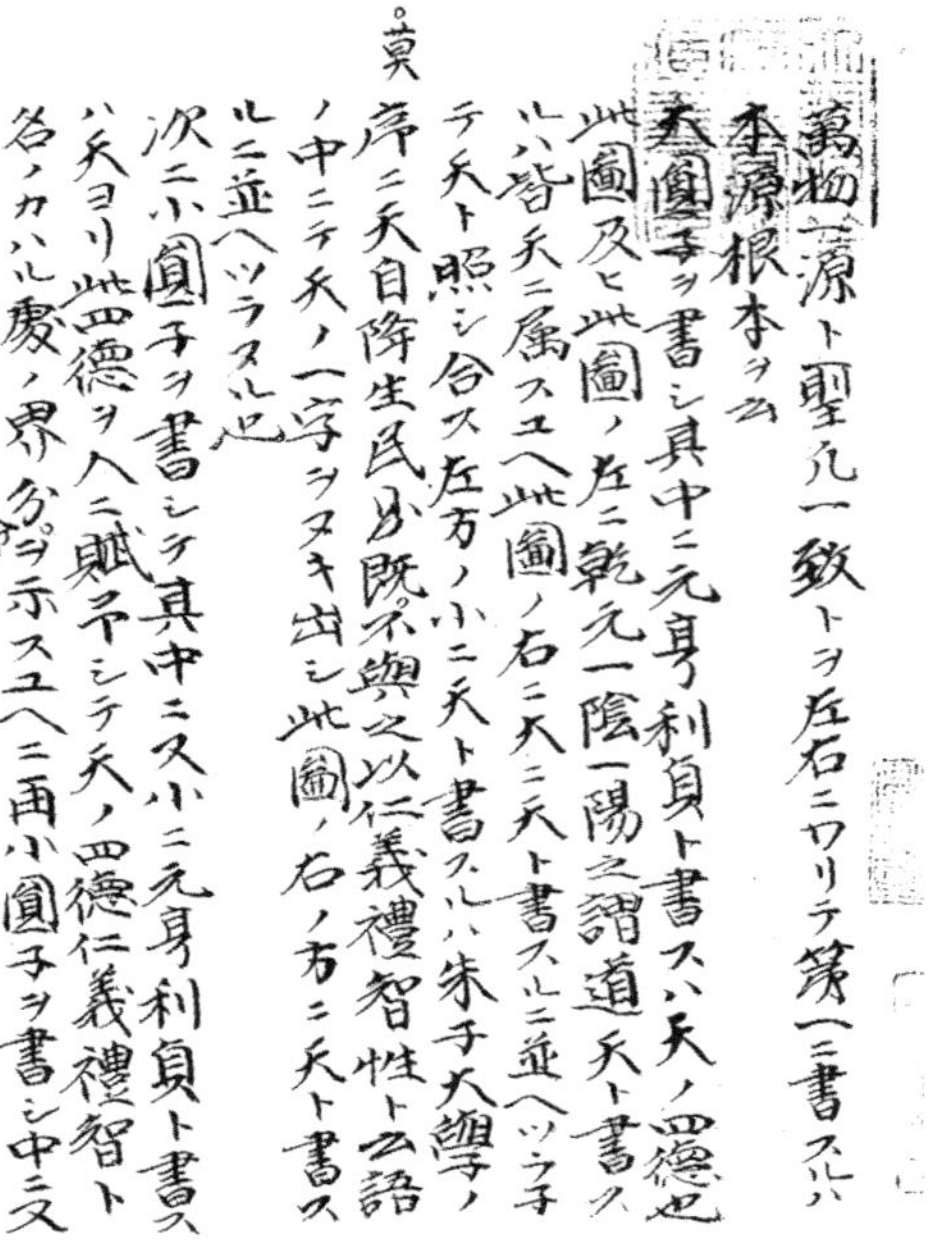
萬物一源ト聖凡一致トヲ左右ニワリテ第一ニ書スルハ
本源根本ヲ云
天圓子ヲ書シ其中ニ元亨利貞ト書スハ天ノ四德也
此圖及ヒ此圖ノ左ニ乾元一陰一陽之謂道天ト書ク
ルハ皆天ニ屬スユヘ此圖ノ右ニ大ニ天ト書スルニ並ヘツラネ
テ天ト照シ合ス左方ノ小ニ天ト書スルハ朱子大學ノ
○莫
序ニ天自降生民則既不與之以仁義禮智性ト云語
ノ中ニテ天ノ一字ヲヌキ出シ此圖ノ右ノ方ニ天ト書ス
ルニ並ヘツラヌル也
次ニ小圓子ヲ書シテ其中ニ又小ニ元亨利貞ト書ス
ハ天ヨリ此四德ヲ人ニ賦予シテ天ノ四德仁義禮智ト
名ノカハル處ノ界分ヲ示スユヘニ両小圓子ヲ書シ中ニ又
命

〔図９〕『蘭洲先生中庸天命性図解』冒頭

以上のような断片的記述と再現可能な部分および図の名称から推測できるのは、この図が、人間の道徳は天地の自然の摂理の一部を為す（そこに由来する）絶対的真理であり、また、事物についてもその対応関係を指摘できることを表したものだったであろうことである。蘭洲は、『易経』繫辞伝などを参考にこの図を作り、教学上非常に重視していた。この図の全体像が明らかにできないのは非常に残念である。

② 「『中庸』天命性図」

次に、本章の中心である「『中庸』天命性図」について述べたい。この図は、『蘭洲先生中庸天命性図解』〔図９〕という著作に実に詳細にその様子が述べられており、復元が可能である。四葉ほどの短い文章で、この文章と対照しなければ、筆者の図の復元の当否も判断することができないので、附録に全文を挙げる。
この記述に基づき、筆者が復元した図は次頁のようである[9]〔図10〕。

＊右下部の「(聖人)」「(常人)」は湯城による補足。

この図は、上から下に、天から賦与された道徳が人に実践される過程を表している。

図の右に大きな字で書かれている「天」「命」「性」「道」「教」は、言うまでもなく、『中庸』冒頭の「天命之謂性、率性之謂道、修道之謂教」を表している。

図の左の文言は、関係する経書の文言が、「天」「命」「性」「道」「教」のどの範疇に属するかわかるように区切って書かれている。右から、「乾元……」は『易経』乾卦彖伝、「一陰一陽……」は『易経』繋辞上伝、「人生静以上……」は『礼記』楽記篇（朱子学でよく引用される）、「天自降生民……」は朱子『大学章句』序の引用（見やすくするため句読点を補った）である（句読点は湯城による）。

次に中央にある図について説明する。

まず、図の上半分「天」「命」「性」の部分は、天徳である「元」「亨」「利」「貞」が人に賦与される様子を表している。○という図形は渾然一体となっている様を表し（附録（注3）参照）、「元亨利貞」の○と「仁義礼智」の○を結

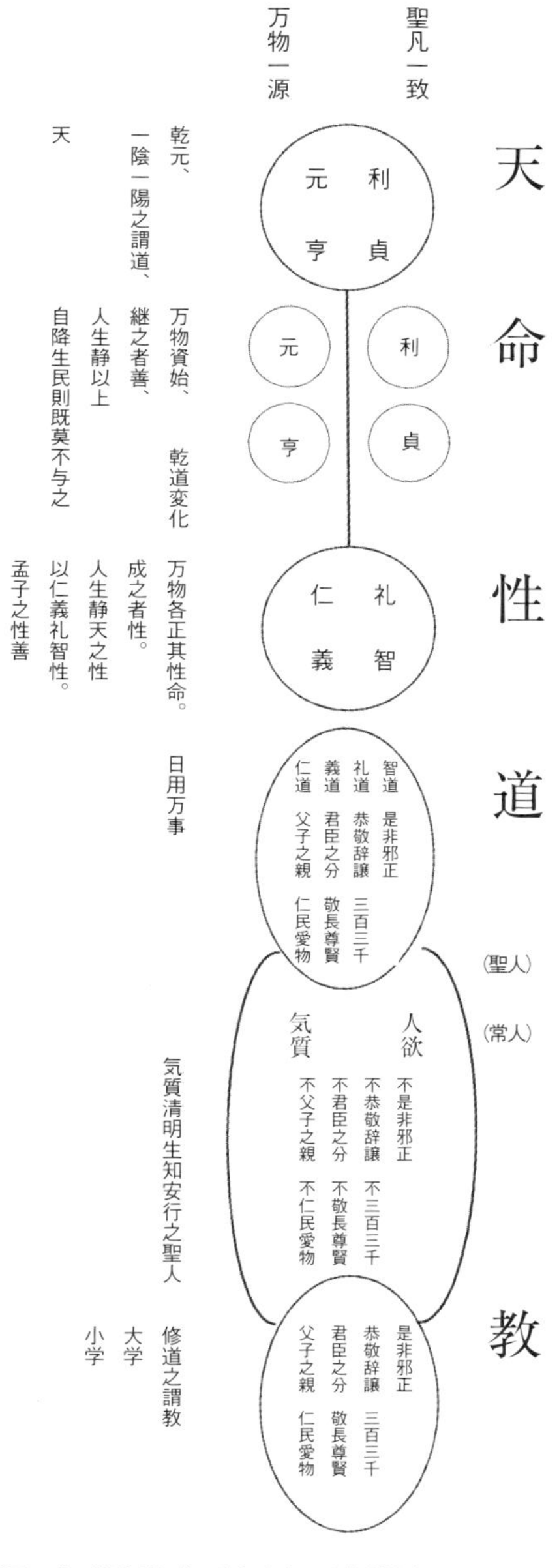

〔図10〕蘭洲先生『中庸』天命性図（湯城復元）

ぶ縦棒は、人の性が天から稟けて天と一致することを表している。「元亨利貞」は、『中庸』ではなく『易経』乾卦卦辞に見え、朱子学ではこれを天徳とする。蘭洲の説明によれば、「元」は万物を生む春の徳（人では「仁」）、「亨」は万物を成長させる夏の徳（人では礼）、「利」は実りを生む秋の徳（人では義）、「貞」は来年の準備をする冬の徳（人では智）である（附録（注4）参照）。なお、最上部の「万物一源」「聖凡一致」は、管見の及ぶ限り経書では発見できなかったが、宋学では一般的に用いられることばであった（附録（注1、2）参照）。

続いて、図の下半分「道」「教」の部分について説明する。この部分は、天から「仁義礼智」の徳を授かった人がいかにそれを実践するかを描いている。「道」の○には「仁義礼智」の徳が実際にどのような行いとなるかが書かれている。

さて、聖人はこの「道」だけで済むのだが、凡人は人欲があるために、「教」を用いざるを得ない（図に書いている「（聖人）（常人）」は、この聖凡の分かれ目を示すための湯城による挿入である）。ただ、この「教」を全うすれば道に返ることができる。「道」の◯と「教」の◯が重なり合うよう合同に描かれているのはそのためである。左右の弧はその反復一致する様子を表している（台湾・明道大学の黒田秀教氏のご教示による）。「教」の内容については、図の左には「大学」「小学」だけが書かれているが、以下に説明する『中庸首章解』では、「聖賢の教え（直接の教授）」「天地万物の様子を見て我が身を省みること（自省）」「書物や伝聞で古人の嘉言善行を知りそれに習うこと（書物）」「悪い例を見て自己反省する（反面教師）」「人主が礼楽刑政で人民を教化すること（人民教化）」と、より多角的に述べている（『中庸首章解』13オ）。

なお、この下半分では、「父子之親」～「是非邪正」という文句が繰り返し出てくる（『蘭洲先生中庸天命性図解』の説明でも同様である）。あるいは、門人に覚えさせるために繰り返し唱えさせていたのかもしれない。

また、これだけの図を実際に描くと相当の大きさ（高さ）になったであろう。おそらくは、掛け軸（掛け図）にして、門人に見せていたのではなかろうか。

以上のように見れば、この図は単に『中庸』の説明をするためだけのものではなく、他の経書も取り込んで、儒教の教え（道徳実践）を人に総合的かつわかりやすく説明するためのものだったことがわかるであろう。

ちなみに、蘭洲に『中庸首章解』という著作がある。漢文を解しない庶民のために、和文で『中庸』首章を解説したもので、丁寧にふりがな、読点が付けられている。

一般に『中庸』は抽象的で初学者向けではないと考えられている（序でも言う）が、蘭洲は天人一貫の理――すなわち、道徳は天に基づく自然法則とも言うべきもの（絶対的なもの）であること――を悟ることがいちばん大切だと考えていた。そうでないと人々に道徳を行う根拠を納得させることができないし、道徳を行ってもただ表面的に行うだけに終わると考えていたからである。『中庸』については、懐徳堂学派では、中庸錯簡説が有名であるが、そのような学術的観点以外に、教学的観点から重視されていたことがわかろう。以上のような執筆意図において、『中庸首章解』は「『中庸』天命性図」と通じるものであり、「『中庸』天命性図」の参考書として役に立つ。『懐徳堂研究』七号（大阪大学・懐徳堂研究センター、二〇一六年）に翻刻を発表しているので参照されたい[10]。

四　他書における『中庸』関係図

本節では、他書に見える『中庸』関係図を参考に、蘭洲の「『中庸』天命性図」の特徴を考えたい。

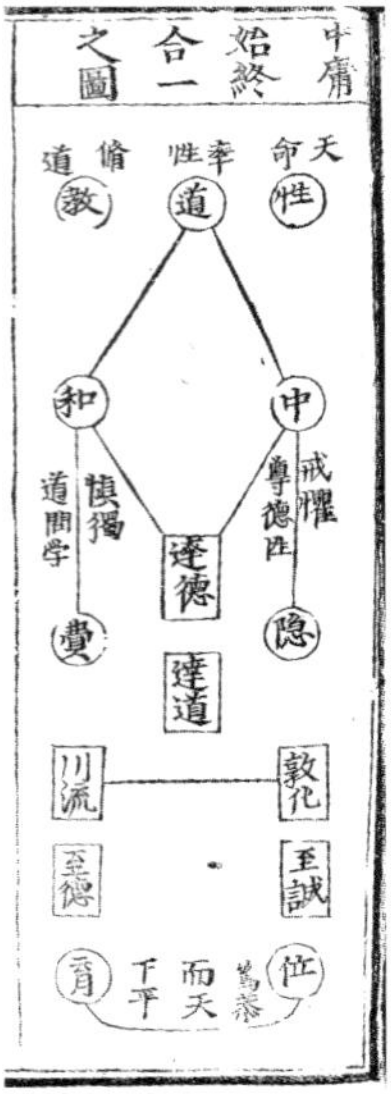

〔図11〕中庸始終合一之図（『四書略図解』）

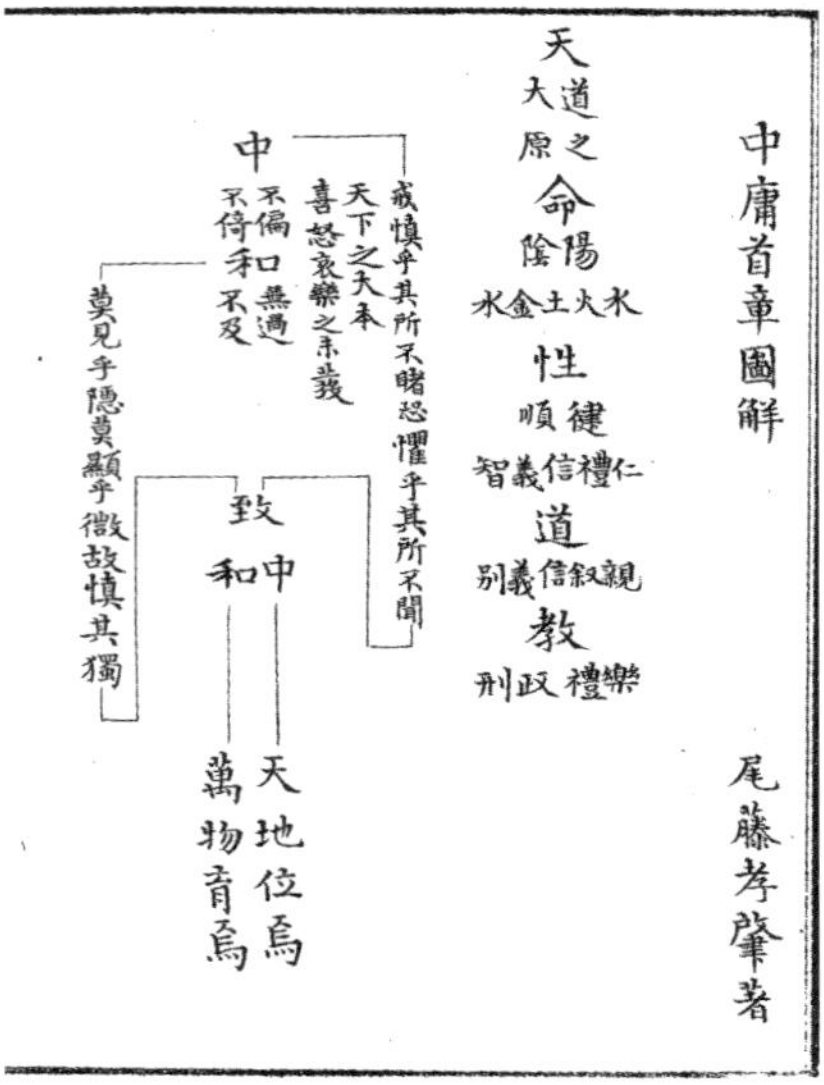

〔図12〕尾藤二洲「中庸首章図解」（安永八年（1779）、天明五年（1785）訂）

『中庸』は系統的に論述されている（少なくとも朱子学ではそう考えている）ため、本来、図示しやすい。加えて、『中庸』の朱子学における重要性、その深遠さ（理解しにくさ）を考えれば、蘭洲以外に、『中庸』を図示してわかりやすくしようという試みは恐らく数限りなくされていたであろうと想像できる。以下、そのような中から、筆者が目にしたものをいくつか紹介する。

中国でも日本でも、四書、五経を図解する本は数多く存在する。その中、『四書略図解』（大原武清『四書引蒙略図解』、承応二年（一六五三））という本の中に「中庸始終合一之図」と題する図が見える（図11）。

また、蘭洲の図より後のものになるが、懐徳堂の中井履軒などとも交流のあった尾藤二洲が『中庸』に関係するいくつかの図を残している。[11] そのうち、『中庸』首章については、「中庸首章図解」がある（図12）。

以上の二図は、いずれも『中庸』に見えるキーワードの相互関係を図示したもので、特に図12は、『中庸』首章の「天」「命」「性」の関係性を示しており、蘭洲の図と類似を指摘できる。ただ、両者はいずれも用語の関係を示すだけのものであるのに対し、蘭洲の「『中庸』天命性図」は、①「太極図」と同じく生成の過程も図示する点（すでに述

〔図13〕元亨利貞図（『玉講附録』上巻）

べたように、線や円もその意味がある）、②他の経典の文言との対応性も示す点（左の文字部分）において特徴がある。蘭洲の図はより総合的な図だということである。

この生成を表すという点について類似するものとして、『玉講附録』上巻に見える「元亨利貞図」が挙げられる〔図13〕。

『玉山講義』は朱子が自らの思想を簡潔にまとめたものとして、後世、朱子学者の間で重視された。その『玉山講義』に山崎闇斎が『朱子語類』などからの引用を付け加えたのが『玉講附録』である（この図の部分も『朱子語類』に見える）。そして、蘭洲の講義録の中に『玉講附録紀聞』があることから、蘭洲が『玉講附録』を講義に使っていたことが確認できる。つまり、〔図13〕を蘭洲が目にしていたことは確かである。

この「元亨利貞図」は、『朱子語類』巻九四「周子之書」「太極図」からの引用であり、「太極図」に元亨利貞を当てはめるとよくわかるというのが趣旨である。この図は、「太極図」の上部に対応するものなので当然、生成過程を示す図であり、さらに「元亨利貞」の天徳を最上部に置く点においても蘭洲の図と類似性が認められる。特に、『中庸』首章には見えない「元亨利貞」が見える点は注目に値する。すでに述べたように「元亨利貞」が天徳だというのは『易経』に基づき朱子学に一般的な理解であるが、この両図における一致は注目すべきであろう。

以上のことからすると、蘭洲の「『中庸』天命性図」は、『玉講附録』「元亨利貞図」の影響を受けた可能性が考えられる。

おわりに

以上、本章では、蘭洲の教学上の特徴として図を多用していることを指摘し、その中でも特に重要であると思われる「『中庸』天命性図」の復元を試み、その特徴の分析を試みた。

同図の最大の目的は、人間の道徳が天に由来する自然の摂理であることを人々にわからせることにある。同図は単に『中庸』の文句を図解しているだけでなく、「太極図」と同様、天人合一の過程を生成論的に図示している点に特徴がある。また、経書に見える記述を附記しその対応関係も示しており、儒教の教義を集約して人々にわかりやすく示したものであると言える。

また、関連する著作として『中庸首章解』がある。これは一般に抽象的で難易度が高いとされる『中庸』の内容を、漢文を解しない人々にわかりやすく和文で解説した書である。

懐徳堂学派の『中庸』研究については、「誠」が唐突に一度だけ出てくる第十六章を第二十四章の後に置くべきだとする中庸錯簡説が有名である。ただ、本章で明らかにしたように、教学の面からも重視されていた点は注目すべきであろう。[12]

注

（1）『胆大小心録』二十六「段々世がかわって、五井先生といふがよい儒者じゃあって、今の竹山、履軒は、このしたての禿じゃ。」（『上田秋成全集』第九巻、中央公論社、一九九二年、一四七頁）。

（2）『蘭洲遺稿』は大阪府立中之島図書館に三本所蔵されているが、本章では『蘭洲先生遺稿』（041／420）を使う（丁数は同本による）。

（3）拙稿「大阪府立中之島図書館所蔵懐徳堂関係資料目録」（『中国研究集刊』三七号、大阪大学中国学会、二〇〇五年）参照。以下、本章で扱う『蘭洲先生遺稿』『雑纂』『中庸天命性図解』『中庸首章解』『百一録』『鉤深録』『道学関轄録』『知新録』『性論明備録』『感興詩講義』『中庸輯略講義』『易四伝講義』『感興詩講義』『大学講義』などはいずれも「五井蘭洲講義筆記六十五種」の一つ。

（4）原文は以下のようである。

1「性善字且做在上、其下不当同以善悪対出于下。」

2「不得已時、善字下再写一善、却傍出一悪字倒著、以見悪只是反於善。」

（5）その他、蘭洲の講義録に見える図は以下のようなものがある（図の名称は仮に湯城がつけたもの、数字は丁数、オは表、ウは裏）。

・己欲立而立人己欲達而達人図（『鉤深録』7ウ～8オ）
・動心図（『鉤深録』14ウ）
・仁義礼智図（『鉤深録』22ウ）
・舜蹠之分図（『鉤深録』40オ尽心上篇）
・易理数図（『鉤深録』43オ）
・感興詩首尾図（『感興詩講義』47オ）
・穀種図（『百一録』18ウ）
・統体大極図（『知新録』25ウ）
・愛之理図（『知新録』64オ）
・未発已発中図（『中庸輯略講義』上49オ～49ウ）

・継善成性図（『易四伝講義』16オ）
・感興詩講義末尾図（『感興詩講義』末尾）
・大学首尾図（『大学講義』100オ）

（6）その他、以下の箇所でも同様の内容を述べる。

「太極図説……蓋性与天道之奥不可挙舌明之也、権図以示之。……夫学不知本天、則仁義忠孝皆為格套、心術良智皆為煮空鐺、与義外善偽之説同致。苟知本天、則知仁義忠孝人之所以為人之道不容已矣、心術良智皆為率性。程子明観之、乃言異端本於心、我道本於天、豈不然乎。欲知本天、幸此図有存焉。……今世頼有講程朱学者、唯争章句之末・議論之間、惜矣哉。」

（『蘭洲先生遺稿』下巻2ウ～3ウ）

（7）大阪府立中之島図書館には、二種類の蘭洲著『雑纂』がある（分類番号041／422および041／454）。本章で引用するのはすべて前者（041／422）である（後者041／454は日本のことについて述べた文章を集める）。

（8）この部分については以下の説明がある。

「天人事物一貫之図ノ道ト云ハ繋辞ニ一陰一陽之謂道トアルユヘ道ノ字出ルマデニテ、此道一陰一陽之謂道ノ道ナレバ天ニツキタル道ニテ人ノ上ヘハカカラズ。然レバ人ノ上ニカカル根本ハ一貫之図ノ道ノ下ニアル善也。コノ善ヨリ万ヲ推出来ル也。繋辞ノ意モコノトホリノ意也。」

（『雑纂』下巻45オ）

（9）筆者がどう復元するか迷った部分は以下のようである。

①「元亨利貞」「仁義礼智」などは左右逆かもしれない。ただ、左右どちらでも意味上問題ないと判断し、今の我々にわかりやすいように左から右に読めるようにした。

②「命」の小円は元亨利貞それぞれ四つに分ける可能性も考えられる。原文を見ると二つ描いてそれぞれに元亨利貞を書き入れるというふうにも取れるか。ただ、ここでは五章に紹介する『玉山講義』に見える「元亨利貞図」も参考に図のように表した。

③末尾部分「気質清明　修道之謂教」が右か（天命性道教は『中庸』の文句に従うもの）左かも記述からは判断できない

（他のコメントは左、「大学・小学」の横にある方がいいか）。

④「道」の円と「教」の円を「反復一致セル」ように描く方法。

（10）以下、『中庸首章解』の序と跋から重要な箇所だけ挙げる。（（　）内は振り仮名を適宜採用した。）

序

「それ道は二端（ふたつ）なし。孝弟忠信、礼楽射御のたぐひ、皆これ道の本源より出づ。これを人事（わざごと）なりと蔑視（かろんじ）し、別に心法ありなど思ふは、道の一貫なるをしらざるなり。道の本源は天にあり。人の本源は性にあり。……『中庸』一篇は、ただ是性命一貫の旨を説述られたり。……ある人いふ、此『中庸』の書は、性命の理（ことはり）を説たれば、初学のしる所にあらず。これを論ずるは、等（しな）をこゆるとて、先儒のいましむる所なり。ただ小学より入べし。これ一往はことわりなれど、時をしらぬなり。……然れば、『中庸』の書を見て、大やう天道性命といふことを見聞し、人道の本はここにあり、かの朦朧恍惚たることにあらず、目にふるる物、皆実理なりといふ事をしらせ置べし。……たとへば、弓を射るもの、容貌（かたち）射方（ゐかた）の礼法にかなふべきは本よりのことにて、的のあり所をしらざれば、目をつくる所なきが如し。初学者に、先性命の理の的を、一目見せをくべし。然らば、他岐旁経（（左）わきみち）のまよひなく、人倫の道に純一（もっぱら）なるべし。……」

跋

「つらつらおもふに、天地より始め、人畜、草木、沙礫に至り、其体たちて、其用行はる、道の発見（はつげん）にあらざるはなく、性の固有にあらざるはなし。もし、かれをいとひこれをとるは、ただ一己一心（ひとりのこころ）の上より見て、天と性とに本づかぬによれり。世に道を学ぶ人おほけれど、ただ冊子上（しよもつのうへ）の論なり。これををのれが性にかへり見こごむる人まれなり。又、世の人、聖人の教ありとおもへるのみにて、人は万物にすぐれて、貴きものをあたえ置給ふをしらず。それ一家の主人たる者、其家に祖宗（せんぞ）より持伝へ、又は父母の手なれ給ひし器物財宝は、一々によく覚え、やぶらじ、そこなはじ、失はじとす。今、学者として、天のあたふる所にて父母のとりつぎたるこの我性命はいかなるものといふをしらず、只、口に詩書礼楽のみをとくは、知者といひがたし。」

（11）尾藤二洲（一七四七～一八一三）。残している図の名称は、「中庸首章図解」「中庸知仁勇図解」「中庸章図」「中庸廿七章大小相資首尾相応図」（『中庸首章発蒙図解』・『与楽園叢書』巻一所収）。頼惟勤「尾藤二洲について」（『徂徠学派』（岩波書店〈日本思想大系三七〉、一九七二年）所収、五四一頁）によれば、古賀精里と共同討議の上完成したという。
なお、江戸時代の儒者では、中江藤樹（一六〇八～一六四八）と三浦梅園（一七二三～一七八九）も多くの図を残している。また、朝鮮朱子学でも、有名な李退渓の「聖学十図」「天命旧図」「天命新図」の他、金謹行『中庸箚疑』、白鳳来『中庸通理』、金相進『中庸経義・中庸鬼神章箚録』、朴箕寧『中庸図説』などに『中庸』の図が見える。これらと蘭洲の図の比較は今後の課題にしたい。
（12）中村春作「懐徳堂学派の中庸論」（市來津由彦、中村春作、田尻祐一郎、前田勉編『江戸時代の中庸注釈』（汲古書院、二〇一二年）所収）でも、蘭洲の『中庸天命性図解』や『中庸首章解』は紹介されていない。

〔附録〕

『蘭洲先生中庸天命性図解』（大阪府立中之島図書館蔵）

＊句読点、濁点、『　』（書名符号）、「　」（引用符号）は補った。
〔天〕〔命〕〔性〕〔道〕なども湯城による補足。下線（図示に迷う部分）も湯城による。

【原文】

「万物一源」(1)ト「聖凡一致」(2)トヲ左右ニワリテ第一ニ書スルハ本源根本ヲ云。
〔天〕大円子(3)ヲ書シ其中ニ「元亨利貞」(4)ト書スハ、天ノ四徳也。此図及ビ此図ノ左ニ「乾元」「一陰一陽之謂道」(5)「天」ト書スルハ、皆天ニ属スユヘ、此図ノ右ニ大ニ「天」ト書スルニ並ベツラネテ「天」ト照ジ合ス。左方ノ小ニ「天」ト書スルハ、朱子『大学』

ノ序ニ、「天自降生民則既莫不与之以仁義礼智性」ト云語ノ中ニテ「天」ノ一字ヲヌキ出シ、此図ノ右ノ方ニ「天」ト書スルニ並ベツラヌル也。

〔命〕次ニ、小円子ヲ書シテ其中ニ又小ニ「元亨利貞」ト書スハ、天ヨリ此四徳ヲ人ニ賦予シテ天ノ四徳仁義礼智ト名ノカハル処ノ界分・命ヲ示スユヘニ、再小円子を書シ中ニ又小ニ「元亨利貞」ト書シ、此図ノ右ノ方ニ大ニ「命」ノ字ヲ書スルニ並ベツラネテ「命」ノ字ト照ジ合ス。命ハ元亨利貞トイヘバ天ニ属シ、性トイヘバ人ニ属ス。天アタヘ人稟ル処ノ界分ツギメノ処ヲ命ト云。命ハ天ト人トノ間ニアリ。此図ノ左ノ方ノ「万物資始」[6]「継之者善」「人生静以上」「自降生民則既莫不与之」ハ、各天アタヘ人稟ルツギメ界分ノ処・命ヲ説語ユヘ、此図ノ右ノ方ノ大ニ「命」ト書スルニ並ベツラヌ。「自降生民則既莫不与之」ハ『大学』ノ序ノ此句バカリ命ノ時ニアタルユヘヌキ出シ挙ル也。

〔性〕次ニ、大円子ヲ書シ其中ニ「仁義礼智」ト書スルハ、既天ノ四徳ヲ人ニ稟テ性トナリ、天ノ四徳、仁義礼智ト名ノカハリタル後ヲ示ス図也。ユヘニ此図ノ右ノ方ノ大ニ「性」ト書スルニ並ベツラネテ「性」ト照ジ合ス。上ノ大円子ノ中ニ四徳ヲ書ス図ヨリ次ノ小円子ノ中ニ又四徳ヲ書ス図及ビ此大円子ノ中ニ仁義礼智ヲ書ス図マデニ一筋竪ニ貫キタル筋ヲ引ハ、人ノ性、天ニ稟テ天ト一致ナル旨ヲ示ス也。此図ノ左ノ方ニ「万物各正其性命」「成之者性」「人生静天之性」「以仁義礼智性」「孟子之性善」ト並べ書スハ、各天ノ四徳ヲ人ニ稟テ性トナリ仁義礼智トナリタル上ノ意ヲ説語ユヘ、又此図ノ右ノ方ノ大ニ書スル「性」ノ字ニ並ベツラヌ。又此各ノ語ヨリアゲテ別ニ「乾道変化」ト書スニ意アリ。乾道ハ即元亨利貞ノ天道ソレガ変化シテ万物ノ性命トナルヲ云ユヘニ、此四字ヲ分テハ、乾道ハ天ニ属シ、変化ハ性ニ属ス。然ルニ「乾道変化」トツヅケ見ルトキ、天ノ四徳ノ変化シテ仁義礼智ノ性トナラントスル際ユヘ命ニ属ス。「乾道変化」ハ譬バ「鳩化為鷹」[7]ノ「化」ト「為」ノ二字ノ間ノ如シ。「鳩」ハ元亨利貞、「鷹」ハ仁義礼智、彼ガ此ニ変化シテナリカハル天人ノ際ヲ云。「乾道変化」ハ先大分ハ命ノ部ニテ精密ノ分別ハ命ヨリ下ニ属シテ皆虚字[8]也。サナケレバ「資始」ニ重言トナルユヘニ、「乾道変化」ヲ別ニ書シテ此意ヲ示ス。是故ニ、『易』ニ「大哉乾元万物資始」ト「万物各正其性命」ニテスミテアルニ、又「乾道変化」ト説モ此深意アルユヘ也。然レバ、此図「乾道変化」

ヲ「命」ノ字ノ並ビニツラネズシテ、「命」ノ字ノ並ビト「性」ノ字ノ並ビトノ間ニ別ニ書スハ、『易』ノ深意ヲ知ル人ナキユヘ其深意ヲ喩サントテ格別ニ掲ゲ書セラレタリ。

〔道〕次ニ、大円子ヲ書シ、其中ニ「仁道、義道、礼道、智道」ト並べ書シ、仁道ノ下ニ「父子之親、仁民愛物」ト書シ、「義道」ノ下ニ「君臣之分、敬長尊賢」ト書シ、「礼道」ノ下ニ「恭敬辞譲、三百三千(9)」ト書シ、「智道」ノ下ニ「是非邪正」ト書スハ、天ノ四徳ヲ人ニ稟テ性トナリ、性ノ理日用事物ニ行ハル処ヲ示スユヘニ此図ノ右ノ方ニ大ニ「道」ト書スルニ並ベツラヌ。此図ノ左ノ方ニ「日用万事(10)」ト書スハ、日用万事ハ性ノアラハレテ道ノ行ハル処ユヘ（＊「道ニ属スレバ」を見せ消ち）、又此図ノ右ノ方ニ大ニ書スル「道」ノ字ニ並ベツラヌ。

〔気質・人欲〕次ニ、「気質、人欲」ト並べ書シ、其下ニ「(11)不父子之親、不仁民愛物」「不君臣之分、不敬長尊賢」「不恭敬辞譲、不三百三千」「不是非邪正」ト各又並べ書スハ、天ノ四徳ヲ稟テ仁義礼智ノ性ヲ生レツク人ナレドモ此気質ト人欲ニ乱サレテ如此ナル処ヲ示ス也。然ルニ唯聖人而已、此上ノ大円子ノ中ニ「仁道、義道、礼道、智道」ト書シ其下ニ「父子之親、仁民愛物」「君臣之分、敬長尊賢」「恭敬辞譲、三百三千」「是非邪正」ト書ス図ニ自然ト一生涯止リテ気質人欲ニ乱サレネバ、此「気質、人欲」ト並べ書ス下ニ又並べ書ス條々ノ事ナシ。コレ聖人気質清明ニシテ一毫ノ人欲ナキユヘ也。賢者ヨリ常人マデハ大小多寡ノ違ハアレドモ気質人欲ニ乱サルユヘ、此「気質、人欲」ト並べ書ス下ニ又並べ書ス條々ヲ不免也。

〔教〕次ニ、大円子ヲ書シ、其中ニ「父子之親、仁民愛物」「君臣之分、敬長尊賢」「恭敬辞譲、三百三千」「是非邪正」ト並べ書スハ、上ニ並べ書ス気質人欲ニ乱サレテ或ハ本然ノ性ヲクモラシ又ハ本然ノ性ヲ失フヲ、教ニヨッテ本ノ本然ノ性ニ復ス意ヲ示スユヘニ、此図ノ右ノ方ニ大ニ書スル「教」ノ字ニ並ベツラネテ「教」ト照ジ合ス。此図ノ左ノ方ニ「大学、小学(12)」ト並べ書スルハ、其教ハ大小ノ学ヲ以テ教ルユヘ、又此図ノ右ノ方ニ大ニ書スル「教」ノ字ニ並ベツラヌ。

「修道之謂教」ト書ス上ニ「気質清明云々」ト書スルハ、此大学小学ノ教ハ「気質清明中和(13)生知安行(14)之聖人」ノ立ル処ト云ヲコトハル也。

道ノ円子ト教ノ円子ト反復一致ニ図セル事、コレ所謂「舜有天下而不与焉」(15)ノ妙ヲアラハセリ。

詩云(16)、「他人有心、我忖度之」、斯之謂也。

注

（1）万物一源　『正蒙』巻六「誠明篇」に「性者万物之一源、非有我之得私也」とある。他、『朱子語類』巻九十八、宋・真徳秀『西山読書記』巻二、宋・黄震『黄氏日抄』巻三十三などにも見える。

（2）聖凡一致　管見の及ぶ限り、清・陸隴其纂輯『四書講義困勉録』巻三十四（告子上）に「仁義有善無悪、固縁情可験而聖凡一致者也」とあっただけである。

（3）大円子　円について蘭洲『感興詩講義』5オに「渾然ハ円ニシテ無端辞也」とある。また、『中庸首章解』25ウに「中の字は、……篆文（こもじ）はфなり。○は宇宙の象（かたどり）なり」と見える。

（4）元亨利貞　『易経』乾卦卦辞に見える。文言伝に「元者善之長也。亨者嘉之会也。利者義之和也。貞者事之幹也」とあり、朱子本義は「元、大也。亨、通也。利、宜也。貞、正而固也。文王以為乾道大通而至正」と言う。元亨利貞が天の徳であることについては、朱子「小学題辞」に「元亨利貞、天道之常」とある他、乾卦文言伝孔疏に「但乾卦象天、故以此四徳皆為天徳」と見える。また、蘭洲『玉講附録紀聞』中巻（山崎闇斎『玉山講義附録』の講義録）に「（＊元亨利貞は陰陽両者に渉るものなのになぜ乾だけに言うのかという問いに対して）乾ハ陽ニシテ君子ニアタレリ。君子ノ大徳天ニ侔シキヲ乾卦ニ明ス。此四字、元亨、陽、利貞、陰ナレドモ、陰中ノ陽、陽中ノ陰ニテ、独陰独陽ナキヲ示ス」とある。また同書、5オ～に以下のような対照が述べられる。

元　春　万物発生（生む）　仁
亨　夏　万物暢茂（そろう）　礼

利　秋　実りを生む　義
貞　冬　幹が来年の準備をする　智

（5）一陰一陽之謂道　蘭洲はこの文句の意味を世の中のすべてのことが陰陽に当てはまるという意味だと考えていたようだ。蘭洲『中庸首章解』11オに「よろづのもの、此めおの外にもるる物なし。ゆへに易に一陰一陽之謂道と見えたり」と言う。

（6）万物資始　とりてはじむ。蘭洲『知新録』24ウ〜25オに「資トハ何ヲ資ナレバ統体ノ太極ヲ資也。資テ後各具ノ太極トナレリ。資ハ理バカリヲ資也。始ハ理気ヲ兼テ……」と見える。また、蘭洲『知新録』28ウに「万物資始ハ、資ハ理、始ハ気也」と見える。

（7）鳩化為鷹　『礼記』王制篇に「鳩化為鷹、然後設罻羅」と見える。孔穎達の疏は「謂八月時……以「月令」二月時鷹化為鳩、則八月鳩化為鷹」と説明する。

（8）虚字　蘭洲は実際の意味がある字を実字、実際には意味があまりない字を虚字（および客字）と呼んでいる。蘭洲『玉山附録紀聞』中巻1オに「亨利ハ虚字ニテ客字、元貞ガ実字ニシテ主トナレリ」、蘭洲『中庸講義』73ウに「虚文ハ文アリテ用ヒラレズヤクニタタヌヲ虚文ト云」とある。

（9）三百三千　礼の多いこと。『中庸』第二十七章に「礼儀三百威儀三千」とある。蘭洲『玉講附録紀聞』中巻5ウにも「礼義三百威儀三千」とある。他、『礼記』礼器篇に「経礼三百、曲礼三千」とある。

（10）日用万事　『易経』繋辞上伝に「百姓日用而不知」と見える。蘭洲『中庸首章解』7オでは「世に一丁字（いちもじ）をしらぬ常人（なみなみのひと）に、こころだてすなをに、行ひのよく、君子にほめらるる人あり。これいまだ道をきかざれど、其性はもと天と一体なるにより、しらずしらずに道にかなふなり。是いはゆる百姓日用而不レ知なり」と言う。

（11）不　名詞を否定するのに「不」を使うことは一般的ではないが、『中庸』に「苟不至徳」の用例がある。「無」（や「非」）では百パーセントの否定になると思ったからであろうか。

（12）大学、小学　ここでは「教」として「大学」「小学」だけが書かれているが、蘭洲は「教」を、「聖賢の教え（直接の教授）」「天地万物の様子を見て我が身を省みること（自省）」「書物や伝聞で古人の嘉言善行を知りそれに習うこと（書物）」「悪い例を見て自己反省する（反面教師）」「人主が礼楽刑政で人民を教化すること（人民教化）」とより多角的に考えていた（蘭洲『中庸首章解』13オ）。

（13）中和　『中庸』第一章に「喜怒哀楽之未発謂之中、発而皆中節謂之和。中也者天下之大本也、和也者天下之達道也。致中和、天地位焉、萬物育焉」とある。

（14）生知安行　『中庸』第二十章に「或生而知之、或学而知之、或困而知之。及其知之一也。或安而行之、或利而行之、或勉強而行之。及其成功一也」とある。「生而知之」という語は『論語』述而篇、季氏篇にも見える。

（15）舜有天下而不与焉　『論語』泰伯篇に見える。

（16）詩　『詩経』小雅・巧言に「他人有心、予忖度之」とある。

第四章　五井蘭洲と中井履軒の格物致知論

佐藤由隆

はじめに

五井蘭洲と、その門人である中井履軒。彼らはともに懐徳堂を代表する学者であるが、この師弟間における思想的共通点および差異とは何か。かつて筆者はこれを検証するために、履軒独自の説として知られる「格物致知（致知格物）」解釈に注目した。そしてこれと五井蘭洲の解釈とを比較するべく、大阪府立中之島図書館蔵の五井蘭洲自筆本と思われる『質疑篇』を取り上げ、そこにのみ確認される「致知格物」条の検討を中心にした考察を行い、五井蘭洲と中井履軒の解釈は基礎となる部分が共通しており、明らかに思想的連関性を見出すことが可能である、と結論づけた[1]。しかし両者の間の差異については、考察が甚だ不十分な状態にある。本章では、両者の見解における差異について、どのように解釈することが可能であるか、ということを問題の中心に据え、考察していくことを試みたい。

一　五井蘭洲の格物致知論

本節では考察にあたり、まずは五井蘭洲の「格物致知」解釈と、それに対する中井履軒の見解を確認することから始めたい。

そもそも「格物致知」とは、朱子学が特に重視した『大学』において、学ぶ者の段階的修養法（「八条目」）として挙げられるもののうち、第一に着手すべきところであると設定されるものである。一般的には「誠意」から「平天下」までを「行」の修養と実施であると設定するのに対応する形で、「格物」「致知」は「知」の修養法として解釈されている。事実、先行研究にて指摘されている通り、五井蘭洲自身も「致知格物ハ知也」(2)「意誠以下ハ皆行ノ事ナリ」(3)などと言っている。

しかしながら、自筆本『質疑篇』にある「致知格物」条を見てみると、実態はそのような明確な区分がなされているわけではないことが見受けられる。

致知格物の詁、諸家聚訟したれども、朱注に愈るもの莫し。朱子は又た曰く、「格は是れ実に那の地頭に行き到るなり」と。余は之を演ずることを請う。家人の象に曰く、「君子以て言に物有りて行に格有り」と。礼の緇衣は之を引く。言行の相い副うことを言うなり。言は物有りて徒らに言わざるなり。行は格有りて至らざること無きなり。蓋し知りて後に言有り行有らば、言行知行、其の致すことは一なり。格物致行は、即ち知行を説きたれば、是れ其の已に知る所を致して以て事物に格らんと欲することなり。〔中略〕夫れ人は徳の美を知らざるに非ず、唯だ其れ修めざるのみ。学の益を知らざるに非ず、唯だ其れ講ぜざるのみ。義の為すべきを知らざるに非ず、唯だ其れ徙ること能わざるのみ。不善の去る可きを知らざるに非ず、唯だ其れ改むること能わざるのみ。徳は必ず修まらざれば置かず、学は必ず講ぜざれば置かず、義は必ず徙らざれば置かず、不善は必ず改まらざれば置かず。敢えて小忽せず、敢えて小仮せずして、其の至に至らんと欲す。是れ格物致知と謂う。説命に曰く、「之を知るは難きに非ず、之を行うは難し」とは、亦た此の意なり。朱子補伝は、乃ち事物に達して言を立つ。宜しく或問と併案して焉を見るべし(4)。

これを解すると、蘭洲の解釈ではこの「格物」の段階において、すでに学問の初期段階である知識の獲得・理解が終了していることが前提となっている。つまり蘭洲が解釈するところの「格物致知」とは、「学ぶことで獲得した知識・理解をもとに実際に行ってみることで正しさを検証し、それぞれの物事の理を実感をもって知ること」なのである。これが『質疑篇』で謂う所の「其の已に知る所を致して以て事物に格」ることである。そのことは以下の蘭洲の言でも認められる。

老荘釈氏、理ニ於テ見ル処ナキニ非ス。異端ニ落ルハ物ヲ不知ユヘ也。理トハカリイヘハ物ヲハナル。物トイヘハ理在其中テ空理ニ流ル、事ナシ。物ト云ニ理ナキ物ナシ。ユヘニ有物必有則ト云、是也。理トイヘハ舟ハ水ヲ渡リ車ハ陸ヲヤル理ト云ハキコユレトモ、心ニ実ニ明ラカナラス。舟ヲ陸、車ヲ水ニヤリ見レハ、実ニ其物ノ実体ヲ知リテ物ノ理ヲ真知実見スル。親ト云モノニツカヘスシテ孝ノ理ヲキハムレハ、実ニ知ラレス。親ヲコヽニ置テ、マノアタリツカヘテ孝ノ道理ヲキハムルユヘ、実ニ知ル也。其実知実見、物ノ一字ノ工夫ニアリ。親ニハ孝トイヒ君ニハ忠ト云。然ルヲ親ニ忠、君ニ孝ト、カヘ〲ニシテモスミソウナルモノナルニ、必ス親ニハ孝、君ニハ忠ト、カヘ〲ニナラヌカ義理当然ノ処、ソレヲ一々キハムルカ格物也(5)。

ここで例として挙げられるのが、舟や車を実際に動かすことでその性質を確かめることと、親と実際に接することで孝の道理を確かめることである。このように「真知実見」、「実知実見」することによって理を確かなものとしてきわめること、これがすなわち「格物」だ、と蘭洲は述べている。

以上のことを鑑みれば、例えば田尻祐一郎氏は、蘭洲が「知」と「行」の区分を明確に行った上で、「格物致知」に相当する「真知実見」の重要性を強調し、「真知実見スレバ、オノヅカラ信ズ。信ズレバ必ズ行フ」などと言っていることから、「知行論における「知」の契機の偏重」「『大学』の「知」一元的な把握」と分析したが、(6) このような論は不適当であると言えよう。蘭洲の想定する「格物致知」とは、「行」によって「知」を補完することであり、「誠意」以下は、いついかなる時でも先に得た「知」を実行できるようになるための「行」の修養である、と捉える方がより正確であろう。

この「知」と「行」との関係については、蘭洲自身も次のように述べている。(7)

又た〔「徳性解」。仁斎の著作と思われるが未詳〕曰く、「知を先にして行を後にす、此れ固より学問の常法なり」と。余は以為らく、此れ庸人孺子の事なるのみ。務めて其の知る所を行う、是れ常法なり。且つ知り且つ行う、徳の進なり。苟しくも知りて後に行わんと欲すれば、乃ち恐らくは之を行うこと無しと。曰く、王陽明の知行合一の説は、古訓に背くと雖も、而れども仁斎の徒の如きを砭《いまし》めりと。(8)

このように、「先知後行」といった明確な区分による修養よりかは、「且つ知り且つ行う」というような、いわゆる「知行並進」という修養法を推奨しているのである。そしてここで言われている「務めて其の知る所を行う」ということが、まさしく蘭洲の「格物致知」解釈とも一致するのである。

二　中井履軒の格物致知論と『質疑疑文』の指摘

さて、これに対して中井履軒はどうか。

まず確認しておきたいのは、これまで明らかにしてきた蘭洲の「格物致知」解釈は、基本的には履軒のそれと共通している、ということである。

格物は、躬ら往きて其の地を践《ふ》み、其の事に莅《のぞ》み、其の労を執ることを謂うなり。譬うるに稼穡の理を知らんと欲せば、必ず先ず耒耜《らいし》を執り、親ら耕耘し、然る後に其の理は得て知るべきなり。若し音楽の理を知らんと欲せば、必ず先ず親ら竽を吹き鐘を撃ち、進退舞踏するなり。乃ち其の煩労を厭い、徒らに家に在りて譜を読み節を按じ、金石の諧和や鳳皇の来儀を夢想すれども、終世得べからざるのみ。算を学ぶの牙籌、書を学ぶの筆墨、皆な然り。故に孝たらんと欲し弟たらんと欲し信たらんと欲する者は、親ら其の事に莅まずして焉を得んや。此れ知行並進の方なり。若し夫れ瞑捜妄索すれども、徒らに精神を費やすのみ。(9)

これが知られるところの履軒の「格物」解釈である。「躬ら往きて其の地を践み、其の事に莅み、其の労を執ること」がそうだと言っており、すなわち実践に他ならない。この書の前身である『四書雕題』（懐徳堂文庫蔵、中井履軒自筆本）では次のように述べられている。

> 致は、至らしむることなり。致知は、知識をして来り至らしむることなり。格物は、躬ら其の事に到ることなり。孝を為すに其方を知りて、而る後に孝は得て能くすべきが如し。苟しくも妄意もて行い去けば、孝を為さんと欲すると雖も、而れども焉を得ず。乃ち其の方を知らんと欲せば、固より見聞に資《よ》る。見聞も又た恃むべからず。見聞に恃みて其の極に至らんと欲するは、猶お室に坐して山川形勝を按ずるがごときなり。獲る所は特だ其れ彷彿たるのみ。故に致知は其の事に躬ら格《いた》ることに在り。一面師友に咨《はか》り書冊を考え、一面咨る所と考うる所を将《もっ》て行い去かば、則ち行は日に進み、知は日に明らかなり。是れ知行並進して互いに相い長ずること、大学の首教なり[10]。

傍線部は一旦措き、まずは全文を見てみたい。「孝を為すに其の方を知りて」以下、まずどうすべきか、なぜせねばならぬかを知ることから始めるべきだが、それを行ってみなければ何の意味も無いし、本当に知ることができたのかどうかすらも危うい、という趣旨のことを述べており、まさしく蘭洲の主張と一致する。「師友に咨り書冊を考え」た上で、その「咨る所と考うる所を将て行い去」く、これが「格物」の実践である、という趣旨も、まさに蘭洲の「務めて其の知る所を行う」ことと変わらないように見える。極めつけは、履軒みずから、これぞ「知行並進」だ、と明言しているのである。

すなわち、学ぶことによって得たものを実際の場で行ってみることで確かなものにしていく、これが「格物致知」だ、というのが五井蘭洲と中井履軒の双方において確認される解釈なのである。これは以上のことから明らかであろうと思われる。

しかしここにおいて大きな問題が生ずることとなる。蘭洲の死後、『質疑篇』を刊行するにあたって、中井竹山・

履軒兄弟の校訂が行われたのであるが、その際に履軒が自らの修正案等をまとめて竹山に質した書として伝わる『質疑疑文』を見ると、履軒は「恐らくは当に削るべし（恐当削）」と言っているのである。そして実際の刊本を見てみると、この条は確かに削除されている。いったい何が問題であったのだろうか。

じつは、問題点は数点あったのであるが[11]、いま関係のある部分を取り上げると、次のようなものとなる。

「余請演之」演ストアリテモ其説朱子トカハレリ。何ソヤ。
「知而後有言有行——致其所已知以格於事物」コレ等ミナ朱説ト異ナリ。且本文「致知格物」、「物格而後知至」ト前後相反スルニ似タリ。

これを見ると、先に変わらないように見えると述べた両者の「格物」解釈の中に、微妙な差異があることが判る。履軒が主張したいのは、『大学』の原文にある「物格りて後に知至る（物格而後知至）」という文と、「其の已に知る所を致して以て事物に格らんと欲す」るという表現とは相反しているのではないか、ということである。先に見たように、両者の修養法の手順は基本的には変わらない。しかし、「学」の段階で収得した知識・理解を「知る」と表現することは、真に「知る」のは実践を経てからであるため、不適切なのである。つまり、蘭洲は「知↓行↓知」と表現したが、履軒は飽くまで「学↓行↓知」と捉えるべきである、と主張したのである。これは「先知後行」からはさらに遠ざかる方向にあるが、言い換えれば、「知行並進」を唱えるにあたって、「知」の二重性という矛盾を解消したと見ることができよう。

そしてもう一点、両者の解釈の差異が見られるのが、後半部について挙げた、次の問題点である。

「――欲至其至」（中略）又朱説ノ「至」ト訓スルノ意トモ異ナリ。朱説ハ、大小浅薄ニヨラズ、コノ理ヲ知タキト思ハ、、自身ソノ処ニ行テ、ソノ事ヲ手ツカラ行テミヨトナリ。コ、ノ「至其至」トハ、ソノ行ヒノ至極ノ処ヘ行ヒイタレト云意トミヘタリ。下ニ兌命（ママ）ヲヒケルニテミルヘシ。「至」ト訓スルモ「正」ト訓スルモ、両説トモニ朱説トコトナレハ演説ニアラズ。補伝或問、アニコノ意アランヤ。

ここで履軒が述べる「朱説」は、「コノ理ヲ知タキト思ハ、、自身ソノ処ニ行テ、ソノ事ヲ手ツカラ行テミヨ」ということである。つまり先の「学→行→知」という順序とも一致する。これに対して蘭洲は、「ソノ行ヒノ至極ノ処へ行ヒイタレ」という説を唱えているように見える、と履軒は指摘する。つまり蘭洲が「格物」を「行」の完全な成功であると解釈しているのに対し、そこまでは朱熹は言っていない、と反論しているのである。これが、「朱説」の「演説」と言うには不適切である、と履軒が主張する大きな根拠となる。要約すると、その他の問題を除けば、次の二点が蘭洲の説が朱熹の説と異なっている点である。そしてこれこそが蘭洲と履軒の「格物致知」解釈における相違点でもあるのである。

一、「知→行（格物）→知（致知）」の構造で論を立てている点。
二、「格物」をただの「行」ではなく「行」の完全な成功であると解釈している点。

しかし、果たして履軒の説が、より「朱説」に近いと言ってもよいのだろうか。
なぜならば、「致知格物補伝」として知られる朱熹の文に、次のようにあるからである。

　是を以て大学の始教は、必ず学者をして凡そ天下の物に即きて、其の已に知れるの理に因りて益々之を窮めて、以て其の極に至るを求めざること莫からしむ。力を用うることの久しくして、一旦豁然として貫通するに至りては、則ち衆物の表裏精粗の到らざる無くして、吾が心の全體大用も明らかならざること無し。此を物格ると謂い、此を知の至りと謂うなり(12)。

これを見れば、蘭洲の解釈の方こそ、「朱説」を踏まえたものであるように思われる。つまり、「其の已に知る所を致して」という解釈は、「補伝」の「其の已に知れるの理に因りて」であり、「ソノ行ヒノ至極ノ処へ行ヒイタ」るという解釈は、その続きの「益々之を窮めて、以て其の極に至る」というものであろう。このように考えれば、「知行並進」論に基づいて朱熹の「補伝」を解釈すると、蘭洲のようなものになる方が自然ではないだろうか。

そう考えた上で行き当たるのが、履軒が自著の中で、次のように「補伝」を批判しているという事実である。

　補伝の尤も怪しむべき者は、理を窮め極に至り、豁然貫通として、明らかならざること無きを以て、初学の工夫と為すに在るなり。意の未だ誠ならず、心の未だ正しからざるの初学の小子にして、之をして聖人の極功を求めしむるは、豈に等を躐《こ》えることの甚だしきならんや(13)。

また次のようにも言う。

「凡そ天下の物に即く」、亦た大泛にして、古人の先務に急ぐの義を失う。且つ先ず知りて後に行えば、恐らくは以て始教と為し難し。已知の理の句、始教の句と礙《さまた》ぐ。[14]

これを見れば、履軒が別の場で批判の対象にしている朱熹の論のポイントというのが、「先知後行」を除くと、「極に至る」ことと「已知の理に因りて」云々に関してであることが判る。すなわち、先程まとめた『質疑疑文』で履軒が指摘する蘭洲の問題点が、そのまま一致するように思われるのである。

したがって浮上するのは、『質疑疑文』における履軒の言は、単なる誤りの指摘と見なすのでは理解しきれない問題を孕んでいるのではないか、という疑念である。これをどのように解決するべきか。次節では、この点について考察することを試みたい。

三　懐徳堂学派の窮理論

そこで取り上げるのが、「窮理」という概念についてである。これは『易経』説卦伝の「理を窮め性を尽して以て命に至る（窮理尽性以至於命）」を出典とする語である。朱子学においては、朱熹自身が先に挙げた「補伝」などでそのように述べるなどしたため、「格物」と「窮理」は同一の概念としてしばしば捉えられた。

案ずるに、「知行並進」派にとってまず課題となるのが、「格物」を「知」の修養であると捉えた場合の、不実践の弊害の解消であろう。「格物」がすなわち「窮理」であるから、「知」が窮まることを最優先事項として「行」に移行しない、という「先知後行」の典型的な悪弊に陥る危険性が常につきまとうのである。ましてや「凡そ天下の物に即きて」と言っているのだから、なおさら喫緊の課題である自己の「行」に辿り着かない恐れがある。

ここで蘭洲の「窮理」解釈について、より具体的に検討してみたい。蘭洲が試みるのは、「窮理」解釈の修正である。蘭洲は「「格物致知」ハ知、「誠意」ハ行也」として従来の朱子学を踏襲しながら、先に確認した通り、その「知」の領域である「格物」に「行」の第一段階を設定する。また、窮めるべき「理」についても、次のように修正する。

易係に曰く、「理を窮め性を尽くして以て命に至る」と。説者は往々にして窮理を以て格物と為し、乃ち流れて博物の事と為すは非なり。聖人の意は豈に其れ然らんや。(15)

禎が謹んで按ずるに、従来朱を学ぶ者と雖も此の伝を謬解し、皆な「即凡天下之物」の六字を解さず、「凡天下」を以て「尽天下」の義と為せり。蓋し朱子の意は、凡そ天下の万事万物有る所、其の中の今吾が遇う所の一事一物に即きて、已に知りたる所の理もて他に推し及ぼすことなり。(16)

「即凡天下之物」以下ノ語ヲ、天下中ノ物ニツキテ、悉天下中ノ物ヲキハムコト、見ルユエ、王陽明ナド朱子ノ意ヲトリ違ヘタリ。〔中略〕悉天下中ノ物ヲキハムルト云意ナラハ、「凡即天下之物」ト、「凡」ト云字ノ下ニ、「即」ノ字アルハヅナリ。「即凡天下之物」ト、「即」ノ字ノ下ニ「凡」ノ字アレハ、天下ノ物ノ中、何ナリトモ一物ニツキテ知ヲキハメハジムルトノ意ナリ。朱子ノ意、タトヘバ煙艸盆ナレバ、ソノ中ノキセルナリトモ、火入ナリトモ、一物ニツキテマヅ知ヲキハメハジムル意也。「即凡天下之物」ト云意ハ、天下中ノ物ニ非ズ。一物ノ上ヲ云タル辞ナリ。(17)

蘭洲は一般的にされているような、「窮理」を「悉天下中ノ物ヲキハムコト」とする博物学的な解釈は誤解であると説く[18]。ここで蘭洲の意図を汲むならば、すなわちより「行」と密接な「理」に限定せんとするものである。

これを見れば、蘭洲は明らかに朱子学者として、従来の朱子学内における解釈を否定し、修正しようと試みていることが判る。つまり天下におけるすべての物ではなく、およそ「今吾が遇う所の一事一物」と解せよ、と蘭洲は説く。これによって蘭洲の説く「知行並進」は実現され、また蘭洲の解する朱熹の意とも合致することとなる。そして窮めるべき「理」もまた、すべてではなく、己の「行」に必要なものに限定されるのである。

またこのようにも言う。

程子曰く、「一草一木に皆な理有り、察せざるべからず」と。人と草木とは、異有りと雖も、天の命ずる所に至りては一なることを言うなり。命ずる所が一なれば、則ち皆な至理の存する所にして、理外の物に非ず。苟しくも之を察すれば、則ち物我一体、精粗一貫にして、従りて知るべし。復た邵子の「観物」の意に非ざるなり。王陽明曰く、「我は三年竹に対いて、竹の理見るべからず」と。夫れ王子の資質は聡敏なれば、豈に三年もて竹に対う者ならんや。是れ言を設けて以て程子を詆るのみ。其の心の険陂たるや、勝つことを求むること此の如し。豈に君子の心ならんや。余は陽明の学の是非を知らざれども、惟だ其の人と為りの君子に非ざることを覚る。又た按ずるに、邵子の「観物」は、蓋し魚は何為れぞ鱗有るか、獣は何為れぞ毛有るかを察することなり。程子と異なれり[19]。

誤解も含まれているが[20]、論旨はつまり、蘭洲の解するところの「窮理」であれば、王陽明ほどの人物ならば充分窮められるはずだ、ということである。ただし、先の『蘭洲先生学庸論語紀聞』にもあるように、世の学者は、王陽明も含め、「窮理」を「悉天下中ノ物ヲキハムコト」と誤解しているのである。つまりここで言う邵雍（一〇一一—一〇七七）の言う「観物」のごとく、「魚は何為れぞ鱗有るか、獣は何為れぞ毛有るか」という博物学、あるいは生物学、自然科学に類することを指すようにも誤解されているのである。それは誤りである、と蘭洲は言う。また次のようにも言う。

窮理ノ学ヲスルハ事ノ用ニ立理ユヘ一生学フ也。異端ハ何ホト工夫シテモ事ノ益ナキ也。〔中略〕上ハ天地陰陽ヨリ下ハ一草一木ノ理ヲ知ルカ格物也。草木ハ人ニアツカラヌヤウナレトモ、草木ヲ伐テ用ルノ事アリ。其事ノ理ハ、斧斤以時入山林〔『孟子』梁恵王章句上〕、中夏伐陽木中冬伐陰木〔『周礼』地官山虞作「仲冬斬陽木、仲夏斬陰木」〕也。禽獣魚鼈、一生人カマハヌモノナレトモ、飲食ニ用ルノ事アリ。其事ノ理ハ数罟不入汚池〔『孟子』梁恵王章句上〕、獺祭魚豺祭獣〔『礼記』王制篇〕、見其生不忍見其死、聞其声不忍食其肉、君子是以遠庖厨〔『孟子』梁恵王章句上〕ノ理アリ。凡万事万物皆然リ。(21)

ここで蘭洲は、「草木ハ人ニアツカラヌヤウナレトモ、草木ヲ伐テ用ルノ事アリ」、また「禽獣魚鼈、一生人カマハヌモノナレトモ、飲食ニ用ルノ事アリ」などと、自身にとって必要である事の理、言わば「行」のための理こそ学問の本分である、ということを説いている。

じつはこれと同様の例を用いながら、朱熹が「格物」について論じたくだりが『朱子語類』に残されている。以下に挙げる文がそれであるが、蘭洲はこれを踏まえながら、「事ノ用ニ立理」を学ぶことが「窮理ノ学」であると論じているのである。

叔文「格物する、というのは内外をすべて合わせてゆくべし、ということですか」

朱熹「そのように言う必要はない。物が格れば、その内外は自然と合わさるものだ。思うに天下のあらゆる事は「物」と言われるが、物の在るところには、どこにでも理というものがある。たとえば草木や禽獣は、至微にして至賤ではあっても、これにもみな理があるわけで、いわゆる「仲夏には陽木を斬り、仲冬には陰木を斬る」のように、自らこのような道理を理解し、実際の場でもそれぞれ適切に対処していければ、それでこそよい。またたとえば鳥獣の情として、生きることを好み、殺されることを嫌わないものはいないが、自らそうであることを理解した上で、「其の生を見て其の死を見るに忍びず、其の声を聞きて其の肉を食うに忍びず」というようであれば、それでこそよい。要するに、まずは近いところから始めて遠いところまで、粗いところから始めて精《くわ》しいところまで及ぶよう心懸けることだ(22)」

つまりこうした朱熹の言説を採用し、朱子学者として、「知行並進」論に則った自らの解釈へと修正しようと試み、従来の朱子学者の「窮理」解釈は誤りだ、と説いたのが五井蘭洲である。

これに対して、従来の朱子学者の「窮理」解釈を朱熹のそれであると認め、それ自体が誤りであると断じ、その上で「知行並進」論に則った持論を展開しようとするのが、中井履軒である。

先に引用した『大学雑議』の文のごとく、履軒はこの「窮理」を「聖人の極功」として、「格物」の工夫とは別して理解しようとする。

「理を窮めて性を尽し、以て命に至る」。是れ聖人を称賛するの至言なり。後人の或いは此を以て学者の工夫を論ずるは、大いに文義を失えり。思わざることの甚だしきなり。(23)

このように論ずるため、「格物」をもって事物の理に窮め至ることとする朱熹の説に拘泥せず、自分が必要な理を獲得していくこと、という単純な意味で解釈することを可能ならしめている。しかし、言わんとしていることは蘭洲のそれと極めて近い。

天下の事物の理の、我と干渉する無き者は、必ずしも講求せざるなり。之を知れども益無く、知らざれども損無し。何ぞ必ずしも思を労して功を費やすの為ならん。唯だ我の物に応ずる所以の方のみ、則ち知らざるべからざるなり。五穀樹芸、蠶桑紵麻、五母鶏、二母彘、数罟入れず、斧斤時を以てし、棟宇は風雨を禦ぎ、弧矢は暴乱を威し、馬は則ち首を羈ぎ、牛は則ち鼻を穴す、皆な其の理を明らかにして以て之に応ず、古の聖賢の道なり。〔中略〕夫の蠶は何に由りて糸を吐くか、麻は何に由りて縷を生ずるか、鶏豚は何を以て人を養うか、酒醴は何を以て人を酔わしむるか、魚の遊泳する所以、禽の飛翔する所以の若きは、皆な置きて論ぜざるなり。(24)

こうして見れば、五井蘭洲と中井履軒が、いかに「行」のための理を獲得することが学問の本分である、という点で一致しているか、いかに履軒が蘭洲の説を継承しているか、ということは明らかであろう。上に挙げた文を見れば、自分にとって必要な理の例として蘭洲が挙げていたものと一部重複するところがあり（「数罟不入、斧斤以時」）、また自分がなすべきこととはあまり関係のない、「なぜそうなのか」という理の解明は不要である、という論も、先に紹介した蘭洲の「観物」に対する見解と酷似している。

しかしながら、蘭洲は飽くまで朱子学の枠組みの中で「知行並進」を唱えようとしていたのに対し、履軒は朱子学の枠組みを脱したものとして「知行並進」の理想型を設定せんとしたのである。具体的には、朱子学の枠内では「格物」と「窮理」を同一の概念として捉えなければならぬことからの脱却である。

この「窮理」からの脱却を試みた形跡は、じつは先に紹介した『四書雕題』に見られる。当該箇所の傍線部には、朱筆による修正が入っており、それを新旧で比較すると以下のごときものになる。

【新】「致知」は、知識をして来り至らしむることなり（致知、使知識来至也）

乃ち其の方を知らんと欲せば（乃欲知其方）

則ち行は日に進み、知は日に明らかなり（則行日進、知日明）

【旧】「致知」は、知識をして極に至らしむることなり（致知、使知識至極也）

乃ち其の方を知りて其の極に至らんと欲せば（乃欲知其方至其極）

則ち行は日に進み、知は日に明らかとなり、以て其の極に至る（則行日進、知日明、以至其極矣）

これを見れば、履軒も当初は「極に至る」ことを想定していたが、のちにそれを悉く撤回している、ということは明白である。なお、この文の左には、さらに次のような文もある。

大学の格物と易の窮理とは同じからず。窮理とは是れ致知の極。(25)

すなわち、履軒は「致知」の具体的手段である「格物」において目標として設定されている「極」を、なるべく学者の目標から遠ざけようとしているのである。この文も、最終的に「致知之極」となっているが、これは修正後であり、修正前は単に「致知之事」と書いていたことが見て取れる。「窮める」ということは、修養における究極の到達点である。目下の課題は自分が行うべきことを確実に行えるようになることであるから、その時点においてそこまでのことを意識して行うことは不要なのである。

このように、履軒の思想の特色は、その修養法をよりいっそう穏健着実なものとするために、朱子学が修養法の中に組み込んだ「窮理」を項目から外そうとした点にある。「窮理」を飽くまで項目に残しながら修正を試みた蘭洲と比べると、より大胆な解釈を行おうとしていることが判る。奥田尚斎は五井蘭洲や中井兄弟とも交流深く、彼らに関する記事が彼の著書である『拙古先生筆記』中にも散見されるが、その彼が「学問所、兄弟ハ陽明学ナリ」(26)と言ったのは、あるいはこのことが関係しているのかもしれない。

ともあれ、『質疑疑文』における履軒の論は、大旨は師と同じくしながらも、それを「朱説」を超えたものとして唱えんとしたためによる、弟子の方便と捉えることもできるのではなかろうか。

おわりに

以上、五井蘭洲と中井履軒の「格物致知」論を取り上げ、両者の論の差異の主たる原因として彼らの「窮理」に対する見解に着目し、考察を行った。

ここに改めてまとめると、つまり蘭洲は飽くまで朱子学の枠組みの中で「知行並進」を唱えようとして、「窮理」を再定義しようと試みたのに対し、履軒は朱子学の枠組みを脱したものとして「知行並進」の理想型を設定するために、「窮理」そのものを修養の項目から外そうとした、ということが判明した。

かつて、中井履軒の格物致知論について、源了圓氏は、「プラグマティズムに通ずる日常生活における知に自己限定する中井履軒」と評した[27]。本章にて確認した通り、こうした言わば自己と「物」およびその「理」との緊迫性を重要視する思想は、五井蘭洲の時点ですでに見られるものであった。そしてそれを徹底しようとするのであれば、自分自身が直面している課題の解決が最優先となり、「窮める」という作業からはなるべく遠ざかろうとするのは、自然の流れとして充分に想像できるものである。すなわち、五井蘭洲と中井履軒における思想的継承と展開は、知行並進論の継承とプラグマティズム的展開として説明可能なのである。

注

（1）佐藤由隆「消された「致知格物」章——五井蘭洲『質疑篇』と中井履軒『質疑疑文』——」（『待兼山論叢』第四十九号哲学篇、二〇一五）

（2）五井蘭洲『蘭洲先生大学講義』（大阪府立中之島図書館蔵本）三十二葉裏

（3）同書三十三葉表の附箋

（4）致知格物之詁、諸家聚訟、莫愈於朱注。朱子又曰、格是実行到那地頭。余請演之。家人象曰、君子以言有物而行有格。礼緇衣引之。言言行相副也。言有物不徒言也。行有格無不至也。蓋知而後有言有行、言行知行、其致一也。格物致行、即説知行、是欲致其所已知以格於事物矣。〔中略〕夫人非不知徳之美、唯其不修。非不知学之益、唯其不講。非不知義之可為、唯其不能徙。非不知不善之可去、唯其不能改。徳必不修不置、学必不講不置、義必不徙不置、不善必不改不置。不敢小忽、不敢小仮、而欲至其至。是謂格物致知。兌命曰、非知之難、行之難、亦此意。朱子補伝、乃達事物立言。宜併案或問而見焉。

〔五井蘭洲『質疑篇』（大阪府立中之島図書館蔵本）、五十一葉表〕

（5）『蘭洲先生大学講義』二十七葉裏

（6）田尻祐一郎「懐徳堂学派――五井蘭洲と中井履軒」（『江戸の儒学――『大学』受容の歴史』、思文閣出版、一九八八）一六一――一六四頁

（7）以下、五井蘭洲および中井履軒の知行論の具体的な考察については、拙稿「懐徳堂学派の知行論」（『日本中国学会報』第六十九集、二〇一七）を参照のこと。

（8）又曰、先知而後行、此固学問之常法。余以為此庸人孺子之事耳。務行其所知、是常法。且知且行、徳之進也。苟欲知而後行、乃恐無行之。曰王陽明知行合一之説、雖背古訓、而砭如仁斉《ママ》之徒矣。

〔五井蘭洲『蘭洲先生遺稿』（大阪府立中之島図書館蔵本）下巻、十五葉裏〕

（9）格物、謂躬往践其地、莅其事、執其労也。譬欲知稼穡之理、必先執耒耜、親耕耘、然後其理可得而知也。若欲知音楽之理、必先親吹竽撃鐘、進退舞踏也。乃厭其煩労、徒在家読譜按節、夢想於金石之諧和、鳳皇之来儀、終世弗可得已。学算之牙籌、学書之筆墨、皆然。故欲孝欲弟欲信者、弗親莅其事、而得焉哉。此知行並進之方也。若夫瞑捜妄索、徒費精神而已矣。

〔中井履軒『大学雑議』第四章〕

（10）致、使至也。致知、使知識来至也。格物、躬到其事也。如為孝知其方、而後孝可得而能焉。苟妄意行去、雖欲為孝、而不

得焉。乃欲知其方、固資乎見聞。見聞又不可恃。恃見聞欲至其極、猶坐室按山川形勝也。所獲特其彷彿而已。故致知在躬格其事。一面咨乎師友考乎書冊、一面将所咨所考行去、則行日進、知日明。是知行並進互相長、大学之首教也。

〔中井履軒『四書雕題』中『大学』、二葉表〕

(11) 詳細は前掲「消された「致知格物」章——五井蘭洲『質疑篇』と中井履軒『質疑疑文』——」を参照のこと。

(12) 是以大学始教、必使学者即凡天下之物、莫不因其已知之理而益窮之、以求至乎其極。至於用力之久、而一旦豁然貫通焉、則衆物之表裏精粗無不到、而吾心之全体大用無不明矣。此謂物格、此謂知之至也。〔朱熹『大学章句』伝五章〕

(13) 補伝尤可怪者、在於以窮理至極、豁然貫通、無不明、為初学工夫也。意未誠、心未正之初学小子、而使之求聖人之極功、豈非躐等之甚乎哉。
〔『大学雑議』第六章〕

(14) 即凡天下之物、亦大泛、失古人急先務之義。且先知而後行、恐難以為始教。已知之理句、与始教句礙。〔同書同章〕

(15) 易係曰、窮理尽性以至命。説者往々以窮理為格物、乃流為博物之事非也。聖人之意豈其然乎。
〔『蘭洲先生遺稿』下巻、一葉表〕

(16) 禎謹按、従来雖学朱者謬解此伝、皆不解即凡天下之物六字、以凡天下為尽天下之義。蓋朱子之意、凡天下所有万事万物、即其中今吾所遇一事一物所已知之理推及他。
〔『蘭洲先生遺稿』下巻、九葉裏〕

(17) 中井履軒『蘭洲先生学庸論語紀聞』（大阪府立中之島図書館蔵本）、五葉裏

(18) 案ずるに、これは蘭洲と同じく羅欽順（一四六五—一五四七）の『困知記』の影響を受けたとされる、林羅山（一五八三—一六五七）や貝原益軒（一六三〇—一七一四）の学問態度を指すのではないか。「知行並進」論者におけるこの方向性の違いは、より詳密な検討が必要である。今後の課題としたい。

(19) 程子曰、一草一木皆有理、不可不察。言人与草木、雖有異、至天之所命一也。所命一、則皆至理之所存、非理外之物。苟察之、則物我一体、精粗一貫、可従而知。非復邵子観物之意也。王陽明曰、我三年対竹、竹理不可見。夫王子資質聡敏、豈三年対竹者也哉。是設言以詆程子耳。其心之険陂、求勝大率如此。豈君子之心哉。余不知陽明之学之是非、惟覚其為人之非君子。又按邵子観物、蓋察魚何為有鱗、獣何為有毛。与程子異。
〔『蘭洲先生遺稿』上巻、三十六葉表〕

(20)『伝習録』下巻にある王陽明の挫折譚のことを指すと思われるが、これによれば王陽明が竹の理を窮めようとして挫折したのは七日後のことである。「三年」とは後年、龍場に左遷されてより、大悟するまでの期間である。

(21)『蘭洲先生大学講義』、三十葉裏

(22)叔文問、格物莫須用合内外否。曰、不須恁地説。物格後、他内外自然合。蓋天下之事、皆謂之物、而物之所在、莫不有理。且如草木禽獣、雖是至微至賤、亦皆有理、如所謂仲夏斬陽木、仲冬斬陰木、自家知得這箇道理、処之而各得其当、便是。且如鳥獣之情、莫不好生而悪殺、自家知得是恁地、便須見其生不忍見其死、聞其声不忍食其肉、方是。要之、今且自近以及遠、由粗以至精。

〔『朱子語類』巻第十五、大学二、経下〕

(23)窮理尽性、以至於命。是称賛聖人之至言矣。後人或以此論学者工夫、大失文義。弗思之甚。

〔中井履軒『周易逢原』大伝三之七、第二十六章〕

(24)天下事物之理、与我無干渉者、不必講求也。知之無益、不知無損。何必労思費功之為。唯我之所以応物之方、則不可弗知也。五穀樹芸、蠶桑紵麻、五母鶏、二母彘、数罟不入、斧斤以時、棟宇禦風雨、弧矢威暴乱、馬則羈首、牛則穴鼻、皆明其理以応之、古聖賢之道也。〔中略〕若夫蠶何由而吐糸、麻何由而生縷、鶏豚何以養人、酒醴何以酔人、魚所以遊泳、禽所以飛翔、皆置而弗論也。

〔『大学雑議』第六章〕

(25)大学格物与易窮理不同。窮理是致知之極矣。

〔『四書離題』中『大学』、二葉表〕

(26)奥田尚斎『拙古先生筆記』（『続日本随筆大成』第三巻〔吉川弘文館、一九七九〕所収）

(27)前掲『江戸の儒学』序、vii

第二部　懐徳堂の思想的特質

第一章　懐徳堂学派の『論語』解釈――「異端」の説をめぐって――

湯浅邦弘

はじめに

日本に伝来した朱子学は、日本の文化と学術に大きな影響を与えた。その一方で、朱子学の経書解釈には厳しい批判も浴びせられた。従来の研究では、特に、江戸時代の伊藤仁斎や荻生徂徠の批判的解釈が知られているが、さらに大坂の懐徳堂でも、優れた経書解釈が行われていた(1)。

本章では、『論語』為政篇の「攻乎異端、斯害也已（異端を攻むるは、斯れ害あるのみ）」という孔子の言葉をめぐって、江戸時代の学者たちが朱子学をどのように受容し、経書解釈を展開していったのか、追究してみたい。この言葉を取り上げるのは、「異端」の語が『論語』中、ここ一箇所に登場する特殊用語だからである。また、その解釈が各々の学問的立場を端的に示す可能性があると予測されるからである。

一　朱子学における「異端」と「小道」

先ず、朱子学における解釈を確認する。『論語集注』では、「攻」は治めるの意とし、「異端」とは、楊朱・墨翟の

如く聖人の道から外れた教えであると説く。さらに程子は、楊朱・墨翟以上に害を為す異端として仏教の存在を指摘する。(2)

范氏曰、攻、專治也。故治木石金玉之工曰攻。異端、非聖人之道、而別爲一端、如楊墨是也。其率天下至於無父無君、專治而精之、爲害甚矣。○程子曰、佛氏之言、比之楊墨、尤爲近理、所以其害爲尤甚。學者當如淫聲美色以遠之、不爾、則駸駸然入於其中矣。（『論語集注』為政篇）

范氏曰く、攻とは、専ら治むるなり。故に木石金玉を治むるの工を攻と曰う。異端とは、聖人の道に非ずして別に一端を為し、楊墨の如き是れなり。其の天下を率いれば父を無みし君を無みするに至り、専ら治めて之に精ならんとするは、害を為すこと甚し。○程子曰く、仏氏の言、之を楊墨に比ぶるに、尤も理に近きを為す。其の害尤も甚しと為す所以。学者当に淫声美色の如くして以て之を遠ざくべし。爾らざれば、則ち駸駸然として其の中に入る。

仏教が批判されるのは、楊墨の言に比べて一見「理」に近いからである。それ故に害もまた甚大であるという。なお、この「異端」については、後述のように、『論語』子張篇の「小道」との関係が指摘される場合がある。そこで、予め『論語集注』の「小道」解釈を確認しておこう。

小道、如農圃醫卜之屬、泥、不通也。○楊氏曰、百家衆技、猶耳目鼻口、皆有所明而不能相通。非無可觀也、致

遠則泥矣、故君子不爲也。（『論語集注』子張篇）

小道とは、農圃、医、卜の属の如きもの、泥めば通ぜざるなり。〇楊氏曰く、百家の衆技は、猶お耳、目、鼻、口、皆明らかにする所有りて相通ずること能わず。観るべきもの無きに非ざるも、遠きに致せば則ち泥む。故に君子は為さざるなり。

このように、『集注』では、特に「異端」との関係には触れず、「農圃、医、卜の属の如きもの」「百家の衆技」と定義する。いずれにしても、「遠きに致せば」泥むから、君子は為さないとする。

二　伊藤仁斎『論語古義』

こうした朱子学の立場に対して、新たな説を提示したのは、江戸時代前期に京都で活躍した伊藤仁斎（一六二七～一七〇五）である。

先ず、仁斎は「異端」という用語は、当時の「方語」つまり俗語であるとした上で、ものの端がまちまちで一つに揃わぬことを言うとする。学問は根本に力を注ぐべきなのに、それを端の方から揃えにかかっても害があるばかりだ、という理解である。また、後世、「道徳仁義」ではなく、「記誦詞章」に従事し、知識量の多寡を競うようになったのも、異端を攻（治）めるの類で、本末転倒であると説く。

さらに、『集注』が、異端を楊墨や仏教に比定したことについて、異端の称は昔からあるとし、後人が専ら仏・老の教えを指して異端とするのは間違いであり、孟子の時代には、邪説暴行とか、楊墨の徒とか称したが、まだ異端とは言わなかったとする。仏・老の教えは、異端以上であり、攻める以前の問題だとも批判する。

攻は、治なり。異端は、古の方語、其の端相異にして一ならざるを謂うなり。言うこころは、力を根本に用いずして徒にその端の異なる所を治むれば、則ち益無くして害有るなり。
○後世の学、力を道徳仁義に用いずして徒に事に記誦詞章に従いて、其の多寡を争い、其の短長を較ぶるは、此れ亦た異端を攻むるの類のみ。本末倒置、軽重所を易う。其の害勝げて言うべからざる者有るなり。
○論に曰く、異端の称は、古より之れ有り。後人の専ら仏老の教を指して異端と為す者は誤れり。孟子の時、或は邪説暴行と称し、或は直ちに楊墨の徒と称せり。見るべし、其の時猶お未だ異端を以て之を称せざること。若し夫れ仏老の教は、即ち所謂邪説暴行にして、亦た異端の上に在り。豈に攻むるを待ちて後に害有らんや。

（『論語古義』為政篇）

ここには、独特の見解が見て取れる。「異端」を「方語」とするのは鋭い指摘である。それでは、子張篇の「小道」については、仁斎はどのように解したのであろうか。

小道とは、諸子百家の属の如し、是なり。
此れ言う、小道とは多く事に便にして且つ效を見ること速なり。故に俗士庸輩、多く悦びて之を為す。然れども之を遠きに致すときは、則ち泥みて通ぜず。故に観るべき者有りと雖も、君子は為さざるなりと。

（『論語古義』子張篇）

このように仁斎は、「小道」を「諸子百家の属の如し」とした上で、即効性があるもの（見るべき者がある）として一定の評価を与えている。しかし、「遠きに致す」ときには通じないから、君子は為さないのだと説く。「諸子百家」を媒介として「小道」と「異端」とが通じていると読み取ることができるかもしれない。しかし、仁斎はこの二つの関連性については直接明言していない。

三　荻生徂徠『論語徴』

さらなる異説を唱えたのは、荻生徂徠（一六六六～一七二八）である。この章に対する徂徠の解釈は、以下のように独特のものであった。

> 「攻乎異端」、古註に「攻は治むるなり。善道は統有り。故に塗を殊にして帰を同じうす。異端は帰を同じうせざるなり」と。異端は明解無しと雖も、善道と対して言う。故に正義に曰く、「諸子百家の書を謂うなり」と。朱子之に因り、旁ら仏・老に及ぶ。然れども孔子の時に、豈に諸子百家有らんや。且つ「攻は治むるなり」とは、諸を『周礼』の「攻金の工、攻木の工」（冬官、考工記）に本づく。治めて器を成すを謂うなり。故に攻の字は諸を学ぶ者に用うべく、諸を道芸に用うべからず。故に「六経を治む」とは、古是の言無し。況んや諸子百家を治めて之を成すの理有らんや。蓋し攻は、「鼓を鳴らして之を攻む」（先進篇）の攻の如し。異端とは、諸を漢・晋

の諸史に稽《かんが》うるに、多くは人の異心を懐く者を謂えり。乃ち多岐の謂なり。人の異心を懐くを、遽に以て之を攻むれば、必ず変を激するに至らん。故に孔子は之を誡しむ。異端の字は它に見えず。独だ『論語』『家語』に見え、而して『家語』註に、「猶お多端なり」と。乃ち孔安国・王粛の輩に、必ず此の解有らん。故に諸史の用うる所は、其の解に依るのみ。魏は漢の祚を簒《うば》い、異端を攻むるを以て務めと為せり。何晏の『集解』は序文に拠れば、何氏の私書に非ず。孫邕・鄭冲・曹羲・荀顗・何晏 名を署すれば、則ち必ず魏の帝の勅を奉じて作りし者なること、唐の『正義』、明の『大全』の如くならんのみ。故に時の忌諱を避け、特に新義を設く。後儒察せず、遂に定説と為れり。「也已」は「学を好むと謂うべきのみ」の如し。明祖（明の太祖洪武帝）は已を解して止むと為す。此の方の学者に、復た已を解して甚だしと為す者有り。皆誤れりと謂うべし。

（『論語徴』為政篇）

ここでの最大の特色は、「攻」を、攻める（攻撃）の意とする点である。『論語』先進篇の用例「鼓を鳴らして之を攻む」を指摘する。また、「異端」についても、朱子学や仁斎では、諸子百家と仏・老を念頭に置いていたのに対して、孔子の時代まだ諸子百家はなかったのだから、諸子百家ではなくて、「異心を懐く者」の意だと説く。従来には見られない新説である。異心を懐く者を不意に攻撃すると、かえって「変を激する」結果になるので、孔子はそれを自戒していたとするのである。

関連して「小道」についても、次のように説く。

「小道と雖も必ず観るべき者有り」。朱註に、「小道は、農圃醫《ママ》卜の属の如し」と。之を得たり。何晏は以て異端と為す。仁斎之に因る。然れども諸子百家は、子夏の時の無き所なり。然りと雖も、当今の世、諸子百家は、応に是くの如しと作して観るべし。仏老と雖も必ず観るべき者あり。

（『論語徴』子張篇）

徂徠は、「小道」について、『集注』の「如農圃醫卜之屬」とする説を肯定するが、「異端」とする何晏の説については、当時「諸子百家」はいなかったとして否定する。しかし、現在では、諸子百家もそのように（小道として）見るべきであり、仏・老にも必ず見るべき所はあると評価する。

こうした徂徠の説は、大坂の懐徳堂学派にはどのように捉えられたであろうか。

四　五井蘭洲の「異端」説

享保九年（一七二四）、大阪町人によって設立された学問所「懐徳堂」では、初代学主の三宅石庵（一六六五～一七三〇）の折衷的な学風が「鵺学」と批判されることもあった。しかし、助教に就任した五井蘭洲（一六九七～一七六二）によって厳格な朱子学の路線が確立され、以後、これが懐徳堂の基本的精神として継承されていった。

それでは、蘭洲は、この「異端」や「小道」をどのように理解したのであろうか。そこで先ず手がかりとなるのは、『質疑篇』である。『質疑篇』は、五井蘭洲が漢文によって著した随筆で、弟子の中井竹山・履軒兄弟によって校訂され、同じく蘭洲の『瑣語』とともに、明和四年（一七六七）に文淵堂・得宝堂から刊行された書である。(3)本書の冒頭に、寛延三年（一七五〇）に蘭洲自身が記した題言があり、普段から中国の経史の諸書を読み、疑問点があるごとに記しておいた文章をまとめて一篇となしたという。ここから、蘭洲の見解を窺うことができる。

攻乎異端。異端、子夏所謂小道之類、與聖人之道異條貫。然亦一道、有可觀者。攻治也。范註、專治也。周禮、攻金攻木。是れ攻金者不攻木、攻木者不攻金、謂專為其業也。斯害而已、亦恐泥之意。治之欲措之國家大業、則拘泥有害矣。孔子之辭峻切、子夏之語較緩、皆欲使學者務為君子儒之意也。

（『質疑篇』）

異端を攻む。異端は、子夏謂う所の小道の類、聖人の道と条貫を異にす。然るに亦た一道、観るべき者有り。攻は治なり。范註、専治なり。『周礼』、金を攻め木を攻むと。是れ金を攻むる者は木を攻めず、木を攻むる者は金を攻めず、専ら其の業を為すを謂うなり。斯れ害のみ、亦た泥むを恐るるの意。之を治め之を国家の大業に措かんと欲せば、則ち拘泥し、害有り。孔子の辞は峻切、子夏の語は較緩、皆学者に務めて君子儒為らしめんと欲するの意なり。(4)

ここで蘭洲は、「異端」とは、子夏のいう「小道」の類であると、先ず「異端」と「小道」との類似性を明確に指摘する。そして、異端とは「聖人の道」とは異なるものであるが、これも一つの道であり、見るべき所はあるとする。そして、為政篇の「異端」と子張篇の「小道」を比較して、孔子の言葉（異端）は「峻切」、子夏の語（小道）は「較緩」という違いはあるが、いずれも学者に「君子儒」たれと説く点では同じだと説く。「異端」は『論語』の中でこの一条のみに登場する特殊用語であるが、蘭洲は「小道」との関係に注目して、その意を説くのである。

但し、ここには、荻生徂徠の『論語徴』に対する見解が記されていない。そこで次に、蘭洲の徂徠批判をまとめた『非物篇』を検討してみよう。『非物篇』は、五井蘭洲の主著で、荻生徂徠の『論語徴』を批判したものである。蘭洲は江戸在住中に徂徠の著に触れ、本書の執筆を開始、蘭洲没後四年にあたる明和三年（一七六六）、中井竹山によって校訂・浄書された(5)。

非曰、皇疏曰、「古人謂學為治。故書史載人專經學問者、皆云治其書治其經也」。是矣。荀子曰、「治列子禦寇之言」。莊子曰、「治詩書礼樂易春秋六經」。徂徠何以言古無是言也。攻訓治者、猶訓為也。孟子曰、「固矣哉、高叟之為詩也」。治國亦謂之為邦。周礼、攻金攻木。是攻金攻者不攻木、攻木者不攻金。謂專為其業也。何必兼成器之義。人懐異心之説、可笑之甚。

彼又曰、「孔子之時、豈有諸子百家」。孔子已前、亦可必其無乎。管仲老聃之倫、亦自立一家之言。其侘泯没名不傳者、猶有在焉。安得以今不存遽断其無焉哉。

（『非物篇』為政篇）

非に曰く、皇疏に曰く、「古人学を謂いて治と為す。故に書史人の経を専らにし学問する者を載するに、皆其の書を治めて其の経を治むと云うなり」と。是なり。『荀子』曰く、「列子禦寇の言を治む」。『荘子』曰く、「詩書礼楽易春秋の六経を治む」と。徂徠何を以て古に是の言無しと言うや。攻 治と訓ずるは、猶為と訓ずるがごときなり。『孟子』曰く、「固より、高叟の詩を為むるなり」。国を治むるも亦た之を邦を為むると謂う。『周礼』、金を攻め木を攻む。是れ金を攻むる者は木を攻めず、木を攻むる者は金を攻めず。専ら其の業を為むるの謂なり。何ぞ必ずしも器を成すの義を兼ねん。人 異心を懐くの説、笑うべきの甚だし。

彼又曰く、「孔子の時、豈に諸子百家有らん」と。孔子已前も亦た豈に其の無きを必すべからん。管仲老聃の倫、亦た自ずから一家の言を立つ。其の侘泯没の名の伝わらざる者、猶お在る有らん。安んぞ今存せざるを以て遽かに其の焉無きを断ずるを得んや。

このように、蘭洲は、『荀子』『荘子』『孟子』などの古文献の用例から検討して、「攻」は治めるの意で、「為」と同訓であり、攻める（攻撃）の意とする徂徠の解釈は間違っているとする。また、「異端」について、徂徠は、当時まだ諸子百家はいなかったと言っているが、孔子に先行する管仲・老子、さらに無名の学者はいたはずで、そのように断定することはできないとも説く。

『質疑篇』の見解に比べると、徂徠への対決姿勢が鮮明になっていることが分かる。従来、『質疑篇』と『非物篇』との関係については、明確な指摘がなかったが、この点からも、まず諸書に対する蘭洲の見解が『質疑篇』として徐々に蓄積されて行き、その後、『論語』の部分については、『論語徴』を強く意識して『非物篇』が執筆された、という前後関係を想定することができるであろう。(6)

いずれにしても蘭洲は、徂徠の説を全面批判するのである。それでは、こうした批判は、蘭洲独自のものであろうか。蘭洲前後の懐徳堂関係者の見解を検討してみよう。

五　『論語聞書』

先ず、蘭洲以前の『論語』解釈として、『論語聞書』をあげることができる。これは、三宅石庵と五井持軒（一六四一～一七二一）による『論語』の講義を、受講者が速記し、後に改めて清書した書である。三宅石庵は懐徳堂初代学主、五井持軒は五井蘭洲の父。全六冊からなり、『論語』全篇の講義が収められている。文章は漢字片仮名交じりの口語体で、石庵・持軒の口吻そのままに記録されている。各冊末尾の識語によると、一・六冊目が筆記されたのは宝永三年（一七〇六）、二・三冊目は正徳二年（一七一二）、四冊目は正徳三年（一七一三）である。また、講義をした人物は一～三冊は五井持軒、六冊目は三宅石庵であったことが分かる。ただし、四冊目には講義者の名が記されておらず、五冊目には識語がない。

講義が行われたのは懐徳堂創立（一七二四）以前であるが、すでに石庵と持軒とは親交があった。また、持軒の門人たちが後に石庵の門下生となり、懐徳堂創設に深く関わっていた。従って、本書は草創期懐徳堂の学問的状況を知る上で、極めて貴重な資料である。講義は、朱子『論語集注』をテキストとしているが、受講者の大半が大坂の町人であったためか、初学者にも理解できるよう、実生活に即した例をあげ、受講者を教化しようとする姿勢が窺える。

△子曰攻―聖人ノ道ニカハリテコトナル道ヲ一ハタテルヲ異端ト云フナリ。コレ上ナルヨリアルコトナリ。人ノムマレツキサマザマアル故ニ聖人ノ道ヲ知ラズシテワキヘソレタルコトヲスルガ異端ナリ。堯舜ノ道ニチガフタルコトヲスルガ皆異端ト云フナリ。異端ニサマザマアルナリ。トカク堯舜ノ道ニカハリタルコトヲスルガ異端ナリ。人人ノムマレツキニヨリテ見識チガフ故ニ聖人ノ道ヲ心得ソコナフ時ハ異端ナリ。今時ノ儒者ニモ異端多キナリ。自己見テヨキト定メテソレヲ行ナフガ異端ナリ。

□如楊―孔子仰セラルル異端ガ楊墨ト云フコトデハナキナリ。楊墨ハカヤフナ者ヲ云フトナリ。

□其率―コレ孟子ニアリ。楊墨カヤフニスルト天下ノ君モ父モナクナルナリ。

□程曰―佛氏モ異端ナレドモ孔子ヨリハルカ後ニ唐ヘ来レリ。故ニ圏外ニアリ。サテ異端ニ浅深アリ。佛氏ガ道理フカキナリ。理ニチカキ故ニ害甚シキナリ。聖人ノ道ト同ジヤフナコトヲ云フ故ニ大イニ害アルナリ。似タルホド害ヲスルコトフカキナリ。ヨク似タホド人トリチガヘルナリ。

□學者聖賢ニ至リテカラハ各別ナリ。學者ハ見識定マラヌ故ニ大イニ遠ザクルガヨキナリ。佛氏ニハマリヤスキナリ。
□不楽―遠ザケル時ハ一サシニ佛氏ノ學ニ飛ビコムトナリ。淫声美色ハ學者ノ大イニ戒ムル所ノ者ナリ。トキ學者タル者佛氏異端ヲ遠ザクルコト、淫声美色ヲ遠ザクル如クニキビシク遠ザケズシテ、苟モコレヲ學ビテ見ンナドト云フテカカル時ハソノ説道理ニ近ク聖人ノ道ニ似タル故ニソノ説ヲ聞トヒトシク馬ノ一サシニカケル如クニ一サシニ佛氏ノ學ニカケコムナリ。カケコムトハヤ害アルナリ。故ニ學者大イニ禁制シテ遠ザクベキ者ナリ。

（『論語聞書』第一冊、為政篇、五井持軒講、宝永三年八月十六日、加藤信成書）

これは、蘭洲の父の五井持軒の講義である。ここで持軒は、「異端」がそのまま「楊墨」なのではなく、「楊墨」はあくまで例示であると説く。また、仏教も異端ではあるが、孔子より後に中国に伝来したのであるとした上で、異端にも深浅があり、仏教の道理は深く、理に近いが故に聖人の道と類するところがあり、かえって大いに害があるとする。似ているからこそ害も深く、見識の定まらない学者は仏教にはまりやすいので、遠ざけるのが良いと注意する。仏教に対する独自の立場を窺うことができる。それでは、「小道」について、『論語聞書』はどのような講義を記録しているであろうか。

△子夏曰雖―致―ソレヲ遠クモテユクコトナリ。泥　ナヅミツカエテサキヘモツテユカレヌコトナリ。小サキ道デモ必ズ尤モジャト云フテマナコヲワケミラルルコトアリ。ケレドモ君子ノ大道トチガフテ小道ハヒトトヲリヅツナル故ニ大道ノゴトクニアチコチモッテユクコトナラヌナリ。小道ハ遠キヘモッテユクトツカエアルナリ。タ

トヘバ医デ云ヘドモ脉ヲミテコノクスリガヨシト云フ時ニト《ぼく》シテソノ薬凶ナド云ウコトアリ。コレツカエナナリ。故ニ病ハ医者ニワタシ吉凶ノコトハト者ニワタスナリ。

●小道―農家圃家ト云フモノ漢ノ藝文志ニアルナリ。許行ナゾカ農ヲ道トスルナリ。皆々道理アレドモ全体エカケテ小サキコトヲ後ニ道ト云タツルナリ。元来ハ道ノハシナリ。ソレニ後ニ尾ヒレヲツケテ全体ヲスマスナリ。医ハ病ヲナヲス一トヲリナリ。トは吉凶ヲウラナフ一トヲリナリ。

（『論語聞書』第六冊、子張篇、三宅石庵講、宝永三年暮春十七日、加藤信昌書）

『論語聞書』第六冊に見える子張篇の講義者は三宅石庵である。ここで石庵は、「小道」と「異端」との関係には言及せず、小道でも、もっともだと評価できる点もあるが、君子の大道とは異なり、小道は一通りに過ぎないので、大道のように応用範囲が広くはないと説く。例えば、朱子『集注』でも例示される医とトと農とは、領域を異にし、それぞれの分があり、それを超えることはできないという。「小道」に対する適切な理解であると思われるが、「異端」との関連性についてはまったく言及がない。

これにより、蘭洲が「異端」と「小道」を強く関連づけたのは、懐徳堂初代学主三宅石庵の影響によるのではないことが分かる。あえて言えば、父の五井持軒の講義に着想を得た可能性があろう。

六　竹山と履軒

それでは、こうした蘭洲の独特の見解を、その弟子たちはどのように受け止めたであろうか。蘭洲の弟子で、後に懐徳堂第四代学主となった中井竹山（一七三〇～一八〇四）の見解を確認してみよう。

竹山の『論語』解釈は、『非徴』としてまとめられ、蘭洲の『非物篇』と同時に刊行されている。それによれば、竹山は、蘭洲の立場をさらに鮮明にして徂徠批判を展開していることが分かる。

○攻乎異端章

非曰、徂来好旁引曲證。……獨是章、唯曰稽諸漢晉諸史、而未嘗舉一語以証。……如鮮以懐異心、皆不通。（『非徴』為政篇）

中井竹山は、徂徠には「旁引曲證」の癖があるが、この章に関して、「漢晋の諸史」に基づいたとは言いながら、一語もその例証を挙げていないとし、徂徠の「異心を懐く」という解釈は通じないと批判する。徂徠は、「攻」を攻める（攻撃）の意とした上で、「異端」を「異心を懐く」と解したが、そうした理解は不可能だとするのである。

一方、「小道」についても、仏・老に一定の評価を与えようとした徂徠を批判する。

○雖小道章

非曰、……徂徠既従朱注、又挿入佛老、蓋襲謝氏之誤也。（『非徴』子張篇）

ここで竹山は、徂徠が朱子『集注』に従い、さらに仏・老をも、見るべき「小道」としていることを、謝上蔡の誤りを襲ったものだと痛烈に批判している。こうした仏教批判は、すでに『論語聞書』にも見られた通りであり、懐徳

堂学派の特色と言ってもよいであろう。(7)

では、竹山の弟である中井履軒（一七三二～一八一七）はどうであろうか。履軒の『論語』解釈は、『論語雕題』『論語雕題略』を経て、『論語逢原』として完成した。

○子曰、攻乎異端、斯害也已

攻比於治、稍有費力之意。如斯而已。註專治、未允。

異端、便是害矣。不必待專精也。

自今觀之、佛氏之學、絶無近理者、或更遠於楊墨矣。程子以爲近理者、何也。蓋宋儒所謂佛道者、指禪法、而禪又佛中之異端矣。非佛之本法。宋代禪法盛行、學士大夫皆墜于其檻阱、雖程門諸子、多不免焉。是一世之風習矣。

一說、攻是攻擊之攻、謂排擊之也。言排擊異端者、非徒以異端乎吾也、特以其害道害人心而已。程子有言曰、道之不明也、異端害之也。害字與此正同、此說亦通。張呂謝楊諸子、皆以攻擊爲說、但解害與此不同。

（『論語逢原』為政篇）

履軒は先ず、「攻」（おさめる）について、「治」より、やや力を費やす意味だとし、『集注』が「専治」とするのは妥当ではないとする。

また、「異端」と仏教について、仏教は決して理に近くはないが、程子が理に近いとしたのは何故かと問題提起している。そして、宋儒がいう仏道とは、禅宗のことを指し、禅は仏教の中の異端であり、仏の本法ではないが、宋代には禅が盛行し、程子らもその弊害を免れることがなかったのだと指摘する。

このように、履軒の見解は、「攻」と「治」との微妙な相違を指摘するとともに、宋儒と仏教の関係を批判することに主眼がある。そこで、「攻」を攻撃の意とするのも一説であるとし、特に徂徠の説には言及していない。兄の竹山が徂徠を厳しく批判したのに対して、履軒は無関心といった風情である。これは、徂徠批判がすでに蘭洲や竹山によって充分行われていると感じられたからであろう。決して、蘭洲や竹山と立場を異にするわけではない。

そのことは、次の「小道」解釈によって明らかである。

○子夏曰、雖小道、必有可觀者、致遠恐泥、是以君子不爲也。

小道、謂異端諸子百家、是也。農圃醫卜、包在其中。（『論語逢原』子張篇）

ここで履軒は、「小道」を「異端・諸子百家」であるとし、朱子『集注』の例示する「農圃醫卜」はその中に包括されるとする。小道と異端・諸子百家とを明確に関連づけるのは、蘭洲以来の懐徳堂学派の特色だと言ってもよい。

このように、蘭洲によって明確にされた徂徠批判の立場は、その弟子の竹山・履軒においても継承されたと言える。懐徳堂学派にとって、「異端」「小道」とは、諸子百家を指すとともに、仏教を意味していた。また、明言こそしていないが、懐徳堂学派にとっての最大の「異端」とは、異説を唱える徂徠に他ならなかったであろう。『論語聞書』の「今時ノ儒者ニモ異端多キナリ」との言は、極めて示唆的である。(8)

なお、履軒は、「聖賢扇」という器物を残しているが、そうした観念が、この扇に反映されているのではないかと推測される。

聖賢扇は、中井履軒が扇面の表に歴代の聖賢や学者の名を朱筆し、裏面には「醸評」として、これらの人々を酒にたとえて面白く評を加えたものである。原本は失われて存しないが、文政三年（一八二〇）に履軒の子柚園が写したものが懐徳堂文庫に残されている。

そこでは、孔子孟子の正統儒学が「伊丹極上御膳酒」として絶讃される一方、漢代以降の儒者、宋代・明代の儒者については徐々に評価が厳しくなり、また、儒家以外の老荘や仏教、神道、禅宗などには手厳しい評価が下され[9]、さらに、荻生徂徠と太宰春台は「鬼ころし」（とても酒とは思えない）と酷評されている。諸学に対する履軒の評価、特に反徂徠の立場を明快に示す資料であると言えよう。

おわりに

以上、本章では、『論語』為政篇の「攻乎異端、斯害也已」をめぐって、日本の儒学者たちがどのような立場をとったのか、懐徳堂学派を中心として追究してきた。日本に伝来した朱子学は、特に荻生徂徠によって批判されたが、懐徳堂の五井蘭洲は、朱子学擁護の立場から徂徠の「異端」解釈を厳しく批判し、それは弟子の中井竹山・履軒にも引き継がれた。

もとより、当時の日本の儒者にとって、「異端」とは第一に仏教を指したであろう。ただ、この『論語』の「異端」は、中国古代において、もともと仏教を意味していた訳ではない。中国や日本に仏教が伝来し、儒教との対立が深まる中で、「異端」の最たる者として仏教が意識されたのである。『論語』のこの条についても、「異端」は、諸子百家や老子、さらには仏教など、後世の注釈者によって、その意味内容を異にした。そして、懐徳堂学派の人々にとって、諸子百家や仏教以上に強く意識されていたのは、実は、徂徠学派であった。彼らは、この語に敏感に反応したと言えよう。「異端」は、単なる『論語』の一用語なのではない。自らの学問的立場を示す重要な言葉なのであった。

注

（1）懐徳堂の基礎的な情報については、『懐徳堂事典』（湯浅邦弘編著、大阪大学出版会、初版二〇〇一年、増補改訂版二〇一六年）、及び『懐徳堂研究』（湯浅邦弘編著、汲古書院、二〇〇七年）参照。

（2）以下、資料の引用に際しては、原文の表記に従うことを原則とする。また、原文の使用する○△□●などの符号もそのまま引用する。但し、「……」は筆者が引用に際して省略した部分である。なお、漢文を書き下し文で提示する場合は、漢字を通行字体に改め、送り仮名は現代仮名遣いに従うこととする。

（3）『質疑篇』の書誌情報は、次の通りである。大阪大学懐徳堂文庫蔵。一冊、五井蘭洲著、明和三年序、大阪文淵堂・徳寶堂刊本。〔寸法〕二五・八×一七・八cm。郭内一九・九×一三・四cm。ただし、「刻質疑瑣語序」（中井履軒による）は一九・六×一三・四cm。「質疑篇序」（中井竹山による）は二〇・九×一四・四cm。〔版式〕左右双辺、有界、九行二十字。但し、「刻質疑瑣語序」は左右双辺、無界、五行十字。「質疑篇序」は左右双辺、無界、七行十三字。〔装丁〕四針眼訂法。全四十一葉。なお、以下、資料の引用に際しては、できるだけ原文に忠実に翻刻するよう努めたが、読者の便宜を考慮して、一部文字を通行字に改めたり、原文にはないルビを振ったりするなどの措置を講じた。

（4）なお、本書については、中井履軒が『質疑篇』刊行の際にその中の疑問の存する点についてまとめた上で、中井竹山に質した『質疑疑文』という文献も大阪大学懐徳堂文庫に残されている。『質疑疑文』は履軒の自筆手稿本で、所々に竹山の朱筆書き入れが見られ、『質疑篇』が刊行される以前の過程を窺うことのできる貴重な資料である。それによれば、「攻乎異端」について、中井竹山が朱筆で「異乎條貫、乎ノ字恐ハ削ルベシ」、履軒が墨筆で「欲皆使学者　皆当在欲之上」と記している。『質疑篇』の稿本は懐徳堂文庫に残っておらず、蘭洲の草稿の形成過程は不明であるが、この『質疑疑文』の注記により、稿本では、もともと「異條貫」が「異乎條貫」、「皆欲使學者」が「欲皆使學者」となっていたことが分かる。

（5）『非物篇』の書誌情報は次の通りである。大阪大学懐徳堂文庫蔵。三巻六冊、五井蘭洲撰、明和三年、中井竹山手稿。〔寸法〕二七・二×一八・七㎝。郭内二〇・六×一三・五㎝。〔書式〕四周双辺、有界、白口、黒魚尾の紙を使用。十行二十字前後。版心に「（黒魚尾）（篇名／葉数）懐徳堂」と記す。各篇の冒頭のみ篇名を記す。〔内題〕「非物篇（序／巻数）」。〔外題〕書題簽「非物篇」。打付け書き「正編」。〔奥書〕明和三年丙戌長至日。〔装丁〕四針眼訂法。第一冊（巻一・二）四十二葉、第二冊（巻三〜五）三十三葉、第三冊（巻六〜八）三十三葉、第四冊（巻九〜十二）三十三葉、第五冊（巻十三〜十六）三十三葉、第六冊（巻十七〜二十および附録）本文二十五葉および附録十七葉。

（6）『質疑篇』における『論語』関係条は、概ね徂徠の『論語徴』を意識したものになっている。ただ、徂徠の説を引用してから批判する訳ではないので、『質疑篇』のみを一覧しただけでは、蘭洲の真意が分かりづらくなっている。これに対して『非物篇』は、先ず『論語徴』の該当説を引用し、その後、批判しているために、徂徠の説との違いが明確に読み取れる。徂徠の説に直接触れない本条は、『質疑篇』の『論語』関係条の中でも、やや特殊な条であると言えるが、「異端」に関する蘭洲の徂徠批判は、後に『非物篇』で明確に示されたのである。

（7）『論語』解釈という大枠を外してみると、この点はより明瞭となる。後述の中井履軒には『水哉子』という著作があり、その巻之中「異端篇」では、老子や仏教を異端として述べている。また、履軒の弟子の山片蟠桃の『夢ノ代』にも「異端篇」があり、そこでは、明確に、仏教を異端として批判している。

（8）こうした徂徠批判に対して、徂徠学派からは再反論も行われている。藤澤東畡『辨非物』は、五井蘭洲『非物篇』に対する再反論の書であるが、その「攻異端章」で、東畡は、徂徠説を弁護し、さらに続けて次のように説く。「「異端」謂異見也。蓋人各有其見、見各別其端。而苟與己異見者、乃斷々攻之、或至削小吾道之區域。此竭力攻之、無其功而生其害也已」（「異端」とは異見を謂うなり。蓋し各々其の見有り、見は各々其の端を別にす。而るに苟くも己と見を異にする者には、乃ち断々之を攻むれば、或いは吾が道の区域を削小するに至る。此く力を竭くして之を攻むれば、其の功を無にして其の害を生ずるのみ）。すなわち、「異端」を「異見」（自分と見方を異にする者）と定義した上で、異端にも適する所があるから、包容して残しておけばよい。攻撃すれば、我が道を狭めることになる、と説くのである。この点の詳細については、矢羽野隆男「泊園書院の『大学』解釈——徂徠学の継承と展開と——」(『中国研究集刊』第五十九号、二〇一四年)参照。

(9) ここで履軒は、仏教と禅宗とを分け、仏教については、「チンタ」(赤葡萄酒)として夷狄人好みと評し、禅については、「焼酎」として「畢竟は毒」であるとする。なお、「聖賢扇」は、デジタルコンテンツ化され、大阪大学文学研究科懐徳堂研究センターが運営するサイト「WEB懐徳堂」で公開されている。

第二章　中井履軒にとっての「命」――『論語逢原』の程注批判から――

藤居岳人

はじめに

江戸時代の大坂の漢学界において、中井竹山・履軒兄弟が健在だったときの懐徳堂は大きな存在感を有していた。特に『七経逢原』や『七経雕題』などの履軒の経書研究に代表されるように、儒学の経学方面における懐徳堂の業績は見るべきものがある。

また、当時の大坂の漢学界は、混沌社に代表されるように漢詩文の方面でも大いに活況を呈していた。その混沌社には尾藤二洲や頼春水らが参加していた。彼らは詩作に励むかたわらで経学方面の研鑽も積んでおり、反徂徠学の立場からさらに朱子学の顕彰へと進み、いわゆる近世後期朱子学派を形成した。この動きが後に松平定信が主導する寛政改革、特に寛政異学の禁における彼らの活躍へとつながってゆくのは周知のことである。

混沌社に参加していたこれらの儒者たちと懐徳堂の儒者たちとの間に密な交流が醸成されてきたことは、同じ大坂の地で活動する者同士であり、いわば当然の流れだった。竹山や履軒は混沌社社友にはならなかったようだけれども、詩会を開いたり、他地方の儒者が上坂した際には一緒に宴席を設けたり、さまざまな形で交流を深めていた。また、春水が飯岡義斎の娘（梅颸《ばいし》。頼山陽の母）と、二洲が梅颸の妹梅月と結婚した際は、ともに竹山が媒酌人を務めていることなどからも双方の密接な交流の様相がうかがえる。

ただ、懐徳堂の儒学は、二洲や春水から見て、彼ら近世後期朱子学派の儒者たちの立場と完全に一致するものとは見られていなかった。春水の『師友志』に、「〔中井〕兄弟　皆な山斗の望有り。但だ其の学　程朱を信じて純ならざるを恨みと為す」（原漢文）とあることからもそれはうかがえる。懐徳堂は初代学主三宅石庵の学問が「鵺《ぬえ》学問」（『先哲叢談』巻五に見える香川修徳の語）と揶揄されていたように朱子学と陽明学との折衷的色彩が強いとされていた。その後、五井蘭洲が助教に就くに至って、懐徳堂は朱子学一尊の学風になったとされる。したがって、蘭洲に師事した竹山と履軒とが基本的に朱子学尊重の立場だったことは疑いない。

しかし、弟子が師の立場を完全に受け継ぐ場合ばかりではない。実際に履軒の注解を見れば、朱子の注を批判して、独自の立場から注解を施す内容のものも数多く見ることができる。では、履軒にとって、朱子の注を批判することはどのような意味を有していたのだろうか。本章では、履軒の『論語逢原』（以下、『逢原』と称する）を取り上げて、その『論語集注』（以下、『集注』と称する）批判の様相から履軒の基本的立場の一端を明らかにしたい。

一　『論語逢原』の程注批判——玩味の卮言——

履軒の『逢原』は、もともと『集注』の刊本の余白に記した自身の注解の分量が多くなりすぎたために改めて別にまとめて記したものである。その注解の性質上、当然のことながら『集注』の内容に対する批判の意図をこめた注解が多い。なかでも最も履軒の批判の対象になっているのは、『集注』に見える程顥・程頤兄弟による注解（以下、程注と称する）である。以下、主に程注を取り上げて履軒の『集注』批判の様相を検討することにする。

『集注』に見える程注に対して、部分的にその注解内容を認めるような箇所もあるけれども、ほぼ『逢原』全般にわたって履軒は程注を批判する。

たとえば、『論語』憲問篇（以下、出拠が『論語』の場合、篇名のみを記す）に、「子貢曰く、管仲は仁者に非ざるか。桓公は公子糾を殺すも、死する能わず。又た之を相《たす》く」で始まる章がある。春秋時代の斉の覇者桓公に仕えた管仲に関する内容で、桓公の兄弟である公子糾の腹心だった管仲が公子糾と斉王の後継者の地位を争っていた桓公に公子糾を殺されてからも主君に殉じるわけでもなく、かえって桓公に仕えたのは仁者とは言えないのではないかと子貢が孔子に質す場面である。

この箇所の程注は、王の地位は兄が継ぐべきだという立場から注を施す。程注は、桓公を兄、公子糾を弟としており、本来、桓公が王位を継承すべきであるにもかかわらず、管仲が公子糾を輔佐して国に争いを生じさせたのは「義に非ず」だと述べる。そして、もし桓公が弟で公子糾が兄ならば、王位は公子糾が継ぐべきで、その公子糾を殺して王位を奪った桓公に、管仲は決して仕えるべきではないと言う(1)。

その箇所の『逢原』は次のように言う(2)。

程子は小白（斉の桓公）を以て兄と為して論を立つ。其の意は美《よ》し。然れども荘〔子〕・荀〔子〕・管〔子〕・韓〔子〕・越絶書・左氏〔伝〕・大史公の書（史記）、皆な子糾を以て兄と為す。程子は特だ薄昭の書に拠りて証と為すのみ。薄昭は為《ため》有りて言う。是れ口中雌黄（本来の言葉を変改して言うこと）の類なり。焉んぞ拠りて以て大義を断ずるを得んや。乃ち一を執りて百を廃す。通論と謂う可からず。（二八二頁）

『漢書』淮南衡山済北王伝に、薄昭が諫言のために厲王に奉った書の中に、「斉の桓〔公〕は其の弟を殺して、以て国に反る」とある。程注が根拠とするのはこの『漢書』の記事のみで、他書はみな公子糾の方を兄としている。履軒は諸書を博覧したうえで、程注の論説の根拠が薄弱であることを述べる。このような履軒の主張は、『逢原』の注解を読む我々も大いに納得できるところである。

しかし、『逢原』に見える程注批判はこのような実証的なものばかりではない。それよりもむしろ『論語』本文の内容と程注との関連が明確でなく、その内容が牽強付会に過ぎると厳しく批判するものが多い。

たとえば、同じく憲問篇に、子路が成人、すなわち、完成された人とはどのような人かと孔子に問う章がある。その問いに対して孔子は、「臧武仲の知・公綽の不欲・卞荘子の勇・冉求の芸の若き、之を文《かざ》るに礼楽を以てせば、亦た以て成人と為す可し」と答える。

その箇所の程注は、次のようである。

> 程子曰く、知の明、信の篤、行の果、天下の達徳なり。孔子のいわゆる成人の若きも、亦た此の三者を出《い》でず。武仲は知なり、公綽は仁なり、卞荘子は勇なり、冉求は芸なり。須く是れ此の四人の能を合わせて、之を文るに礼楽を以てすべし。亦た以て成人と為す可し。……

それに対して同箇所の『逢原』では次のように程注を批判する。

> 知・仁・勇を以て達徳と為すは、吾　之を聞く。知・信・行を以て達徳と為すは、吾未だ之を聞かざるなり。程子の言は汰なるかな。且《しばら》く行の果は、勇と近似有り。信の篤の若きは、豈に以て仁と為す可きかな。又た曰く、公綽は仁なりと。夫の公綽は不欲廉静なるのみ。豈に仁を以て之を許す可けんや。信の篤も亦た公綽に貼《つ》かず。既に三徳を以て論を立て、而して冉求の芸は属する所無し。則ち是れ孔子の語は固より三者の外に出る有るなり。程子は何を以て出《い》でずと曰うや。牽合の説にして用うるに中《あた》らざることを知る可きなり。　（二七八頁）

この箇所で、程注は本文の「臧武仲の知・公綽の不欲・卞荘子の勇」を『中庸』二〇章の「知・仁・勇の三者は、天下の達徳なり」を用いて解釈しようとする。それに対して、『逢原』は『中庸』の知・仁・勇をそれぞれ臧武仲の知の明・公綽の信の篤・卞荘子の行の果に当てはめることが適当でないのみならず、『論語』本文の「冉求の芸」だけが程注の解釈から浮いてしまうと言う。したがって、程注の解釈を「牽合の説」と評するに至る。この箇所に代表されるように、『逢原』では程注の解釈を「豈に牽合して相い釈《と》く可けんや」（述而篇、一四四頁）、「牽合の尤も甚しき者なり」（憲問篇、二九九頁）、「当に牽合して説を作《な》す可からず」（衛霊公篇、三一三頁）などと述べて、本文と関連の少ない解釈を展開する程注の牽強付会を厳しく批判する。

このような『逢原』の程注批判を象徴する用語が「玩味の卮言」である。この「玩味の卮言」の語が主に程注批判の語としてよく用いられていることは、先学によってすでに指摘されている。[3] 一例を挙げれば、雍也篇「子曰く、賢なるかな回や、一箪の食、一瓢の飲、陋巷に在り。人は其の憂えに堪えず。回や、其の楽しみを改めず。賢なるかな回や」の箇所の『集注』には次のように言う。

〔程子〕又た曰く、「箪瓢陋巷は楽しむ可きものに非ず。蓋し自ら其の楽しむこと有るのみ。「其」字は当に玩味すべし。自ら深意有り」と。又た曰く、「昔　学を周茂叔に受く。毎《つね》に仲尼・顔子の楽しむ処と楽しむ所とは何事なるかを尋ね令む」と。愚按ずるに、程子の言は、引きて発せず。蓋し学者の深く思いて自ら之を得んことを欲す。今も亦た敢えて妄りに之《この》説を為さず。

本章は、貧窮の境遇にもかかわらず前向きな態度で学問に励む顔淵に言及する有名な章である。この箇所について、程注は「其」字に注目して、粗食や狭い路地の下町暮らしがとても楽しめるものではなく、顔淵が楽しんでいる「其の楽しみ」の「其」には深い意味があるからよく玩味すべきだと述べる。そして、程子が周敦頤に学んでいた際にも、顔淵の楽しみの内容について、師からよく問われていたことに言及する。この程注について、朱子自身も『孟子』尽心章句上の「君子は引きて発せず。躍如たり」の語を引きつつ、「其の楽しみ」の内容は学者自身がみずから深く考えるべきことであって、みだりに言挙げすべきものではないと述べる。

上述の『集注』、特に程注の内容について、『逢原』は以下のように言う（この箇所の『逢原』には多くの条があり、便宜上、算用数字を附した）。

①其の楽しみの其は、其の憂えの其と正に同じ。何ぞ深意有らん。

②朱子曰く、伊尹は有莘の野に耕して、是れに由りて以て堯舜の道を楽しむ。未だ嘗て道を楽しむを以て浅と為さざるなり。直だ顔子　道を楽しむと為すと謂うは、何ぞ不可なること有らん。

③仮令《たとい》顔子　道を楽しむと曰うも、亦た周程以後の道体・道学の道と異なり。

④程説は並びに機鋒有りて、鴻儒に望む所に非ず。然して亦た玩味の巵言なるのみ。（以上、一一一頁）

『逢原』の基本的立場は、①に述べるように、「其」字には程注が解するような特別深い意味をこめているわけではないというのが第一点である。次に、『朱子語類』巻三一の文章をそのまま引く②において、朱子は『孟子』万章章句上の内容に基づく「伊尹は有莘の野に耕して、是れに由りて以て堯舜の道を楽しむ」の立場から、顔淵が楽しんでいたのは道だと解する。それに対して、『逢原』は、③で『論語』では顔淵が楽しんだのは道だと明確に記しているわけではなく、たとい顔淵が道を楽しんだとしても彼が楽しんだのは、周敦頤や程子が宋学の理論で概念化したような道ではなく、もっと素朴な意味の道だと言う。したがって、④で述べるように、程注は「玩味の巵言」すなわち、深読みしすぎて曲解に至ってしまっているというのが第二点である。同じく④で、元来、禅の用語で鋭い舌鋒を意味する「機鋒」の語を使用するのも、反仏教の立場にある履軒にとっては程注批判になる。つまり、履軒から見れば、『論語』本文を深読みして、ありもしない深意を見出そうとしても、かえって『論語』本来の趣旨を見誤ることになるというのである。

「玩味の卮言」の語に象徴されるように、履軒が『論語』本文を深読みする傾向が程注に強いと批判する箇所は『逢原』の至るところで見ることができる。たとえば、顔淵篇「樊遅　仁を問う。子曰く、人を愛す、と。〔樊遅〕知を問う。子曰く、人を知る、と」の箇所の『集注』に「程子曰く、聖人の語は、人に因りて変化す。浅近なる者　有るが若しと雖も、而れども其の包含するもの　尽くさざる所無きは、此の章を観れば見る可し」とある。それに対して、『逢原』は以下のように言う。

聖人の語は為《ため》有りて発する者と雖も、其の正理におけるや、毫髪の差無きこと斯くの如きのみ。豈に必ず浅近にして一一深遠を包まんや。乃ち以為えらく、包含するもの　尽くさざる所無きは、是れ牽合附会の由りて生ずる所のみ。（二四九頁）

また、子張篇「子夏曰く、博く学びて篤く志し、切に問いて近く思う。仁　其の中に在り」の箇所の『集注』は程注を多く引くが、『逢原』では、「是の章の文義は元もと解し難き者無し。先儒は深く理解を求めて、而れども遂に文義を失う。歎く可きかな」（三七九頁）と述べる。顔淵篇や子張篇の程注に対して、「豈に必ず浅近にして一一深遠を包まんや」「深く理解を求めて、而れども遂に文義を失う」と批判しているところからも履軒が程注の深読みがかえって『論語』本文の意味を正しくとらえないことになると考えていたことが理解できる。したがって、程注に対する履軒の思いは、「凡そ程張以下の諸子は皆な其の理を玩味するを喜びて、而して本章の語気文勢を玩味せず。故に憾《うら》む可き者多し。蓋し其れ平日　文章を愛さざる故なるのみ」（季氏篇「孔子曰く、君子に九思有り」の箇所の『逢原』、三三八頁）というような批判の語となるのである。

二　『論語逢原』の程注批判二――性論批判――

『集注』に見える程注に対して、履軒は厳しい批判を展開する。その批判の矛先は、特に宋学の基本的立場の一つである性論に向かう。その批判の様相を検討する。

まず、学而篇「有子曰く、其の人と為りや孝弟にして、上を犯すを好む者は、鮮《すく》なし。……君子は本を務む。本立ちて道生ず。孝弟なる者は、其為仁之本与」の箇所を取り上げる。最後の「其為仁之本与」の部分を訓読しなかったのは、この部分の解釈に二つの有力な立場があるからであり、一つは「其れ仁の本為るか」と訓む『論語集解』以来の伝統的な立場（以下、「古注の立場」と称する）、もう一つは「其れ仁を為すの本か」と訓む『集注』の立場である。『集注』の解釈は、性善たる人間には仁義礼智の四つの徳が備わっており、それ以外の孝弟は性ではないという宋学の主張に基づくものである。学而篇の同箇所の『集注』には、次のような程子の言を引く。

> 程子曰く、……故に仁を為すには孝弟を以て本と為して、性を論ずれば、則ち仁を以て孝弟の本と為す。……孝弟は是れ仁の一事なり。之を仁を行なうの本と謂えば則ち可なり。是れ仁の本なりと謂えば則ち不可なり。蓋し仁は是れ性なり。孝弟は是れ用なり。性の中に只だ箇《こ》の仁義礼智の四者有るのみ。曷《なん》ぞ嘗て孝弟の来ること有らんや。

「仁は是れ性なり。孝弟は是れ用なり」の語から、孝弟が性の範疇には入らず、あくまでも性の用、すなわち、性の発現だとする程子の立場をうかがうことができる。それに対して、この箇所の『逢原』は、非常に詳細な注解を施す。この箇所も記述が多いことから便宜的に条ごとに算用数字を附す。ただし、以下に取り上げるのは本章の論旨に関係する箇所のみである。

①〔「其為仁之本与」の〕此の句、試みに一の「為」字を削りて、惟だ其れ仁の本たるかと言うも義は同じなり。必ずしも葛藤を生ぜず。可なり。

②又た〔程注に〕曰く、「性を論ずれば、則ち仁を以て孝弟の本と為す」と。夫れ有子は未だ嘗て性を論ぜず。此れ何ぞ労擾（わずらわしい）せんや。他無し（他でもない）、元来玩味の卮言にして、不可なる者無くんば、援《ひ》きて註解に入る。便ち其の病見《あら》わる。凡そ程子の言、他も並びに此れに放《なら》う。謝〔氏〕楊氏の若きは、則ち同じからず。

③性は善なり。仁は是れ徳の名にして、其の道なれば則ち善中の大綱なり。孝弟も亦た善中の一事なり。性を論じて仁を挙げれば、則ち孝弟は仁中に囿せられて、別に頭を出《い》ださざるなり。仁　既に性中に存すれば、孝弟　豈に独り逃出することを得んや。

④〔『論語』本文の〕「其の人と為りや孝弟」〔の章〕は、有子　豈に性を論ぜんや。凡そ性を以て解を作す者は皆な非なり。孝弟は行なり、仁も亦た行なり。……若し性を論ぜば、孝弟と仁と綱目の差有るのみ。本末の指す可きこと無し。

⑤仁義礼知は人性の綱なり。綱は是れ統目の称なり。孝弟　豈に仁義の目に非ざらんか。乃ち〔程注が〕性中に四者有るのみと言うは、豈に理あらんや。

⑥或るひと曰く、「為は衍文なり。当に削るべし」と。此の言は誠に理有り。……読者　為の有無に拘らざれば可なり。　（以上、一一頁～一三頁）

履軒が程注を「玩味の卮言」と批判するのは、『論語』の文章を素直に読解するのではなく深読みすることで『論語』本文の論旨から乖離してゆくのを恐れたからである。したがって、『集注』がこだわる「其れ仁を為すの本か」の訓みに対しては、①にあるように、古注と『集注』との解釈の最大の相違点となっている「為」字を削って「其れ仁の本たるか」と素直に訓むべきだとする。「為」字が不要だという主張は⑥においても見ることができる。なぜ不要なのか。その理由は③⑤で述べられる。③では善たる性の大綱として仁が取り上げられるならば「善中の一事」たる孝弟も当然のことながら仁の徳に含まれるから孝弟だけが性の範疇に入らないなどということはあり得ないと履軒は言う。⑤も③とほぼ同趣旨であり、仁義礼智の徳が性の大綱とすれば、孝弟は仁義の徳の細目と言うべきであり、程注において仁義礼智の四つの徳だけが性の範疇に属すると言うのは、理に適っていないとする。

そして、②では「有子は未だ嘗て性を論ぜず」と履軒は述べているから、性論で程子が『論語』を解するのは誤っているという主張である。まさしく程子の言は『論語』で言われてもいないことを深読みする「玩味の卮言」なのである。そして、『集注』に見える程注はほとんどそのような「玩味の卮言」の集まりに過ぎないと履軒は言う。④においても「有子　豈に性を論ぜんや」とあるから②と同趣旨である。したがって、宋学の性の概念を用いた解釈はすべて誤っていると履軒は厳しく批判する。

性論に対する批判は『逢原』の随処に見ることができるけれども、顔淵篇冒頭の「顔淵　仁を問う。子曰く、克己復礼を仁と為す」の章も取り上げる。この箇所の『逢原』では次のように言う（この箇所も条ごとに算用数字を附す）。

①明道先生嘗て自ら言えらく、「天理人欲の説は是れ其の独見にして、拠本とする所無し」と。其の説之是《これぜ》なるか。詩・書・易・論語を籠罩（ひとまとめにする）して、其の一帰を証するは可なり。集註は乃ち孔子の未だ嘗て言わざる所にして、後人の肇《はじ》むる所の語を用いて、孔子の言を分析解釈す。強いて其の合を求むるは、烏《いず》くんぞ可ならんや。

②天理・人欲・復初の説熾《さか》んにして、而して孔孟の言は其の純粋なるを失う。歎ず可きかな。

（以上、二二六頁）

②では、宋学用語である「天理」「人欲」「復初」等の語を使って解釈すれば、孔子や孟子の言葉の純粋性を損ない、『論語』『孟子』の論旨を見誤ることになると端的に批判している。そして、①では、宋学の「天理」「人欲」等の用語を用いた説が程顥（明道）が自分から言い始めた説だとの程顥の言を紹介したうえで、②と同じく、『集注』では、孔子みずからが言わなかったことを後人が言い始めた説を用いて解釈するのは、結局、牽強付会につながることになるから良くないと批判する[4]。

以上の例から、履軒が宋学の基礎理論である性論に対して、大きな違和感をもっていたことが理解できる。このような側面があったからこそ、尾藤二洲や頼春水らの近世後期朱子学派の儒者らは懐徳堂の朱子学を「純ならず」と評していたのだろう。

なぜこれほどまでに履軒は性論を用いた解釈を嫌うのだろうか。その理由の一つは、程子の性論が仏教の影響を受けていると履軒が考えていたためである。為政篇「子曰く、異端を攻《おさ》むるは、斯れ害あるのみ」の箇所の『集注』に次のように言う。

程子曰く、仏氏の言は、之を楊墨に比ぶれば、尤も理に近しと為す。其の害　尤も甚だしと為す所以なり。学者は当に淫声美色の如く以て之を遠ざくべし。爾《しか》らずんば則ち駸駸然（急速であること）として其の中に入る。

この『論語』本文は異端を学ぶことを戒める有名な箇所である。その「異端」について、程子は、楊子や墨子らの諸子に比べて、理に近いからこそ仏教は異端としてその害が甚だしいと述べる。仏教を異端視しながら理に近いと評するのである。それに対して、『逢原』は大いに程注を批判する。やや長いけれども、以下に引用する。

今自り之を観《み》れば、仏氏の学は絶えて理に近き者無し。或いは更に楊墨より遠し。程子　以て理に近しと為すは何ぞや。蓋し宋儒のいわゆる仏道は禅法を指して、而して禅も又た仏中の異端なり。仏の本法に非ず。宋代に禅法盛行して、学士・大夫は皆な其の檻穽に墜つ。程門の諸子と雖も多く焉《こ》れを免れず。是れ一世の風習なり。二程子は力を極めて焉れを排斥すと雖も、然れども其の性命を談じて、心法を論ずれば、則ち多く禅者の言語を用う。此れ未だ世習を脱洒すること能わざるなり。是を以て禅者の言は二程子の言において近似すること有り。故に尤も理に近しと曰うなり。是れ一人の私言のみ。若し取りて諸《これ》を孔孟の言に比ぶれば、何ぞ曽て近似すること之《これ》有らん。然らば則ち世習　之を駆るに因ると雖も、脱洒すること能わざれば、則ち二程子の過なるのみ。故に二程子の言を読む者は、務めて二程子の為に其の世習を芟除（取り除く）して、其の孔孟に合う者を取れば可なり。

（三七頁～三八頁）

履軒は宋学が仏教、特に禅の影響を大きく受けていると言う。履軒の立場は、禅であろうと仏教であるならば「理に近き者」などないというものである。程子は楊墨よりも仏教の方が理に近いと言うけれども、逆に履軒は楊墨も仏教も異端であり、むしろ仏教の方がより一層理からは遠いと言う。

以上のように、履軒は程子の性論を批判する。ただ、履軒の考えで特徴的なのは、程子の性論自体は認めている点である。たとえば、雍也篇「子曰く、回や其の心三月仁に違わず」の箇所の『逢原』に次のように言う。

商賈の家は万貨紛紛にして、必ず帳籍有りて以て之を統《す》ぶ。其の部を立て門を分くるは、家いえ各おの法有りて徽号（はたじるし）は同じからず。同業者と雖も、東家の人は西家の帳を理《おさ》む能わず、西家も亦た然り。夫れ帳籍の便利は、彼　豈に自ら尽くさざらんや。然り而して猶人面の同じからざるなり。天理・人欲は、程張家の徽号なり。此れを持て以て孔孟家の張《ママ》（帳―筆者注）を理めんと欲すれば、必ず合わざる者有り。故に学者は先に孔孟家の張《ママ》（帳―筆者注）に熟して其の徽号を得るに若くは弗し。程張家の徽号の若きは必ずしも理あらず。

（一〇八頁）

この箇所の『集注』に、「私欲」の語を用いた程子の解釈が見えており、それに対する履軒の見解が上述の引用である。商家の帳簿の例を用いて説明するところは、如何にも「商人の町」大坂の住人である履軒の面目躍如たるものがある。それぞれの商家で用いている帳簿の作法はそれぞれの家で相違しており、如何に自分の店の帳簿をつける作法に習熟していても、違った家の帳簿を見ればさっぱり理解できないはずである。それと同じく、孔子や孟子の論理と程子や張子の論理とは相違している。各々の論理が一貫していても、互いの論理が相違していれば、相互理解は難しい。このような論法で、履軒は程子の論理で『論語』を解することの困難さを説く。また、履軒は、学而篇「有子曰く、礼の用は、和もて貴しと為す」の箇所において、礼と楽との概念を用いて解する程注に対して、「程子　径《ただ》ちに礼楽を取りて之を対説するは、主張　大いに過ぐるに似て、然して亦た玩味の卮言なり。彼　自ら病無し、而れども伝註に采入するは非なり」（一三頁）と述べる。この箇所でも程注自体に問題があるわけではなく、程注の中では論理が完結していてよいのだけれども、その論理を『論語』本文の解釈にもちこむことがよくないのだと履軒は主張する。

履軒は、程子による禅由来の「玩味の卮言」的解釈を批判する。このような深読みをするからこそ『論語』を読み誤るのだと履軒は述べており、この「玩味の卮言」が『論語』に描かれた聖人あるいは孔子の本来の姿を覆い隠すことにつながる。「程説の称賛は太だ過ぐ。沖《ふか》く高妙に入りて、却って其の著実平穏の気を失う」（公冶長篇「顔淵・季路侍す」の箇所の『逢原』、九八頁）とあるのはそのことを言う。

これまで述べてきたように、履軒は程子の性論を厳しく批判する。その批判は、程子の論説が如何に論説としての論理が整っていたとしても、それを『論語』の注解に用いることはふさわしくないという一点に尽きる。すなわち、程子の性論という完結した理論では、十分にすくい上げることができない内容を『論語』が有しているのだという履軒の考えをこれは示唆している。では、『論語』の、その内容とは何か。以下に節を改めて検討する。

三　『論語』における「命」

前節までに検討したように、『集注』に見える程注に対する激烈な批判を『逢原』において履軒は展開する。その批判は、程注の内容が『論語』本文の内容にそぐわないとするものであり、程注だけを取り出せば、むしろその論理はそれなりに完結性を有すると履軒は考えていた。「程張家の徽号」は程張家の中ではそれなりに論理的なのである。では、何がこれほどまでに履軒を程注批判に駆りたてるのだろうか。その問いに答えるためのキーワードは「命」である。

憲問篇「子曰く、道の将に行なわれんとするや、命なり。道の将に廃れんとするや、命なり」の箇所の『逢原』に次のように履軒は言う。

「命なり」とは、猶天なりと言う。命に聖凡の別無し。〔朱子の〕註の「聖人　命に決せらるるを待たず」、及び〔『四書大全』の〕小註の「〔朱子曰わく、……〕凡そ命を言う者は、皆な衆人の為に言う」は、大いに謬る。〔堯曰篇の〕「子曰く、命を知らざれば、以て君子と為す無し」と、〔季氏篇に〕曰く「天命を畏る」と、〔為政篇に〕曰く「五十にして天命を知る」と、皆な衆人の為に言う者に非ず。中庸〔一四章〕の「易に居りて以て命を俟つ」、孟子〔梁恵王章句下〕の「魯侯に遇わざるは天なり」も、亦た豈に衆人の事ならんや。聖人　若し命に決せられざれば、其れ何物に決せられんや。蓋し程子以降、命を以て浅末と為して、別に高妙を求むるが故に往往にして経旨を失う。　（二九五頁）

履軒にとって、「命」とは天命である。運命である。聖人だろうと凡人だろうと、みずからの思うままにならないその運命にみな服せざるを得ない。したがって、『集注』に「聖人の利害の際におけるや、則ち命に決せらるるを待ちて而る後に泰然たるにあらず」と述べて、聖人がみずからの運命の如何にかかわらず泰然自若たる様相を失わないとしたり、『四書大全』の小註に「凡そ命を言う者は、皆な衆人の為に言う」とことさらに運命の語を言挙げするのは庶民に対してのみだと述べているのは、履軒の立場と相違する。[5] あくまでも聖人も運命に従わざるを得ない。しかし、程子以降になって、運命の存在を軽んじるようになり、運命論とは別の性論あるいは理気説という抽象的理論を用いて『論語』や『孟子』といった経書を解釈する傾きに陥ってしまった。履軒の程注批判の根底に、このような運命に関する履軒の考えが横たわっていたのではないだろうか。

また、陽貨篇「公山弗擾　費を以て畔《そむ》く。召す。子　往かんと欲す」章の『逢原』においても履軒は同様のことを述べる。この箇所の『集注』に「程子曰く、聖人　天下に為す有る可からざるの事無く、亦た過ちを改むる可からざるの人無きを以てが故に往かんと欲す」とあり、それに対して、『逢原』は次のように言う。

程説の「天下に為す有る可からざるの時無し」、聖人　大抵是の理有り。然れども邦の興喪も亦た天命有り。若し程子の此の言を主張せば、則ち殆ど天命無し。孔子も亦た嘗て言えらく、「道の行なわれざる、已に之を知る」と。其れ命を知るが故なり。　（三四七頁）[6]

程子は聖人をいわば完璧な人格者としてとらえており、そのような聖人は運命をも支配下に置き、聖人の意図が通らない時勢などないのだと言う。しかし、履軒は、一国の興廃でさえも如何ともしがたい運命の波に逆らうことはできず、たとい孔子のような聖人だったとしても運命の流れには抗することができないのだと主張する。履軒にとって、運命の前では人間はみな同じく無力なのである。(7)

聖人だろうと凡人だろうと、みな運命の前では如何ともしがたい。このように理不尽な運命の前における人間の無力性を強調して、逆に、程注の頻用する宋学の性論ないしは理気説という、いわば完成された理論を『論語』に適用することを履軒は強烈に批判する。これは一体なぜなのだろうか。その理由の一つとして履軒自身の境遇が大きく影響していたと考えられる。

すでによく言及されていることではあるけれども、懐徳堂は履軒の兄の竹山が第四代学主として学校経営の中心にいた。それに対して、履軒は懐徳堂にあってはいわば厄介者扱いで、みずからの塾である水哉館も懐徳堂があった尼ヶ崎町ではなく、長堀・南本町・博労町など懐徳堂とは別の場所を転々としていたようである。(8)一般的に、竹山は経世面において活躍し、履軒は経学研究に沈潜して、その独自の境地を切り開いていったとされている。経学方面において高い水準の学識が履軒に備わっていたことは疑いない。ただ、本当のところ履軒は経世面においてみずからの能力を発揮したいという希望があったのではなかろうか。(9)経世面においても十分に対応できる能力を有しながらも、結局、履軒はその能力を発揮する境遇になかった。その履軒の内心における葛藤が、如何ともしがたい運命に対する意識に反映されているのではないか。履軒が性論あるいは理気説という完結的理論を批判するのは、運命という如何ともしがたい概念の方が、経世面の能力も十分に有するという自負をもちながらその能力を発揮する機会のない自分自身の境遇も含んだ理不尽な現実を説明するにふさわしいと考えていたからではないだろうか。

おわりに

聖人も凡人も、みな運命に服するほかはないと履軒は考えていた。そして、このように聖人と凡人との区別などないのは「命」のみならず、実は「道」のあり方も同様だと履軒は考えていた。

たとえば、里仁篇「子曰く、朝に道を聞かば、夕べに死すとも可なり」の箇所の『逢原』を取り上げる。そこでは『集注』の「道とは、事物の当然の理なり」の解釈に対して、次のように言う。

「道」　君子の道、聖人の道と言うが如し。即ち人の共に由る所の大道なり。亦た聖賢の独り有する所に非ず。……聖賢　豈に別に一道を築かんや。〔朱子の〕註の「事物の当然の理」、道字に貼《つ》かず。（七二頁）

『論語』はさまざまな形で「道」を説く。その「道」に対して、『集注』は多くの場合、宋学の理気説を用いて解釈を施しており、この箇所もそうである。それに対して、履軒は「道」を「人の共に由る所の大道」と解して、聖人だろうと凡人だろうと区別なくすべての人が頼るべきよりどころだと述べる。どのような人にも共通する点において「道」も「命」と同様なのである。

このように、履軒は、「道」を宋学の理の概念で解することに批判的である。泰伯篇「子曰く、民は之に由ら使む可し。之を知ら使む可からず」の箇所の『集注』に「民は之をして是の理の当然に由ら使む可し。而れども之をして其の然る所以を知ら使むこと能わざるなり」と、宋学用語である「理之当然」「所以然」を用いた解釈を展開するのに対して、履軒は以下のように言う。

「之」字は道を指すなり。「由」字もて徴す可し。〔朱子の〕註は大差無しと雖も、道を舎《す》て理を論ずるは本文に

貼《つ》かず。「当然」「所以然」を以て之を分かつも亦た未だ円ならず。（一五六頁）

この箇所においても、履軒は宋学用語を用いた『集注』の解釈を批判する。述而篇「子曰く、道に志し、徳に拠り、仁に依り、芸に游ぶ」の箇所でも『集注』に「道とは則ち人倫日用の間に当に行なうべき所の者、是れなり」とあるのに対して、『逢原』では「集注に「道」字を解するや、或いは「事物の当然の理」と云い、或いは「人倫日用の間に当に行なうべき所の者」と云う。判然として両物の如きも、其の義　果たして精なるかを知らず。窃《ひそ》かに恐る、一意を用いて之を解するに若かずと」（二二七頁）と述べる。すなわち、『集注』の中には、宋学用語を用いた抽象的な解釈と履軒が推奨する具体的な解釈とが混在しているけれども、具体的解釈に統一すべきだというのである。そして、前節に述べた「命」を知ることがまさしく履軒にとってのめざすべき「道」だった。

先に、履軒が性論や理気説という完結的理論を批判するのは、運命という如何ともしがたい概念の方が理不尽な現実を説明するにふさわしいと考えていたからだと述べた。これは、一見、履軒が運命の前に屈服しているように見えるけれども、そうではない。そこには現実をよく見ようという履軒の基本姿勢が反映している。現実をよく見ることによって、履軒は先のわからない運命に対してポジティブにみずからの人生を賭けようとしたのではないか。

マックス・ウェーバーは『職業としての政治』において、倫理には心情倫理と責任倫理とがあり、政治家はまず責任倫理を追求すべきだと主張する。(10) 心情倫理とは動機の良さに基づく倫理であり、責任倫理とはまさしく結果責任を重視する倫理である。政治家は心情倫理も責任倫理もともにバランスよく備えているべきだけれども、政治家がより一層責任倫理を追求すべきだというウェーバーの主張は、すなわち、動機はともあれ、現実の政治は結果責任によって評価されるということである。また、同じくウェーバーは『職業としての学問』において、ある主観的な価値判断が本当に正しいかどうか、また、もろもろの価値を比較して、そのどちらが勝っているかについては、学問的に決することができないと述べる(11)。現実に展開するさまざまな事象の正確な結果は誰にも予測できない。しかし、それにもかかわらず、政治家は最善の結果を追求してその結果責任を負うべき非常に難しい役割を果たさなければならない。そのために政治家は庶民から権力を委ねられているのである。

上述したような政治家に対するウェーバーの見解は、現実をよく見たうえで先のわからない運命に対してポジティブにみずからの人生を賭けようとする履軒の基本的態度と相通じるものがあると言える。そのような履軒の態度は、換言すれば、理不尽で先の見えない現実に対して前向きに立ち向かい、政治を通して、自分にも他人にも良い道を実現しようとする「実学」的態度と言ってもよい。ここで言う「実学」とは、「修己」を基底としつつ社会全体に対する責任感をもとにした現実の政治実践に資する「治人」のための学問のことであり、履軒にあってもこのような「実学」志向を看取できることは興味深い事実である(12)。

懐徳堂の学校経営の中心的存在だった履軒の兄の竹山は「実学」という経世方面の学問の志向が強かった。これはいわば当然のことである。それに加えて、一般的に懐徳堂学派の中で経学方面の業績に優れるとして評価の高い履軒にあっても、実はその思想の基底に「実学」的志向があったことは大きな意味をもつ。なぜならこれは日本近世思想史上において、懐徳堂学派が実学思想の系譜に連なることを示す一つの有力な証左になるからである。竹山・履軒兄弟は、近世後期朱子学派の頼春水から「程朱を信じて純ならず」という評価を受けており、実際に松平定信に登用されたのは尾藤二洲ら近世後期朱子学派の儒者である。しかし、彼らが寛政改革で推進した政策は、いわば「修己」の道徳教育が中心だった。

言うまでもなく、朱子自身は経学研究のみならず官僚として「治人」方面の業績も大きい。したがって、「修己」のみならず「治人」をも重視するという「実学」の観点から見れば、むしろ竹山・履軒兄弟が活躍していた頃の懐徳堂学派が本来の朱子学の立場に近いとも言える。朱子学者としての立場の相違はそれぞれあるにしても、みずからが「治人」の主体であろうとする意識は朱子学者としての核であろう。

竹山や履軒が活躍していた明和年間から寛政年間に至る時期は、儒者が実際に「治人」に携わるまでには機が熟してはいなかった。幕末に至ってはじめて儒者が藩主の信頼を得て実際の藩政に参画する例が見られるようになる。新見藩の山田方谷や平戸藩の楠本端山、また、熊本藩出身で福井藩主松平春嶽のブレーンとして活躍した横井小楠などが著名な例である。このように、後の幕末の儒者らにつながる「治人」の当事者意識の萌芽が懐徳堂の儒者の「実学」志向にうかがえると言ってもよいのではないか。

懐徳堂は、全国に張りめぐらされた儒者ネットワークの大坂での一大拠点とされて、その意味において一定の評価を得てきた。確かに、全国の儒者が来坂したときに立ち寄る儒者ネットワークの拠点としての懐徳堂の存在意義は大きい。ただ、従来、日本近世思想史上における懐徳堂の思想史的意義は今ひとつ明確ではなかった嫌いがある。そのなかで懐徳堂儒者の思想の特徴を「実学」志向ととらえることには大きな意義がある。これによって日本近世思想史における「実学」の系譜に懐徳堂学派を位置づけることができ、日本近世思想史上における懐徳堂学派の思想史的意義をより一層明確にできるからである。

今後は、「実学」思想の観点から懐徳堂儒者の思想をより深く検討し、彼らを軸として、その前後に活躍した儒者の思想との思想史的関連を明らかにする作業を継続してゆきたいと考える。

注

（1）『集注』の原文は次のようである。

程子曰、桓公、兄也。子糾、弟也。仲私於所事、輔之以争国、非義也。桓公殺之雖過、而糾之死実当。仲始与之同謀、遂与之同死、可也。知輔之争為不義、将自免以図後功亦可也。聖人不責其死而称其功。若使桓弟而糾兄、管仲所輔者正、桓奪其国而殺之、則管仲之与桓、不可同世之讐也。若計其後功而与其事桓、聖人之言、無乃害義之甚、啓万世反覆不忠之乱乎。如唐之王珪魏徴、不死建成之難、而従太宗、可謂害於義矣。後雖有功、何足贖哉。

（2）原漢文。以下、『逢原』からの引用は、関儀一郎編『日本名家四書註釈全書』六巻　論語部四（鳳出版・一九七三年、もと東洋図書刊行会・一九二二〜一九三〇年）所収の『逢原』に拠る。『逢原』からの引用文後部に本テキストの頁数を附す。なお、中井履軒自筆本（大阪大学附属図書館懐徳堂文庫所蔵）によって誤字を改めるときは「誤字《ママ》（正しい文字—筆者注）」と記す。また、引用文中の（　）は、その前の語の意味を表わし、〔　〕は、文意をわかりやすくするために筆者が補った語である。

（3）たとえば、平重道「懐徳堂学の発展（Ⅱ）」（『宮城教育大学紀要』五号、一九七一年）、宇野田尚哉「中井履軒『論語逢原』の位置」（『懐徳』六二号、一九九四年）、加地伸行『論語逢原』（加地伸行『中国思想からみた日本思想史研究』第三部、第三節、吉川弘文館、一九八五年）などが挙げられる。

（4）『逢原』に引かれている程顥の言そのものは探し当てられていないけれども、『二程外書』巻一二に「明道嘗《かつ》て曰く、吾が学は受くる所有りと雖も、天理の二字は却《かえ》って是れ自家体貼（精細に会得する）して出《い》で来る」（原漢文。『二程集』四二四頁、中華書局、一九八一年）とあり、程顥にそのような発言のあったことが、弟子たちの間に伝えられていたようである。

（5）拙稿「履軒の性論と気稟論と」三、命に対する人間の無力性、参照。次に引く陽貨篇の『逢原』についてもすでに同じ拙稿で言及している。

（6）履軒自筆首書本『論語雕題』のテキスト（大阪大学附属図書館懐徳堂文庫所蔵）では、「聖人以天下無不可有為之事、亦無不可改過之人」とある。その箇所の『論語雕題』に「事と人と皆な未だ安からず。恐らくは当に時に作るべし」（原漢文）とテキストの文言を変えるべきだと履軒は主張しており、この箇所の『逢原』の主張はそれに基づいている。

（7）聖人も凡人も、運命ないし天命の前ではともに頭を垂れるのみだと履軒は述べる。実は荻生徂徠は『政談』巻之三においいて、「総ジテ御政務ノ筋ハ上ノ私事ニ非ズ。天ヨリ被仰附玉ヘル御職分也。増テ老中・諸番頭ハ上ヨリ被仰附タル職分也。下タル人ニテモ、御政務ノ筋ニカ、リタルコトヲ申ハ、暫ノ内、上ノ御同役也」（『荻生徂徠』日本思想大系、三六巻、岩波書店、一九七三年、三八一頁）と述べて、天の前では上級武士も下級武士も同等の立場であると主張する。また、『徂来先生答問書』下には「其人智人力のとゞき不申場にいたり候ては。君子は天命を知りて心をうごかさず。我なすべき道を勤候故。をのづから天地鬼神のたすけを得候に。をろかなる人はわが智に見え不申候故。疑ひ生じ心を専らにしてはげみ候事なく。つとむる力よはり候故。其事破れ候て成就いたし不申候」（『荻生徂徠全集』第一巻、みすず書房、一九七三年、四六三頁）とあり、君子と小人とではそれぞれ対処方法は相違するものの、両者ともに天命の前では如何ともしがたい存在であることが共通していると徂徠は言っている。実際のところ、このような徂徠の主張は履軒の立場に近い。

小島康敬は反徂徠学の主張を四つの立場に分類しており、その中で徂徠学の修身論軽視を批判する立場として尾藤二洲ら寛政の三博士を取り上げ、次に、徂徠学の文献学的な実証性・客観性の不備を批判する立場として中井竹山や片山兼山らを挙げる（小島康敬『［増補版］徂徠学と反徂徠』（ぺりかん社、一九九四年）二〇一頁～二〇八頁）。尾藤二洲ら近世後期朱子学派の儒者が徂徠学を功利の学と批判する点は竹山も立場を同じくするけれども、懐徳堂儒者の徂徠学批判を二洲らとは別の立場とする点は注意すべきである。つまり、反徂徠学の立場でも両者は徂徠批判の性質がやや相違するということである。確かに懐徳堂の儒者も徂徠学の功利主義的立場を批判している。しかし、文献学的な実証性に抵触さえしなければ、懐徳堂の儒者が徂徠学の主張と立場を共有する可能性もないわけではない。従来、懐徳堂儒者は反徂徠的立場だとされてきているけれども、今一度、両者の立場の相違点と共通点とを検討する必要があるのではないだろうか。

（8）『懐徳堂考』下巻「水哉館と華胥国」の項を参照。

（9）注（3）に掲げた平重道論考において、「もし地を換へて履軒を竹山の位置に据へたなら、彼が竹山と同じような世俗的活動を演じた事は、推測に余りがある」（同論考一〇一頁）と述べている。

（10）マックス・ウェーバー『職業としての政治』（脇圭平訳、岩波書店、一九八〇年）一〇二頁～一〇六頁。

（11）マックス・ウェーバー『職業としての学問』（尾高邦雄改訳、岩波書店、一九八〇年）五一頁、五四頁～五五頁。

（12）　拙稿「中井竹山と実学と」（『懐徳』八三号、二〇一五年）において、「修己」を基底としつつ社会全体に対する責任感をもとにした現実の政治実践に資する「治人」のための学問という意味での実学を履軒の兄の竹山が志向していることについて論じている。

第三章　尾藤二洲の朱子学と懐徳堂の朱子学と

藤居岳人

はじめに

尾藤二洲（一七四七～一八一三）は伊予・川之江の人。名は孝肇。字は志尹。通称は良佐。二洲の他に約山とも号する。二四歳のときに上坂して、しばらく後に片山北海が主宰する混沌社の準社友となる。頼春水・古賀精里らと知己となり、詩作と並行して、ともに朱子学の研鑽に努めた。二洲は後に昌平坂学問所儒官となり、寛政改革時にはいわゆる寛政の三博士（二洲・精里に柴野栗山を加えた三名の朱子学者）の一人として朱子学振興に努めることになる。混沌社での出会いを契機とした二洲や春水らの朱子学振興グループは、後に近世後期朱子学派と称されるようになる(1)。

懐徳堂最盛期の儒者で第四代学主の中井竹山とその弟履軒の兄弟は、混沌社社友にはならなかったようだが、混沌社の関係者との交流は頻繁だった。頼春水が大坂時代に交遊した知己について記した『在津紀事』によれば、竹山は社友だった明石藩留守居役の大畠赤水との関係から混沌社とのつながりができ、履軒は特に二洲と親しかったと言う。

初代学主三宅石庵の頃における懐徳堂の学風は、「鵺《ぬえ》学問」と呼ばれて諸学折衷の傾向が強かった。しかし、竹山・履軒の頃の学風は、彼らの師だった五井蘭洲の影響もあって朱子学を最も尊重する傾向にあった。当然、二洲ら近世後期朱子学派の儒者らの立場とは近しい関係にあり、だからこそ混沌社を中心とした密接な交流も可能だったと言える。ただ、上述の『在津紀事』において、春水は次のように言う。

竹山は自ら居士と号し、履軒は自ら幽人と号す。皆な処士の称為り。履軒は外交せず、実に幽人なり。倶《とも》に実践を務む。学は程朱を主として、時に或いは出入す。（『在津紀事』上）（原漢文）

また、春水はその著『師友志』においても、「〔中井竹山・履軒〕兄弟は皆な山斗の望み有り。其の学は程朱を信ずること純ならざるを恨みと為す」（原漢文）と述べている。この春水の言葉からうかがえるように、近世後期朱子学派は懐徳堂の朱子学を純粋の朱子学とは見ていなかった。では、両者の朱子学的立場には具体的にどのような異同があったのだろうか。本章では近世後期朱子学派の儒者の代表として尾藤二洲、懐徳堂の儒者の代表として中井履軒を主に取り上げて、両者の朱子学的立場の異同について検討してゆくことにする。

一　尾藤二洲の朱子学転向——古学・陸王学から朱子学へ——

まず、先学の研究に拠りつつ、尾藤二洲の朱子学の様相を明らかにする。[2] そもそも川之江で学問を修めはじめた頃の二洲の儒学は、学問の師だった儒医宇田川楊軒が徂徠学者だった影響から徂徠学の立場にあった。それは当時のみずからの学問について「好んで物氏復古の学を為《おさ》む。当時以為らく、聖人の道は此に求めて備わる」（「藤村合田二老人に与うる書」）と二洲自身が述べていることからもわかる。[3] ちなみに「藤村合田二老人」とは、藤村直香と合田彊とである。両者とも讃岐和田浜の人で二洲の旧知だった。

また、若年時の二洲は徂徠学以外にもさまざまな儒学の学派に迷っていたようである。漢文で記された彼の著書『素餐録』の題言に次のように言う。[4]

道の多岐なる、学の多方なる、之を辨ずることの明らかなるに非ずんば、何を以て正路を識りて差《たが》わざるを獲んや。余　少《わか》くして伊物に惑い、又た陸王に溺る。彼に出て此に入りて、止まる所を知らず。歳の壮に及ぶや、始めて洛閩の説を与かり聞く。乃ち其の初めを顧みて、悚然として自ら悔ゆ。

（『素餐録』題言）

もともと徂徠学を学んでいた二洲だったが、上坂後は次第に徂徠学への疑念を深めてゆく。『素餐録』では、「仁斎徂来《ママ》の徒、皆な自ら古学を称す。いわゆる古とは、程朱に従わざるの名なるのみ。其の説は皆な新奇にして謂われ無し。何の古か之《これ》有らん」（『素餐録』三二四条）と徂徠学と同じく古学に分類される仁斎学を批判したり、「余　既に悟ること有るや、悔懼置くこと無し。……乃ち復た陸王の誤る所と為る者累年、墨に逃ぐれば必ず楊に帰す。時時　念《おも》うこと之に及べば、未だ嘗て愧然（恥じるようす）として汗下らずんばあらず」（『素餐録』三二七条）と陸王学を学んだことを後悔していたりする記述がある。

儒学を学ぶにしても、どの学派に拠ればよいのかわからない迷いの状況だった若年時から、壮年に至って二洲はようやく「洛閩の説」、すなわち、朱子学に従うことになった。そのときの歓喜にあふれた二洲の心情は、彼の著述の至る所に見ることができる。たとえば、頼春水の弟の頼春風に宛てた次の書簡である。

昨夜の臨、大いに病懐を慰むるに足る。謝々。今朝　旧に依りて蓐上に忽受見借の二程全書、手に信《まか》せて之を翻す。明道先生の定性説に至りて、沈潜反復して手の舞い足の蹈むを知らざるなり。足下　試みに来たりて叩《たず》ねよ。我　復た昨夜の尾藤生に非ず。近日　識と見と自ら日に一歩を進むるを覚ゆるも、今朝の進む所に至りては則ち啻《た》だに数歩のみならず。吁《ああ》、惷愚にして早く宇宙有益の書の此くの如き者有るを暁らず。

（頼春風宛二洲書簡、年月不詳（明和八年（一七七一）ごろ？）二七日付）(5)

頼春風は、春水に従って明和三年（一七六六）に上坂して古林見宜に医術を学んだ。彼は安永二年（一七七三）に郷里の竹原に戻ったが、在坂時は二洲とも親しく交流したようである。二洲は春風に『二程全書』を借りたようで、その『二程全書』中の、特に程顥「定性書」を読んで大いに喜び、「定性書」を「宇宙有益の書」だと称賛している。このようなところからも朱子学に傾倒する二洲の様子がうかがえる。また、藤村直香と合田彊とに宛てた次の前掲書簡からも同様に二洲の朱子学への思い入れが深まる様相をうかがうことができる。

歳の庚寅（一七七〇年）大阪に来たりて、……〔片山〕北海は乃ち教うるに孟子を熟読するを以てす。因りて其の教うる如くする者数月、稍稍《やや》物氏の古の古ならざることを覚る。然る後に中庸を読みて又た溯りて易を読む。是《ここ》において疑う者日に解けて、喟然として北海の先覚為るを嘆ず、而れども猶未だ適従する所を知らざるなり。支離して日を曠《むな》しくして汎濫して月を過ごす、而して其の程朱の言におけるや半信半疑なり。既に而して四書集註・易伝及び大《ママ》極図説・二程全書等の書を読み、信ずる者益ます定まり、疑う者益ます解けて、乃ち始めて程朱の言　深く聖人の意を得て、而して万古易う可からざる者を識るなり。

（「藤村合田二老人に与うる書」明和九年〔一七七二〕八月二八日付）

この書簡からうかがえるのは、二洲が川之江から上坂した明和七年（一七七〇）、二四歳の頃からこの「藤村合田二老人に与うる書」の書かれた明和九年（一七七二）二六歳の頃までに、すでに彼は朱子学への沈潜を深めており、「程朱の言　深く聖人の意を得」と言うまでになっていることである。

その後、ますます朱子学への思いを深めた二洲は、次のように言うに至る。

学は一なり。何為れぞ正と称する。世に蓋し正ならざる者有ればなり。何をか正と謂う。孔孟の説く所、程朱の伝うる所、是れなり。何をか不正と謂う。陸王の知覚を主として、陳葉の功利を専らにする、是れなり。

（『静寄軒集』巻の六「正学説」）

「孔孟の説く所、程朱の伝うる所」を「正」と称する立場は、後に著わされた彼の『正学指掌』の書名に通じる。二洲にとって、朱子学こそ「正学」であり、陸王学その他の学統は異学なのである。

二洲は朱子学を正学と考える。朱子学に対する彼のこのような傾倒ぶりは何を核とするものだったか。それは朱子学の理気説である。何度も引用する「藤村合田二老人に与うる書」において、二洲は次のように言う。

蓋し僕　深く程朱に服する所以の者は理気の二字に在り。而して二公（藤村合田二老人）の是《ぜ》とせられざる所以の者も、亦た此に在るのみ。然りと雖も程朱の程朱為る所以は、則ち唯だ此の二字のみ。伏して願わくば二公　其れ之を裁せよ。（「藤村合田二老人に与うる書」）

藤村直香も合田彊もともに読書人だったが、朱子学にはそれほど思い入れはなかったらしい。その両者に対して二洲は朱子学の神髄を熱く語っており、朱子学がそれまでの儒学と相違する点はこの理気説にあると言うのである。宋学以前の儒学においても、当然ながら各々の経書は尊重されていたが、それは基本的にいわばそれぞれ別の権威をもつ書としてだった。朱熹によって大成された宋学に至ってはじめて、一つの体系をもつ儒学の中に経書が位置づけられることになった。したがって、儒学の体系化の根幹をなす理気説は朱子学理解の核であり、その理気説が二洲にとって有する意味の検討は重要である。そこで次に節を改めて二洲から見た朱子学の理気説について検討する。

二　尾藤二洲から見た朱子学の理気説——特に理について——

二洲が朱子学に傾倒したのは、朱子学の根幹に当たる理気説、特に理に対する共感があったからだった。では、二洲は朱子学の理に対してどのような考えを有していたのか。理に対する二洲の見解を彼の著書から引用してみる。

①天命性道教、一以て之を貫く。曰く理なり。（『素餐録』一六七条）

②近世の学者は多く理字を識破せず、視て以て死字と為す者有り。余　見る所を以てせば、天下に理字より神なること莫く、理字より妙なること莫し。彼のいわゆる死字の理、及び禅家のいわゆる理障の理は、是れ理の影象なるのみ。（『素餐録』二八八条）

③理は即ち大極《ママ》にして、人に在れば天命の性為り。理の自然は即ち命にして、人に在れば率性の道為り。……是《ここ》を以て洛閩の学は窮理を貴びて、而して窮理の要は理と気との分を辨《わきま》うるに在り。此れに之《これ》明らかならざれば則ち見る所差《たが》いて而して趨く所背く。（『静寄軒集』巻の六「理気説」）

二洲にとって理とは「一以て之を貫く」ものであり、「天下に……神なること莫く、……妙なること莫し」と言うべきものであり、また、太極に等しいものである。これほどまでに二洲が理を尊重するのはなぜか。その理由を以下に述べる。

まず、第一は二洲の中庸尊重の立場である。換言すれば、バランス重視の立場とも言える。二洲は極端に偏ることを嫌う。彼は『素餐録』中の道家思想を批判する箇所で次のように言う。

老荘の言は高きに似て、而して其の実は甚だ卑し。畢竟　自私用智を免れざるなり。聖人の大中至正の道は、則ち然らず。（『素餐録』三一九条）

道家思想の言は卑近で「自私用智」を免れず、儒学の「大中至正の道」とはかけ離れていると彼は言う。二洲は、高卑の卑に偏るのみならず公私の私にも偏った道家思想の立場を受け入れることができなかった。儒学の道を「大中至正の道」と称するのは、たとえば、伊藤仁斎も『童子問』巻の上、第五章で「聖人　大中至正の心を以て、大中至正の道を説く」と述べるように、中庸を重んじる儒者たちのいわば常套句である。ただ、特に朱子学を標榜するときに「大中至正」や「中正」の語が用いられることが多い(6)。

二洲が中庸を尊重する例は、彼の著書中を見れば枚挙に遑がない。たとえば、次の例である。

> 一語一黙一起一坐ノ微ニ至ルマデ、天理ニ循ヒテ為レバ、皆天ヲモテ称スベシ。天理トハ天然ノ則ナリ。モロモロ中トイヒ、極トイヒ、至善トイヒ、性ノ自然トイヒ、事ノ当行トイフ類、ミナコノ天然ノ則ヲ指テイヘルナリ。名異ナリトテ各別ノ物ト思フベカラズ。
> （『正学指掌』道(7)）

二洲にとって重要な理（この引用文では「天理」とある）は「天然の則」、すなわち、最重要の基準である。中、すなわち、中庸や極、至善、性の自然なども表現されており、それぞれ別の概念のように見えるが、実はすべて同じ「天然の則」のことを言うと二洲は考える。そして、彼にとって、この「天然の則」がまさしく朱子学の神髄であり、そのいわば言い換えである。つまり、中庸の概念は二洲にとって朱子学の核なのである。

この重要な中庸の概念が中国においても日本においても異学によってないがしろにされていると二洲は批判する。『正学指掌』附録において、まず中国について二洲は次のように言う。すなわち、中国では陸象山が「虚高ノ説」、陳亮が「功利ノ学」を唱え、その後、明代になって王陽明が出て、陸象山の説を取り入れて「陽儒陰仏」、さらには「魏晋ノ雅尚清言」に至る。その結果、「此ヨリ学者ミナ心ヲ空虚ニ馳セ、実地ヲ践ム者鮮《すく》ナカリシカバ、天下ノ風俗モ壊レハテ、、明朝遂ニ滅ビヌ」という状態になった。つまり、中国の儒者が実践から離れた空虚高邁な学説を説いてばかりいたから明朝が滅びるに至ったと言うのである。

さらに日本の学者について、『正学指掌』附録で二洲は次のように述べる。

> 此邦ノ学者ハ惺窩羅山以来、得失互ニアリシカドモ、大様正シキ方ナリシニ、仁斎出デ浅近ノ説始マリ、徂徠出デ功利ノ説起リ、又風流好事トナリ、又放蕩不軌トナリ、今ニテハ学者トイフモノハ、士人ニ歯セラレヌコトト

ナリタリ。是シカシナガラ、天下ノ風俗ニ係ルコトナレバ、政ヲ為ル人ノ心アルベキコトナラズヤ。余平生古今ノ学者ヲ観ルニ、漢土ノ人ハ高遠ニ馳セ易ク、此邦ノ人ハ卑近ニ堕チ易シ。是此邦ノ人ハコザカシク思慮短キ故ナリ。今其高遠ナラズ卑近ナラヌ道ヲ学ビント思ハヾ、唯程朱ノ教ニ遵ヒテ学ブベシ。自ラ大中至正ノ路ヲ見得ルコトアラン。（『正学指掌』附録）

二洲は、仁斎以降に「浅近の説」、すなわち、卑近に偏った学説が出現したと述べる。上述したように、卑近であろうと自私であろうと中庸から離れていれば二洲は批判する。ちなみに卑近を重んじる仁斎の立場は次の文章からうかがえる。

卑ければ則ち自ら実なり、高ければ則ち必ず虚なり。故に学問は卑近を厭うこと無し。卑近を忽せにする者は、道を識る者に非ざるなり。（『童子問』巻の上、第二四章）

また、徂徠学に対しても、二洲は功利にのみ偏っており、道徳方面をないがしろにすると批判する。二洲の言う功利とは、具体的には政治を重視する徂徠の立場を指し、それだけでは不十分だと二洲は言う。『正学指掌』附録において、「……左レバ其学（徂徠学）タヾ理民ノ術ノミニテ、自己ノ身心ハ置テ問ハザルナリ。故ニ身ニ非法ノ事ヲ為レドモ恥トセズ」と二洲が言うのはその意味である。ちなみに政治重視に偏る徂徠の立場は、徂徠自身の以下の文章からうかがえる。

尤聖人の道にも身を修候事も有之候へ共、それは人の上に立候人は、身の行儀悪敷候へば、下たる人侮り候て信服不申候事、人情の常にて御座候故、下たる人に信服さすべき為に身を修候事にて、兎角は天下国家を治め候道と申候が聖人の道の主意にて御座候。（『徂徠先生答問書』上）(8)

徂徠にとって、聖人の道とは、「天下国家を治め候道」、すなわち、政治であり、修身、すなわち、道徳も重要ではあるが、それは治政者の道徳意識が低ければ下位の地位にある者の信頼が薄れるからであり、道徳そのものが重要と言うよりも、政治を円滑に進めることの方が重要なのである。つまり、徂徠にあっては、道徳はあくまでも政治に従属するものとしての補助的な位置づけである。[9] 先の『正学指掌』の引用で、二洲は「政ヲ為ル人ノ心アルベキコトナラズヤ」と述べていたから、政治の重要性は確かに二洲も承認している。しかし、偏っていてはならないのである。二洲は、卑近にも高遠にも偏らないことこそが正しい「道」だとする。そして、その「道」、すなわち、「大中至正ノ路」は朱子学を学ぶことによって得られるのだと彼は考えていた。

　以上、二洲が理を尊重する第一の理由について考察した。次に第二の理由である。それは、みずからの実践の根拠とするにふさわしいと考えていたからである。『素餐録』において二洲は以下のように述べる。

　忠孝を論ずるに、性命に原《もと》づかざれば、忠孝も亦た本根無し。本根無き者は恃《たの》む可からず。性命の理　明らかなれば、而して忠孝の行　窮まり無し。夫れ溝澮の盈、立ちどころに其の涸《か》るるを見る。凡そ物の本有るを貴ぶ所以なり。　（『素餐録』三八一条）

忠孝の実践を進めるには、性と命とを根拠にすべきで、それでなければ恃むに足りないと二洲は言う。「溝澮の盈、立ちどころに其の涸るるを見る」とは、『孟子』離婁章句下に「苟《も》し本無から為めば、七八月の間に雨集まりて、溝澮皆な盈つるも、其の涸るるや、立ちて待つ可きなり。故に声聞　情に過ぐるは、君子は之を恥づ」とあるのに基づく。これは、もしそこに水源がなければ、雨が降り続くと溝が一杯になるほどだったとしても、いったん雨が降らなくなればすぐに涸れるように、根本がしっかりしていなければ、虚名のみが残ってしまうことを言う。

　また、同じく『素餐録』において、二洲は次のようにも言う。

〔『孟子』離婁章句上に〕「天下の本は国に在り、国の本は家に在り、家の本は身に在り」と。是れ孟子　切近に時人を警醒するの語なり。其の本を修めず、唯だ末を之《これ》務む。吾　其の能く為すこと無きを知る。

（『素餐録』三九二条）

こちらも『孟子』に基づいて、根本を修めることの重要性を述べる。以上の例では「理」の語は見られないものの、道徳的実践に当たって、二洲がその根本、あるいはその根拠を尊重していることはうかがえる。

前向きに実践を進めるための根拠の設定は、ある意味でどの思想家にも共通するものである。仁斎は仁などの浅近な道徳、徂徠は先王の道、朱子学では理に実践の根拠を求めた。思想家の立場の相違は、いわば実践の根拠をどこに求めるのかという相違である。そのなかで理に実践の根拠を求める朱子学が他の学派よりも優越する点は何か。齋藤希史は、朱子学が儒学に理気二元論などの原理論を立てたり、儒学の入門書として四書を定めたりしたこと、つまり、朱子学が儒学をシステム化したことが重要だと指摘する(10)。すなわち、システム論として整った朱子学を教学の中心に据えることで、江戸幕府は社会の秩序化の道筋を示すことができた。それが可能だったのはそもそも朱子学が学問と政治とを関連させる性格を有していたからであり、その関連を決定づける中心的概念が理だった。そして、その理を根拠とするのが朱子学者たる二洲の立場だったのである。

では、その二洲の立場と懐徳堂の立場とはどのような点が同じでどの点が相違していたのか。次節ではその問題を検討する。

三　尾藤二洲から見た懐徳堂朱子学

上述したように、二洲は朱子学派の儒者である。その二洲から見た懐徳堂の学風はどのようなものだったのだろうか。二洲が彼の郷里川之江で学んでいたときの師宇田川楊軒に宛てた書簡に次のようにある。

下拙儀も近来大いに程朱の学に得る事御座候て、頻りに見台をたたき正学中興を志し申す事に候。唯だ浪華は軽薄の風俗、人物多きように候え共、末技の人のみにて、大道に目をつけ申す人これなく、下拙理気を主張すれども、北海のメッコウクダキ（遠慮のない批判）をもろうより外、誰ありて我を知る者御座なく候。中井善太徳次とて二人これ有り候え共、家世の朱学、諸学に昧く候故、固より相謀り為すに足らず候。……当時浪華に在りて、同志の人は頼千秋兄弟二人のみにて、其の他は北海の家説を守株し、或は伯起が指揮に従う者にて、皆謂わゆる人によりて功を成す者、数うるに足らず候。

（宇田川楊軒宛二洲書簡、年不詳九月一八日付[11]）

「中井善太徳次とて二人これ有り候え共、家世の朱学、諸学に昧く候」とあるから、中井竹山・履軒兄弟の頃の懐徳堂の学風は朱子学を主とするものだという認識が二洲にはあった。ただ、「固より相謀り為すに足らず候」と述べるように、二洲ら近世後期朱子学派の儒者からすれば、懐徳堂の朱子学が自分たちの立場と完全に一致するものだとは見なされていない。書簡の後部に、「当時浪華に在りて、同志の人は頼千秋兄弟二人のみにて」と二洲は述べており、当時の大坂では同じく近世後期朱子学派の頼春水兄弟のみが二洲とその朱子学的立場を共有する儒者だと彼は認識していた。

二洲がみずからの朱子学的立場とは相違して、懐徳堂の朱子学を純粋のものだとは考えていなかったことについて、さらにもう一例を挙げる。

此地（大坂）ノ様子中々正学ハ行ハレ不申候、タトヒ行ハレ候ても、此地ハ遠方ノ学生参らぬものニ候へハ、其化町人ノ内ヲ不出候、其上懐徳兄弟ノ学終ニ当地ノ盟ヲ主ルヘク見ヘ申候、乍去一時ノ寄セ易ク又文辞博学等ノ為ニハ此モ亦宜ク候。

（頼杏坪宛二洲書簡、天明五年〔一七八五〕二月一日付[12]）

「懐徳兄弟」とは中井竹山・履軒兄弟のことで、懐徳堂が当時の大坂における儒学の盟主的存在だったことが語られている。ただ、やはり「此地ノ様子中々正学ハ行ハレ不申候」とあることから、懐徳堂の朱子学が「正学」、すなわち、二洲にとっての朱子学とは相違するものだとの認識だった。さらに、「はじめに」でも述べたように、二洲と同じ近世後期朱子学派の頼春水も懐徳堂朱子学を純粋の朱子学とは見ていなかった。

このように二洲や春水から純粋の朱子学とは見られていなかった懐徳堂朱子学の立場は、実際のところ、どのようなものだったのだろうか。二洲や春水とも交流が深く、当時の懐徳堂朱子学を代表する存在だった履軒の考えを見てみよう。履軒による経学研究の代表的著述である『論語逢原』には以下のように見える。

> 商賈の家は万貨紛紛にして、必ず帳籍有りて以て之を統《す》ぶ。其の部を立て門を分くるは、家いえ各おの法有りて徽号（はたじるし）は同じからず。同業者と雖も、東家の人は西家の帳を理《おさ》む能わず、西家も亦た然り。夫れ帳籍の便利は、彼　豈に自ら尽くさざらんや。然り而して猶人面の同じからざるなり。天理・人欲は、程張家の徽号なり。此れを持て以て孔孟家の張《ママ》（帳—筆者注）を理めんと欲すれば、必ず合わざる者有り。故に学者は先に孔孟家の張《ママ》（帳—筆者注）に熟して其の徽号を得るに若くは弗し。程張家の徽号の若きは必ずしも理あらず。
>
> （『論語』雍也篇、回や其の心三月仁に違わず章の『論語集注』「仁とは、心の徳なり。心　仁に違わざる者は、私欲無くして其の徳有るなり」部分の『論語逢原』）[13]

「私欲」、すなわち「人欲」の語を使用して注釈する朱子に対して、履軒は「天理」や「人欲」などの朱子学用語はあくまでも朱子学独自の用語（引用文中では「徽号」）であり、その朱子学的世界の中では一応の論理の完結はみているものの、これらの用語を孔子や孟子の著書を解するために用いることは適当ではないと述べる。それは商売を生業とする家々でそれぞれの帳簿があり、商家ごとの帳簿作成の作法には習熟していても、別の家の帳簿を見れば、まったくそのつけ方がわからないようなものだと履軒は述べる。すなわち、朱子学の理気説が如何に体系的理論を備えていても、その理論で『論語』や『孟子』などの経書を解すべきではないと言うのである。

履軒の『論語逢原』からもう一例を取り上げる。

仁者の憂えざるは、其の安き所有るを以てなり。〔集註に言うように〕「理　私に勝つ」が若きは、言うに足らざる者有り。且つ「理　私に勝つ」とは、是れ程子以後の言なり。孔子の時に、未だ是の説有らざるなり。当に据りて孔子の書を解すべからず。勇者の懼れざるも、亦た唯だ其の果決を以てするのみ。〔孟子に言うように〕「気　道義に配する」が若きは、是れ孟子　創むる所の工夫なり。孔子の時に、未だ是の説有らざるなり。亦た当に据りて孔子の書を解すべからず。

（『論語』子罕篇、知者は惑わず、仁者は憂えず、勇者は懼れず章の『論語集註』「明は以て理を燭《て》らすに足る、故に惑わず。理は以て私に勝つに足る、故に憂えず。気は以て道義に配するに足る、故に懼れず。此れ学の序なり」部分の『論語逢原』）

「理」の語を用いた朱子の解釈に対して、「理」の語はあくまでも程子以後に使用されるようになった用語であり、その用語を使用して『論語』を解することは適切ではないとここでも履軒は述べている。

以上のように、履軒の解釈を見れば、彼が「理」や「人欲」などの朱子学用語を使用することに批判的立場であることが容易にうかがえる。このような履軒の立場のみを見れば、朱子学を批判する立場から経書を解釈して、古義学・古文辞学を確立した仁斎や徂徠の立場とそれほど変わらないように見える。そして、「理」の語を用いた解釈については、確かに仁斎も徂徠もともに批判している。たとえば、仁斎は次のように述べる。

①専ら理を以て之を断ぜんと欲すれば、則ち其の説　愈いよ長くして、実を去ること愈いよ遠し。

②凡そ事　専ら理に依りて断決すれば、則ち残忍酷薄の心勝ちて、貫裕仁厚の心寡なし。

（『童子問』巻の上、第四一章）

③蓋し道は行なう所を以て言う、活字なり。理は存する所を以て言う、死字なり。聖人は道を見ることや実、故に其の理を説くことや活。老氏は道を見ることや虚、故に其の理を説くことや死。……吾　故に曰く、後世の儒者理を以て主と為《す》る者は、其の本と老氏より来るが為なり。

（『童子問』巻の中、第六五章）

（『語孟字義』巻の上、理・第二条）

続いて徂徠も理を批判して以下のように言う。

①人柄の能人も、学問いたし候へば人柄悪敷成候事多く御座候は、皆朱子流理学の害にて御座候。

（『徂徠先生答問書』上）

②理学の過はいづれも皆小量に成、蟹の甲に似せて穴をほるごとく、何事をも皆己が身ひとつに思ひ取候故、聖人の道は国天下を治め候道と申事をばいつのまにか忘れはて、偶治国平天下の業を論候にも、只其理を知る心計になり、是を行ふ上には心付不申候。

（『徂徠先生答問書』下）

以上のような仁斎や徂徠による理批判の立場と履軒の理批判の立場とを比較すれば、両者ともにその立場は共通している。したがって、懐徳堂朱子学が二洲や春水ら近世後期朱子学派の儒者から「純ならず」などと朱子学的立場に対する疑いの目を向けられていたこともある程度うなずけるようにも見える。ただ、五井蘭洲に『非物篇』、中井竹山に『非徴』があるように、懐徳堂学派の儒者は基本的には反徂徠学の立場であり、あくまでも朱子学を主とする立場だった。にもかかわらず、「理」の語に対する立場からもうかがえるように、尾藤二洲ら近世後期朱子学派の儒者と懐徳堂の儒者とのそれぞれの立場には相違がある。この両者はどのような点で朱子学的立場を共有し、また、どのような点でそれぞれの立場を異にしていたのだろうか。その共通点と相違点とについて、「理」の語に関する立場とは別の観点について次節で検討してゆきたい。

四　尾藤二洲と懐徳堂との立場の異同

尾藤二洲や頼春水ら近世後期朱子学派の儒者に如何に「純ならざる」朱子学と評されようと、懐徳堂はやはり基本的に朱子学的立場だった。まず、両者の共通する側面について述べる。

上述したように、二洲が理を尊重したのは偏らず中庸を保持する点と前向きな実践につなげるための根拠となりえる点とだった。仁斎は卑近の尊重、徂徠は功利の尊重の立場から中庸を保持していなかったが故に、二洲は両者を批判したのだった。そして、前節で述べたように、履軒の経学研究を見れば、確かに二洲が重視する理の概念に対しては批判的である。しかし、懐徳堂の儒者たちも二洲らと同様に、偏らず中庸を尊重する立場にあった。

一例として、「修己治人」の概念を取り上げる。この概念は、言うまでもなく、儒者として誰もが尊重する基本的概念である。ただ、実際のところ、修己と治人との両者を同程度に尊重する儒者ばかりかと言えば決してそうではなく、むしろ修己と治人との両者のどちらかに重きを置く場合が多い。たとえば、仁斎は人々の自然な仁愛の情を重視するが故に、むしろ「修己」の概念を重視していると言える。それに対して、徂徠は「治人」、すなわち、政治重視であり、その点が近世後期朱子学派の儒者から「功利」と批判される所以である。それに対して、懐徳堂の儒者は修己と治人との双方をバランスよく尊重する立場だった(14)。

また、二洲が理を尊重したのは前向きな実践につながる側面に眼を向けたからだった。たとえば、『正学指掌』において二洲は次のように言う。

格物致知等ノ説ヲ能ク言フノミニテ、読書講義ノ実工夫ナキハ、是モ程朱ノ教ニ従フトイフベカラズ。

（『正学指掌』致知）

朱子学における「格物致知」の理論を強調するのみでは不十分で、「実工夫」、すなわち、実践が伴うものでなければ真の朱子学とは言えないと二洲は述べる。この場合、二洲が言う実践とは「読書講義」、すなわち、学問である。そして、懐徳堂の儒者たちも同じく具体的実践を重視する。たとえば、中井竹山は懐徳堂第四代学主として老中の松平定信に『草茅危言』を献呈するなど、政治的実践を重視している。(15) 確かに懐徳堂の儒者は理の概念に対しては批判的である。しかし、実践重視という立場は二洲と共通していると言える。ただ、その実践の内容が二洲と懐徳堂の儒者とではやや相違するのである。このように見れば、二洲と懐徳堂との立場は朱子学という大枠の立場を共有しつつ、その大枠の中で実践する内容が相違しているに過ぎないのだと言えよう。したがって、たとい理に対して批判的立場にあったとしても、仁斎や徂徠が理を批判する立場と懐徳堂の履軒が理を批判する立場とではそもそも根本的立場が相違していると言うことができる。

「理」の語に対する立場は相違していたが、実践重視の立場を共有していたからこそ二洲ら近世後期朱子学派の儒者らと懐徳堂の儒者たちとの交流は密だったとも言える。そして、両者は反徂徠学の立場も共有し、治人のみを重視する徂徠学を功利に偏ると批判し、修己の重要性を説いた。ただし、二洲らの説く修己は、みずからの道徳的修養を中心とする学問的実践が中心だった。それに対して、懐徳堂の儒者、特に竹山の考える修己は、自己を修めることがすなわち他者を治めることでもあるといった社会全体に対する意識を基底とするものだった。つまり、懐徳堂の儒者は、近世後期朱子学派の儒者に比べて、より政治的実践を重視していると言える。したがって、政治的実践（治人的実践）を重視する側面から言えば、懐徳堂儒学の立場は徂徠学に近い。しかし、上述したように徂徠があくまでも治人のみを重視するのに対して、懐徳堂儒学は修己と治人との双方をバランス良く実践することを尊重する立場である。

このように政治的実践を尊重する懐徳堂儒学の立場は、実は朱子学の創始者である朱熹の立場と重なる。朱熹は有名な「玉山講義」で次のように言う。

須く是れ格物・致知・誠意・正心・修身よりして之を推し、以て家を斉《ととの》え国を治め、以て天下を平治す可きに至るべし。方《まさ》に是れ正当の学問なり。（『朱子文集』巻七四）

朱熹にとっては、道徳的実践が政治的実践に連続してはじめて「正当の学問」なのである。実際のところ、朱熹も一九歳で科挙に及第してから約四〇年にわたる官僚生活の間、祠禄官（名目上は道観などの管理が任務だが、実質的には任地に赴任せず、俸給だけを得ている状況）の時期が長かったものの、主簿や知事などの地方官を中心に約九年間にわたって行政官を務めている。言うまでもなく、科挙制度が普及した宋代以降の儒者は、官僚として政治に携わることが本来の立場であり、みずからの儒学は政治実践のための基礎的教養だった。つまり、特に宋代以降では、政治的実践が中国の儒者にとって主たる任務だったということである[16]。

再度、二洲ら近世後期朱子学派の儒者と竹山ら懐徳堂の儒者とを比較すれば、確かに両者ともに具体的実践の重要性を認識していた。ただし、前者は儒者の具体的実践の中心的内容を道徳教育と考えており、政治に直接的に携わるわけではなく、あくまでもみずからの地位を政治の一部分に過ぎない社会の道徳教化、すなわち、教育的分野に限定していた[17]。それに対して、後者は儒者の職務は、本来、政治の直接的担当者だという気概をもっていたと考える。たとえば、竹山が松平定信に『草茅危言』を提出したことは既述した。その『草茅危言』では、学校制度の改革のみならず、物価や米相場などに関する経済政策、同じく内政課題として松平定信政権時ににわかに重要になってきた対朝廷問題への言及、また、こちらも松平定信政権時に問題化してきた対外政策に関連した朝鮮外交や対ロシア対策とも言える蝦夷地問題への言及など、当時の政治的課題に幅広く言及している。つまり、二洲ら近世後期朱子学派の儒者に比べて、懐徳堂の儒者の方が、政治的実践を重んじる本来の朱子学の性格により近いことを考えていたと言ってよいのである。とはいえ、竹山が懐徳堂学主を務めていた時期は、実際に彼ら儒者が政治に携わる機会は少なかったから、彼ら懐徳堂の儒者の気概は現実には具体的実践として結実するには至らなかった(18)。

以上の検討からすれば、官僚として直接的に政治に関わった朱熹の思想的立場にどちらが近いかは自明だろう。近世後期朱子学派の儒者は、みずからの朱子学を「純」、懐徳堂の朱子学を「純ならず」としているが、それは理気説を堅持する観点から見ればそうなのであって、政治的実践を重視する観点から見れば、実は懐徳堂の朱子学の方が「純」だとも言えるのではないだろうか。

おわりに

幕末に近づくにつれて、儒者たちが実際に政治に関与する度合いが増してくる。たとえば、備中松山藩の藩政改革を執政として取り仕切った山田方谷然り、福井藩主松平春嶽のもとで幕政改革に携わった横井小楠然りである(19)。彼らは朱子学にも親しむ一方、陽明学的要素ももちあわせているとされる。現在、我々は往々にして当時の儒者を朱子学者・陽明学者というように分類してしまいがちだが、実際のところ、彼ら自身がみずからを朱子学者や陽明学者と明確に自認していたとは限らないのではないか。特に幕末期にあっては、むしろ実際の政治的実践に当たって、朱子学・陽明学の枠組みにとらわれずにそれぞれに有用な考えを採用していたと考える方が自然ではないだろうか(20)。

現実に関わるということが本来の朱子学・陽明学の最も重要な目的であり、性即理説・心即理説は現実に関わるためのいわば基礎理論あるいは手段である。性即理説に従わないからと言って「純ならざる」朱子学だということにはならない。懐徳堂の儒学が修己と治人とをともに尊重する立場を堅持しつつ、現実の政治実践に関わる立場を継続していることは、懐徳堂の儒学が実は真に「純」たる朱子学であることを示していると言える。

上述のように、幕末期の儒者たちは朱子学や陽明学など、後世に分類される枠組みを超えて、彼らみずからの立場に拠りつつそれぞれの方法で現実の政治に参画するようになっていた。その意味で彼らそれぞれの学問が現実の政治実践に活かされる「実学」になっていたと言って良いだろう。それに対して、懐徳堂最盛期の竹山・履軒の頃はまだ実際の政治に参画するまでには時代が至っていなかった。その意味で竹山・履軒の時期における懐徳堂の実学は、いわば理念としての実学の段階だった。しかし、現実の政治実践を志向する心情はこの時期の懐徳堂にすでに芽生えており、その意味で幕末期における真の実学に至る道筋をすでに懐徳堂は切り開きかけていたと言ってよい。

後に幕府における寛政異学の禁の中心的存在となった尾藤二洲や古賀精里らとの交流、広島藩儒となった頼春水や熊本藩儒の藪孤山、薩摩藩儒の赤崎海門ら地方藩の藩儒との交流など、大坂における儒学の拠点として懐徳堂の果たした役割は極めて大きい。懐徳堂の朱子学がたとい理念としての実学の段階にとどまっていたとしても、近世儒学思想史の中で懐徳堂の儒者が果たした役割の思想史的意義には注目すべきものがある。幕末期には朱子学や陽明学などの枠組みにとらわれない真の実学が実現していたことを考えれば、懐徳堂の儒学がいわば朱子学・陽明学を融合して、真の実学、真の儒学を形成する先鞭をつけていたと言ってよいと考える。

注

(1) 頼祺一『近世後期朱子学派の研究』（渓水社、一九八六年）を参照。

(2) 白木豊『尾藤二洲伝』（尾藤二洲伝頒布会、一九七九年）、頼祺一前掲書等を参照。

(3) 『静寄軒集』巻の五所収。『静寄軒集』の底本は、『詩集日本漢詩』第七巻（汲古書院、一九八七年）所収のものを使用する。なお、以下の書き下し文中の（　）は、その前の語の意味を表わし、〔　〕は、文意をわかりやすくするために筆者が補った語である。

(4) 『素餐録』の底本は、『徂徠学派』（日本思想大系、三七巻、岩波書店、一九七二年）所収の原文を使用する。訓読は筆者。なお、題言は二洲が昌平坂学問所儒官になった寛政三年（一七九一）、二洲四五歳のときに記されたようだが、実際に本書を撰したのは安永六年（一七七七）九月、二洲三一歳頃のことらしい。

(5) 春風館所蔵「尾藤翁書牘」二巻。頼祺一「尾藤二洲の書翰（その一）」（『尾道短期大学研究紀要』一八号、一九六九年）に翻刻されているものを引用。原漢文。訓読は筆者。

(6) 二洲と同じく朱子学を標榜した懐徳堂学派の五井蘭洲も中庸を重んじる。蘭洲は『蘭洲先生遺稿』上巻において、「若し孔孟之（陸王学や禅荘などの異端の学）を視れば、則ち必ず之が為に長大息するのみ。無偏無党中正の道に如かず。蕩々平々として唯だ聖賢の遺訓を以て切とするのみ」と述べて、中正を尊重する聖人の道を標榜するのは朱子学だけだと説いている。

(7) 『正学指掌』の底本は、『素餐録』と同じく『徂徠学派』（日本思想大系、三七巻、岩波書店、一九七二年）所収の原文を使用する。訓読は筆者。なお、『正学指掌』初稿本の自序は二洲三三歳頃の安永八年（一七七九）に記されており、『徂徠学派』は天明七年（一七八七）に初めて刊行された刊本を底本としている。

(8) 『徂徠先生答問書』は『日本倫理彙編』巻の六（育成会、一九〇二年）所収本を底本とする。以下、同じ。

(9) ついでながら、徂徠は朱子学の理気説を批判する立場だが、その徂徠学の立場についても二洲は批判する。徂徠の弟子太宰春台の『聖学問答』に対して、二洲は次のように言う。

太宰ガ国字ニテ著ハセル書ニ、聖学問答トイフアリ。……其語気、全ク狂人ノ何ヤラン口ニ任セテ、カシコゲニ言チ

ラスニ異ナラズ。其中ニ復性復初ノ説ヲ誹リタルガ如キ、思ヒ出ル毎ニ覚エズ飯ヲ噴コトナリ。（『正学指掌』附録）

（10）齋藤希史『漢文脈と近代日本』（KADOKAWA、二〇一四年。もと日本放送出版協会、二〇〇七年）第一章「漢文の読み書きはなぜ広まったのか」を参照。齋藤が言うように、システムとしての教育を考える場合、理は最もシステム化しやすい概念の一つだと言えるかもしれない。

（11）引用した宇田川楊軒宛二洲書簡は、注（2）白木前掲書八六頁～八七頁に掲載されている。ただ、この書簡の所蔵は未詳。白木前掲書三一〇頁～三一一頁に、別の宇田川楊軒宛二洲書簡が引かれており、こちらは「宇田川綾氏提供」とある。宇田川綾氏とは、恐らく川之江在住の、宇田川楊軒の子孫の方だろう。白木は楊軒の子孫の方から書簡等の資料提供を受けて白木前掲書を執筆したと考えられるから、本章に引用した書簡もあるいは宇田川綾氏提供の資料の可能性がある。

（12）春風館所蔵「尾藤翁書牘」二巻。頼祺一「尾藤二洲の書翰（その二）」（『広島大学文学部紀要』二九巻一号、一九七〇年）に翻刻されているものを引用。

（13）原漢文。訓読は筆者。以下、『論語逢原』からの引用は、関儀一郎編『日本名家四書註釈全書』六巻　論語部四（鳳出版・一九七三年、もと東洋図書刊行会・一九二二～一九三〇年）所収の『逢原』に拠る。なお、中井履軒自筆本（大阪大学附属図書館懐徳堂文庫所蔵）によって誤字を改めるときは「誤字《ママ》（正しい文字―筆者注）」と記す。

（14）懐徳堂の儒者のうち、中井竹山が修己と治人との双方を尊重する立場だったことは、拙稿「中井竹山がめざしたもの」（『懐徳堂研究』五号、二〇一四年）を参照。

（15）修己を基底としつつ社会全体に対する責任感をもとにした現実の政治実践に資する治人のための学問を竹山は「実学」と考えていた。それについては、拙稿「中井竹山と実学と」（『懐徳』八三号、二〇一五年）を参照。

（16）官僚としての朱子の政治的実践については、衣川強『宋代官僚社会史研究』（汲古書院、二〇〇六年）第四章「官僚朱熹―朱子小伝―」を参照。

（17）頼祺一前掲書の「結語」において、頼祺一は近世後期朱子学派の思想と実践についてまとめて言及する。そのなかで、彼らの朱子学思想の社会的意義は教育・教化の側面に限定されると述べる。同著二八六頁～二八七頁を参照。

(18) 実際に政治に携わっていた儒者として、竹山が活躍していた時期では、寛政三博士の一人とされることもあり、天領の常陸の代官を務めた岡田寒泉の例もある。また、やや時代は下るが、広島藩の三次郡などの代官を約一六年間にわたって務めた頼杏坪（頼春水の弟）の例もある。一八世紀末から一九世紀初めにかけては、少数ながら徐々に儒者が政治へ参画する道筋が見えてきた時代と言ってよい。

(19) また、眞壁仁『徳川後期の学問と政治』（名古屋大学出版会、二〇〇七年）では、昌平坂学問所の儒官だった古賀家三代（古賀精里・侗庵・謹堂）を中心に取り上げて、昌平坂学問所で儒学を学んだ「儒吏」たちが幕末にかけて幕政に参画してゆく様相を詳細に論じている。該書で取り上げられる「儒吏」たちの政治参与は、竹山や履軒が活躍した時期よりもやや下る。

(20) 注（15）の前掲拙稿「中井竹山と実学と」を参照。また、源了圓『実学思想の系譜』（講談社、一九八六年）「幕末志士の悲願」の章では、幕末の志士たちに共通する態度として、学問と実践とが結びつくこと、政治と学問の統一、学者と武士とを兼ねることに言及する。そして、彼らの学問を何かの学派に属させることはさほど意味がなく、彼らの学問に対する志向を実学的志向と呼ぶべきだと述べている。

第四章　儒者と寛政改革と

藤居岳人

はじめに

江戸時代の社会において、儒者はどのような存在だったのだろうか。別稿において筆者は、江戸時代の儒者、さらには、懐徳堂の儒者が狭義の知識人の概念には当てはまらないことを検証し、儒者はあくまでも儒者としてその存在様態を探る必要があると論じた[1]。儒学は中国から日本にもたらされて、日本独自の進化を遂げた。中国と日本とはその社会のあり方が相違しており、儒学の性質もさまざまな点で違いがある。当然のことながら、儒学の担い手である儒者の性格も中国と日本とでは大いに相違している。

荒木見悟は、天下泰平の社会の一隅に寄食した徳川期の儒者を徳富蘇峰の語を使用して「暖室中の花卉」と評し、「万世のために太平を開き」（張横渠の語）、「天下の憂いに先だちて憂え天下の楽しみに後れて楽しむ」（范仲淹の語）熾烈な責任意識のもとに、経綸政策の第一線に立った宋代の儒者を「雪中の松柏」（南宋末期の国難に殉じた謝枋得の語）と評している[2]。同じ儒者であっても、両者の意識には歴然とした差があるとの評価である。後に述べるように、社会の中で確たる身分的保証がなかった江戸時代の儒者と、国土の北半を異民族に支配されてその回復をめざす気概を有していた宋代の儒者とでは、荒木が言うようにその意識に大きな差があることは確かである。

ただ、江戸時代の儒者でも江戸時代中期以前と江戸時代後期以後とではその時代環境が相違している。後述するが、江戸時代中期と後期との画期を宝暦・天明期と考えれば、中期までは基本的に天下泰平の時代だったと言ってよい。それに対して、後期を幕藩制の体制的危機が始まった時代とするならば、江戸時代の儒者のあり方もおのずから違ったものにならざるを得ない。では、具体的にどのような相違があるのだろうか。

本章では、儒学、特に朱子学を受容した江戸時代における儒者の存在様態を、江戸時代中期以前と後期以後とに分けたうえで、中国において宋学が定着しつつあった宋代以降の儒者のあり方と比較しつつ検討し、江戸時代の儒者の性格を明らかにしてゆきたい。

一　中国宋代の儒者

まず、中国宋代の儒者について、先学の研究によりながら略述する。中国では唐代以降に科挙の制度が整備され、士大夫という特権階級が成立した。科挙を通過するには儒教経典の知識が必須であり、士大夫はまず儒学を学ぶ。そして、士大夫はみずから有する儒教経典の知識によって科挙に合格し、天子を補弼して天下の政治に携わる。つまり、中国宋代の儒者とはすなわち士大夫だった。ちなみに士大夫は士、士人、あるいは儒教経典の知識を有しているから読書人とも言われる。

この士大夫について、吉川幸次郎は、中国では、天子を除けば士と庶と、すなわち、士大夫と庶民との二種の人間からなると述べる。そして、中国の士大夫は社会の優越者であり、人間の政治と倫理と文化に対する責任者であり、世襲に非ざることがその特徴だとする。世襲ではないというのは、士と庶との区別はあくまでも個人の能力の有無に

よるものであり、庶から士になったり逆に士が庶に転落したりする可能性もあるということである。(3)

この士と庶との区別について、小島祐馬は、「士人階級は、知識を独占することと、階級内容の流通性を認むることに於いて特徴を有する」「士人階級すなわち知識階級は、官吏登庸の制度によってその内容が常に新陳代謝するを原則としているが、これが為めに庶民階級の有為なる者は常に士人階級に吸収せらるることとなるのであって、これに因って知識は常に士人階級に独占せらるることとなり、またこれが庶民階級の階級意識を未だ萌さざるに防ぐことに非常に効果が有った」と述べる。(4)この小島の文章を引いたうえで、島田虔次は、「士大夫と庶民との間には、理論的に見て、劃すべき一線はないとすら言ってよいのである」「彼ら（士大夫）は庶民を蔑視して自己をそれと異ったものとして維持しようと欲し、自己に内在する分析論理、新しき現実の呼ぶ欲望が絶えず自己の矩矱を崩壊せしめんとするのに対して、士大夫存在の心情はあくまでそれを拒もうとする」と言う。(5)つまり、士大夫と庶民との間には儒教経典の知識の有無という明確な違いがあるが、科挙によって新陳代謝が促されて、庶民の中の優秀な者は常に士人階級に吸収されるから、両者の間の流動性は確保されており、その意味において士大夫と庶民との間に一線はないとも言える。ただ、両者の差は歴然としており、士大夫の意識の中には庶民に対する蔑視の意識が明確に存在した。これが士大夫階層の特権階級たる所以である。

このような士大夫階層の、良くも悪くも強烈なエリート意識は、庶民に対してのみならず、胥吏に対しても存在した。同じく島田は、天子が任命した官僚たる士大夫と行政実務を握る胥吏との間には明確な差があるとしており、胥吏は、「官司にあって官に似れども官には非ず、行政の技術は知れども精神は知らず、その教養は字は識れども文は知らぬ。あらゆる意味において似而非なるもの、即ち俗の俗なるものである」と述べる。(6)このような士大夫の強烈なエリート意識は、後述するように社会的地位の確立していなかった江戸時代の儒者にはまったくなかっただろう。

中国宋代の儒者――士大夫――について、渡辺浩はさらに詳細に言及する。(7) 以下、渡辺説の概要を述べれば、中国の士大夫、すなわち、科挙官僚は「天子」たる皇帝に直接任命された、重い責任を負う存在だった。彼らがいったん地方官となれば、多数の胥吏らを統率して、司法・財政・行政全般にわたる地方政府の政治を一人で主宰する必要があった。また、上述した吉川も「人間の政治と倫理と文化に対する責任者」と述べていたように、士大夫は政治の実務の責任者のみならず、文化の担い手でもあり、道徳の指導者としての側面も有していた。このように、ありとあらゆる面で指導者あるいは責任者の立場にあった士大夫は、みずからの精神の根拠として確固たる核が必要だった。その核が朱子学だった。それを渡辺は、「官人としての主体的人格形成の学」だと称している。士大夫にとって、唐代以前の貴族がみずからの権威の根拠としていた血統も家柄もなく、ただ科挙を通過するために必要だった儒学――特に朱子学――の知識のみがみずからの精神の根拠だった。したがって、彼ら士大夫にとって、朱子学の「己を修めて人を治める」の題目は、決して抽象的なものではなく、みずからの任務の重責を支えうる、切実で具体的な意味をもつものだった。朱子学は、特権的な支配階級たる士大夫が、彼ら自身の内面に対して、皇帝権力に対して、民に対してみずからの存在理由や意義を説明するための理論的根拠でもあった。このように、士大夫の精神的理論的根拠だった朱子学は、本来、士大夫のための学問であり、被支配者たる民を教化するための学問ではなかった。

以上が渡辺の主張の概要である。島田の箇所で述べたが、士と庶との間には流動性があり、明確な一線を引くことはできない。にもかかわらず、士には、庶とは違うという強烈なエリート意識があった。それは庶、あるいは民には儒学の知識がなく愚昧だからであり、だからこそ庶なのである。したがって、本来、儒学は庶、あるいは民に教えるべき学問ではなく、士大夫のための学問だったのである。

このように中国宋代の士大夫には天下を背負うという強烈なエリート意識があった。それに対して、江戸時代の儒者はどうだったか。以下、節を改めて、江戸時代の儒者の性格について検討する。

二　江戸時代中期以前の儒者

（一）江戸時代中期以前の儒者と中国の士大夫との相違

江戸時代は武士が支配階級だった時代である。社会における権力、そして権威は武士が有していた。そのような権力や権威をもたない日本の儒者は、中国の士大夫とはまったく相違した社会的存在だった。上述のように、荒木見悟が江戸時代の儒者を徳富蘇峰の語を使用して「暖室中の花卉」と評したり、彼ら日本の儒者が拠りどころとした朱子学に対して、島田虔次が「わが国の朱子学には、天地のために、人類のために、学の伝統のために、また万世のために、というような規模雄大な精神、そういうものがはなはだ欠けていたように思われる」と述べたりしているのは、当時の儒者が置かれた社会状況を考えれば当然の評価だった。(8)

このような江戸時代の儒者に対する評価は、彼ら儒者自身の言葉に端的に表われている。すでに多くの先学の研究によって紹介されているが、儒者自身の自己評価の語をいくつか取り上げてみる。(9)

たとえば、中江藤樹（一六〇八～一六四八）は、大洲藩に仕官していたときに儒学を学び始めたが、「人ノ誹謗ヲ憚テ昼ハ終日諸士ト応接シ、毎夜深更ニ及デ業トシテ二十枚ヲ見終テ寝ヌ」（『藤樹先生年譜』寛永元年甲子　先生十七歳の項）と言うように、武功第一の武家社会の中では、儒学は隠れて学ばねばならない状況だった。(10) また、藤樹は、「林氏剃髪受位弁」において、林羅山を批判して「能く言う鸚鵡《おうむ》なり」（原漢文）などと述べる。(11)

熊沢蕃山（一六一九～一六九一）は、「大樹（将軍―以下、引用文中の（　）は、その前の語の意味を表わす）、諸侯、卿大夫、士、庶人の五等の人こそ道者にて候へ。儒者は一人の芸者なり。……五等の人倫の外に別に道者あるを以て異端とすれば、儒者仏者共に異端なり」(『集義和書』巻第一)、「五等の人倫の外に居て、儒者と名乗て、道学を以産業とせり。これ異端遊民の始なり」(『集義外書』巻之六)などと言う。(12) 儒者は、将軍以下、庶民までの「五等の人倫」の枠外にある「異端」あるいは「芸者」の位置づけで、はなはだ不安定な身分の社会的存在だったことがこの語からうかがえる。

西川如見(一六四八〜一七二四)は『町人嚢』巻一で天子(天皇)、諸侯(大名)、卿大夫(旗本で官位のあるもの)、士(旗本で官位のないもの)、庶人(士農工商を含む)を「天理自然の人倫」「五等の人倫」としている。そして、士農工商の四民以外の庶人は「遊民」とされ、「儒者・医者・歌道者・茶湯風流の諸芸者」らがその「遊民」に当たるようである。また、如見は『百姓嚢』巻三で「都《すべ》て出家を遊民なりと儒者謗れりといへども、儒者も又遊民なりといふ事を察せず、今時の学者といふもの、士農工商の業をせずして、文学をもって世を渡るともがら、遊民にあらずして何ぞや」とも言っている。(13)

荻生徂徠(一六六六〜一七二八)は、『徂徠集』巻二七「与県雲洞」第二書に、「逢掖の子、果たして世に贅旒為り」(原漢文)と述べて、儒者は余計な飾りものに過ぎないと自分たち儒者を卑下する箇所がある。また、『徂徠集』巻二三「与藪震庵」第十書には、「吾が邦、数百年来、一切武断にして、文儒の職は顧問応対に備わるのみ。豈に能く朝政の得失を言わんや」(原漢文)と述べて、武家社会にあって、儒者はただ支配階級たる武士の諮問に対応するだけで、公儀の政治に対して主体的に意見を述べることはできなかったと言う。(14)

石田梅岩(一六八五〜一七四四)は、『都鄙問答』巻四の冒頭で、「聖人ノ書ハ自ラ心ヲ含メ玉フ。其心ヲ知ルヲ学問ト云。然ルニ文字バカリヲ知ルハ、一芸ナルユヘニ文字芸者ト云」と述べて、儒教経典の内容をみずからの問題としてとらえることをせず、字面ばかりに関心を寄せる当時の儒者を「文字芸者」と痛烈に批判する。[15]

渋井太室（一七二〇～一七八八）は、「人主の之（書生）を視る、巫医卜祝と同じ。進むに出身登庸の路なければ、則ち終身書生のみ。書生なくんば則ち已む。……求むる所は文字のみ。其の卑も亦甚だし」と述べる。[16] 文中の「書生」とは、当時の学者、すなわち、主に儒者を指す。彼らは神道関係者や医者、易者らと同じく、出世する道がなかったから、一生ただの学者に過ぎず、彼らがいなくても何の困ることもない。彼らに期待されているのは断片的な知識のみであり、その社会的地位ははなはだ低かったと言う。

猪飼敬所（一七六一～一八四五）は、『猪飼敬所先生書柬集』において、弟子の吉田公寛から次のような質問を受けている。

> 其道（聖賢の道）ヲ明ラメ、其義ニ通シ、言行中正ヲ得ンコト、奴隷ト労ヲ分ツノ暇ニ、是ヲナシタリトモ、一世ノ得ルトコロ、何程ノコトカアラン、是又志士ノ欲スル所ニアラス、然則我輩ノ如キ、一知半解ノ学ヲナサンヨリ、志ヲ改メ、読書ノ楽ヲ棄テント欲ス、是公寛身上、今日ノ一大疑案也、[17]

これは、儒学で説かれる聖賢の道を学んだとしても実際の生活において得るところがそれほどあるとは思えないという吉田公寛の疑問である。これに対する敬所の回答は、「世事モ学問モ、両《ふたつなが》ラ得ヘキナリ」「能保先業、余暇楽読書コト、今日ノ実行実楽（一本学）ナルヘシ、学問モ楽而不淫ヲ主トス」などと述べて、実際の生活に差し障りのない程度に儒学を学ぶことはむしろ有用だというものである。この回答の中にすでに当時の社会における儒者の地位の低さを見ることができる。

絵師の司馬江漢（一七四七～一八一八）は、絵の修行のためと称して江戸から長崎に旅した道中の記録である『西遊日記』を著わしているが、その天明八年八月七日の項に、伊勢山田の森島平四郎なる者が自宅の入り口に「儒者、学者、虚名の者、並に物もらひ不可入」と札を掛けていたと紹介する(18)。当時、地方では儒者が乞食と同等にとらえられていたことを示す例である。

広瀬淡窓（一七八二～一八五六）は、『懐旧楼筆記』巻一〇において、彼が一四、五歳のときに、友人から「当世ノ儒者、国政ニアツカルコトヲ得ス。功業ヲ立ツルコトヲ得ス。徒ニ詩文ヲ作リ、誦説ヲ事トシ、加之ニ、終身貧窮ニシテ、仰イテハ父母ニ事フルコトヲ得ス、俯シテハ妻子ヲ養フコトヲ得ス」と言われ、二三歳のときには、同じく友人から「畢竟ノ所、儒者ハ貧シキモノナリ。都会ニ居ル者スラ、貧ヲマヌカレス。況ンヤ此僻陋ノ地ニ居ル者ヲヤ」とも言われたと述べる(19)。その後、それでも日田の地に漢学塾を開き、その塾は幸い後に有名な咸宜園に発展してゆく。ただ、豊後の田舎は言うまでもなく、京都や江戸などの都会においてすら、儒者で生活を立ちゆかせることは簡単ではなかった(20)。

他にも与謝蕪村（一七一六～一七八四）が「貧乏な儒者とひ来る冬至哉」や「腐儒者韮の羹喰ひけり」という句を残しており、蕪村が儒者を卑下する気持ちが端的に表明されている(21)。また、上田秋成も『胆大小心録』で、当時の大坂にいた儒者に見識がなかったことを批判する文章の中で懐徳堂を取り上げて、「医者はやる儒者つくづく〔もうからない〕と思ふやう」と中井履軒が言ったことに触れる(22)。

以上、縷々として紹介してきたように、江戸時代の儒者たちの意識も周囲から儒者に注がれる眼も、中国宋代の儒者に対するものと比べれば、その様相はまったく相違していた。すなわち、江戸時代の儒者自身がみずからの社会的立場を卑下する意識を有しており、また、周囲もその儒者を軽んじる視線で彼らを眺めていた。実際に儒者たちは儒者の仕事だけでは経済的に立ちゆかなかったため、医者と兼業する者が多かった。そのことがかえって伊藤仁斎が「儒医辨」（『古学先生文集』巻之三）において、「嗚呼《ああ》、儒医も亦た何の称ならんや。昔者《むかし》孔門七十子の徒に大賢碩儒多からざること為さず。然れども吾　未だ曽て医を業とするを兼ぬる者を聞かず」(原漢文)と儒医兼任を批判するように、理念としての儒者の道と生活の糧を得る手段としての医業との乖離を生むことになった。

中国宋代の儒者にとって、理を核とする理念追求の立場は、みずからが天子を補弼して官僚として政治に参画してゆくうえで、絶対必要な概念だった。それに対して、政治に参画する立場になかった江戸時代の儒者にとって、儒学の理想主義はいわば空疎な概念に過ぎなかった。そのことを周囲も知っており、だからこそ儒者に対する視線がおのずから冷たいものにならざるを得なかったのだろう。また、津田左右吉も言うように、日本の儒者は支配階級たる武士階層に属していないと自覚していた。そして、立身の手段として儒学を修めて治国平天下を標榜していたから、そこから儒者の品性の低さが出てきていると津田は説く[23]。つまり、黒住真の言葉を借りれば、江戸時代にあって、儒学も儒者も「非特権的」存在だったということである。ただ、同時に黒住は儒学が「非特権的」だったからこそ心学・国学・折衷学・洋学へ拡散してゆく柔軟なイノベーションの契機となったり、近世後期における知識の大衆化や公教育化の動きに結合していったりというような効用もあったと述べる[24]。

ともあれ江戸時代中期以前において、儒者の社会的地位が低く、儒者自身の矜持も不足していたのは、政治に直接的に携わっていた中国の士大夫と相違して、中江藤樹が「物よみ坊主衆」(『翁問答』下巻)と儒者を評した語に象徴されるように、漢文の知識や儀礼的知識の所有者として体制側からの需要に応えるといういわばアドバイザー的な立場に過ぎなかったからである[25]。また、民間にあっては、いわゆる庶民の道徳的意識の向上に資するための知識の提供者にとどまっていた。

庶民の道徳意識の向上政策は、たとえば、第八代将軍徳川吉宗のときの『六諭衍義』の推奨がある。『六諭衍義』は清の范鋐撰で、明の太祖洪武帝が民衆教化のために作成した「六諭」を解説した書である。これが琉球を通じて日本にも伝えられ、吉宗が荻生徂徠に命じてそれを刊行させた。さらに室鳩巣がこれに和解をつけた『六諭衍義大意』が出版され、寺子屋の手習本として全国的に普及した。吉宗のときには、江戸では菅野兼山の会輔堂、大坂では中井甃庵の尽力によって懐徳堂が開設されることになった。会輔堂の様子の詳細は不明だが、懐徳堂は大坂町人を中心に多くの受講生を集め、庶民の道徳意識の向上に大きな貢献を果たした。

他にも一八〇一年（享和元）、幕府による『孝義録』全五〇巻の刊行がある。これは松平定信によって始められた寛政改革の流れの中で、民衆教化に資する書物の刊行という意図があったようで、刊行は享和年間だが、慶長期から寛政期に至る全国八千六百人余りの徳行事例が掲載されている。この『孝義録』刊行につながる孝子顕彰運動の先駆として、たとえば、懐徳堂では第二代学主中井甃庵が著わした『五孝子伝』（元文四年〔一七三九〕の刊記あり）や初代学主三宅石庵に学んだ加藤景範が著わした『かはしまものがたり』（明和八年〔一七七一〕の跋あり）の刊行がある。以上のように、その時々の幕府の政策に従って、被支配者たる庶民のための教育に従事する儒者は多かった。

儒者は、主に民間にあって上述のような対庶民教化政策の実施を担当していた。それに対して、江戸時代中期以前に武士の中で儒学を学び、政治に携わった者は多くなかった。例外的に、たとえば、前出の熊沢蕃山や新井白石（一六五七〜一七二五）らがいるに過ぎない。蕃山は岡山藩主池田光政に重用されて、中江藤樹から学んだ心学を藩内に興隆させた。一六五四年（承応三）に藩内で起こった旱魃とそれに続く大洪水や飢饉に対しては、その仁政思想に基づいた被災民の救済や災害復旧を中心とした治水事業等に尽力し、岡山藩初期の藩政確立に貢献した。また、新井白石は主に第六代将軍徳川家宣に将軍侍講として用いられ、正徳の治という改革政治を実行した。正徳の治とは、金銀貨幣の改鋳問題への取り組みや白石の儒学思想に基づいた朝鮮通信使への待遇変更などが主な政策である。以上のような例外的事例はあったが、江戸時代中期以前は、まだ武士自身が儒学を学び、その思想を政治向きに実践することはまれだったと言ってよい。

（二） 日本の武士と中国の士大夫との相違

上述したように、江戸時代の儒者と中国宋代の儒者とはその自意識も周囲からの評価もまったく相違する。すなわち、宋代の儒者が有していた、天下国家を担うといった責任意識は、江戸時代の儒者には見えなかった。これは当時の支配階級が武士だったからだが、同じ支配階級たる江戸時代の武士の意識と中国宋代の儒者、すなわち、士大夫との意識とも大きな相違があった。

まず、そもそも武士には士大夫意識の核だった儒学を尊重しようという意識が希薄だった。尾藤正英も「儒学に対する無関心と無理解は、近世中期までの武士の間における一般的な風潮であったと思われる」と述べる(26)。尾藤はまた次のようにも言う。すなわち、本来、儒学は政治的実践と不可分であるはずだが、それから切り離されて「講釈」という形で儒者が教化の任務に従事したとしても、それをもって儒学の思想が社会的に実践されたと言うことはできない、と(27)。中国宋代にあっては、儒学は支配階級のための思想だった。それに対して、江戸時代においては、支配階級たる武士はもともと儒学にあまり関心を示さず、被支配階級であり、社会的には「身分的周縁」の位置にあった儒者が、支配階級としての理念として儒学を説く形になっていた。支配階級であっても、中国と日本とではこのように儒学に対する意識が大きく相違していたのである。

次に、武士と士大夫とではその社会的位置づけにも大きな相違があった。日本では近世になって在地領主制から兵農分離に進み、武士は郷村から領主の城下に集住させられるようになった。それに対して、中国の士大夫は科挙に合格すれば、官僚として国家の政治に参画するが、その社会的位置づけとしては郷紳とも呼ばれる在郷の支配者層だった。確かに日本では兵農分離が進む以前は武士も在地領主であり、その点では武士も士大夫も同様の社会的地位を有していたと言える。しかし、大きな違いは、士大夫にとって政治的統治者の学として儒学が尊重されたのに対して、在地領主だったときの武士にとっては、武功を立てることが最も重要なことで、儒学の知識などほとんど重視されていなかったことである。江戸時代になって、ようやく武士の間でも文治主義的傾向が出てきたとはいえ、それでも武功第一の意識がすぐになくなるということは恐らくなかった(28)。

以上述べたように、日本の武士と中国の士大夫とはまったく相違する概念である。また、日本の儒者と中国の士大夫とが相違する概念であることは言わずもがなである。では、寛政改革以後、日本の儒者の社会的地位はどのように変化していったのか。以下、節を改めて論じることにする。

三　江戸時代における寛政改革以後の儒者

（一）　寛政改革の位置づけ

江戸時代の儒者の存在様態を探るうえで、彼らが生きた江戸時代における寛政改革の歴史的位置づけ、すなわち、近世史における寛政改革の歴史的位置づけを明らかにしておく必要がある。後述するように、江戸時代の儒者のあり方に寛政改革が大きな変化をもたらしたと考えるからである。

江戸時代全般にわたって、さまざまな改革政治が展開されていたが、通説では、享保改革・寛政改革・天保改革の三つが江戸時代の三大改革として取り上げられることが多い。この三大改革の歴史的位置づけについては、大きく分けて二つの立場がある。

一つはこの三大改革をひとまとめにして幕藩体制の動揺への対応策と解する立場である。すなわち、一八世紀初めに幕藩体制の動揺が始まり、それに対処するために享保改革が実施されたとする立場である。この立場は享保改革を幕藩体制の解体期への対応策とする。

一方、享保改革は幕藩体制の展開期への対応策で、その頃はまだ解体期ではないとの立場がある。そちらは一八世紀後半の宝暦・天明期に起こった社会の変動を幕藩体制の初発の危機ととらえ、この時期から幕藩体制の解体期が始まるとの立場である。宝暦・天明期は、地方では天明の飢饉による農村の疲弊とその結果として起こった一揆、都市では江戸の打ちこわしに象徴される秩序崩壊の危険性の高まり等、国内社会の大きな混乱があった。また、対外的にはロシアなどの外国船による日本周辺海域への出没等、世界史的に見た激動の時代の始まりだった。このような国内あるいは国際関係にわたる社会状況の変化にあって、旧来の社会秩序は好むと好まざるとにかかわらず、その変化に対応するための策を講じざるを得なくなっていた。この立場によれば寛政改革と天保改革との二つのみが幕藩体制の動揺への政治的対応策だということになる。つまり、両者の主張の相違は、幕藩体制が動揺しはじめた時期を一八世紀初めとするか、一八世紀後半とするかという点である。(29)

以下では、幕藩体制の動揺が始まった時期を宝暦・天明期とする後者の立場に従って議論を進めてゆく。後者の説に従う理由は、注(29)に紹介した藤田論考にあるように、現在の近世史研究では、近世社会の基礎構造の変化が進んだ宝暦・天明期を近世の画期とする立場の方が通説化しているからである。(30) そして、寛政改革を契機に変革期に至ったという立場から見て、寛政改革以前とそれ以後とでは、儒者の性格もおのずから変化せざるを得なくなったと考える。

（二）　寛政異学の禁に対する評価

宝暦・天明期の体制的危機を克服するために寛政改革が実施され、寛政異学の禁もその一環として政策が推し進められる。そして、異学の禁を契機に儒者の性格も変化していた。この立場から論述を進めてゆくが、儒者の性格の変化を論じる前に、まず、異学の禁に対する思想史的評価を確定させておく必要がある。

辻本雅史は、異学の禁に関する先行研究の立場を主に以下の三つに分類できると言う。すなわち、①異学の禁を封建イデオロギーの再編をめざした思想統制とみる立場、②改革政治遂行のための実践的人材の育成や登用の面に力点をおいてとらえる立場、③異学排除や思想統制としてよりも、むしろ一連の教学政策とリンクした武士教育の振興ないしは教育への政治的統制や支配などといった教育や教化の面にこそ異学の禁の意義があるとする立場、の三つである[31]。

眞壁仁は、徳川後期の昌平黌や地方の藩校で政治的主体の育成のために果たした「政教」の機能として、①社会的適正化、②選別化、③政治的正統性と教義の正統性との両者、もしくは片方に関わる正統化、の三つを掲げる[32]。そのうえで、上述の辻本雅史同著の整理に言及しつつ、異学の禁において幕閣によって課題とされたのは、まず、「選別化」の人材発掘と登用、そして、「社会的適正化」という旗本の教化と教育だったが、異学の禁自体の直接の契機は「選別化」にあったと解するのが妥当だとする。ただ、異学の禁は、結果的に「教義上の正当化」という思想統制を江戸儒学界にもたらし、間接的には徳川日本全体の武家の学問の方向を規定したとする解釈も排除しないと述べる[33]。

上述の先行研究からもわかるように、寛政改革における異学の禁は、教学統制的な側面、人材登用的な側面など、さまざまな側面がある。また、それぞれの側面に対する解釈にもさまざまな立場がある。たとえば、教学統制的な側面にしても、異学の禁であるから朱子学以外の立場の学者からは批判の声があったのは当然だが、熊倉功夫が言うように、むしろ異学の禁を経てかえって異学が盛んになった側面もある。さらに昌平黌における武士教育に始まった異学の禁が後に庶民階層に広がり、その意識の覚醒に大きな貢献をして、後の農政改革や豪農の出現につながってゆくという側面もあった[34]。

このようにさまざまな側面と解釈とが可能な異学の禁だが、眞壁仁も言うように、直接的には幕府における人材登用のための「選別化」が最も中心的な目的だったととらえてよい[35]。そもそも近世以降の支配階級たる武士階層には、ヨーロッパ的な封建制に代表される主従制と中国の科挙制度に代表される官僚制との両側面があった。この両者は異質だから両立するためには矛盾がある。封建的主従制では世襲が基本になっているから、能力のある者がそれにふさわしい地位に就くとは限らず、人材登用には大きな困難が伴う。したがって、幕藩体制における政治改革は、常に人材登用が問題になっていた[36]。寛政改革にあっても人材登用の問題は重要課題だっただろう。そして、その課題を解決するための方策のひとつが学問吟味だった。

この学問吟味によって、旗本や御家人の役職登用の道が広がった。ただ、学問吟味の対象が惣領に限定されていたり、吟味に及第したからと言って大きな出世が望めるわけではなかったりといった限界はあった。ともあれ立身するために学問することの動機づけとして学問吟味には一定の意義があったと言える。橋本昭彦は、学問吟味に代表される学問奨励政策について、「当時の身分制度の原則の枠内での業績主義的登用制度」と述べている[37]。

学問吟味の直接の目的は、及第者に褒賞を与えて顕彰することで、旗本や御家人らの間に学問振興の雰囲気を醸成することだった。その効果があって、次第に幕臣の間に学問を修める雰囲気が出てきたが、次に彼らには、学問吟味の受験準備のためにその標準となる「正学」とは何かを明示してほしいとの希望が出てきたようである。松平定信の家臣だった水野為長が世情を定信に伝えるために記録した風聞集『よしの冊子』寛政二年二月一五日の条には、次のように見える。

此節学問被行候へ共、学問の趣意も不辨、只騒立候もの、ミ多有之候ニ付、何卒上より学流の御糺し有之、正学ニ趣候様仕度ものとさた仕候よし。(38)

このような状況を鑑みれば、異学の禁は単なる学問統制ととらえるのではなく、むしろ武断政治から文治政治へ転換するために行なわれた一連のシステム化の動きだと見る方がよいのではないか。本来、武士にとっての最重要事項は武功を挙げることであり、それは江戸時代のどの時期の武士にとっても同様だったはずである。しかし、天下泰平の世が続く状況下で実際に武功を挙げる機会はほぼなくなっていた。主従制を保持しつつも、次第に官僚制的要素が増すなかで、武士の世界にも変化が訪れ、文治政治への道が開けてきた。そのなかで、不十分な制度ではあるが、学問吟味は文治的な体制移行への大きな契機だった。この制度の導入によって、確かに幕府全体に武断から文治への移行の雰囲気が拡大しただろう。その意味において、異学の禁は幕府の政治体制変化を象徴する画期的な出来事だったと言える。

この異学の禁にあたって朱子学が正学として採用されたが、一七九〇年（寛政二）五月二四日に大学頭林信敬に対して下された「学派維持ノ儀ニ付申達」に次のように言う。(39)

朱学之儀者、慶長以来御代々御信用之御事にて、已に其方家代々、右学風維持の事、被仰付置候得者、無油断正学相励、門人共取立可申筈ニ候。

これは異学の禁に関わる重要な法令であり、朱子学を正学として学び、今後、門人を取り立ててゆくべきだとの内容である。これ以降、当時の老中首座松平定信の意図を汲んだ学問の改革が進行してゆく。この申達の文言の中では、朱子学が本当に「慶長以来御代々御信用之御事」だったのかという点が問題である。実際に、異学の禁が発令されてから、さまざまな批判が異学の禁に対して展開されるようになる。

たとえば、「寛政異学禁関係文書」に収められた塚田大峰（一七四七〜一八三二）の「塚田多門上疏写」に次のように見える。ちなみに大峰は寛政の五鬼と呼ばれる、異学の禁に反対した五名の儒者の一人である。

慶長年中、林道春御用ひニ相成候得共、専一ニ程朱之教斗御信用之御様子ニ而も不被為在、南光坊抔の講釈も被為聴候事、其御時節既に群書治要。貞観政要抔流布仕候様ニ、御世話も被遊、右群書治要は三国以上之経伝史〔子〕之要語を抜粋仕候而、種々教方相見候共、程朱之風之性理之教は一向相見不申候。(40)

これは徳川家康に重用された林羅山に関する内容である。羅山は、確かに程朱学に関する知識を有していたが、もっぱら程朱学を尊重したわけではなく、『群書治要』や『貞観政要』などの書に基づいた該博な知識を有していたとする。そして、実はそのなかに程朱学の核たる性理の学に関する内容は見えないと述べる。家康が中国の学問を尊重したことは確かだが、それは必ずしも程朱の学のみを取り上げていたのではなかった。

上述の例を一例として挙げたが、江戸時代初期にあっては朱子学が当時の日本社会で広く受け入れられていたとは言えないという学説はすでに現在の研究者の間では通説となっていると言ってよい。(41)

（三）　寛政異学の禁における儒者の立場——その社会的位置づけの変化——

以上述べたように、寛政異学の禁以前にあっては、朱子学をはじめとする儒学が対武士教育のために尊重されていたということはなく、また、儒者の社会的地位も決して高くはなかった。

武士の世界に朱子学を核とする教育が普及しはじめたのは、ようやく宝暦・天明期になって以降だった。実際のところ、この頃から各藩による藩校の創設が本格化する。石川謙によれば、寛文～貞享期（一六六一～一六八七）には四つの藩校が設立された。その後、元禄～正徳期（一六八八～一七一五）には六校、享保～寛延期（一七一六～一七五〇）には一八校と設立数が増加し、宝暦～天明期（一七五一～一七八八）には急激に設立数が増えて五〇校、そして、寛政～文政期（一七八九～一八二九）には八七校が設立されて藩校の設立数は頂点を迎える。(42) 藩校ではさまざまな内容のことが教授されたが、その中心は漢学で、四書などの儒教経典に始まり、『史記』などの歴史書や『古文真宝』などの詩文がよく取り上げられ、詩文の創作もあった。それに加えて、藩校では文武兼備を標榜するところから、武芸も課されることが多かった。儒学に関しては、朱子学・陽明学・古学・折衷学等、多様な立場から教授され、朱子学も教えられていた。

つまり、藩校の増加によって、朱子学は地方の藩校で取り上げられはじめる。たとえば、懐徳堂とも関係の深い頼春水が広島藩に藩儒として採用されたのは一七八一年（天明元）だった。翌年に広島藩学問所が開設されるが、当時の広島藩儒員は闇斎学派の儒者ばかりだったところに、徂徠学派や折衷学派、そして、朱子学派の春水が加わるといった状況だった。その後、徂徠学派と朱子学派とが藩学の中心になり、結局、一七八五年（天明五）には春水による熱心な運動が実を結んで、学問所には朱子学一統の達しが出されることになった。(43) また、佐賀藩では、こちらも懐徳堂と結びつきの深い古賀精里が一七七九年（安永八）に京坂遊学から帰藩して、徐々に当時の藩主鍋島治茂に認められるようになる。そして、一七八一年（天明元）、精里は藩校弘道館の創立に尽力し、後に弘道館での教育を朱子学に統一していった。(44)

広島藩や佐賀藩など、地方藩における「異学の禁」の進展と、それにともなう武士教育の成功とを幕府は目の当たりにすることになる。翻って幕府の昌平黌は今ひとつ盛んではなかった。そもそも昌平黌は幕府の儒官だった林羅山が一六三〇年（寛永七）に忍岡に創設した家塾が起源で、一六九一年（元禄四）、第五代将軍徳川綱吉のときに湯島へ移転した。綱吉期の林家第三代鳳岡は大学頭に任じられ、その頃は綱吉の支援もあって、昌平黌は繁栄していた。しかし、林家第六代鳳潭、第七代錦峯はともに若くして亡くなって教授する人材がいなかったり、一七八六年（天明六）に学舎や孔子廟等が焼失したりして、林家塾の入門者名簿である「升堂記」によれば、この頃の入塾者は前後の時代に比べて少なかった(45)。

林錦峯の死後、幕府は昌平黌のてこ入れのために美濃岩村藩から松平乗衡を錦峯の養子として迎え、林述斎と名乗らせた。その後、昌平黌には寛政の三博士として上述の古賀精里や尾藤二洲、柴野栗山らを教授として招聘し、本格的に朱子学を正学とする対武士儒学教育を実施するに至る。つまり、異学の禁を俟ってはじめて朱子学が正学として認識され、その知識の所有者として儒者の存在が重みを増すことになってきた。

このように宝暦・天明期以降、地方藩から始まって幕府に至るまで、ようやく儒学が武士教育の核として重んじられるようになった。ただ、問題はその教育の内容である。本来、中国における儒学は天子の代理として天下を治める志をもった士大夫の教養の核だった。しかし、江戸時代以降に至ってようやく支配階級たる武士階層に普及しはじめた儒学は、武士たちに天下を治める気概を教えるものではなかった。たとえば、田原嗣郎は、寛政異学の禁を「幕府官僚養成のための官製教育確立の発端」ととらえ、異学の禁における武士教育の目的として「幕府官僚の「官僚」化」を掲げ、異学の禁を主導した松平定信の政治論の骨格を「彊力なる絶対的君主とその無心の機関たる官僚」だとしている(46)。つまり、官僚たる武士は、みずからが主体となって政治に参画するという意志をもつわけではなく、絶対的君主たる将軍の命のもと、その手足となって働くに過ぎないということである。

また、眞壁仁は、幕府官僚養成の教育に求められたのは、「忠孝」精神の涵養だったと述べる。すなわち、松平定信が老中に就任して後、幕府の学問教育の目的として、忠孝に適った士風の刷新が求められるようになった。[47] そして、「忠孝」精神の涵養のために取り上げられたのが、四書五経などの儒教経典、左国史漢などの史書だったのである。これらのテキストを通して、幕府の道徳教育は進められることになった。ただ、こちらの「忠孝」精神も、絶対的存在たる将軍の意図を実現するために、官僚たる武士が尽力するという構図で、武士が主体となって政治に参画する意志をもつわけではない。

このように「無心の機関たる官僚」を養成するための学問として儒学が武士に普及することになったが、徐々に儒学に対する武士の意識に変化が生じてくる。上述したように、本来、儒学は天下を担う気概をもつ士大夫のための学問だった。その儒学の本来的性格が、武士たちの中にみずからは将軍のための「無心の機関」ではなく、自分自身が主体となって天下に貢献しようという「公」に対する意識を育むようになった。

齋藤希史は、このような士大夫意識の涵養を「漢文脈」（漢文のみならず、漢字片仮名交じりの訓読体など、漢文から派生した文体も含む）の語を核として説明する。すなわち、素養としての漢文が強調されるようになったのは、近世以後、より具体的に言えば寛政改革以後であり、寛政改革における学問吟味や素読吟味を通して、曲がりなりにも武士階層に漢文が普及しはじめ、武士の間に中国の士大夫的な思考や感覚の型を定着させることになった。そして、漢文の中心として学ばれる四書のひとつに『大学』があるが、その有名な八条目の後半部「修身・斉家・治国・平天下」の語に象徴されるように、儒教経典では、結局、経世が説かれる。つまり、漢文脈は経世を論じるための文体であり、武士階層、特に若い武士たちは、漢文脈を通じて経世の志という思考や感覚をもつようになった、と言うのである。[48]

その後、幕末が近づくにつれて、政治情勢の混乱が顕著になってくると、武士階層の秩序にも変化が生じてくる。すなわち、武士階層の中でたとい身分が低くても、その能力が正当に評価されるようになり、幕府でも諸藩においても、政権の中枢で活躍する者が増加してくる。幕府では能吏として著名な川路《かわじ》聖謨《としあきら》や勝海舟らがいる。彼らは儒者ではないが、たとえば、川路聖謨は、もと豊後国日田の代官所属吏内藤吉兵衛を父にもち、その父が江戸に出てから御家人株を取得し、幕府徒歩組に編入された。その後、聖謨は小普請組の川路家の養子となり、勘定奉行所の下級官吏登用試験である筆算吟味に及第する。徐々に出世して旗本に取り立てられ、後には大坂町奉行や勘定奉行、外国奉行などの要職を歴任した。勝海舟も、その曽祖父は越後国出身の盲人で、江戸へ出てから高利貸しとして成功し、その子息のために御家人株を購入した。そして、海舟の父が小身の旗本だった勝家の婿養子になる。その後の幕末における海舟の活躍は周知である。

幕府において、昌平黌の儒者が政治に参画した例として、眞壁仁は古賀精里・侗庵・謹堂の古賀家三代を中心とする儒者を挙げる。彼らは幕府の外交政策に直接参与した。具体的には、①外交資料の整理・編纂、②幕政の重要案件で諮問を受けての答申、③老中の政策担当顧問、④漢文国書の翻訳・漢文返書・返書素案作成担当、⑤聘礼受容の際における外交交渉の全権・儒官としての任務、を外交政策に参与した内容として挙げている[49]。

また、地方藩では山田方谷や横井小楠などの例が挙げられる。山田方谷は備中松山藩で農業と製油業とを家業とする家に生まれたが、同じ備中の新見藩藩儒丸川松隠を師として学問に努めて、後に藩校有終館の会頭（学頭の補佐役）に任じられる。その後、学頭に進んでから、新しく藩主になった板倉勝静《かつきよ》に信任されるようになり、後に元締（藩財政の責任者）として抜擢される。その後、勝静が幕府の寺社奉行、次いで老中に起用されると、方谷も藩主の命で政治顧問を務めることになった[50]。

次に横井小楠は肥後藩家中の家禄一五〇石の小身藩士の出であるが、はじめ肥後藩において藩校改革を進めようとして挫折する。その後、福井藩主の松平春嶽に招かれて福井藩の藩政改革に尽力し、さらに春嶽の政事総裁職就任に伴って参勤交代制度の緩和などの幕政改革にも携わるようになった(51)。

以上のように、幕府や諸藩にかかわらず、その能力に応じて、身分の低い武士だろうと儒者だろうと、政治に参画する機会が徐々にではあるが増えていった。このような変化が現われるようになった一大契機が寛政改革における異学の禁だったと言える。その意味で異学の禁は、儒者のあり方を根本から変える画期的な出来事だったと評価できるのである。

おわりに

寛政改革期以前の儒者は、中国の士大夫に比べればその社会的地位は比べるまでもなく低いものだった。民間にあっては、庶民を対象として親孝行の奨励等に代表される道徳意識の向上に資する教育に携わることが主な任務だった。幕府や諸藩にあっては、漢文による公式文書の作成や、将軍や藩主あるいは家臣に対する儒教経典や史書などの講釈が中心で、彼らの道徳意識の向上がその主な任務だった。当然のことながら、政治に参画するのは武士であり、たとい儒者が武士だったとしても、儒者自身が政治に参画するのは例外的事例にすぎなかった。儒者は「修己」を基底にしつつ「治人」に携わるというあり方がその本来的あり方である。「修己」すなわち、道徳教育は、「治人」に対する意識、すなわち、社会全体に対する責任感の前提であり、政治に参画してはじめてその本来の目的を達成できる。したがって、政治に参画する状況にない儒者は、その本来的あり方から逸脱していたと言わざるを得ない。

それが寛政改革を機として、武士の間に本格的な儒学的知識が徐々に浸透することになり、その本格的知識を有する武士が藩政あるいは幕政に直接的に主体的に参画する機会がようやく増加していった。すでに何度も述べたように、儒学、特に朱子学は、本来、士大夫のための学問であり、政治に参画してはじめてその本来的意義を全うすることができる。寛政改革以後、日本においてもようやく儒学がその本来の意味での儒学に、儒者がその本来の意味での儒者に、そのあり方が変容していった。そして、幕末から明治に続く、日本の儒学のあり方も変容してゆく。その意味において寛政改革は儒学と儒者とがその本来的あり方に変容してゆく契機として重要な歴史的位置にあり、日本近世儒学思想史上における一大画期とも言えると考える。

注

（1）拙稿「儒者と知識人と――懐徳堂の儒者を例にして――」（『懐徳堂学派における教育思想の研究――その経学思想と経世思想との融合――』（平成二三年度～二五年度・科学研究費補助金・基盤研究（C）研究成果報告書）、二〇一四年）参照。

（2）荒木見悟「近世儒学の発展」（『朱子　王陽明』中央公論社、一九七四年）参照。

（3）吉川幸次郎「士人の心理と生活」（『決定版　吉川幸次郎全集』第二巻、筑摩書房、一九六八年、四三四頁～四三五頁。もと『旧体制の中国』筑摩書房、一九六七年）を参照。

（4）小島祐馬『古代中国研究』（平凡社、一九八八年。もと『古代支那研究』弘文堂書房、一九四三年）一六〇頁～一六一頁。

（5）島田虔次『中国における近代思惟の挫折2』（平凡社、二〇〇三年。もと『中国に於ける近代思惟の挫折』筑摩書房、一九四九年）一二九頁～一三〇頁。

（6）島田虔次同著一三二頁～一三三頁。また、島田は、島田虔次同著一七七頁で、「芸文における「俗」に対する士大夫の峻拒が、胥吏に対する反撥に由来するところありとは、嘗て宮崎〔市定〕博士がその講義において言及せられたところであった」と述べる。

（7）以下の記述は、渡辺浩『近世日本社会と宋学　増補新装版』（東京大学出版会、二〇一〇年）九五頁～一〇一頁、渡辺浩『東アジアの王権と思想』（東京大学出版会、一九九七年）七六頁～八二頁を参照。

（8）島田虔次『朱子学と陽明学』（岩波書店、一九六七年）二頁。
（9）江戸時代における儒者の社会的地位に関しては、阿部吉雄「江戸時代儒者の出身と社会学的地位について」（『日本中国学会報』一三号、一九六一年）、尾藤正英『日本封建思想史研究』（青木書店、一九六一年）、前田勉『近世日本の儒学と兵学』（ぺりかん社、一九九六年）、黒住真『近世日本社会と儒教』（ぺりかん社、二〇〇三年）、日野龍夫『江戸人とユートピア』（岩波書店、二〇〇四年。もと朝日新聞社、一九七七年）、上述の渡辺浩『近世日本社会と宋学　増補改訂版』、などの先行研究を参照した。
（10）『藤樹先生全集』第五冊（岩波書店、一九四〇年）一二頁。
（11）「林氏剃髪受位弁」は、『中江藤樹』（日本思想大系二九巻、岩波書店、一九七四年）一六頁を参照。
（12）『集義和書』は、『日本倫理彙編』巻之一（臨川書店、一九七〇年）二七二頁、『集義外書』は、『日本倫理彙編』巻之二（臨川書店、一九七〇年）一一七頁を参照。
（13）『町人嚢』は、『西川如見遺書』第七編（西川忠亮、一八九八年）、『百姓嚢』は、『西川如見遺書』第八編（西川忠亮、一八九八年）を参照。
（14）『徂徠集』からの引用は、国会図書館所蔵の松郁九兵衛蔵板本（刊行年不明）を底本とする。
（15）『都鄙問答』は、『近世思想家文集』（日本古典文学大系九七巻、岩波書店、一九六六年）四六四頁を参照。
（16）内藤湖南「近世文学史論」儒学上（『内藤湖南全集』第一巻、筑摩書房、一九七〇年）三四頁の引用に従う。
（17）『猪飼敬所先生書束集』（『日本儒林叢書』第三巻、鳳出版、一九七八年）
（18）『西遊日記』は、『日本古典全集第二期　西遊日記』（日本古典全集刊行会、一九二七年）五三頁を参照。
（19）『懐旧楼筆記』は、『淡窓全集』上巻（日田郡教育会、一九二五年）一二四頁、一二七頁を参照。
（20）司馬江漢や広瀬淡窓の例は、塚本学『地方文人』（教育社、一九七七年）を参照。
（21）両句ともに『蕪村遺稿』（潁原退蔵編『改訂増補　蕪村全集』更生閣、一九三三年）に見える。それぞれ『蕪村遺稿』二〇二頁、二五八頁を参照。

（22）『上田秋成集』（日本古典文学大系第五六巻、岩波書店、一九五九年）二八六頁を参照。なお、〔　〕は、文意をわかりやすくするために筆者が補った語である。
（23）津田左右吉『文学に現はれたる我が国民思想の研究（七）』（岩波書店、一九七八年）七九頁を参照。
（24）黒住真『近世日本社会と儒教』（ぺりかん社、二〇〇三年。もと「儒学と近世日本社会」〔『岩波講座　日本通史』第一三巻［近世三］、岩波書店、一九九四年〕）一一三頁～一一八頁を参照。また、日本近世史研究者は、士農工商の四民の枠に収まりきらない身分の人々を「身分的周縁」などの語で表現する。たとえば、朝尾直弘「近世の身分とその変容」（朝尾直弘編『日本の近世第七巻　身分と格式』中央公論社、一九九二年）では、近世の社会体制が士農工商を軸に成立したため、それ以外の人々は四民の周縁に位置づけられる傾向にあったとする（朝尾直弘同著二四頁）。また、吉田伸之『成熟する江戸』（講談社、二〇〇二年）は、「身分的周縁というのは、このような（宗教者、物貰い、芸能者などのような）士農工商といった固定的な身分の枠に収まらず、また単純化できない人びとのありよう」だと説明する（朝尾直弘同著一四一頁）。言うまでもなく、儒者もこの「身分的周縁」の範疇に入るだろう。
（25）『翁問答』は、『中江藤樹』（日本思想大系二九巻、岩波書店、一九七四年）九一頁を参照。
（26）尾藤正英『日本封建思想史研究』（青木書店、一九六一年）三三頁。
（27）尾藤正英同著三五頁。
（28）武士と士大夫との意識の相違については、山口啓二『鎖国と開国』（岩波書店、二〇〇六年。初版は岩波書店、一九九三年）一八七頁～一九一頁を参照。また、蛇足ながら、日本における武士という存在そのものが複雑な存在だった。たとえば、石井紫郎「近世の国制における「武家」と「武士」」（『近世武家思想』日本思想大系二七巻、岩波書店、一九七四年）によれば、「武士」の語と「武家」の語とでは、本来、微妙なニュアンスの相違があり、荻生徂徠も『太平策』において、社会的存在としての「武士」と「天下国家」の統治にたずさわる者としての「武家」とを使いわけていると言う。近世以前にあっては、武士相互の主従関係と「天下」の統治に関する指揮命令系統とは原則として分けられていたが、近世の国制では両者の癒着が完成した。実際のところ、「武士道」とは言うが、「武家道」とは言わないことを例にしても両者の概念は微妙に相違していることがわかる。にもかかわらず、両者の概念は癒着を深めていった。そして、「武家」として「天下国家」の統治を担当しながら、「武士」の主従関係とそのエートスをもち続けているという二重構造が幕藩体制を特徴づけるようになった、と石井は述べる。つまり、国を治めることとは本来相容れない主従関係が幕藩体制を支える要素として存在するようになったということである（石井紫郎同著四七九頁～四八一頁）。以上の石井説は非常に興味深い内容だが、本章では儒者の性格を分析することが主眼でもあり、石井の言うように、「武家」の語と「武士」の語とを厳密に区別することはしない。

(29) 以下の三大改革の歴史的位置づけに関する議論は、主に藤田覚「序論　近世政治史と三大改革論――研究史の整理と展望」（藤田覚編『幕藩制改革の展開』山川出版社、二〇〇一年）、藤田覚『近世の三大改革』（山川出版社、二〇〇二年）に基づく。ちなみに、藤田覚『近世の三大改革』では、前者の立場を代表する研究として津田秀夫『江戸時代の三大改革』（弘文堂、一九五六年。後に『封建社会解体過程研究序説』塙書房、一九七〇年）を挙げ、後者の代表的研究として、津田説をそれぞれ批判する辻達也『享保改革の研究』（創文社、一九六三年）、北島正元『江戸幕府の権力構造』（岩波書店、一九六四年）、山口啓二『鎖国と開国』（岩波書店、一九九三年）を取り上げている。

(30) 他にも、たとえば、深谷克己「十八世紀後半の日本」（『岩波講座　日本通史』第一四巻（近世四）、岩波書店、一九九五年）では、一九七〇年代以降の研究の進展によって、近世史における大きい画期は、宝暦・天明期に置かれるようになったと述べる。それは幕末期へ向けての社会変動の基軸になる豪農の登場によって、新たな階層関係、経済政策等が展開することになったとの立場からである。

(31) 辻本雅史『近世教育思想史の研究』（思文閣出版、一九九〇年）第五章「寛政異学の禁をめぐる思想と教育」を参照。

(32) 眞壁仁『徳川後期の学問と政治』（名古屋大学出版会、二〇〇七年）七二頁～七四頁を参照。

(33) 眞壁仁同著五四二頁。

(34) 熊倉功夫「化政文化の前提」、衣笠安喜「儒学における化政」（ともに林屋辰三郎編『化政文化の研究』岩波書店、一九七六年）を参照。

(35) 眞壁仁同著四九五頁～四九六頁。

(36) 山口啓二同著一二〇頁～一二三頁。
(37) 橋本昭彦『江戸幕府試験制度史の研究』（風間書房、一九九三年）一三四頁。
(38) 『よしの冊子』一二（『随筆百花苑』第九巻、中央公論社、一九八一年）九七頁～九八頁。なお、学問吟味と『よしの冊子』との関係については、高橋章則「寛政異学の禁再考」（『日本思想史学』二六号、一九九四年）を参照。
(39) 『徳川禁令考』第二帙（司法省、一八九四年）二五一頁～二五二頁。
(40) 「寛政異学禁関係文書」は、『近世後期儒家集』（日本思想大系四七巻、岩波書店、一九七二年）三三八頁を参照。
(41) 渡辺浩『近世日本社会と宋学　増補新装版』「宋学と近世日本社会」第一章「徳川前期における宋学の位置」を参照。
(42) 石川謙『日本学校史の研究』（日本図書センター、一九七七年）二六三頁を参照。
(43) 頼祺一『近世後期朱子学派の研究』（渓水社、一九八六年）一六二頁～一六九頁を参照。
(44) 頼祺一同著二一〇頁～二一三頁を参照。
(45) 石川謙同著一八七頁～一九三頁を参照。
(46) 田原嗣郎「寛政改革の一考察」（『歴史学研究』一七八号、一九五四年）。
(47) 眞壁仁同著一〇〇頁～一〇四頁。
(48) 齋藤希史『漢文脈と近代日本』（ＫＡＤＯＫＡＷＡ、二〇一四年。もと『漢文脈と近代日本　もう一つのことばの世界』〔日本放送出版協会、二〇〇七年〕）の序章「漢文脈とは何か」を参照。
(49) 眞壁仁同著一四五頁～一五五頁を参照。
(50) 山田琢・石川梅次郎『山田方谷・三島中洲』（明徳出版社、一九七七年）を参照。
(51) 松浦玲『横井小楠』（筑摩書房、二〇一〇年）を参照。

第五章　中井履軒の服喪説
――『服忌図』と「擬服図」との成立過程及びその特色――

黒田秀教

はじめに

日本近世たる江戸時代は、その全期間を通じて儒教が興隆していた。しかも、その儒教は単なる知識や倫理道徳を説く学問としてのみならず、実践的な儀礼を包括するものである。斯くして江戸時代は、儒者個人が儒葬を執り行い、また幕府の学問所である昌平黌や各地の藩校などでは持続的に釈奠が挙行される等、上下を問わず儒教祭祀が行われており、日本史上において稀有な時代となっていた。よって往時の儒者も実践を念頭に置いて儒教の礼学を研究しており、日本近世における儒教祭祀の研究も近年夙に盛んとなっている[1]。本章で扱う懐徳堂の中井履軒も、儒教祭祀についての研究を遺し、且つ儒葬を実行した人物であった。

即ち、履軒の父である甃庵は中井家の喪祭を儒式で執り行うために、朱子『家礼』を基本とし、これに日本の風土と合するよう適宜改変を加え、『喪祭私説』という儒葬の実践手引き書を著わしている。そして宝暦八年（一七五八）に甃庵が没すると、履軒は兄の竹山とともに儒礼によって甃庵を葬り、宝暦十年（一七六〇）には竹山と共同で甃庵『喪祭私説』の補訂を行った[2]。

ところで、喪祭を執り行うにあっては、故人を悼みこれに真心を奉げるという、内面的な心情こそが重要とされるが、その代表的な方法が、喪に服すことである。例えば、朱子『家礼』を和文によって解説し、またこれを日本で実践する際の留意点や変更点を検討した若林強斎は、次のように言っている。

喪ハ情ノ哀ニ本ヅイテ其實形ハ服ヲ以テ服ニ依テ又其心ヲ堅固ニスルユヱ、喪ヲツトムルノ第一ノ法式ニテ、ソレユヱ惣體喪ニ折ルコトヲモ服ト云。（『家礼訓蒙疏』[3]）

内心の感情を形式として外部に表出させたものが、儀礼である。この儀礼とは、単なる式次第や立ち居振る舞い等の動作性に依ってのみ表現されるのではなく、服喪期間という時間性に依っても表現される。儒教において、この時間性に依る内面の心の表現が極めて重視されていたことは、例えば『論語』に見える孔子と宰我との三年の喪に関する問答からも明かであろう[4]。

斯くして喪祭に関する規定は、動作性と時間性との両者が不可欠であり、それ故に朱子『家礼』も巻四「喪礼」の「成服」においてそれを規定しているのであるが[5]、実は『喪祭私説』では、服喪期間に関する規定を欠いている。もっともその理由は、幕府によって『服忌令』が制定され、服喪期間が国家権力によって公式に布告されていたことと無縁ではあるまい。

しかし、懐徳堂に服喪期間に関する著述がなかったわけではない。履軒は『服忌図』という一書を記しており、その附録として遺されている「擬服図」という一枚の紙片には、履軒独自の服喪説が記述されている。そこで本章では、履軒の服喪に関する著述から、履軒の服喪に関する学説を探って行きたい。具体的には、先ず『服忌図』の梗概を確認し、次に履軒が生きていたころの、江戸時代における服喪制度を見る。その上で、『服忌図』と「擬服図」とから、服喪に関する履軒の思想的特色を探り、更に履軒の礼学思想について、その特徴を検討したい。

一　『服忌図』の概略

履軒の『服忌図』を取り上げた研究としては、田世民『近世日本における儒礼受容の研究』(6)と池田光子「中井履軒『服忌図』について――資料的検討を中心に――」(7)との二つがあり、版本に関する問題は池田が詳細に論じている。そこで、『服忌図』の概略については池田を参考にしながら、行論に関する点について確認して行こう。

履軒は宝暦八年六月に父の甃庵を失ったが、『服忌図』はその半年後である宝暦八年十一月に作成された。大阪大学附属図書館には手稿本（A）が残されており、「擬服図」という一枚の紙片も、この手稿本（A）に収められている。大阪大学附属図書館にはこれ以外に、懐徳堂の門人が抄写した『服忌図』（B）、抄者不明の『服忌図』（C）が存在し、また、履軒の随筆集である『履軒弊帚』にも収録されている（D）。以上の四つの『服忌図』は、大別して「（A）（B）系統」と「（C）（D）系統」との二系統に分けられ、「（A）（B）系統」が定稿に近い。これは、「（C）（D）系統」には、（A）に存在する修正が反映されておらず、（A）が修正される前に書写されたと考えられるからである。

こうしたことから、以下、『服忌図』の底本としては手稿本（A）を用い、『服忌図』と呼ぶ場合はこれを指す。但し、一般でも定本として扱われている手稿本（A）も反故紙を利用して書かれたものであり、随所に修正が施されていることから、実は「草本」と呼ぶべきものであろう。池田も『服忌図』の定稿は作成されなかったと見ている。(8)

以上が『服忌図』の版本に関するあらましであるが、次に『服忌図』の構成について解説しておこう。『服忌図』は、「前引」「服忌図」「令訳」「訳服忌令」の四項目より成る。「前引」は序言であり、履軒が『服忌図』を作成した意図はここで述べられている。「服忌図」は、『服忌図』の本体とでも称すべきものであり、日本の服喪制度を図表にし、そこに漢土の制を逐次朱筆で注記していったものである。なお、以下「服忌図」と称した場合は、この四項目の一つである「服忌図」のみを指す。「令訳」は、幕府の『服忌令』の解説である。最後の「訳服忌令」であるが、これは池田の調査により、「令訳」の草稿であることが明らかになっている。(9)

以上、『服忌図』の書誌情報を簡略ながら確認してきた。では次に、江戸時代において幕府が定めていた服喪期間を、履軒の「令訳」に基づいて確認していこう。

二　日本における服喪制度

履軒の服喪に関する学説を検討するためには、履軒在世当時の服喪制度、及びその前提となっている日本の伝統的服喪概念を確認しておかなければならないだろう。何故ならば、履軒はそれを踏まえた上で、自己の服喪説を展開して行くからである。

ところで、服喪制度とは社会を構成する人間関係の親疎を、服喪期間という数字によって明示する。(10) そしてその数字は、離婚や再婚、そして日本では茶飯事であった養子等の諸事情が絡んで複雑化し、更に時代によって制度には変更が加えられて行く。そこで、ここでは先ず行論に関する範囲内において、日本における服喪制度の伝統と特徴とを確認しておこう。

抑も日本における制度化された儀礼は、漢土を参考にして律令が制定されたことに始まる。服喪も同様であり、飛鳥、奈良時代において成立した律令の中で規定されていた。形式的には明治維新まで存続していた養老令では、次のようになっている。

凡服紀者、爲君、父母、及夫、本主一年。祖父母、養父母、五月。曾祖父母、外祖父母、伯叔姑、妻、兄弟姉妹、夫之父母、嫡子、三月。高祖父母、舅姨、嫡母、繼母、繼父同居、異父兄弟姉妹、衆子、嫡孫、一月。衆孫、従父兄弟姉妹、兄弟子、七日。

（『養老令』喪葬令十七　服忌条）[11]

日本制は始まりよりして、漢土の制と大きく異なっていた。基本的に五段階に分ける点は漢土の制と同様であり、この五段階に分類するという概念が漢土の習に依っているだろうことは言うまでもない。但し、漢土の制には存在する「服装」による細分化は、日本では導入されなかった。

【漢土の制の喪服】

期間	三年		期（一年）		大功（九月）	小功（五月）	緦麻（三月）
下位分類（服飾）	斬衰	斉衰	杖	不杖	—	—	—

【養老令の喪服】

期間	一年	五月	三月	一月	七日

また、親族の範囲や分類は日本独自のものとなっており、これは日本土着の概念であろうとされている[12]。この漢土と大きく異なっている日本の親族概念において、特に留意されるべき点は、妻の親族と配偶者とに関する取り扱いである。漢土の制では、夫より見て妻の両親も服喪の対象とされ、また血族である男性親族の配偶者も服喪対象とされる。ところが日本においては、『養老令』喪葬令を見れば瞭然の如く、妻の父母に対して夫は服喪する必要がなく、また男性親族の配偶者に対しても服喪はしない。

この養老令における服喪規定は、近世、近代に至るまで、日本における服喪制度を考える際の基準になって行った。日本近代における服喪規定は、明治七年（一八七四）の太政官布告第一〇八号において公布された「服忌令」であるが、これは江戸時代の武家法に基づくものとされているものの[13]、その江戸時代における武家法の服喪規定が、基本的には養老令を受け継いで制定されていたのである[14]。斯くの如き歴史的背景が存在していたことから、江戸時代の儒者が服喪を考える際も、強斎『家礼訓蒙疏』の喪服に関する箇所で「此方デモ先ツ淡海公（黒田注、養老令を編纂した藤原不比等）ノ服忌令ニ不可不従[15]」と述べられているが如く、「養老令」が起点とされていた。

さて、幕府の「服忌令」は貞享元年（一六八四）に定められ、その後も改訂が加えられており、履軒の在世当時は元文元年（一七三六）改訂の「服忌令」が行われていた。では、その「服忌令」によって規定されていた服喪制度は、如何なるものであったか。それを、「服忌令」を解説した「令訳」から確認しておこう。

「令訳」は、分節はされていないものの、その内容は凡そ三節に分け得る。第一節は、服喪の期間と対象とを解説した部分である。元々の「服忌令」は、「父母　忌五十日　服十三月」というように、対象となる親族を親項目として掲げ、次にその親族に対する服喪期間を子項目として記している。これを履軒は、服喪期間を親項目にして再整理した。次の第二節は解釈に関してであり、第三節は履軒の按語となっている。なお、「忌」とは死の穢れがあるために神事などを行ってはならないとする日本特有の習俗であり、「服」とは死者へ哀悼の意を表す期間のことを意味する。

第一節　服喪期間

忌五旬服朞【割註　不計閏月凡十三月】者、爲父母、出母嫁母不降。

忌一月服朞者、爲夫。

忌一月服五月者、爲祖父母○婦爲舅姑○養子不承家不分封者、爲養父母。

忌再旬服三月者、爲曾祖父母○爲伯叔父○爲姑○爲兄弟姉妹○爲嫡子○爲妻○爲外祖父母○父之異父兄弟姉妹、相爲降半○養子不承家不分封者、於養兄弟姉妹、相爲降半。

忌一旬服一月者、爲高祖父母○爲衆子○爲養子不承家不分封者○爲嫡孫○爲舅從母○爲妻之父母○爲異父兄弟姉妹○爲嫡母繼父母、嫡母之出者嫁者、及嫡母不相通問、繼父母元不同居者、皆無服。

忌三日服七日者、爲衆孫○爲曾孫玄孫○爲外孫○爲兄弟姉妹之子○爲從父兄弟姉妹。


さて、服喪期間によって整理された「令訳」を見れば一目瞭然であるが、日本近世の服喪期間は六段階になっていた。

期間	対象者
忌　50日	父母

服　13月	
忌　1月	夫
服　13月	
忌　1月	祖父母、舅姑、養父母（養子不承家不分封者）
服　5月	
忌　10日	曽祖父母、伯叔父母、姑（父之姉妹）、兄弟姉妹、嫡子、妻、外祖父母
服　3月	
忌　10日	高祖父母、衆子、養子（不承家不分封者）、嫡孫、舅、従母、異父兄弟姉妹、嫡母、継父母
服　1月	
忌　3日	衆孫、曽孫玄孫、外孫、兄弟姉妹之子、従父兄弟姉妹
服　7日	

但し、六段階とは言っても、自己と血縁関係に非ざる、妻より夫に対する服喪を除けば、五段階であったことが了解されよう。要するに、夫にせよ妻にせよ、互いに相手の親族への服喪は行わず、自身の血族にのみ服喪するのが原則であり、妻の夫に対するもののみが例外的な設定になっていたのである[16]。

なお、先の引用で、妻の父母の箇所には取消線を施していた。これは、原文では「〇」印によって見せ消ちされている（図1）。実は、妻の父母に対する服喪は、履軒の服喪説を考える上で重要な問題になっているのである。抑も「服忌令」には妻の父母に対する規定が存在しないのだから、「令訳」において妻の父母の項目は存在するはずがない。

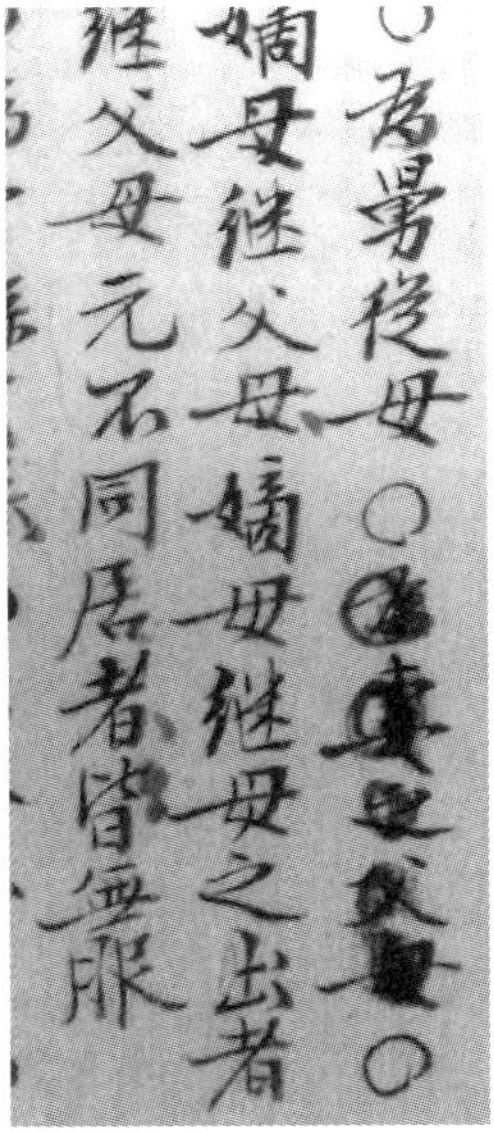

図1　「妻之父母」見せ消ち

そこで、履軒は当初妻の父母への服喪が日本にもあると勘違いをしており、後に誤りと気付いて消したのではないかとされているが[17]、実はそう単純な問題ではないようである。このことについては、後でまた考えることにしよう。

第二節　解説

七歳以下無服、八歳以上如成人。

凡承重者、雖曾孫玄孫、相爲嫡子。

凡子承家者、雖養子爲嫡、不承家者、雖長子不以爲嫡。

妾雖有子者、無服、父之妾無服。

嫡母、繼母、父命子以爲母者、不謂之嫡母繼母、嫡子衆子相爲如母、而出者嫁者、無服。

凡婦人於其私親、相爲如男子、雖出嫁不降之。養於人者、亦如男子。婦人無嫡、婦人於夫黨、舅姑之外無服。爲子爲孫、如男子。

凡養於人、而承家分封者、於養父母、及所養之族、相爲如本族、養母之出者嫁者、無服。爲其私親、唯本生父母不降。嫡母繼母養母無服、於祖父母、伯叔父姑、外祖父母、舅從母、降半。於兄弟姉妹、及異父兄弟姉妹、相爲降半、其餘無服。

凡養於人、而不承家不分封者、爲其私親不降、於所養之族、兄弟姉妹之外、相爲無服、其兄弟姉妹、亦出養於人、則相爲無服、冐姓而已焉者、相爲無服。
凡養於人、而養父生父亦自外來者、於養父之私親、無服。於生父之私親、亦如本族。
税唯爲父母、其餘聞喪日數未闋者、終焉、既闋者、不復服。
凡有重服而遭輕服者、既除重服、而輕服日數未闋、服以終焉、既闋者、不復服。
凡半降、一月者旬有五日、三日者二日、餘皆倣之。自子至亥爲一日。

第二節では、養子や再婚に伴う仔細の解説が行われるが、近世においても日本制は漢土の制と様々な点で異なっていた。「嫡母、継母」の定義も大きな違いであるが、ここで注目したいのは、女性の婚姻に絡む規定である。漢土の制では、例えば自身の姉妹であれば「室不杖期、嫁大功」とされ、結婚前であれば男兄弟（不杖期）と同様に扱われるが、しかし、結婚して家を出ると、服喪を一段階引き下げる降服が原則とされる。ところが日本制では、履軒が「凡そ婦人　其の私の親に於けるや、相ひ男子の如く為し、出嫁すと雖も之を降さず」と言っているように、結婚して家を出た女性であっても、血族である自分の生家とは互いに降服せず、服喪については男子と同等に扱われるのである。

こうしたことから、出生によって作られる親族を血縁的親族、婚姻によって作られる親族を社会的親族とするならば、先に見た妻の父母に対する服喪とともに、日本制は漢土の制よりも徹底して血縁的親族を重視していたとされている(18)。

第三節　按　語

按、服之有忌、猶齊之有致齊也。忌、諱也、謂不敢與外事、或謂之暇。暇、間也、謂不服政役。

古今云、「凡服紀者、爲君、父母、及夫、本主、一年。祖父母、養父母、五月。曾祖父母、外祖父母、伯叔姑、妻、兄弟姉妹、夫之父母、嫡子、三月。高祖父母、舅姨、嫡母、繼母、繼父、同居異父兄弟姉妹、衆子、嫡孫、一月。衆孫、従父兄弟姉妹、兄弟子、七日。」

最後の第三節である按語は、原文においては段を下げて書かれており、二つの論旨より構成されている。第一は「服」とは別に存在する、日本独特の習慣である「忌」についての解説であり、第二が「古今云」として挙げられる養老令である。つまり、履軒は日本制について、原点である養老令にまで立ち返って検討したことが知れよう。これは、先に挙げた若林強斎と同様に、履軒も日本の服喪規定は養老令に立ち返って考えるべきであると認識していたことを意味する。

但し、この按語は「令訳」の草稿である「訳服忌令」には見えない。そして、養老令の引用では妻の父母へは服喪しないことを、履軒は誤らずに記述している。すると、養老令の引用は、後から付加されたものと考えられよう。恐らくは、妻の父母に対して服喪せざることが日本の伝統であると確認するために引いたのであろう。

以上、日本における服喪制度を概観してきた。漢土の制と比較すると日本制は、（一）結婚した女性と生家とは互いに降服しない、（二）夫は妻の父母に対して服喪しない、という二点に大きな特色があった。更に、履軒は当初、妻の父母への服喪が日本にもあると記述していたが、後にそれを削除し、日本制の起源である養老令に立ち戻ったという変遷も窺えるのである。

三　『服忌図』の作成意図

先程見てきた履軒の「令訳」は、基本的には幕府が定めた「服忌令」の解説である。故に履軒個人の見解や意見は、明示されていない。では、「服忌図」は、如何なる意図によって作成され、そして履軒は日本の服喪制度について、如何なる見解を持っていたのか。それは「前引」に記述されているので、その内容を適宜分段して確認していこう。

禮、喪服、曰、「斬衰、次齊衰、次大功、小功、終于緦麻」、喪期、曰、「三年、次朞、次九月、五月、止于三月」。輕重之等、修短之朞、若是三月者、以禮三月而葬也。又禮有既葬、期九月者飲酒食肉之文、則齊斬三年之外、喪唯三月而已。由是觀之、齊之與緦、服有修短、其實則同也。齊則太輕、緦則太重。曰義服、曰從服、然而内外混矣。曰降、曰報、然而親疎淆矣。亦壹先聖王之法乎、其周之末失乎、抑傳之者之謬乎。吾竟不能釋然也。

「前引」の冒頭は、『儀礼』喪服篇において規定される喪服と喪期とを述べた後、『礼記』喪大記篇に記述されている礼制との矛盾に対し、疑義を呈することより始まる。

期之喪、三不食、食疏食水飲、不食菜果。三月既葬、食肉飲酒。期、終喪不食肉、不飲酒。父在、爲母爲妻。九月之喪、食飲猶期之喪也。食肉飲酒、不與人樂之。五月、三月之喪、壹不食、再不食可也。比葬、食肉飲酒、不與人樂之。叔母、世母、故主、宗子、食肉飲酒。

（『礼記』喪大記篇[19]）

「期の喪、三たび食らはず」という規定について、喪大記篇では、第一日目には「三たび食らはず」とし、第二日目には「疏食を喰らひ水飲し」としており、「三たび食らはず」は第一日目だけとなっている。しかし『礼記』間伝篇は「斎衰は二日食らはず」とし、二日間飲食をしないとすることから、喪大記篇と矛盾している。そこで、喪大記篇の孔穎達疏は「「期の喪、三たび食らはず」とは、謂ふこころは大夫士期の喪に旁らす。「三たび食らはず」とは、義服を謂ふなり。其れ正服は則ち二日食らはざるなり、故に間伝に云へらく、「斎衰二日食らはず」と」[20]と述べ、「期の喪、三たび食らはず」は「正服」ではなく、簡略化された「義服」であるとし、矛盾を解消する。

ところが履軒の『礼記雕題略』[21]では、当該条について「是れ正服の期なり。記すに異同有るは、記す者同じからざればなり。間伝必しも泥せず」[22]と述べており、喪大記篇の「期の喪、三たび食らはず」こそが「正服」であり、間伝篇には必ずしも拘泥せずとも良いと言う。ところが、すると喪大記篇の記述に従えば、「期」「九月」「五月」「三月」の喪は、みな「三月既葬」の後は飲酒食肉をしてもよい、ということになってしまう。そこで履軒は、これでは軽重に差異がないとし、疑義を発するのである[23]。

さて、履軒は次に、日本における服喪対象の範囲と、当時の日本において幕府が定めた服喪制度が正しく守られていない実態とへ、憂慮を表明する。

吾國家服制、則高玄九世之外、伯叔無祖、姪甥無孫。有外孫而無子婦、昆弟止于同堂。母之父母兄妹姪甥、妻之父母、而無壻。其服自期而半之、損而又損之、以至七日。是故骨肉貴、而服不黷焉。蓋得禮之質者、唯質也、故簡而簡、以至大簡。惜乎其莫濟之以文、以致乎彬彬之盛也。方今衰麻之廢久矣。服也者、有名而已、乃使哀重者

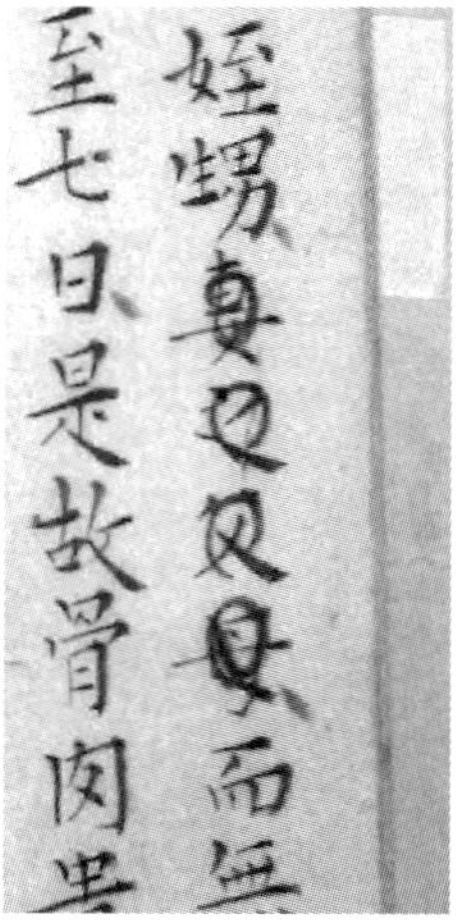

図２　「前引」における「妻之父母」見せ消ち

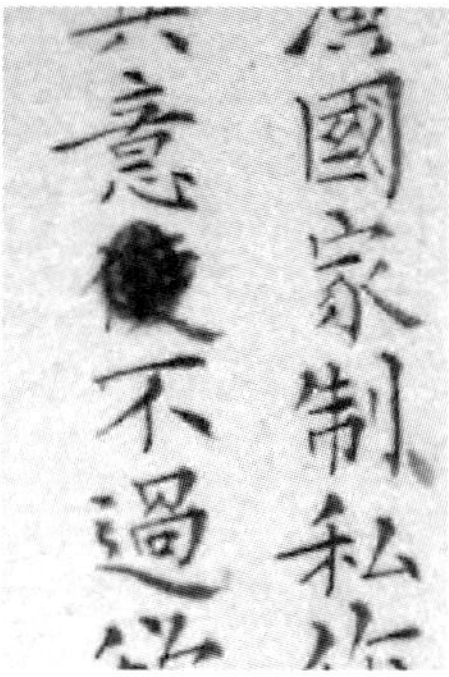

図３　「前引」における一般的な削除

而服不稱、屬微者而忘其哀。又由制有忌服之別也、遂認忌爲喪、不復以服爲喪、忌既闋焉、輒飲酒衎衎、莫殊平日焉矣、則與夫以日易月者何異。嗚呼是非制禮者之辜也、豈學士大夫而傚之哉。

前半部における日本の服制に関する説明は、漢土との比較を通じて行われる。勿論漢土の制の方が、日本制よりも親族とされる範囲が広いため、完全な比較が出来るわけではない。そこで、自己と近しい続柄に対する服喪の有無を指摘して行くという体裁を取っている。履軒は、日本においては「伯叔に祖無く、姪甥に孫無し」「子婦無し」「昆弟同堂に止む」「壻無し」と言っているが、この日本に無いと指摘されたものは、全て漢土の制では服喪対象である。要するに、履軒は漢土の制と比較することで日本制の特色を把握していたことになるが、ここから漢土の制を基準視する思考を見出せよう。

ところで、ここでもやはり妻の父母が見せ消ちされている（図２）。実はこの「前引」には、他にも消されている文字がある。それは表現の修正であるのだが、その場合、履軒は文字を黒く塗り潰している（図３）。故に、塗り潰された箇所に元は何が書いてあったか判読し難くなっているのであるが、妻の父母は明らかに判読できるよう削除している。なお、話が先後するが、「服忌図」における妻の父母も見せ消ちである。斯る修正方法の差異より按ずるに、履軒にとって、妻の父母に関する訂正は単なる誤りの修正という類のものではなかったことが了解されよう。妻の父母への服喪について履軒は強い問題意識を有しており、その思想的変遷の痕跡を我々は目にしているのである。

そして、「前引」の末尾には、『服忌図』作成の意図が述べられている。

今演國家制、私作服忌圖、旁註古禮、別譯令辭、附于其後。其意不過欲使人知國家制作之意有在焉。階梯凜焉不可相踰、而又參之古禮、以自淑耳、不敢置毫末於其際。若或好古崇禮君子、得從議考之役者、沿夫定準、稍斟酌之、爲修其廡、物稱其哀、禮以文情、庶幾大成。于古有光、雖然是國家大典、非草芽之士所敢議也。

寶曆戊寅長至日中井積德書

履軒は、国家が服喪制度を制定する目的は、人倫秩序の安定を図ることにあると言う。その上で「私に服忌図を作り、旁らに古礼を註す」と述べるよう、日本制の服喪を図示した上に、漢土の古礼を注記して行った。では、何故漢土の古礼を添えたのか、その意図は奈辺にあるのか。それこそが、「若し或ひは好古崇礼の君子、議考の役に従ふを得る者、夫の定準に沿ひ、稍かに之を斟酌し、其の厤を修むるを為し、物して其の哀を称し、礼するに文情を以てし、大成を庶幾はん。古に光有り、然りと雖も是れ国家の大典なれば、草芽の士の敢へて議する所に非ざるなり」という一節に説かれていることである。この一節から、履軒には、漢土古代の礼制を尊重しこれを実践せんという思いがあったことが知れる。しかし、国家の定めた制度に対し、市井人が妄りに議論をしてはならないので、已むを得ざることとして国家の定めた「服忌令」に従うという心情が、隠し切れずに滲み出ていよう。妻の父母に対する服喪について、日本制には存在しないにも関らず当初は有るとしていたのも、妻の父母を服喪対象とする漢土の制が念頭にあったことは、疑いようがない。

すると、『服忌図』を作成した宝暦八年ごろの履軒は、漢土の古礼に基づく服喪を日本でも実践したいと考えていたことになる。服喪とは、社会を構成する最小単位たる家族の人間関係を規定したものであり、その延長線上に人倫秩序が存在する。儒者である以上、儒教思想に基づく人間関係の実践を夢見ていたことは、至極当然のことと思われるかもしれない。しかし、後程詳しく見ていくが、後年の履軒は態度を百八十度転回せしめ、寧ろ儒教思想に基づく人間関係を否定して行くことになる。

以上、履軒が『服忌図』を作成した動機を、「前引」より確認してきた。その特徴として、（1）『服忌図』を作成したころの履軒は、儒者として、漢土の制（周制）を実践したいという意志があり、（2）日本では行われない妻の父母への服喪について強い問題意識を有していた、という二点が看取されるのである。

四　「服忌図」の特色

「服忌図」は日本制を図示し、各続柄に対応する漢土の古礼を注記したものである（図4）。

各続柄に記された服喪期間については、既に田世民が、日本制と履軒が注した古礼と、そして朱子『家礼』及び明制との照合を行っているが、履軒の服喪に関する思想については、十分な検討はなされていないようである。そこで、ここでは「服忌図」より窺える履軒の思想的特色について、第一「父母に対する服喪」、第二「子に対する服喪」、第

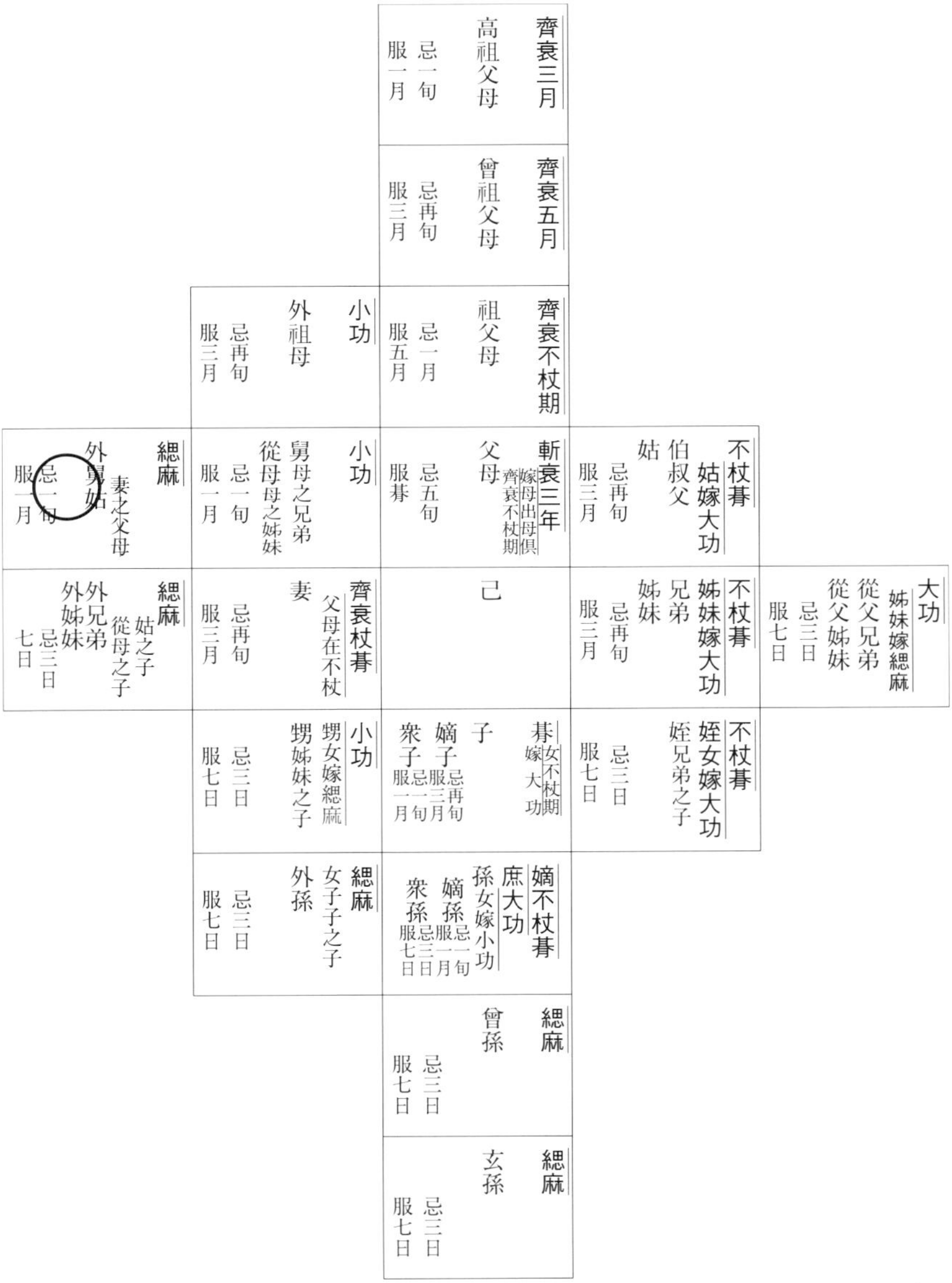
齊衰三月
高祖父母
忌一旬
服一月
齊衰五月
曾祖父母
忌再旬
服三月
齊衰不杖期
祖父母
忌一月
服五月
小功
外祖母
忌再旬
服三月
斬衰三年
嫁母出母倶齊衰不杖期
父母
忌五旬
服朞
不杖朞
姑嫁大功
伯叔父
姑
忌再旬
服三月
小功
舅母之兄弟
從母母之姉妹
忌一旬
服一月
緦麻
外舅姑
妻之父母
忌一旬
服一月
己
不杖朞
姉妹嫁大功
兄弟
姉妹
忌再旬
服三月
大功
姉妹嫁緦麻
從父兄弟
從父姉妹
忌三日
服七日
齊衰杖朞
父母在不杖
妻
忌再旬
服三月
緦麻
姑之子
從母之子
外兄弟
外姉妹
忌三日
七日
朞
女不杖期
嫁大功
子
嫡子
忌再旬
服三月
衆子
忌一旬
服一月
不杖朞
姪女嫁大功
姪兄弟之子
忌三日
服七日
小功
甥女嫁緦麻
甥姉妹之子
忌三日
服七日
嫡不杖朞
庶大功
孫女嫁小功
嫡孫
忌一旬
服一月
衆孫
忌三日
服七日
緦麻
女子子之子
外孫
忌三日
服七日
緦麻
曾孫
忌三日
服七日
緦麻
玄孫
忌三日
服七日

図４　「服忌圖」

三「嫁婦に対する服喪」の三点より検討してみよう。

第一は、田も注目した「父母」の項目である。履軒は父母について、「古礼、母の為、斉衰三年、父在ませば朞。長子の為、嫡母の為、皆な斉衰三年。今註する所は明制に従ふ（古禮、爲母、齊衰三年、父在朞。爲長子、爲嫡母、皆齊衰三年。今所註從明制）」と注記している。これは、抑もの「古礼＝周制」では「父　斬衰三年」「母　斉衰三年」であり、父母に対する服喪には差異が設けられていたのを、母に対する服喪を引き上げ、父と同等にしたものである。履軒は「服忌図」右下の凡例注記において、「父母」と「子」とは明制に依拠したと述べているのであるが、履軒の言う明制とは、田が指摘するように、『孝慈録』によって改変された以後の制度である[24]。

履軒が一部に明制を取り入れたことについて、田は履軒が「儀礼は明の遺制をもとにしている以上、服喪においても明制に依拠せねばならない[25]」と考えていたと見做しているが、しかし、この見解は直ちに賛同はし難い。田が根拠としたのは、履軒の兄である竹山の「今の世の葬儀は、原と明季の遺制。世の以て浮屠の法と為すは非。然れども今の素轎、提灯の外、概して之を斥くる者、蓋し無用の飾を以て、徒らに観美を為すなり。倹観に非ざるなり（今世葬儀、原明季遺制。世以爲浮屠之法非矣。然今素轎、提燈之外、概而斥之者、蓋以無用之飾、徒爲観美也。非倹觀也）[26]」という言である。しかし、これは単に竹山が、当時の日本の儀礼は明末の遺制の延長にあり、仏式ではないと認識していたというに過ぎず、主意は仏教的要素の否定にあった。この竹山の一文から明制に依拠すべきという思想的志向を見出すのは、飛躍していると言わざるを得ないだろう。更に、これは竹山の発言であって、履軒も同様に考えていたとする保証は全くないのである。もし履軒が衷心より明制に従うべきであると考えていたならば、抑も「古礼」ではなく「明礼」を注記すればそれで済む。しかし、履軒は、『儀礼』喪服篇などに見える周制を基本的な古礼として扱っているのだから、履軒の意識が明制にではなく、周制にあったことは確かであろう。では、履軒の意図は奈辺にあったのか。

その手掛りは、履軒が安永三年（一七七四）にはつという孝女を顕彰するために書いた「錫類紀」の中にある。このはつの孝行を顕彰する文は、他にも三浦梅園『愉婉録』及び幕府が制作した『官刻孝義録』にも収められており、佐野大介がその比較表を作成しているが(27)、同時代の孝行譚を著わしたものであることから、話の大筋においてこの三者は率ね合致する。しかし、はつの母が亡くなり、はつが服喪するに及ぶと、履軒「錫類紀」にのみ或る記述がされている。

母歿之後、不嬉笑啓歯者三年、常有憂色。（「錫類紀」(28)）

履軒は、はつが母のために「三年」の服喪をしていたと記述するのであるが、これは梅園『愉婉録』及び『官刻孝義録』には見えない。つまり、履軒のみが、はつは母のために「三年」の服喪をしたと記述しているのである。履軒が「錫類紀」を書いた目的は、はつの孝行を顕彰し、世の鑑にするためであったことは言うまでもなかろう。すると、履軒は母のために三年服喪することを、理想としていたことになる。そして、日本では漢土のように「斬衰」「斉衰」の区別がない以上、母のために三年の服喪を行えば、父に対しても当然ながら三年の服喪となろうことから、必然的に父母に対して同等の服喪を行うことになる。要するに、安永三年当時までの履軒は、父母への服喪は同等にすべきであると考えていたのである。

履軒がこのように考えていたのであれば、父母の間に差異を設くる周制は注記し得ない。そこで履軒は、父母を同等に扱う明制を注記することにしたと考えられるのである。

次に第二の「子」の項目について検討したい。履軒は「子に対する服喪」にも明制を導入しているが、抑も『孝慈録』における改革は、「母に対する服喪」と「子に対する服喪」との二点が組になったものである。周制では、父は嫡子に対して斬衰三年、嫡子以外の衆子に対して斉衰不杖期の服喪をし、母は嫡子に対して斉衰三年、衆子に対して斉衰不杖期とされていた。つまり、長子と長子以外とには、明確な差異が設けられていたのである。これを『孝慈録』では、嫡子に対する服喪を斉衰不杖期に引き下げることで兄弟間の差異をなくし、平等にした。そして履軒は、「子に対する服喪」として、その兄弟が平等とされた『孝慈録』における規定を注記するのである。

さて、既に見てきたように、日本における『服忌令』においても、家督を継承する嫡男とそれ以外の子とには、服喪期間に差異が設けられている。即ち嫡子に対しては三月であり、衆子に対しては一月である。すると、履軒が子は全て等しく扱うべきであると注釈したということは、『服忌令』の規定に不満があったからに外ならぬ。その理由としては、履軒自身が次男であったことと関係があるのかもしれない。

抑も漢土では、漢代以後は基本的に、家産は兄弟の間で平等に分割されて継承された。明朝においても、『明令』戸令に、官職や恩陰以外は、子の間で均等に分割して継承させることが明記されている。つまり、社会的には、嫡子とそれ以外とを同等に扱うことが一般化していたのである。こうしたことから、『孝慈録』において子に対する服喪が同等とされたのも、子を平等に取り扱おうとする社会的背景があったことが指摘されている(29)。

ところが日本の江戸時代は、嫡男とそれ以外とでは、社会的な待遇が根本的に異なっていた。日本では、家産は嫡子の単独相続であり、次男以下は長男が死亡した場合の代替要員としてのみ存在価値が認められる(30)。実際に竹山と履軒との運命は、実に好対照であった。竹山と履軒とは、父母を同じくする兄弟として生まれ、ともに五井蘭州に師事して育ち、父の甃庵が没するまでは分け隔て無く育てられていた。しかし、履軒が『服忌図』を作成する切っ掛けとなった甃庵の死によって、二人の運命は大きく分かたれる。兄の竹山は、父の甃庵の地位を引き継ぎ、やがて懐徳堂の学主として、常に光があたる場所で人生を送ることになった。対して履軒は懐徳堂を離れ、陰に隠れるかの如く、ひっそりと暮らしていくのである。伝説に語られる聖人であるならばともかく、履軒も一人の人間であれば、自分と兄との境遇の違いについて、何らかの屈折した念を持つに至っても不思議ではなかろう。

さて、以上の第一「父母に対する喪服」と第二「子に対する服喪」とは、ともに明制を注記したことに関る問題であったが、次に第三「嫁婦に対する服喪」について検討しよう。

既に確認したように、日本制では、女性は結婚しても生家とは、互いに服喪の段階を下げることはない。同時に、夫側の親族からも服喪の対象とはされず、唯一夫のみが妻に対して服喪するが、しかし妻の父母に対して夫は服喪しない。つまり、夫側の宗族からみて、配偶者である妻は基本的に部外者として扱われるのである。

これに対し漢土の制では、結婚前の女性は男性と同等に扱われるが、しかし結婚後は、生家である本宗からは降服される。例えば、姉妹であれば結婚前は兄弟と同様に「不杖期」であるが、結婚後は「大功」に引き下げられる。その一方で、嫁ぎ先の夫の宗族からは服喪の対象とされ、また夫も妻の父母に対して服喪する。

このように、日本制と漢土の制とでは、女性の扱いにおいて実に対照的な規定がされている。そうした中、履軒は女性親族について、結婚前は男と同等に扱うが、結婚後は降服するという漢土の制を、逐一注記していくのである。これは、履軒が日本制の女性に関する取り扱いに不満を感じていたことを物語っていよう。つまり、女性の扱いにおいて、履軒は漢土の制を理想視していたのであり、これは正に儒教思想を日本でも実践したいとする願望を所持していたことに外ならない。

以上、「服忌図」における履軒の服喪に関する思想を、履軒が傍らに附した古礼に基づき、特徴的な三点「父母に対する服喪」「子に対する服喪」「嫁婦に対する服喪」より検討した。そこに見える特徴を一言で表すならば、それは漢土の制――儒教思想を日本においても実践せんとする意志であろう。履軒は「前引」において、服喪に当たり「之に古礼を参へ、以て自淑するのみ、敢へて毫末も其の際に置かず」と述べていたが、日本においても「古礼――儒教」を斟酌しなければ、理想的な制度にはならないと考えていたと評せよう。

ところで、儒教思想の実践を目することは、儒者であれば当然のことであると思われるかもしれない。しかし、これを態々確認したのは、後年の履軒は姿勢を一変させてしまうからである。そこで、履軒の服喪に関する考えが如何に変化したのかを、履軒後年の手に成る「擬服図」から検討して行こう。

五　「擬服図」と「服忌図」との制作過程

履軒の「擬服図」とは、『服忌図』に附されていた一枚の紙片に書かれたものである。履軒の服喪説に関する貴重な資料であるにも関らず、従来特に検討対象とされなかったのは、作成時期が定かでなかったことに起因しよう。『懐徳堂事典』では「服忌図」の草稿ではないかとしているが、(31) これとても特に根拠があるわけではない。確かに、「擬服図」と「服忌図」との先後関係を考えようにも、二つの図だけでは手の施しようがないのも事実である。しかし、履軒の服喪に関する思想の変遷を明らかにするためには、「擬服図」の作成時期を確定させねばならない。そのための手掛りは二つあり、第一は「「服忌図」と「擬服図」とにおける作図書式」であり、第二は「「擬○○」という命名方法」である。

第一　「「服忌図」と「擬服図」とにおける作図書式」

『服忌図』は随所に修正が存在するが、「服忌図」も大きく手直しされている。抑も図そのものが、元々書いてあった図の上に紙を貼りつけ、そこに修正図が描かれているのである。従来は取り上げられることがなかったこの元の図を、ここでは便宜上「原服忌図」と呼んでおく。すると、履軒が服喪について著わした図は、「原服忌図」「服忌図」「擬服図」の三点が存在することになる。残念ながら「原服忌図」は、その全体を復原することは不可能であるものの、書式の特色は充分に窺い得る。次に挙げる図5「原服忌図」、図6「服忌図」、図7「擬服図」における書式に注目されたい。

先後関係が明白である「原服忌図」と「服忌図」とには、次の二つの変更点が存在する。

（1）「原服忌図」では、属と古礼との注記を、一つの枠の中で男女に分けて書いている。ところで、漢土式の本宗五服図では、例えば兄弟姉妹であれば、図8のように書かれるのが常である。

一目して瞭然であるが、本宗五服図では、自己と血縁関係にある親族によって枠を設け、右側には「男性親族」及びその妻を、左側には「女性親族」をというように、己を中心にして左右対称に配置する。ところが履軒の「服忌図」は、右側に「男系親族」を、左側に「女系親族」を配置する。[32]すると、漢土式では二つの枠に分かたれる「兄弟」「姉妹」を、履軒は一つの枠の中に配置しなくてはならなくなる。そこで「原服忌図」では、一つの枠を仮想的に更に二つに分かち、枠内の右側に「男性親族」を、左側に「女性親族」を書き、古礼も各々注記していた。つまり、「原服忌図」の段階では、漢土式の書式概念が看取出来るのである。

ところが、それを修正した「服忌図」では、「兄弟姉妹」は完全に一体化され、嫁婦の降服を特記することで対応している。つまり、漢土式の書式概念が消滅しているのである。

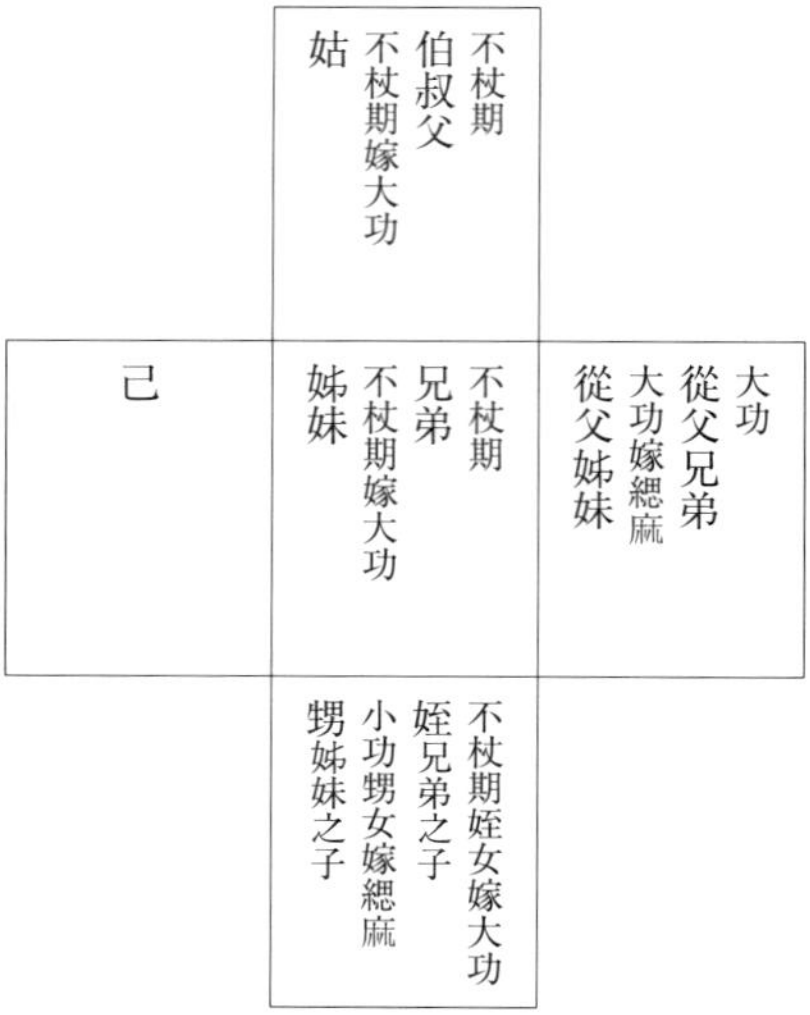

図5　「原服忌圖」

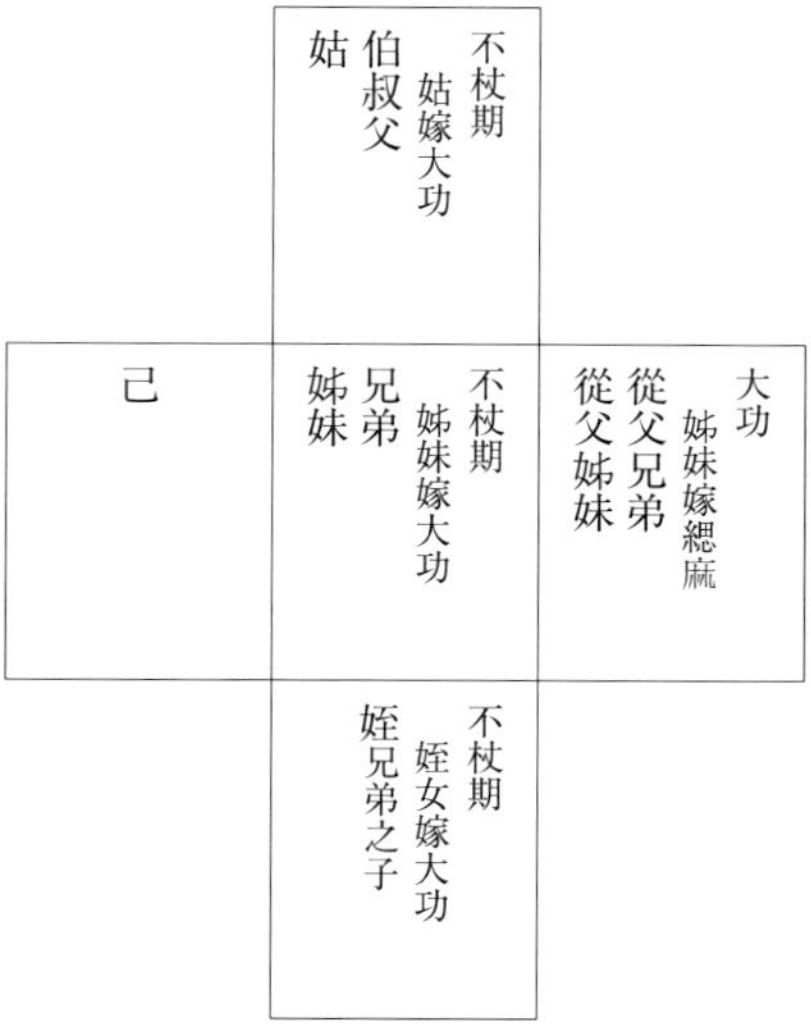

図6　「服忌圖」

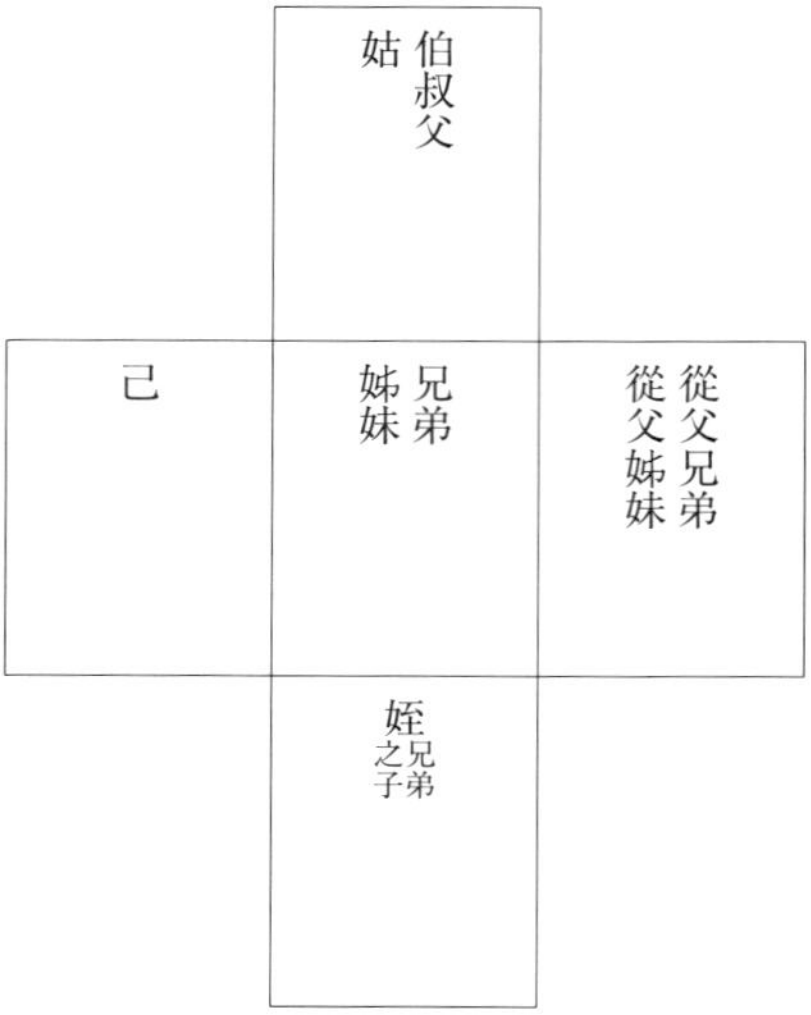

図7　「擬服圖」

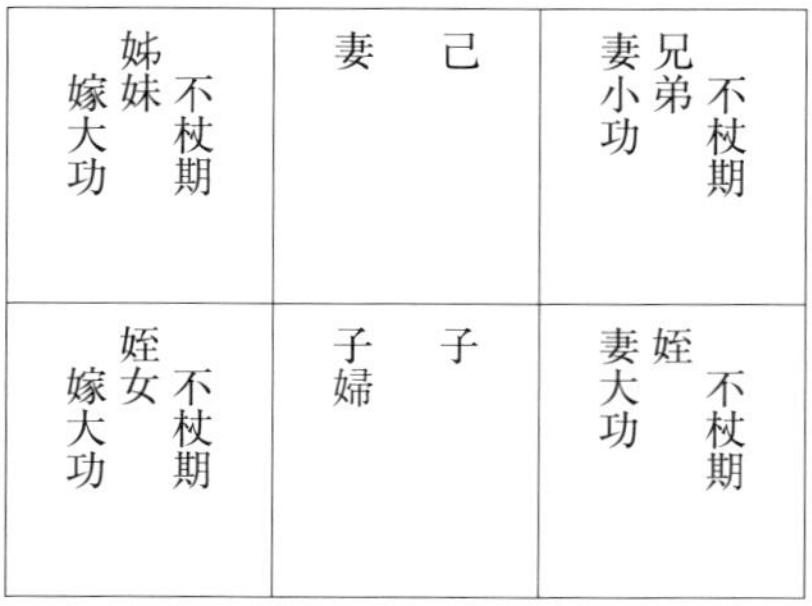

図8　「本宗五服圖」

（2）期間の表記方法について、「原服忌図」は、「月」ではなく「旬」を用いていた。つまり、「一月」なら「三旬」、「三月」なら「九旬」という具合である。それを「服忌図」に修正する際、「三旬」以上のものは機械的に「月」表記へと置換している。

以上が、「原服忌図」から「服忌図」への変更点であるが、「擬服図」は変更後の書式に依って作成されている。つまり、「擬服図」が「原服忌図」に先立つ可能性は無いと言って良いだろう。

しかし、「原服忌図」、「服忌図」、「擬服図」の作成された順序として、「原服忌図」→「擬服図」→「服忌図」という順序も考えられなくもない。そこで次に、「擬服図」という名称から、更に成立時期を絞ってみよう。

第二　「「擬〇〇」という命名方法」

実は、履軒は或る特定時期に集中して、「擬〇〇」と題する著述の一群を作成している。履軒の文集である『履軒弊帚』は、「正」、「続」、「季」の三篇よりなるが、その續篇に、「擬弁」「擬策」「擬与留学生阿部仲麻呂書」「擬疏」「擬符建諭江南檄」という、「擬〇〇」と題する文が集中的に収録されており、これが『履軒弊帚』續篇の特色にもなっている。正篇は履軒四十歳ごろ（一九七二前後）の成立とされ、續篇は自序に享和三年（一八〇三）とある。(33) すると、「擬服図」と題された履軒オリジナルの服喪制度も、正篇が編纂された以後より享和三年までの間に作成されたと考えるのが穏当であろう。よって、「擬服図」の作成は、「服忌図」の後であると比定できることになる。

さて、以上の第一「「服忌図」と「擬服図」とにおける作図書式」、第二「「擬〇〇」という命名方法」という二つの書誌的情報より、「原服忌図」→「服忌図」→「擬服図」という作成順序であったことが確定し得る。この作成順序が、履軒の思想面より検討しても妥当であることを、補足として述べておこう。

先程確認した「前引」に「然りと雖も是れ国家大典、草芽の士敢へて議する所に非ざるなり」とあったように、『服忌図』を作成した宝暦八年当時の履軒は、国家の制である服喪制度について、一介の市井人である己れが議論すべきものではないとし、慎重な姿勢を有していた。故に、日本制に対して感じていた不満や自分の理想は、註した古礼に託すという微言によって示唆していたのである。

ところが、「擬服図」で提示される服喪は履軒オリジナルのものとなっており、履軒は制作者たる立場に己を比定したことになる。これは「前引」で表明される履軒の姿勢とは完全に方向性を逆にしている。宝暦八年当時の履軒にとって、「国家の制」の制作は、王者か聖人にのみ許される特権であり、自己を含めた通常の儒者には許されないことであった。また兄竹山のように、履軒は為政者から咨問を受けて国家の制について答申する機会があったわけでもない。つまり、履軒は本来であれば「国家の制」を語ることはできない。

しかし、後年の履軒には、履軒自身が作り上げた「国」が存在する。履軒の思想を語る上で度々注目される「華胥國」がそれである。履軒は四十八歳の安永九年（一九八〇）に転居し、新居に「華胥国門」の扁額を掲げ、自らを華胥国王に擬すとともに、「華胥国」なる想像上の理想国家を構築していった。[34]その設定は凝っており、暦までも用意されているが、[35]それは履軒が「あるべき」と考えていた理想の暦であった。暦の制定は王者の専権であるが、仮想世界を構築することで、履軒は僭上の誹りを受けることなく、国家の制を語ることが可能になったのである。

履軒が「華胥図」に関する一連の思想活動を行っていた時期は、書誌的情報から導き出された「擬服図」作成時期の範囲内に位置している。すると、「擬服図」とは、「華胥国」構想の一環であった可能性も浮かび上ってくるだろう。

つまり、安永九年から享和三年の間に作成されたと考えられるのである。

これは、履軒の「父母に対する服喪」観の変化からも証し得る。宝暦八年の「服忌図」では、履軒は父母を同等とする明制を注記しており、この時点では父母を平等に扱うべきと考えていた。そして、安永三年の「錫類紀」でも、やはり父母を同等としていた。ところが、これから見ていく「擬服図」では、父母は同等とはされていない。すると、履軒が父母に対する服喪について大きく考えを変化させたのは、履軒が仮想世界を構築することによって思想的自由を得た安永九年前後であったと考えるのが、妥当であると思われる。何方にせよ、「擬服図」なる独自の服喪制を考えていた以上、そこには現実世界のあらゆる束縛から開放された、履軒の真正なる理想が表現されていることになる。

ところで、「擬服図」では妻の父母に相当する箇所が切り取られている。これは、元々は妻の父母に対しても服喪を設定していたが、後に不要であると判断したことを物語る。切り取ったということは完全に削除したということになるが、「服忌図」では見せ消ちであったのだから、「擬服図」では結論が出されたことを意味しよう。

ここで、池田光子が『服忌図』の確定稿は作成されなかったと見ていることを思い出されたい。確定稿でない『服忌図』には思索の形跡を遺しており、その検討の結果が「擬服図」の中で確定的に表現されているということは、従来の「草稿―擬服図、定稿―服忌図」ではなく、「草稿―服忌図、定稿―擬服図」であったことが想定される。もっとも、履軒が独自の服喪制度を完成させなかったことは、「擬服図」が「養子」や「出母嫁母」などの細かい規定には全く言及せず、基本的な親族関係についてのみ簡略に書いていることからも明かである。

如上の検討により、「擬服図」は「服忌図」の草稿ではなく、「服忌図」を作成した後に、履軒が独自の服喪説として作ったものであることが明かとなった。では、次に愈々「擬服図」より窺える思想的特色について検討して行きたい。

六　「擬服図」の特色

それでは「擬服図」（図9）に記述されている、履軒の理想とする服喪制とは、如何なるものだったのであろうか。一見して明らかなように、「擬服図」に書かれた服喪期間は、漢土の制とも日本制とも異なっている。しかし、「子　三月」「兄弟姉妹　三月」「妻　三月」という「己」に近しい続柄に着目すると、期間設定は日本制を起点にしていたことが知れよう。また、「忌」が廃止され全て「服」に統一されているが、「擬服図」の右下には「凡そ喪は忌を為し暇を為す（凡喪爲忌爲暇）」と書かれており、日本独自の習慣たる「忌」の概念を導入している。

「前引」において履軒は「又た制に由りて忌服の別有るや、遂に忌を認めて喪と為し、復び服を以て喪を為さず。忌既に闋ふ。輒ち飲酒衎衎とし、平日と殊なること莫し。則ち与夫の日を以て月に易ふる者は何ぞ異らん（又由制有忌服之別也、遂認忌爲喪。不復以服爲喪、忌既闋焉、輒飲酒衎衎、莫殊平日焉矣。則與夫以日易月者何異）」と述べ、当時の社会風習を批判していたが、「擬服図」の如く期間設定を「服」に一元化してしまえば、もはやこのような問題は発生しない。さらに「前引」において、日本には「伯叔に祖無く、姪甥に孫無し。外孫有りて子婦無く、昆弟は同堂に止る。母の父母兄妹姪甥、妻之父母、而て壻無し」と述べていたが、「擬服図」では「祖伯叔父　祖姑」「姪孫」「族兄弟（再従兄弟　再従姉妹）」の項目が設けられていることに気付く。つまり、履軒が『服忌図』において不満に思っていたであろう日本制の「欠陥」が、「擬服図」では解消されているのである。

但し、「子婦」「壻」に対する服喪は、「擬服図」でも導入されていない。すると、妻の父母が完全に消されたことと併せ考えると、夫婦を唯一の例外として、服喪は自身の出自である血族に対してのみ行うべきであるというのが、

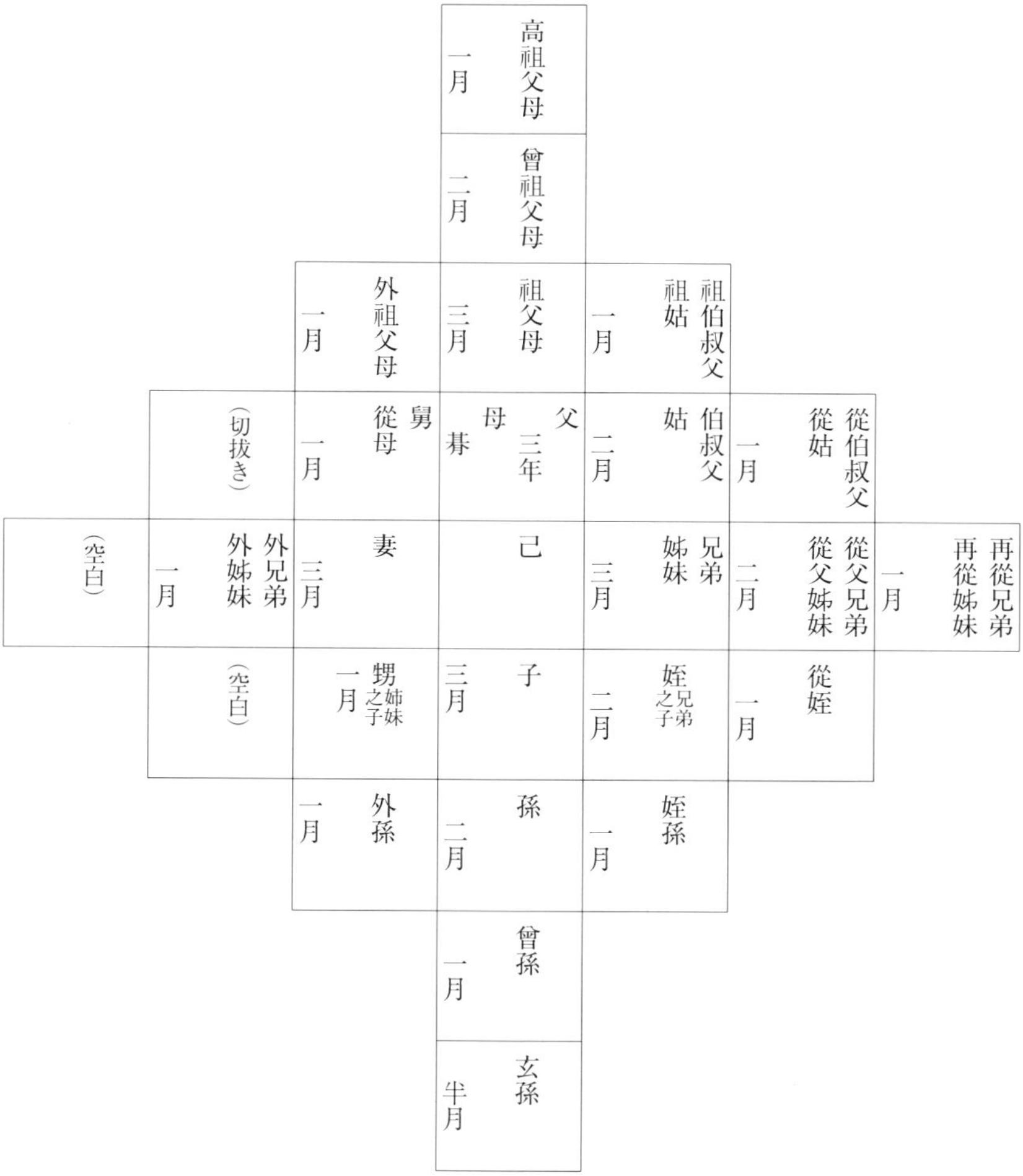
高祖父母 一月
曾祖父母 二月
外祖父母 一月
祖父母 三月
祖伯叔父 祖姑 一月
（切抜き）
舅 従母 一月
父 母 三年 朞
伯叔父 姑 二月
従伯叔父 従姑 一月
（空白）
外兄弟 外姉妹 一月
妻 三月
己
兄弟 姉妹 三月
従父兄弟 従父姉妹 二月
再従兄弟 再従姉妹 一月
（空白）
甥 姉妹之子 一月
子 三月
姪 兄弟之子 二月
従姪 一月
外孫 一月
孫 二月
姪孫 一月
曾孫 一月
玄孫 半月

図９　「擬服圖」

履軒の最終的な見解ということになろう。これは、極めて日本制の色彩が強い服喪観念である。

また、「姪　二月」となっており、「子　三月」よりも期間が短くされている点には注意を要する。これは日本制の観念と合致するが、しかし、儒者としてはあるべき態度とは呼び得ないからである。抑も漢土の制では、「子」も「姪」も等しく「不杖期」であり、履軒の「服忌図」における「古注」でも、そのように記述されていた。これは、『礼記』檀弓上に「喪服は、兄弟の子、猶ほ子のごとくするなり。蓋し引きて之を進むるなり（喪服、兄弟之子、猶子也。蓋引而進之也）」[36]とあるが如く、儒教の礼学では自分の子と兄弟の子とは同等に扱うのが原則とされているからである。要するに、履軒は『礼記』に記述された儒教の基本的な礼学思想――家族倫理を否定したことになる。

こうしたことは、左上の注記に「妻は夫の為に服すること朞。夫の父母伯叔父姑の為に皆な服するに其の夫の服の半、余は服無し。夫の党は之が為に服すること無し（妻爲夫服朞。爲夫之父母伯叔父姑皆服其夫服之半、餘無服。夫黨爲之無服）」とあり、妻が服すべき夫側の親族は、日本制における規定よりも拡大されている一方、その妻本人は夫側の親族からは服喪対象とはされないことからも明かである。これは、漢土の制では妻本人が夫側の親族からも服喪対象であったことと、実に好対照であることが了解されよう。

ところで、履軒の扱いが大きく変化したのが、「母」である。先程まで確認してきたように、履軒は「服忌図」において、「母」は『孝慈録』によって「父」と同等にされた改訂明制を採用し、「父母」を同等とする服喪を示唆していた。ところが「擬服図」では「父　三年　母　朞」とされ、母は日本制と同様に一年のままであるが、父のみが三年へと高められたのである。先程も述べたように、安永三年の「錫類紀」までは、履軒は父母に対する服喪を同等にすべきであると考えており、これは宝暦八年の『服忌図』から一貫した態度であった。ところが、履軒は最終的に、父母の間には差異を設けるのである。

何故履軒が斯くの如き思想的転換を行ったのか、直接的な理由は判然としない。しかし、これを現代的価値観でいう男尊女卑的傾向であると看做すならば、それを窺わせるのが履軒の『老子』に対しての評語であろうか。履軒は『老子』を「雌道」であると評価するが、この「雌道」とは女性的であることを指し、その対義語は男性的な「雄道」となる。履軒はこの「雌道」「雄道」という概念について、「雌道」にも一定の評価は与えているものの、それでも総合的には「雄道」をより高く評価し、両者には明確な価値的差異を与えているのである(37)。

ところで、「服忌図」に存在する、結婚した女性に対して降服すべきであるという記述は、「擬服図」には見えない。すると、履軒は儒教主義的である嫁婦の降服制度については不要であるとの見解に至ったことになり、やはり日本制の観念に帰着したことになる。なお、「子」については、「擬服図」でも嫡子と衆子とを同等としており、この点について履軒は終生一貫している。また、「子　三月」「孫　二月」「曾孫　一月」「玄孫　半月」という規定は、履軒が親疏と期間とを数理的に対応させた点で、発想が極めてユニークであったと評せよう。

このように独自性が強く、基本的に日本制の観念に従っている「擬服図」であるが、一方で漢土の制の観念を導入した点も見受けられる。左上の注記には「八歳に満たざる以下は服無し。八歳より十六に至るまで殤と為し服は降すこと半。十七歳より以上は成人と為す（不満八歳以下無服。八歳至十六爲殤服降半。十七歳以上爲成人）」とあり、履軒は「殤」の制度を設けている。しかし、日本制では七歳以下は無服、八歳以上は成人とされ、「殤」の制度は存在しないのであるから、これは漢土の制を導入したことになろう。但し、『儀礼』喪服篇の伝文では、八歳から十一歳までが下殤、十二歳から十五歳までを中殤、十六歳から十九歳までを長殤としているのだから(38)、漢土の制をそのまま導入したわけでもない。日本の近世では、大体が十六歳に元服を行っていたので、履軒は十七歳以上を成人としたのであろう。

ここまでの検討を纏めれば、履軒は恰も自由自在に作成しているように見えるが、実は日本制を根本に据え、そこに漢土の制のエッセンスを一部導入して「擬服図」を制作していたことが理解されよう。日本という大地にあって実践すべき礼は、日本の習俗と合致していなければ、奇怪なものとなってしまう。朱子は嘗て、礼とは時によって変遷するものであるから、時宜に応じた礼を行わなければならないと述べている。

禮、時爲大。有聖人者作、必將因今之禮而裁酌其中、取其簡易易曉而可行。古禮如是零碎煩冗、今豈可行。
（『朱子語類』巻第八十四　礼一）(39)

儒教の礼を実践する場合、それが漢土という大地であれば、古今という時代による変化が存するのみである。しかし、日本という異国で行う場合には、時間ではなく場所の違いによる差異こそが大きい。つまり、漢土という枠組みを超えて儒教が拡大して行く時、その礼制は、伝わった先における「今」を見据えていかなければならないのである。履軒は朱子を批判することも多く、純粋な朱子学者とは呼び得ないが、礼制の精神については、朱子の教えを忠実に継承していたとも言えよう。これは、幕府の儒官であり、朱子学を宗としていた林鵞峰が朱子『家礼』を忠実に実行した結果、日本の習俗に合わぬとして世儒の嘲笑を受けてしまったことと、正に好対照である。

以上、「擬服図」の特徴について検討してきたが、「原服忌図」、「服忌図」、「擬服図」という履軒の服喪に関する著述を概観すると、次第に漢土色が薄まり、日本色が濃くなって行くという変遷傾向を見いだせる。履軒の斯る志向は、履軒の他の礼学思想にも見られるので、最後にそれを見てみることにしよう。

七　履軒と礼学と

履軒は深衣についても研究しており、明和二年（一七六五）の冬に『深衣図解』[40]を著わしている。これは、『礼記』玉藻篇と深衣篇とに拠って、深衣について考証したものである。但し、履軒は単に文献上における考証に終始したのではなく、『深衣図解』を著わす直前、実際に紙製の深衣を作成しており[41]、また『深衣図解』もカラーによる図解を豊富に載せている。

さて、この『深衣図解』の跋文において、履軒は次のように言う。

蓋吾之圖深衣、特明其度、以通訓詁云爾。豈曰服之云乎。懼於異服異言之導。故愼書以告觀者。（『深衣図解』跋文[42]）

これによると、履軒の深衣に関する研究は、訓詁考証という知的好奇心にのみにあったようで、実際に深衣を用いることには反対していたことに留意しなければならないだろう。その理由は、履軒は深衣を「燕服（普段着）」と見做しており[43]、これを家廟や学宮で用いるのは相応しくないと考えていたこと[44]、また、「乃ち古の燕服を服て時王の正服を廃するは、烏んぞ可ならんや。況んや吾が邦に於いてをや、尤も其の宜しき所に非ず（乃服古之燕服而廢時王之正服、烏可也。況於吾邦、尤非其所宜[45]）」と言うが如く、古代の制度によって現在の制度を否定するようなことはしてはならず、況や日本においては最もしてはならないことであると考えていたからであった。

斯る履軒の深衣に対する見解から、履軒の儒教の礼学に対する態度が見えて来るであろう。儒教の礼学とは聖人が定めたとされる制度文物であり、漢土の古代において実際に行われていたとされる風習を意味する。しかし、「況んや吾が邦に於いてをや、尤も其の宜しき所に非ず」と述べているように、日本では漢土に増して経書に記述された古礼を再現することは難しく、また、してはならないことであると履軒は考えていたのである。「時王の正服」を貴ぶべしという姿勢が、そのまま日本の習俗を尊重することに直結することは、言うまでも無い。これは、先に見てきた服喪に関する履軒後年の考え方とも、首尾一貫していることが了解されよう。

先程まで見てきたように、履軒が己の理想とする服喪制度を規定した「擬服図」は、日本制を基礎にしていた。これは、日本の習俗を根本に据え、そこに経書の中から聖人の教えの精髄を適宜取捨選択して反映させるという行為とも言え、これが履軒における儒教の実践的方法論になっていた。この履軒の態度は、日本において儒教の礼学を実践しようとしていた他の学派の諸儒とは、実は根本の部分で相容れないものであることに留意しておかなければならない。例えば山崎闇斎、浅見絅斎、若林強斎という崎門学派における垂加派の系統は、儒教儀礼の日本化を図った代表的存在とされる(46)。しかし、その実際の学説は朱子『家礼』を根底に据え、日本に合わない風習についてを改変していくという性質のものであった。つまり、飽く迄も儒教思想を根本に据え、日本において可能な範囲内で現実的に儒教儀礼を実現しようとしたのが、崎門学派をはじめとする一般的な日本の儒者の姿勢である。ところが、後年の履軒は、根底を日本に置き、自己の判断によって儒教の教説を恣意的に取捨選択しており、儒教そのものを日本において実現させせんとする意識が希薄になってしまっている。言うなれば、「儒教」より「儒学」への移行が鮮明なのである。

こうした履軒の礼学観念は、履軒の経学研究において研究対象とされた礼書の変遷にも如実に表れている。履軒の経学研究は、『七経雕題』から『七経雕題略』を経て『七経逢原』において完成されたが、『七経雕題』から『七経雕題略』までは『礼記』が含まれており、初期の履軒は『礼記』を含めた経学的世界の中にいた。ところが、経学研究の集大成となる『七経逢原』では、『礼記』が除外されてしまう。但し一方で、履軒は『中庸』を極めて高く評価し、この一連の経学研究においても『中庸』の地位が漸次高められるという傾向があり、『七経逢原』においては、礼書として『中庸』のみが『中庸逢原』として収録されることとなる。

『中庸』と、『中庸』を除く『礼記』諸篇とにおける性質の違いを一言で表せば、それはより抽象的であるか、より具体的であるか、という点にあろう。朱子は、『中庸』からは義理を、『大学』からは先王のことを学ぶと述べたことがある(47)。確かに『中庸』は極めて抽象的な議論を行うが、『中庸』を除く『礼記』諸篇は、漢土古代の具体的な礼制度や故事に則してその礼理論を語るという性質が強い(48)。

すると、履軒が『礼記』を捨て去り『中庸』のみを尊んだのは、履軒にとって漢土古代の具体性を帯びた礼学には価値がなく、抽象的な理念にのみ価値を見出していたからであると考えられよう。斯る姿勢は、『礼記』檀弓上の「子」と「姪」とを同等に扱うべきとする記述を否定したり、日本制を土台とし、そこに漢土の制のエッセンスを恣意的に選択して取り込むという形で己の理想とする服喪制を考案していたことと、一貫しているのである。

おわりに

以上、本章では履軒の服喪に関する著述である『服忌図』と「擬服図」とを中心にして、履軒の服喪説の変遷について検討してきた。その結果、初期の履軒は儒教の礼学思想を重視し、日本においても儒教の礼学を実践せんとする意向を有していたが、後年になると態度を逆転させ、儒教の具体的な礼学に価値を見いだささなくなっていたことが明かとなった。

異国の習俗を導入することは難しい。況して異国の古代の習俗を導入することは、不可能と言って良いだろう。日本の儒者にとって、儒教を具体的に実践しようとした時に必ず浮かび上がる問題がこれであった。しかし、儒教を信奉する儒者である以上、聖人の教えこそが理想的普遍的規範であり、基準であり、起点である。それ故に、履軒の服喪説も、その初期にあっては漢土の制や儒教思想が色濃く反映され、可能な限りそれを実践せんとする意欲が存在していた。しかし、後年の履軒は漢土の制や具体的な漢土古代の礼思想については価値を見いださなくなって行き、寧ろ日本制を根本に据え、それを充実させる方向性へと変化した。要するに、日本を本位とする方向へ突き進んで行ったのである。

ところで、斯る履軒の姿勢を突き詰めて行けば、儒教とは「知識」に過ぎなくなり、自我を没入させ同化せしめる対象とはならなくなることが予想されよう。つまり、日本近代に発生した儒教の変質を予期せしめるのである[49]。そして、実際に履軒には自己と儒教とを切り離し、儒教を客観視しようとする傾向が看取出来るのであるが、これは次章で検討したい。日本近世を代表する儒者であった履軒に斯る傾向が存していたことは、日本の近代化と儒教思想史とを語る上で、極めて重要な問題となって行くであろう。

なお、履軒は深衣の実用について否定的であったが、兄の竹山はそうではなかったらしい。竹山の代表的な肖像画である「中井竹山肖像画」[50]は、寛政十年（一七九八）に竹山の講義姿を描き、竹山自ら賛を書いたものである。そこに描かれている晩年の竹山は、幅巾こそ被っていないものの、確かに深衣を著用した姿になっている。履軒は「夫も家廟学宮、其れ燕服の地かな（夫家廟學宮、其燕服之地乎哉）」と言っていたが、竹山は学を講ずるに当たって深衣を着用することに意義を見出していたようであり、ここに兄弟の礼学観と「儒者としてのアイデンティティー」との違いを垣間見ることができよう。すると、実は根本部分で、竹山と履軒との兄弟は重なり合っていなかった点も見えて来るのである。懐徳堂を研究するに当たり履軒と竹山との学説を相互補完的に取り扱う傾向も見受けられるが、実は慎重に検討していかなければならぬとも言えよう。

注

(1) 論者も日本近世における儒教祭祀に絡む論考として、本書収録のもの以外に、「懐徳堂学派葬祭説の来源――『喪祭私説』主面書式を手掛りにして――」(『待兼山論叢　哲学編』第三十九号、平成十七年)、「理想の葬礼」(湯浅邦弘編『江戸時代の親孝行』大阪大学出版会、平成二十一年)、「日本における儒教祭祀の敗北――懐徳堂記念祭の意義――」(『中国研究集刊　崐号』総第五十三号、平成二十三年)、「神儒の分水嶺――死穢と孝と」(『中国研究集刊　称号』総六十号、平成二十七年)の諸篇を発表してきた。

(2) 『喪祭私説』に関する研究には、前掲拙稿「懐徳堂學派葬祭説の来源――『喪祭私説』主面書式を手掛りにして――」、「理想の葬礼」の他に、湯浅邦弘「懐徳堂の祭祀空間――中国古礼の受容と展開」(『大阪大学大学院文学研究科紀要』四十六号、平成十八年)、高橋文博『近世の死生観』(ぺりかん社、平成二十年)、田世民『近世日本における儒礼受容の研究』(ぺりかん社、平成二十四年)等がある。

(3) 吾妻重二編『家礼文献集成　日本篇一』(関西大学東西学術研究所資料集刊二十七―一、関西大学出版部、平成二十二年)、一九二頁左下。

(4) 宰我問、「三年之喪、期已久矣。君子三年不爲禮、禮必壞。三年不爲樂、樂必崩。舊穀既沒、新穀既升、鑽燧改火、期可已矣。」子曰、「食夫稻、衣夫錦、於女安乎。」曰、「安。」「女安則爲之。夫君子之居喪、食旨不甘、聞樂不樂、居處不安、故不爲也。今女安、則爲之。」宰我出。子曰、「予之不仁也。子生三年、然後免於父母之懷。夫三年之喪、天下之通喪也。予也有三年之愛於其父母乎。」(『論語』陽貨篇)阮元『十三経注疏附校勘記』(嘉慶二十年重刊宋本影印、中文出版社、平成元年)、五四八五～五四八六頁。
（5）朱子『家礼』、『朱子全書　修訂本』第柒冊（上海古籍出版社、安徽教育出版社、西暦二〇一〇年）、九〇八～九一二頁。
（6）田世民『近世日本における儒礼受容の研究』（ぺりかん社、平成二十四年）。
（7）池田光子「中井履軒『服忌図』について――資料的検討を中心に――」（『懐徳』七十九号、平成二十三年）。
（8）池田光子「中井履軒『服忌図』について――資料的検討を中心に――」。
（9）抑も「令訳」の草稿である「訳服忌令」を合わせて製本しているあたり、『服忌図』という資料が定本として作成されたものでないことを物語っていよう。
（10）実際には期間の他に、装束も重要な要素となる。しかし、日本は装束により軽重を表現する習俗を受容していないため、ここでは特に触れない。『服忌図』の中でも装束については触れていない。
（11）『律令』（日本思想史大系三、岩波書店、昭和五十一年）、四三九頁。
（12）中田薫「日本古代親族考」（『法制史論集』第三巻上、岩波書店、昭和十八年）。牧野巽「日中親等制の比較」（『牧野巽著作集』第一巻、お茶の水書房、昭和五十四年）。
（13）武家法とは、武士が定めた法体系である。これに対し、朝廷が定めた法体系は公家法という。
（14）増原啓司「明治前期における「親族」」（『中京法学』二（二）、一九七～二一八頁、昭和四十二年）。また日本近世の服喪制度については、林由紀子『近世服忌令の研究』（清文堂出版、昭和六十三年）が詳細に論じている。
（15）吾妻重二編、『家礼文献集成　日本篇二』、一九五頁左上。
（16）林由紀子『近世服忌令の研究』、一六二頁。
（17）田世民『近世日本における儒礼受容の研究』、一七〇頁。
（18）こうした違いは、日本と漢土との社会形態の違いが原因であることは言うまでもない。日本制と漢土の制との違いについては、林由紀子『近世服忌令の研究』の第五章が諸説を総覧して詳しい。ここでは日漢の比較検討を目的としていないため、これ以上は言及しない。

（19）『礼記』喪大記篇、阮元『十三経注疏附校勘記』（嘉慶二十年重刊宋本影印、中文出版社、平成元年）、三四一八頁。
（20）『礼記』喪大記篇、阮元『十三経注疏附校勘記』、三四一八頁。
（21）大阪大学附属図書館蔵の中井履軒手稿本による。
（22）履軒手稿本『礼記雕題略』下巻、十二葉表〜十二葉裏。
（23）田世民は、「期、終喪不食肉、不飲酒」こそが期の喪の原則であるとし、履軒の発言は喪大記篇と合致していないとする（田世民『近世日本における儒礼受容の研究』、一九五頁　註十三）。しかし、実はこの句の解釈は二通り有り、句読点の切り方によって変わってしまう。履軒は「期、終喪不食肉、不飲酒、父在、爲母爲妻」と読み、「期、終喪不食肉、不飲酒」は「父がいる時に、母と妻とのためにする」ことと理解するのであるが、田は「期、終喪不食肉、不飲酒」の一句を前後と独立させて解釈するわけである。
簡単に論者の見解を述べておくと、田のように解釈すると、「父在、爲母爲妻」は「九月之喪」という理解になってしまう。しかし、『儀礼』喪服篇の経文には「疏衰裳、齊、牡麻絰、冠布纓、削杖、布帶、疏屨、期者、父在爲母、妻」とあるのだから、矛盾することとなる。『礼記』喪大記篇における「期、終喪不食肉、不飲酒」は、「父在、爲母爲妻」という場合の規定と解釈すべきであろう。少なくとも履軒は、「期之喪、三不食」こそが原則であると考えていたことは、『礼記雕題略』の記述からも明かである。なお、この箇所の理解について、田は全釈漢文大系『礼記』下（集英社、昭和五十四年）に拠ったとするのだが、実は全釈『礼記』下では、解釈としては履軒と同様の理解をしている。
（24）『孝慈録』による服喪の改変については、井上徹「明朝による服制の改定：『孝慈録』の編纂」（『中国の宗族と国家の礼制　宗法主義の視点からの分析』、研文出版、平成十二年）に詳しい。
（25）田世民『近世日本における儒礼受容の研究』、一七四頁。
（26）『喪祭私説』（洲崎正理抄写、大阪大学附属図書館蔵、二十一葉表）。
（27）佐野大介「中井履軒「錫類記」及び孝女はつ関連文献について」（『懐徳堂センター報二〇〇六』、大阪大学大学院文学研究科・文学部懐徳堂センター、平成十八年）。

(28) 佐野大介「中井履軒「錫類記」及び孝女はつ関連文献について」、八七頁。
(29) 井上徹「明朝による服制の改定：『孝慈録』の編纂」、四六三～四六七頁。
(30) 官文娜『日中親族構造の比較研究』（思文閣出版、平成十七年）、二六〇頁。
(31) 湯浅邦弘編『増補改訂版　懐徳堂事典』（大阪大学出版会、平成二十八年）、一〇五頁。
(32) ここで言う女系親族とは、男系の女性親族が産んだ子、及び母方の親族のことである。
(33) 湯浅邦弘編『増補改訂版　懐徳堂事典』、一三〇頁。
(34) 『華胥国物語』（大阪大学附属図書館蔵）。
(35) 『華胥国新暦』（成立年未詳、但し記載する暦は享和元年（一八〇一））、及びそれに先立つ『華胥国暦書』（安永九年（一七八〇））。
(36) 『礼記』檀弓上篇、阮元『十三経注疏附校勘記』、二七八九～二七九〇頁。
(37) 湯城吉信「中井履軒の老荘観」（『中国研究集刊　金号』総第四十六号、平成二十年）。
(38) 『儀礼』喪服篇、阮元『十三経注疏附校勘記』、二四〇二頁。
(39) 『朱子語類』巻第八十四　礼一、『朱子全書　修訂本』第拾柒冊（上海古籍出版社、安徽教育出版社、西暦二〇一〇年）、二八八六頁。
(40) 中井履軒『深衣図解』（中井履軒手稿本、大阪大学附属図書館蔵）。Web 上でも公開されている。http://www.library.osaka-u.ac.jp/others/tenji/kaitokudo/kaitok09.htm
(41) 「紙制深衣」（大阪大学附属図書館蔵）。
(42) 中井履軒『深衣図解』、十三葉裏。
(43) 中井履軒『深衣図解』、十二葉表。
(44) 中井履軒『深衣図解』、十二葉裏～十三葉表。
(45) 中井履軒『深衣図解』、十三葉表。

（46）垂加神道派による儒葬の日本化については、近藤啓吾『儒葬と神葬』（国書刊行会、平成二年）、『四礼の研究　冠婚葬祭儀礼の沿革と意義』（臨川書店、平成十五年）等に詳しい。

（47）「如讀中庸求義理、只是致知巧夫。如謹獨修省、亦只是誠意。……。如大學裏也有如前王不忘、便是篤恭而天下平底事」『朱子語類』巻第六十二　中庸一、『朱子全書　修訂本』第拾六冊（上海古籍出版社、安徽教育出版社、西暦二〇一〇年）、二〇〇四頁。

（48）なお履軒は、『大学』に対しても後年になると評価を下げている。

（49）拙稿「日本における儒教祭祀の敗北――懐徳堂記念祭の意義――」は、江戸時代においては宗教性を有していた日本の儒教が、明治時代になると儒教内部より「非宗教」化を遂げていったことを論じたものである。

（50）大阪大学附属図書館蔵。

第六章　尽くは書を信ぜざる儒者——中井履軒の経書観——

黑田秀教

はじめに

孔子をして「朝に道を聞かば、夕べに死すとも可なり」[1]とまで言わしめた、学問に従事する者の究極の目的たる「道」は、六経に在る。これこそが、時を超えて儒者に共有されていた基本的な認識である。確かに、朱子学が興隆することで四書が六経以上の地位を占め、また陸象山や陽明学等の、自己の心を重視する学派では、六経を含む経書そのものの権威が引き下げられることもあった。しかし、六経乃至四書は基本的に「載道の書」たる聖典として一際重視され続け、正しく西洋基督教における聖書の如き存在とされていたのである。

そのような絶対的権威を有する書籍の記述は、現実世界の学術活動をも規律していく。ガリレイの地動説がカトリック教会によって弾圧されたのも、地動説が聖書の記述を否定するものであったからこそであり、聖典に記述されたことは、全てを受け入れることが求められる。これこそが、洋の東西を問わず、前近代における学術活動の限界であり、制約であったと言えよう。

しかし、聖典の記述は時の流れとは切り離されたものであり、固定化されている。これに対し、人の精神は時の歩みと共に移ろう。その結果、いわゆる科学的合理主義では存在を認定し難い超常現象の如く、それが記述された古代においては常識とされていたことも、充分に理性や科学が発展すれば、俄に受容し難くなるという事態が生じるのである。

もっとも、縦令理性では首肯し得ないことであっても、聖典に記述されている以上は、それを理屈によって立証していかなければならない。これこそが、前近代において行われていた学問の一側面であり、また前近代の前近代たる所以でもあったと言えよう。即ち、所与の信仰対象を堅持し、その再解釈によってのみ自己の思想を語ることが許されるのである。

このように考えるならば、聖典による束縛から解放された時、新時代の言論が展開されるということになる。では、江戸時代の儒者が経書に拘束されず、その記述を無視する時、如何なる思想が花開くことになるのか。そこで本章では、『孟子』尽信書章の解釈を手掛りとし、儒者として江戸時代中後期を代表する中井履軒の学問手法が、日本思想史上に如何に位置付けられるかを考えて行きたい。

それでは、履軒の『孟子』尽信書章解釈を検討する前に、そもそも当該章は如何に解釈されてきたのか。その伝統的理解を次節で確認しておこう。

一　「尽信書、則不如無書」の伝統的解釈

漢土における史学思想を代表する清の章学誠は、「経」書なる概念の誕生について、次のように言う。

至於官師既分、處士横議、諸子紛紛著書立說。而文字始有私家之言、不盡出於典章政教也。儒家者流乃尊六藝而

奉以爲經、則又不獨對傳爲名也。（『文史通義』経解上）(2)

これは、「経」書とは儒家が貴んでいた書物を自ら「経」と呼称したものに過ぎないという指摘である。抑も戦国時代において、後世の儒家が尊ぶ所の六経は、その六経という枠組みこそ存在していたもの(3)の、後世の如く神聖不可侵であり、現実世界を規律するような類のものでなかったことは、夫の有名な孟子の言からも明かである。

孟子曰、「盡信『書』、則不如無『書』。吾於武成、取二三策而已矣。仁人無敵於天下。以至仁伐至不仁、而何其血之流杵也。」（『孟子』尽心章下）(4)

ここに見える孟子の言は、自己の想定する理想上の王者にそぐわぬ記述がされていれば、『尚書』であっても信じないというものである。つまり、『尚書』に対する妄信的な価値観を有していない。これも、当時であればさほど非常識なことであったわけでないだろう。

しかし、六経が尊崇されるべき聖典となった漢代以後では、事情は一変する。孟子を儒家の嫡流と看做す者からすれば、孟子が些かでも経書たる『尚書』を否定することがあってはならない。そこで、この孟子の言を、『尚書』そのものを批判したという意味以外で解釈する必要が生じる。斯くして、『孟子』に注釈を施した趙岐は、次のように理解することにしたのである。

書、『尚書』。經有所美、言事或過、若康誥曰「冒聞于上帝」、甫刑曰「皇帝清問下」、民梓材曰「欲至于萬年」、又曰「子子孫孫永保民」、人不能聞天、天不能問民、萬年永保、皆不可得爲書。豈可案文而皆信之哉。武成、逸『書』之篇名。言武王誅紂、戰鬭殺人、血流舂杵。孟子言武王以至仁伐至不仁、殷人簞食壺漿而迎其師、何乃至於血流漂杵乎。故吾取武成兩三簡策可用者耳。其過辭則不取也。(5)

趙岐は、孟子が必ずしも全てを信じなくても良いとしたことは、文章のレトリックに関する問題とする。レトリックは時に表現をやり「過《す》」ぎることがある。そうした修辞に惑わされてはならないことを、孟子は戒めたというのである。確かにこのように理解すれば、孟子が経書そのものを否定したということではなくなる。

もっとも、元の孟子の言葉は、武王は有徳であるがために敵する者はおらず、よって凄惨な事件など起こりようがない、というものであって、レトリックは主題としていない。趙岐の解釈は、儒者として正に苦心の末の産物であると評せよう。

この趙岐の方向性は、『孟子』が四書の一つとして経書に格上げされていく宋学においても引き継がれ、朱子『孟子集注』では次のように述べられている。

程子曰、「載事之辭、容有重稱而過其實者、學者當識其義而已、苟執於辭、則時或有害於義、不知無書之愈也。」武成、『周書』篇名、武王伐紂歸而記事之書也。策、竹簡也。取其二三策之言、其餘不可盡信也。程子曰、「取其奉天伐暴之意、反逆施仁之法而已。」杵、舂杵也。或作鹵、楯也。武也言武王伐紂、紂之「前徒倒戈、攻于後以北、血流漂杵。」孟子言此則其不可信者。然『書』本意、乃謂商人自相殺、非謂武王殺之也。孟子之設是言、懼後世之惑、且長不仁之心耳。

(『孟子集注』巻十四　尽心章句下)(6)

ここでは、程子が「事を載するの辭」に寄せて理解し、やはり文章のレトリック問題として把握したことに、朱子も則るのである。(7)

なお、程子は実際に、自身の考えとは合致しない『尚書』の一篇を、文辞に問題があるため、「不可信」としたことがある。

又問、「金滕、周公欲代武王死、如何。」曰。「此只是周公之意。」又問。「有此理否。」曰、「不問有此理無此理、只是周公人臣之意、其辭則不可信、只是本有此事、後人自作文足此一篇。此事與舜喜象意一般、須詳看舜、周公用心處。『尚書』文顚倒處多、如金滕尤不可信。

(『河南程氏遺書』巻二十二上　伊川先生語八上)(8)

金滕篇は、周公が病に臥した武王のために、己が身代わりにならんと祭壇を設けて祈る説話であり、呪術的な要素が甚だ強い。そのような篇に対し、程子は文章について「後人自ら文を作り此の一篇に足す」と述べ、真正直に信じなくても良いとする。しかし、周公の行動そのものは「只だ是れ本と此の事有り」と述べ、歴史的事実であるとは認識していた。つまり、経書を否定するという発想に至っていないことが了解されよう。

このように儒教の世界観を瓦解させかねない孟子の危険発言も、単に過度の修辞を信じないとするレトリック問題にすり替えて解釈した時、それは亜聖の金言として活用できるのである。

時代は降り、清代において樸学全盛の時を迎えても、斯る傾向には変化がない。清朝における孟子研究の精髄たる焦循『孟子正義』を繙いてみれば、前近代の儒教において、『孟子』当該条に如何なる論点が存在し、如何なる方向で理解されていたかが、如実に把握できる。長文になるため、ここに引用することはできないが、その議論を掻い摘み適宜分段して紹介すると、次のようになる。

[経文に対して]
①「書」の定義
②「篇」の枠組み
[注文に対して]
③「武成篇」の古文真贋論争、及び孟子が実見したテキスト問題
④殷師相伐の現実性
⑤「血流漂杵」のレトリック(9)

焦循『孟子正義』は時に趙岐の見解と違うこともあるが、当該章では趙岐の見解を踏襲する。考証のために引用された句などを削去すれば、大枠は上の通りとなり、焦循の論旨は多岐に渡るものの、しかし、それらは全て、伝統的な理解の延長線上でしかないことが理解されよう。

即ち武王は有徳の王者であるのだから、血生臭い殺戮をするはずがないという前提に基づき、更に亜聖孟子が『尚書』の記述を否定するようなことはないという所与の前提から、決して踏み出すことはない。その上で、孟子の発言の意味を緻密に論証して行くのである。この姿勢は、正に考証全盛の時代に生きる儒者のあるべき姿とも評せよう。

なお、『尚書』のテキスト問題は極めて複雑であるが、ここで行論に必要な点に関してのみ、今古文の問題について解説しておこう。戦国時代より秦の博士であった伏生を経て伝えられたとされる『尚書』は今文であり、漢の武帝末期に、孔子旧宅より発見されたとされる壁中書に含まれていたのが古文『尚書』である。ところが、古文『尚書』は西晉の時代に散逸してしまう。そして東晉に至り、梅賾が古文『尚書』を献上するのだが、この梅賾の古文『尚書』は後に真贋論争が巻き起こり、清の閻若璩によって偽古文であることが立証される。焦循が当該条において古文真贋問題にかなりの力を割いているのも、斯る時代背景が存在する。孟子が尽信書章で言及している武成篇は偽古文にしか含まれていないため、孟子が見た武成篇は、趙岐を含めて誰も確認できていない。因みに、金縢篇は今文である。

以上、『孟子』注釈の代表的存在と言えよう趙岐、朱子、焦循の解釈を見てきた。そこでは、一貫して孟子の発言を万古普遍の金言へと祭り上げていることが了解されるであろう。

二　中井履軒の解釈及びその特色

前節では、『孟子』尽信書章の伝統的理解を確認したが、では、中井履軒は如何に解釈していたのか。履軒の経学研究は、『七経雕題』から『七経雕題略』を経て、『七経逢原』に結晶しているが、その『七経逢原』中の『孟子逢原』において、次のように注を附している。

［經文］孟子曰、盡信書、則不如無書。

［逢原］書、專指『尙書』也。意謂一部『尙書』、未可悉信据也。非泛謂記載典策。

〔經文〕吾於武成取二三策而已矣。
〔逢原〕取者、以爲是也。程說、取法稍拘。
〔經文〕仁人無敵於天下。以至仁伐至不仁、而何其血之流杵也。
〔逢原〕杵、以舂粟築土。軍中不可欠之物。鹵楯之解、不當更擧。孟子所擧、是古書武成篇之文。誇周師克敵多殺之辭、勿以今之古文『尙書』別生議。孟子豈爲後世開方便門者哉。(10)

履軒の逢原は、『四書集注』を踏まえた上で書かれている。それがために、議論も朱子の『集注』を下敷にしており、朱注に対する批評も多い。程朱説を否定することも屢々見受けられ、これが履軒の特色にもなっている。

もっとも、本条において注目すべきは、程朱説への態度云々ではなく、履軒が議論を展開するにあたって、その奥底に秘めている「儒者としての逸脱」である。今挙げた履軒『逢原』の当該条を一読し、これを先程まで確認してきた趙岐・朱子・焦循の解釈と照らし合わせれば、履軒がレトリックと本質との関係を議論の俎上に上げていないことに気付くであろう。履軒は「「書」とは、専ら『尚書』を指すなり。（傍点黒田）」と断言し、レトリック問題を追放する。更に古文『尚書』の問題にしても、「孟子の挙ぐる所は、是れ古書の武成篇の文。周師敵に克ち多く殺むるを誇る辞なれば、今の古文『尚書』を以て別に議を生ずること勿れ」と述べるように、孟子が見たテキストと後世の学者が見るテキストとは抑も別物であるのだから、議論することに価値はないとし、切って捨てる。趙岐から朱子を経て焦循に至るまで、孟子研究の主流が大きく取り上げていた問題は、履軒にとっては全く価値がなかったのである。

そして、注目したいのは、「周師敵に克ち多く殺むるを誇るの辞」という言い回しである。「血流漂杵」という孟子が忌避した血生臭い描写を、履軒は、武王の武威を誇らんがために書かれたものとして理解している。先程まで見てきた伝統的解釈では、「血流漂杵」とは単なる「過辞（趙註）」であり、そこに武王の武功を称賛せんとする意図を読み込もうとはしない。抑も孟子が、斯る凄惨な有様は「不仁」であるが故に、その記述を否定していたからである。

ところが、履軒はそれを誇るために書かれていたとするのであるから、ここに履軒が「儒者としての逸脱」をしていることが窺えるだろう。履軒に従えば、『尚書』は不仁な行いを誇示していたことになってしまうからである。その上で、孟子の言葉を金言に昇華せしめ、孟子に仮託することで自己の思想を語ることに対し、履軒は「今の古文『尚書』を以て別に議を生ずること勿れ。孟子豈に後世の爲に方便の門を開かんかな」と述べ、そうした思想活動を譏る。要するに、履軒は孟子の本意に基づき、『尚書』であっても盲信しなくても良いし、また『尚書』の記述にも「不仁」なこともあり得ると理解したわけである。

但し、実は履軒の当該条における解釈は、朱子『集註』以外に、もう一つ前提にしているものがある。それは、「周師敵に克ち多く殺むるを誇るの辞」という句の出拠となる伊藤仁斎である。そこで、次に履軒と仁斎との思想史的脈絡について検討するために、仁斎の経学について、その特色を検討しておこう。

三　仁斎の治経

履軒の最初の経書注釈書である『七経雕題』中の『孟子雕題』において、当該条は次のように注記されている。

○「書」字、指『尙書』也。非泛謂記載典策。意謂一部『尙書』、未可悉信据也。
○程子据古文『尙書』立論、未得當。（棒線は履軒）
○杵、以舂粟築土。軍中不可缺之物。
○今取有武成、未必孟子所觀武成也。註不當引。○孟子豈爲後世開方便門者哉。
○仁齋云、「古武成有血流漂杵之言、蓋誇武王殺敵之多也。○按今古文『書』武成篇云、「前徒倒戈、攻于后以北、血流漂杵。」此因孟子之言、遷就其文、爲紂之徒自相殺之詞、如其說、則孟子何以特擧之爲不可信之證乎。○孟子所引武成、當時眞書也。然纔取其二三策而已。況今之古文書書。(11)」

『孟子雕題』を見れば一目瞭然であるが、「血流漂杵」を武王が多数の敵を殺したことを誇ってのものであると理解したのは伊藤仁斎であり、履軒はそれを引用していたのである。且つ、『七経雕題』を整理した『七経雕題略』中の『孟子雕題略』でも、ほぼ同様の記述が踏襲されている。(12)つまり、『尚書』が王者の「不仁」な行いを記述することもあるとする認識は、仁斎に由来していた。

履軒が引用した仁斎の言は、仁斎『孟子古義』当該条に見えるものである。(13)しかし、仁斎が履軒と異なるのは、亜聖孟子の言を金言とするため、独自の解釈を施すという点であろう。

蓋天下之書、眞者少、而僞者多。故務黜其僞、而後眞者顯焉。若不辨眞僞、而雜取旁引、以成其說、則僞者勝、而眞者負。貽害斯道、不可勝言。故知道者、不患其寡、而患其不眞。不知者反之、不可不審擇焉。
（『孟子古義』尽心章下(14)）

これは当該章に対する評語であるが、仁斎は、事物の多寡という数量的な観念に惑わされず、真偽という価値的な観念を重視すべき訓誡として受け止める。「寡」であることではなく、「不真」であることこそを憂うべきなのである。その上で、仁斎は、『尚書』の記述に非王道と取れる記述があったと考える。実は、仁斎の斯る傾向は、仁斎の経書観より考えれば当然の帰結でもあった。仁斎は、その著「心学原論　幷序」において、次のように言う。

夫隆古之久、教法未定、典籍未作、民情一、而風俗自淳、道眞全、而異説未起。上不待教而導之、下不求學而至之。於是時、雖六經未作、而六經之理具在。故求六經於六經未作之先、則六經之理得焉。求六經於六經既作之後、則六經之理失焉。何也。以六經之學、本不過求於其具於心而出於天者也。

（「心学原論　幷序」）(15)

仁斎は、抑も六経から、恒久不変の道を得ることはできないと考える。六経が成立する以前から道は完全な形で存在しており、道は六経を超越している。その道は天より出でて心に具わっているものに求めなくてはならず、後世の者が六経の中から道を得ることは困難なのである。

では、如何にすれば後世の人間は道を把握できるのか。仁斎は続けて次のように言う。

其始見於經、蓋肇於堯之一言、開於舜之四句、而用功之密、具備於『學』『庸』『語』『孟』之書焉。堯之一言、允執其中、是也。舜之四句、人心惟危、道心惟微、惟精惟一、允執其中、是也。而『學』『庸』『語』『孟』所謂格致誠正、明全誠身、博約一貫、盡心知性等説、皆莫非祖述夫執中精一之旨也。蓋執中精一之訓、乃萬世道學之根本準則、而『學』『庸』『語』『孟』之説、皆其羽翼權衡也。苟出於此則非學也。（「心学原論　幷序」[16]）

四書によって緻密な功用を学ぶことで、初めてその理を得ることが出来ると言う。つまり、六経は四書の輔弼を得なければ意味のあるものではなく、六経それ自体では、不完全なものとされているのである。

なお、仁斎は六経の成立事情を歴史的時間軸の中に定位せしめることで、これに制約を与える「時間」の概念を導入し、六経より載道の書たる地位を奪い取っている。斯る発想は、恰も章学誠の六経皆史説を髣髴とさせるかもしれない。

章学誠の六経皆史説は、六経は六経成立以前の事は記述しえても、六経成立以後の事は記述しようがないというものである[17]。そして仁斎もまた「六経を六経未だ作らざる先に求むれば、則ち六経の理得。六経を六経既に作るの後に求むれば、則ち六経の理失はる」と述べ、六経成立以後は、六経より「理」を得られないとする。

もっとも、章学誠と仁斎との六経及び「理／道」に対する観念が全く合致するわけではない。章学誠は、道もまた一陰一陽往復循環し、恒常不変のものではないという、極めて独特の観念を有している。つまり、動的な世界観を保有しており、六経以後の道は「史」によってのみ追及できるとする。そして六経も「史」であるから、学問とは「史」に外ならないと考えるのである[18]。

これに対し仁斎は、六経成立以前に既に具わっている恒常不変の道を前提とする。つまり、静的な世界観に基づいており、格別に「史」が称揚されることはない。

さて、話を仁斎の治経に戻そう。宋学以後における四書は、程頤が「学者当に『論語』『孟子』を以て本と為すべし。『論語』『孟子』既に治むれば、則ち六経治めずして而て明かなるべし[19]」と述べるように、六経の権威をも凌駕するものであったのだから、仁斎の六経観と四書観とはその延長線上に位置していると言えよう。なお、仁斎はその著『論語古義』の「総論」において、この程頤の言を引用している。[20]

ただし、仁斎が朱子学と異なるのは、六経に対して冷淡な姿勢で臨む点である。仁斎は最終的に『論語』『孟子』のみに価値を見いだすようになったが、その六経に対する優位性は、鬼神に関する論の中に明瞭である。仁斎は、鬼神に関する説は『論語』を正当なものと看做し、『論語』に比べより具体的に鬼神を描写する『禮記』など他の経書は、信じてはならないとする。これも皆、『論語』『孟子』において鬼神が具体的に語られていないからであった。[21]

そして、自身が経書であると認定しない諸書は、漢儒の佞作であるとし、根拠として認めない。例として、尽信書章の記述を挙げておこう。

及『左氏』『公』『穀』載記等書、亦皆成於秦漢諸儒之手、不可必據信焉。（『孟子古義』尽心章下）[22]

このように、先ず自己の見解に基づき経書の価値判断を行い、そして選別した経書に基づき思想を組み立てるというのが、仁斎学であった。最終的に仁斎は、『論語』『孟子』の二書と、この二書に引用される『周易』『尚書』『毛詩』、及び孔子が編纂し孟子も言及する『春秋（経）』とにより、己の「儒学」を語っていくのである。[23]

ところで、経書の価値判断と取捨選択とを行ってから学説を構築するという手法を、履軒が仁斎と軌を一にしていることは、既に平重道が指摘する通りである。[24]

また、平は履軒が「古学の精神を一そう純粋に治経に発揮した[25]」と評するが、確かに仁斎が孟子の言及せざる多寡の問題を見出すのに対し、履軒は純粋に孟子の発言のみを受け止めている。こうしたことから、平は履軒の治経を

「宋明学の批判と孔孟の古意発揚が、考証学の成立を俟て初て完成するものとすれば、履軒の古註学はその前提的な意味で、古文辞学と考証学の間隙を聯結する意義と位地を保持した」(26)と位置付けている。

但し、これは空理に流れやすい宋明理学に対し、古学が孔孟の言に立脚することを表明し、考証学がその手法として文献実証を重んじたという、飽く迄も治経の発展段階を基にした位置付けである。ここで顧みるべきは、宋明理学にせよ、仁斎や徂徠の古学、そしてその後の考証学にせよ、これらには、普遍的価値観が経書に存在するという所与の前提が存在していたことに、留意しなくてはならない。そして、己の信じる手法により経解して明かとなったことが唯一の正解とされ、その先に、世界の普遍たる「道」が存在する。

但し、仁斎はやや特殊である。確かに仁斎は道の普遍性を強調するが、それは日常の起居と須臾も離れぬ、万民にとって卑近なものであった。

若夫高遠不可及者非道。隠僻不可知者非道。何者、非達於天下萬世、而不可須臾離之道也。一人知之、而十人不能知之者非道。一人行之、而十人不能行之者非道。何者、非達於天下萬世、而不可須臾離之道也。

（『論語古義』総論(27)）

しかし、人は多様な存在であり、画一的な性質をもっているわけではないとされる。

性生也。人其所生而無加損也。……。猶言梅子性酸、柿子性甜、某藥性溫、某藥性寒也。

（『語孟字義』巻之上　性(28)）

仁斎は生まれつきの性が人によって異なっていると考えており、一つの物が複数の特性を許容できるとしていた点で、特性は一律でなければならないとする朱子と、大いに見地を違えるのである。[29] 要するに、「性の普遍性を否定することで、あわせて人情の画一的把握から逃れようと」[30] していたのであり、だからこそ「理」という強固な普遍によって人を画一的に均質化する朱子学を批判する。

多様性を前提にしている以上、普遍という概念の後退は避けられない。聖人のようにごく一部の特殊な人間ではなく、一般的な大多数の人間が生活の中で実践できるのが「道」であるとするならば、具体的には社会通念によって万民に共有される善行が、普遍たる「道」とされることになろう。これは「結果的な効果から道の枠組みを決定しよう」[31] という思考である。要するに、社会の中心を占める一般的大多数の感覚に依拠して価値判断を行うということになる。

こうした方向性を更に進めたのが履軒であり、履軒は「通人」という大多数の良識を保有せる一般人の視点から、経書解釈を行うことがある。[32] ここに至り、万民に共有されるべき普遍という視座すらも忘却され、極端な人間を除外した上で学説が構築されて行く。つまり、仁斎も履軒も、世界全体を貫徹する「普遍」を必ずしも必要としないという発想を共有しており、履軒はそれを推進めていたと評せよう。

そして、斯る「普遍」の忌避は、履軒や竹山の学説には随所に見られるのである。

四　普遍に対する忌避

履軒は朱子学の性説を批判し、「性即理」を否定する。[33] しかし、自身が否定した理論に対し、存在価値がないとはしない。

性卽理也、元來機鋒之言矣。理字何曾有此等義哉。是一家之私言。非可通乎天下古今者。在其流派者、私講之、可也。不得采入于經解。

（『孟子逢原』告子第六）(34)

履軒は、「私」の学というものを認め、それを講ずることは構わないとする。その「私」の学とは、孔孟の考えではないが、孔孟の後学が樹立した独自の見解であり(35)、故に経解に用いることは許されないが、しかし価値は否定されないのである。

これは、突き詰めて考えてゆけば、学説とは複数あることを認めるという発想であり、その延長線上には諸学が並列に配置されていく。つまり、絶対的な唯一の「普遍」ではなく、個々の「特殊」を相対的に扱おうとする思考である。こうした態度は、仁斎や徂徠、そして考証学には見られないものである。

この履軒の普遍を廃し、物事を相対的に把握するという態度は、儒教の枠組みすら越えていく。例えば、鬼神に関する言説では、次のように述べる。

履軒先生曰、「……。祭祀・鬼神ノコト人情ニ従フテ有トスレバ、邪教ノ鬼神モナシト云ガタシ。又吾イハユル鬼神ハ實ニアリテ、彼レイハユル鬼神ハナシトイハバ、コレ無理ナリ。」

（山片蟠桃『夢の代』）(36)

通常の儒者であるならば、孔孟の教えという、それすら一種の「信仰心」とも呼び得る所与の前提に基づき、儒教以外の鬼神を否定しそうなところであるが、履軒はそうしない。鬼神の存在とは、理屈では立証し難いものであるが、履軒はその事情を認めた上で、自己の信奉するものと「邪教」とを同等に取り扱い、諸宗を相対的に把握しようというのである。

ところで、自己の見解を優先し、それに合わせて経書を取捨選択するという行為は、あたかも「六経皆な我が註脚なり」(37)と述べた陸象山や、良知を主張し、経書を含む己の心の外部に普遍的理を認めなかった陽明心学が想起されるだろう。確かに仁斎も履軒も、そして陸王も、「性即理」という朱子学の根本を批判する(38)。そして、硬直化した天理の支配から人間の心を解放し、道徳的実践を重視している。人間個々人の心を重視すれば、相対的に心の外物である経書の地位が低下するのも必然と言えよう。こうした一面に注目すれば、仁斎や履軒の經書への眼差しは、陸王学の延長線上に位置するのかもしれない。井上了は旧注や伝文、更には経文への批判を大胆に行う履軒の治経を、朱子学というよりは北宋学の傾向を継承し発展させたものではないかとしている(39)。

しかし、陸王は確かに個々人の心を重視し経書の地位を相対的に低下せしめたが、一方で、普く天下の人の心に理が完全に具わっているとし、全人類を統合する普遍的であり唯一の学問体系を打ち立てようとしていた点には留意が必要である。これに対して、仁斎や履軒は先程も言及したように、全人類を統合する理論の樹立とは、真逆の方向性へと進む。飽く迄も一般社会の大多数に通用する道徳を儒教に見出せればよかったのである。

なお、仁斎と履軒とにおける治経の方向性は概ね一致するとは言っても、履軒の方がより自己の思索に従い、経を操作していくという違いがある。仁斎は『論語』『孟子』を殊更重視するとは言っても、『尚書』『毛詩』を軽んずることはせず、その記述を否定したり取捨選択したりするようなことはしない。精々が偽古文の排除を唱えるくらいである(40)。つまり、孔孟の学ぶところである『詩』『書』は、そのまま受容する。

これに対し履軒は、『詩』『書』すらも取捨選択を行っていく。履軒の経学研究は『七経逢原』に大成されたが、その『七経逢原』に収められる「経書」の枠組みは、履軒が取捨選択した結果のものであり、『七経雕題略』までにはそうした傾向が然程無かったことから様相を一変させる。例えば礼学であれば、『七経雕題略』までは『礼記』が含まれていたが、『七経逢原』では『礼記』が排除される。(41)そして『夏書逢原』では、『尚書』から周書が排除され、『古詩逢原』でも詩の削去が行われるに至る。こうした行為が、六経に世界の道理が定められているとする儒教の「世界観」を破壊するものであることは、言うまでもなかろう。世界を規律する六経の編纂は、聖人にのみに許されることであって、一介の儒者が行って良いものではない。仁斎はそうした行為にまでは踏み込まなかったが、履軒は遂に足を踏み入れて行ったのである。

しかも、経文の改竄も、特に根拠を示さずに断行する。

［經文］其勢亦猶是也。

［逢原］勢亦之勢、舊誤作性。今試改正。

（『孟子逢原』告子第六(42)）

自筆本では改めた箇所は赤字で記されているが、「改正」する根拠は提示しないのである。こうした改訂は、履軒の解経では枚挙に暇が無い。

ところで、斯る行為について、履軒は『七経逢原』中の『毛詩』に関する著述である『古詩得所』の冒頭において、次のように言っている。

余不自量、既削詩矣。雅頌之混淆、亦頗釐正焉。故以得所命篇云、嗟予何人、敢僭聖之業乎哉。蓋欲以典學者講明焉、質諸識者、要其歸耳。（『古詩得所』[43]）

履軒は、自身が六経の記述内容を取捨改竄していることについて、それが本来は許されない行為であると自覚していたのである。聖人に非ざる市井の学者が妄りに六経を削定することは、経学の大前提を否定することであり、聖人の道は六経にあるという儒教の「世界観」を破壊する行為に外ならない。しかし、履軒はその事件性を俯瞰的に認識した上で、己の学問を営んでいた。

これは要するに、己の学問の性質について、履軒は客観的に把握していたとも言えよう。換言すれば、他者の目線を持ち合わせていたのである。その先に、諸思想を相対的に排列するという思考が生ずるのだが、これは極めて近代的な発想法と評せよう。自己の学説を自我の没入対象とし、且つそれが「普遍」であると信じて止まぬのが前近代的な「学者」であり、他方、自己の人格と自己の学説とを切り離し、学説の多様性を前提とするのが近代の「研究者」であるとするならば、履軒は確かに近代的な「研究者」に近付いていたと言えよう。

勿論、『論語』『孟子』という経典から直接的に読み取れることを至上とし、理気論などの後世の学説はそれより下等に排列するあたりは、やはり前近代的な性格を色濃く遺している。また、考証学に比すれば、自己の思念を過信しており、学術の客観性という点でも、やはり前近代の性質が強い。しかし、「普遍」的な価値観を設定せず、諸事を相対的に排列し、個々に評価するという方向性は、理学より古学、考証学へと至る「普遍」に拘る発展過程と、また異なった近代化の道を歩んでいたと考えられよう。

ところで、竹山は学術の発展について、次のように語っている。

愚ノ篤ク程朱ヲ信ズルハ、全體本領ノ所ニアリ。經説ニ於テハカツテ回護セズ。モシ後儒ノ説ニ取コトアリテ、實ニ經旨ニ叶ヒナバ、程朱モ地下ニテ喜アルベシ。豈我説ニ畔クトテ怒アルベケンヤ。コレ大賢ノ心ナリ。

（『竹山国字牘』上巻「答斎藤高寿」[44]）

竹山は朱子学を守護する立場で言論活動をしていたが[45]、しかし、程朱の学説を更新して行くことは、程朱も喜ぶことであると考えていた。なお、師説の更新については、国学者の本居宣長も同様の見解を有していたことは興味深い[46]。また、懐徳堂の批判対象でもあった徂徠学派でも、徂徠に対し、高弟の双璧たる太宰春台や服部南郭が時に批判し、時に師説を限定している[47]。

こうしたことから、十八世紀の日本では、師説を墨守するのではなく、意識的に刷新していくことが重要であるとする学術観が、著名な思想家たちに共有されていたことが分かるのである。しかし、仁斎、春台、南郭が経の内容を「改竄」することはなく、また宣長が『古事記』等を恣意的に「改竄」するようなことはない。これは、やはり所与の聖典であるという意識があったためであろう。ところが、履軒は聖典であっても己が意で改竄し、また気に食わぬ経書は「尽く書を信ぜざる」態度で接していった。所与の束縛から解放されつつあったその姿は、近代の微かな足音だったのである。

おわりに

以上、本章では中井履軒の『孟子』尽信書章の解釈を手がかりに、履軒の経書観と治経の手法とについて検討してきた。履軒は、孟子の発言に対し忠実に解釈することを是とし、別の意義を読み込むことを非とする。そして、自己の判断に従い、経書を選別改竄するという行為も手掛けていたが、しかし、それが儒者としては許されないことであるとも自覚しており、自己の学問を俯瞰的に掌握していた。

また、世界を貫徹する普遍的原理の存在に拒否反応を示し、物事を相対的に把握し、自己と異なる信仰や思想も徒に排斥していなかった。ここに、近代的な研究者への萌芽が見いだせるのである。

ところで、聖典の再解釈ではなく、聖典そのものを操作し、時に否定していった結果、履軒はどのような学説を生み出し得たのであろうか。本章の最後に、その主要なもの三つ紹介しておこう。

その第一は、やはり「無鬼論」であろう。経学では、怪異が経解に登場するため、怪異の存在を「立証」しなくてはならない。故に朱子も具体的に、『朱子語類』巻六十三中庸二や巻三鬼神などで、『春秋左氏伝』に登場する伯有の厲鬼等について理論的説明をして行く[48]。

ところが、履軒を始めとする懐徳堂諸儒は、無鬼論を主張し、怪異の類を全面的に否定していた。

履軒先生曰、程朱説鬼神之理、可謂明明快快、唯論人鬼處、有査滓。夫申生之靈、伯有之厲、『左氏』之妄耳。乃謂是別一般道理、天下豈有別的道理哉。孟子云、「盡信書、弗如無書」。（『辨怪』吾庠先哲遺文[49]）

履軒が尽信書章を見事に活用していたのが見て取れるであろう[50]。

第二としては、前章で論じた服喪説が挙げられよう。詳細は前章に譲るが、履軒は経書に記述された儒教の礼学思想——延いては家族倫理を否定しながら、独自の服喪説を構築していた。

第三に、孝と穢との問題が挙げられる。儒教の根幹である孝と、日本の根強い風習であり神道において殊更注意される穢の観念とは、実は相容れない。死体となれば、父母であってもこれを忌むべきものとして取り扱うためである。よって、若林強斎や初期の履軒は葬儀の次第において死穢を語ることについて意図的に避けた形跡があり、また佐藤一斎は明瞭に死穢の観念を不孝として譏った。要するに、儒教は日本の死穢の観念と全く親和しないのである。ところが、前章で取り上げた履軒後年の作である「擬服図」では、履軒は死穢の観念に基づく「忌」の風習を受容しており、儒者として一線を踏み越えていたのであった(51)。

以上、論者が今まで手掛けてきた履軒研究から紹介したが、そのいずれもが尽く書を信ずれば生み出されなかったものなのである。

注

(1)『論語』里仁編「子曰、朝聞道、夕死可矣。」阮元『十三経注疏附校勘記』(嘉慶二十年重刊宋本影印、中文出版社、平成元年)、五三六五頁。
(2) 章学誠『章学誠遺書』(文物出版社、西暦一九八五年)、八頁中段。
(3) 戦国中後期のものとされる郭店楚簡『語叢一』や『六徳』に、「詩・書・禮・樂・易・春秋」という六経の名称が見える。陳偉等著『楚地出土戦国簡冊［十四種］』(経済科学出版社、西暦二〇〇九年)、二三七、二四五頁。
(4) 焦循『孟子正義』(中華書局、西暦一九八七年)、九五九頁。
(5)『孟子』巻十四(四部叢刊初編経部、清内府蔵宋刊本縮印、台湾商務印館、中華民国五十四年)、一一五頁。
(6)『四書章句集注』(中華書局、西暦一九八三年)、三六四〜三六五頁。
(7) なお、『朱子語類』巻第六十一「孟子十一　尽心下　尽信書章」には、「孟子説「盡信書不如無書」者、只縁當時恁地戰鬪

殘戮、恐當當時人以此爲口實、故說此。然「血流漂杵」、看上文自說「前徒倒戈、攻其後以北」、不是武王殺他、乃紂之人自蹂踐相殺。荀子云、「所以殺之者、非周人也、商人也」」とある（『朱子全書　修訂本』拾陸、上海古籍出版社、安徽教育出版社、西暦二〇一〇年、一九七五頁）。やはり武王が非仁の行いをするはずがないとする前提の上で、時人の口舌表現を問題にしているのである。

（8）『河南程氏遺書』（『二程集』、中華書局、西暦一九八一年）、二九〇頁。
（9）焦循『孟子正義』（中華書局、西暦一九八七年）、九五九～九六二頁。
（10）中井履軒『孟子逢原』七巻（中井履軒手稿本、大阪大学附属図書館蔵）、四十七葉裏～四十八葉表。
（11）中井履軒『孟子雕題』（懐徳堂文庫復刻叢書十二、懐徳堂記念会、平成十一年）、二一九～二二〇頁。
（12）中井履軒『孟子雕題』、三〇三頁。
（13）『日本名家四書註釈全書』第九巻　孟子部一（鳳出版、昭和四十八年）、三一六～三一七頁。
（14）『日本名家四書註釈全書』第九巻　孟子部一、三一七頁。
（15）『伊藤仁斎　伊藤東涯』（日本思想大系三十三、岩波書店、昭和四十六年）、二七一頁。
（16）『伊藤仁斎　伊藤東涯』、二七一頁。
（17）章学誠『文史通義』原道上・中・下。
（18）章学誠『文史通義』原道上・中・下。
（19）「學者當以『論語』『孟子』爲本。『論語』『孟子』既治、則六經可不治而明矣」（程頤・程顥『二程集』、中華書局、西暦一九八一年）、三二二頁。
（20）伊藤仁斎『論語古義』（『日本名家四書註釈全書』第三巻　論語部一、鳳出版、昭和四十八年）、総論五頁。
（21）例えば、『語孟字義』鬼神条に「鬼神之說、當以『論語』所載夫子之語爲正、而不可以其他『禮記』等議論雜之也。按夫子論鬼神之說、載『魯論』者、纔數章而止、至於『孟子』、無一論鬼神者」とある。（『伊藤仁斎　伊藤東涯』、一五二頁）。
（22）『日本名家四書註釈全書』第九巻　孟子部一三一七頁。

(23) 土田健次郎「伊藤仁斎と朱子学」(『早稲田大学大学院文学研究科紀要』第一分冊、平成八年)、四〇頁。
(24) 平重道「懐徳堂学の発展(Ⅱ)」(『宮城教育大学紀要』五、昭和四十六年)、一〇九〜一一〇(212〜211)頁。
(25) 平重道「懐徳堂学の発展(Ⅱ)」、一一一(210)頁。
(26) 平重道「懐徳堂学の発展(Ⅱ)」、一一一(210)頁。
(27) 『日本名家四書注釈全書』第三巻　論語部一、四頁。
(28) 『伊藤仁斎　伊藤東涯』、一三四頁。
(29) 土田健次郎「伊藤仁斎と朱子学」、四六頁。
(30) 土田健次郎「伊藤仁斎と朱子学」、四六頁。
(31) 土田健次郎「伊藤仁斎と朱子学」、四五頁。
(32) 市來津由彦等編『江戸儒学の中庸注釈』(東アジア海域叢書5、汲古書院、平成二十四年)、二三九〜二四〇頁。
(33) 詳しくは藤居岳人「中井履軒の性論――伊藤仁斎・荻生徂来の所説と比較して――」(『懐徳堂センター報二〇〇七』、平成十九年)を参照。
(34) 中井履軒『孟子逢原』六巻(中井履軒手稿本、大阪大学附属図書館蔵)、十一葉表。
(35) 平重道「懐徳堂学の発展(Ⅱ)」、一一〇(211)頁。
(36) 『富永仲基　山片蟠桃』(日本思想大系四十三、岩波書店、昭和四十八年)、五一五頁。
(37) 「六經經皆我註腳」陸象山『象山語錄』巻三十四(台湾中華書局、中華民国五十五年)、二頁。
(38) 仁斎と履軒とにおける性説及び朱子との相異は、藤居岳人「中井履軒の性論――伊藤仁斎・荻生徂来の所説と比較して――」に詳しい。
(39) 井上了「中井履軒の『春秋』観」(『懐徳』七十三号、平成十七年)、五二頁。
(40) 伊藤仁斎『語孟字義』巻の下「書」「詩」などを参照。
(41) 『七経雕題』『七経雕題略』『七経逢原』における出入は、湯浅邦弘編『増補改訂版　懐徳堂事典』(大阪大学出版会、平成二十八年）を参照。一一八〜一二二頁。

(42) 中井履軒『孟子逢原』六巻、三葉表。

(43) 中井履軒『古詩得所』（中井履軒手稿本、大阪大学附属図書館蔵）、一葉表。

(44) 中井竹山『竹山国字牘』上巻（懐徳堂遺書、懐徳堂記念会編、松村文海堂、明治四十四年）、二十八葉裏。

(45) 竹山の朱子学擁護とその特色とについては、藤居岳人「中井竹山の儒者意識――その経学研究を手がかりとして――」（『懐徳堂研究』第三号、平成二十四年）を参照。

(46) 宣長の賀茂真淵批判及び師説の更新については、樋口達郎『国学の「日本」その自国意識と自国語意識』（北樹出版、平成二十七年）、第四章「歌の本体――宣長の歌解釈――」三節「「學び」の実相」に詳しい。

(47) 揖斐高「擬古論――徂来・春台・南郭における模擬と変化――」（『日本漢文学研究』四号、平成二十一年）を参照。

(48) 例を挙げておく。「伯有爲厲之事、自是一理、謂非生死之常理。人死則氣散、理之常也。它卻用物宏、取精多、族大而强死。故其氣未散耳（巻三　鬼神）」「光祖問、「先生所答崧卿書云云。如伊川又云、『伯有爲厲、別是一理。』又如何。」曰、「亦自有這般底。然亦多是不得其死、故强氣未散。要之、久之亦不會不散。如漳州一件公事、婦殺夫、密埋之。後爲祟、事才發覺、當時便不爲祟。此事恐奏裁免死、遂於申諸司狀上特批了。後婦人斬、與婦人通者絞。以是知刑獄裏面這般事、若不與決罪償命、則死者之冤必不解。」又曰、「氣久必散。人説神仙、一代説一項。漢世説甚安期生、至唐以來、則不見説了。又説鍾離權呂洞賓、而今又不見説了。看得來、他也只是養得分外壽考、然終久亦散了」（巻三　鬼神）」『朱子全書　修訂本』拾肆（上海古籍出版社、安徽教育出版社、西暦二〇一〇年）、一六六〜一六七頁。

(49) 並河寒泉『辨怪』（佐野大介「並河寒泉『弁怪』翻刻（四）」、『懐徳堂センター報二〇〇八』、平成二十年、六六頁）。

(50) 履軒の無鬼論については、黑田秀教「懐徳堂無鬼論の再検討――祖霊を軸にして――」（『東方宗教』一三一号、平成三十年）を参照。

(51) 儒教の孝と日本の穢との問題は、黑田秀教「神儒の分水嶺――死穢と孝と」（『中国研究集刊　称号』総六十号、平成二十七年）を参照。

第七章　中井履軒の忠孝観——忠孝背反事例を中心に——

佐野大介

はじめに

懐徳堂には中井甃庵より続く孝子顕彰の伝統があった。中井履軒も孝子貞婦の顕彰に努めており、忠孝を両《ふたつなが》ら全うすることに関して漢文で論じた「忠孝両全論」（『履軒敝帚』）なる文章を撰している。僅か四百字強の短文であるが、履軒の忠孝観を総合的に示したものだといえる(1)。

また履軒は、『七経逢原』をはじめとする多くの経解を残したことで知られるが、経解とともに国史に対しても強い関心を持っており、神代についての『辨妄』、戦国武将に関する『伝疑小史』、保元の乱から南北朝終焉までを論じた『通語』などの史書を撰している。このうち、特に『通語』に、忠孝が背反した状況に関するさまざまな逸話が見える。

そこで本章では、これら履軒の著作を用いて履軒の忠孝観、特に忠孝の両全に関する思想について考察する。この際、具体的事例に関するものとして、まず『通語』に現われた忠孝両全・不両全事例への言及について検討し、その後、総合的に忠孝観を示したものとして「忠孝両全論」を採り上げ、『通語』の事例と照らしてその内容について検討することとする。

一　『通語』の忠孝関連人物評

『通語』は、保元の乱から南北朝終焉までについて史実を叙述し、時代によって章を分け、主に章末に「野史氏曰」として各時代に対する論賛を附している。この『通語』には、三名の忠孝に関して著名なエピソードを有する人物が登場する。そこで本節では、この三名に関する論賛について検討し、履軒の忠孝観の具体例を確認する。

第一の例は源義朝である。義朝は保元の乱後、崇徳上皇に従った父為義の処刑を後白河天皇より命ぜられ、実行する。この行為は、後世多くの議論を呼んだ。

勅命とはいえ、父殺しという行為は、

父の首をきらせたりしこと大なるとがなり。古今にもきかず、和漢にも例なし。

（『神皇正統記』人、二条院条）

義朝ハ親ノ首切ツト世ニハ又ノノジリケリ

（『愚管抄』巻四）

豈に其の子従いて之を殺すの道有らんや

（『保建大記』上、庚戌（大治五年）条）

誠に義にそむける故にや、無双の大忠せしかども殊なる勧賞もなく、けつく幾程もなくして、身を亡しけるこそ浅ましけれ

（『読史余論』巻二、「上皇御政務之事上」後白河院条）

など、各種の史書において概ね批判の対象となっている。特に『神皇正統記』は強く批判し、「名行かけはてにければ、いかでかつゐに其身をまたくすべき。滅することは天の理なり」（『神皇正統記』人、二条院条）として、義朝の最期が己の家人による謀殺であったことは、この不義の報いであるとしている。

ただ、義朝の父殺しは綸言に従った結果であり、共に儒教的徳目である忠と孝との背反事例の一種と考えられる。

日本ニテ義朝ノ父為義ヲ弑セルハ。君命ナリトイヘドモ。其サヘ人ノホムルヿニアラズ。

（林羅山『儒門思問録』巻第一上）

勅命ニ背キガタキニ依テ是ヲ誅セバ、……然レバ孝ヲ父ニトリ、忠ヲ君ニトル、モシ忠ヲ面ニシテ父ヲ殺サンハ、不孝ノ大逆、不義ノ至極ナリ

（浅見絅斎『忠孝類説』「源義朝」）

などは、単なる不孝の批判ではなく、この観点を示した記述である。

また、そもそもこの不孝を作りだしたのは後白河天皇の勅命である。ここから、

凡かゝることは其身のとがはさることにて、朝家の御あやまりなり

（『神皇正統記』人、二条院条）（傍点引用者、以下同）

抑義朝ニ父ヲ斬セラレシ事、前代未聞ノ義ニアラズヤ、且朝家ノ御誤リ、且ハ其身ノ不覚ナリ

（『忠孝類説』「源義朝」）

就中義朝に父をきらせられしこと前代未聞の義也。且は朝家の御あやまり、且は其身の不覚也

（『読史余論』巻二、「上皇御政務之事上」後白河院条）

として、『神皇正統記』をはじめ、父殺しを命じた「朝家」の非についても言及する史書も見られる。

これに対して、履軒は義朝の父殺しについて、以下のように評価を下している。

野史氏曰く、甚しきかな、義朝の不仁たるや。自ら其の父を賊し、涕隕するのみ。諸弟を陳殄し、恬として恤を知らず。汲汲として及ばざるが若く然り。彼の其の心以為らく是の若からず。以て富貴を保つに足らず。嗚呼人生の楽、父母倶に存し、兄弟に故無きが、至れり。天下に以て之に易う莫し。彼将に富貴を以て之に易うるに足

るとするか。思わざるの甚しきなり。

（『通語』第一、保元語(2)）

先ず、義朝を「不仁」「恬として恤《あわれみ》を知らず」と弾劾し、父母兄弟の命よりも富貴を重んじたものと批判する。さらに続けて、

義朝の若きは、夫れ人得て之を誅せ。奚ぞ廟廊に堂堂たりて、一人の鼓を鳴らし之を攻むる者無からんや。則ち其の時事知るべし。宜なるかな平治の禍の踵回せざること。

（『通語』第一、保元語(3)）

と、義朝の罪を糾弾するのみで、朝廷の非に言及する姿勢は見えない。

義朝の死後、義朝の子の源頼朝が幕府を開いたが、源氏の血統の将軍は三代にして絶え、後は北条氏が実権を握ることとなった。履軒はこのことに関し、

野史氏曰く、初め義朝其の父を弑し、幷せて九弟を殺す。又平治の乱を更にし、誅滅殆ど尽く。……亦更に相賊殺し、以て其の祀を絶つ。悲しいかな。……諺に称せらく、源氏相食む、と。豈信じざらんや。後の国を有つ者、以て焉れを鑑とすべし。

（『通語』第五、東語中(4)）

と、義朝の父弟殺しを源氏の滅亡の最初の原因として挙げる。義朝の事例は、忠孝背反における「忠全孝不全」（君命を全うし親を殺す）例といえる。しかし、履軒はこの事例に忠孝背反の葛藤等を全く認めていない。ここから、この事例においては、「親殺し」の前には、忠も正当な理由とされていないことが見てとれる。

第二の例は平重盛である。重盛は『平家物語』において、権力を手にして専横を極める清盛を常に抑える、一種理想的人物として描かれている。また、安元三年（一一七七）の所謂鹿ヶ谷の陰謀に始まる事件において、法皇を幽閉せんとする清盛を諌め、その結果法皇を守り清盛の不義を未然に防いだことから、忠孝両全の人物として近代まで高く評価された(5)。この事件からわずか二年後、重盛は若くして清盛に先立ち病没する。重盛の死にあたって、史書は、

嫡子内大臣重盛は心ばへさかしくて、父の悪行などもいさめとゞめけるさへ世をはやくしぬ。いよくをごりをきはめ、権をほしきまゝにす（『神皇正統記』人、高倉院条）

小松内府重盛治承三年八月一日ウセニケリ。コノ小松内府ハイミジク心ウルハシクテ（『愚管抄』巻五）

など、重盛が賢明で心の麗しい人物であったこと、父清盛を諫めていた重盛の逝去により、清盛が権力を恣にするようになったことなどに言及する。

『通語』においても、重盛逝去の場面は、

八月朔卒す。性は仁厚沈深、敏くして衆を愛す。清盛の兇暴を以て亦畏れて之を愛し、其の横逆為に止むるは数しばなり。宮闈倚頼す。卒するに及び、上下惴惴たりて、帰す所無きが若し。（『通語』第三、平語上）(6)

として、各史書同様、重盛の性情が優れていたこと、重盛によって清盛の横逆が諫止されていたこと、世間が重盛没後、清盛を止める者がいなくなるのを恐れたことについて述べる。

しかし、履軒は己の史論を述べた「野史氏曰」の部分において特に世人の重盛への評価に言及し、

野史氏曰く、世人重盛を忠孝兼完の人と喜び称う。余謂えらく、重盛上は王綱を張る能わず、下は家姦を乂むる能わず。尊栄推譲するを聞かず、賢俊抜推するを聞かず。徒に家の道弗きを悲しみ、躬の死して難に及ばざるを願う。陋なり。安んぞ忠孝兼完有らんや。（『通語』巻四、平語下）(7)

とする。世間は重盛を忠孝兼完の人とするが、自分はそれに納得しないというのである。

なお、この重盛を「忠孝兼完」と認めないことは、世に全く見られぬ履軒の特殊な見解という訳ではない。

例えば、中山三柳『醍醐随筆』に、

小松内府重盛、親父清盛の悪事を諫かねて、熊野権現にて命を取たまへと祈給ふ。賢者の所行也といへど、不孝

不智不勇三の罪あるをや。身体髪膚を破りそこなふだにいましめるを、神に訟《うたへ》て命をすつべきや。……世乱て禍の及ばん事を恐るれ共、父母兄弟を捨てひとりまぬかれんとするや怯弱のいたりにして、勇気なき也。

（『醍醐随筆』巻上）(8)

とあり、履軒と同じく重盛が己の死を神に願ったことを批判している。

ただ、履軒は続けて、

然りと雖も、重盛の世に没するまで、清盛其の毒を逞うするを得ず。天下之を望むこと父母の如し。即ち重盛にして死せざれば、一頼朝其れ平氏を奈何せん。夫れ重盛眇眇の軀を以て、天下の軽重を繫ぎ、此くの如く其れ大なり。嗟、亦賢なるかな。

（『通語』第四、平語下）(9)

として、重盛が清盛の横暴を抑えていたという点では、『平家物語』や他の史書と同一の見解を示し、「亦賢なるかな」と最終的には肯定的な評価を下している。

重盛の事例は、近代以前、多く忠孝背反における「忠孝両全」（君を守り父を不義に陥らせない）と評価されたものであるが、履軒の評価では、優れた人物ではあったが「両全」には及ばないということになろう。

第三の例は楠正成である。南北朝時代、後醍醐帝に仕えて南朝方に与した正成は、その最期の戦となった湊川の戦に向かう直前、息子正行と別れるにあたって教訓を残した。これが世に言う「桜井の別れ」である。

この「桜井の別れ」について、『通語』は、

之に訓じて曰く、是の行や、吾必ず死す。則ち天下必ず足利氏に帰せん。然ると雖も汝生を偸《ぬす》みて忠義を棄つる勿れ。其れ余衆を糾合し、以て死を効《いた》せ。汝の孝亦焉れより大なるは莫し。

（『通語』第九、延元語）(10)

としている。同じ場面について、他の史書には、

我既に国家賊の為に奪わるるを知れば、則ち必ず戦死し、以て無貳の志を旌《あらわ》さん。我死せば則ち尊氏天下を有ち、而して或は兵を発して我が家を屠らんと欲せんか。然らば則ち残兵を率いて、金剛山の城を守り、力を尽くして之を拒ぐべし。或は縦い重祿を贖いて之を招くも、必ず其れ降りて耻を忍ぶこと勿れ。死して義を守るべし。……汝我が遺訓に違わざれば、則ち君王の忠臣にして我が家の孝子なり。（『本朝通鑑』巻第五三、後醍醐天皇四(11)）

之を誡めて曰く、……今日の役は、天下安危の決する所。意えらく吾復た汝を見ざらん。汝、吾已に戦死すと聞けば、則ち天下尽く足利氏に帰すること知るべきなり。慎みて禍福を計較し、利に嚮い義を忘れ、以て乃父の忠を廃する勿れ。苟も我の族隷にして一人の存する者有らしむれば、則ち率いて以て金剛山の旧趾を守り、身を以て国に殉じ、死有りて他無かれ。汝の我に報ゆる所以は、此れより大なるは莫し。

（『日本外史』巻之五、「新田氏前記楠氏(12)」）

などとある。訓誡の内容は、共通して、①自分がこの戦で死ねば足利尊氏が天下を掠るであろうこと、②その際は残った郎党を束ねて南朝に忠を尽くすべきこと、③南朝へ忠を尽くすことが即ち自分への孝となること、の三点となっており、忠孝両全の教えとして夙に名高い(13)。

『通語』の論賛部には正成評が見えず、履軒の正成に対する評価はここからは詳かにならないのだが、『履軒敝帚』に、「題楠公訓子図」なる文章があり、履軒の正成評を窺うことができる。

子に訓うるに其の忠を勗《つとめ》とす、父の慈なり。父を纘《つ》ぎて其の忠を成す、子の孝なり。一忠にして孝慈併ぬ。大いなるかな忠や。曁び其の家に和し、族に睦み、士を撫し民を恤む。忠に非ざる莫し。孝に非ざる莫し。然り而うして千載の下、孰か涙を斯の図に堕さざる者あらん。嗚呼公の子に訓うるや、特《ただ》に其の子に訓うるに非ざるなり。亦万世の人臣の子たる者に訓うる所以なり。

（『履軒敝帚』「題楠公訓子図(14)」）

題名から「楠公訓子図」なる画に附したものと思しいが、これは「桜井の別れ」を描いたものと考えられる。ここで履軒は、正成が忠を命じたことを慈とし、正行が忠を尽くすことを孝として、両者を高く評価している。

ここでは、父が子に忠を教えることが、即ち子に対する「慈」であり、子が君に忠を尽くすことが、即ち親に対する「孝」であるとされる。子の当為に関する部分が一種の「忠孝一致」を謳ったものとなるのだが、忠が父の慈と子の孝とを包摂する形となっており、単に忠孝が一致するとの考えに比べ、忠がより重く認識されていることが見てとれる。

履軒は、忠孝不両全（忠全孝不全）と考えられる義朝の場合は、これが忠孝背反事例であるとの認識を示しておらず、忠孝背反事例における忠孝両全例とされる重盛の場合も、「両全」とは認めない。このため、三者のうち両全とされるのは正成のみとなる。しかし、正成の言は単に子に忠孝を命じたもので、忠孝背反状況におけるものではないため、『通語』の人物評からは、忠孝背反事例における「両全」の実例を確認することはできないこととなる。

二　忠孝背反に関する説

では、履軒は忠孝背反事例における「両全」及び両徳目の軽重についてどのように考えていたのであろうか。本節では、履軒の「忠孝両全論」に沿って履軒の忠孝観について考察する。「忠孝両全論」は、先ず、王陵・趙苞・徐庶らが戦時母を敵に人質とされ、投降・恭順を要求された史実より、世に「忠孝両全ならざるの説」が出たとし、これを「辨ずるなかるべきかな」と態度表明する。(15)その上で、

夫れ事に恒あり変あり。恒に行なう。而して之を道いて経と謂う。変に称《かな》う。而して之を道いて権と謂う。恒は

知るべし。故に経は語るべきなり。（「忠孝両全論」『履軒敝帚』[16]）

と続く。ここで履軒は、状況を「恒」（平常時）と「変」（異常事態）とに分類する。そうして、「恒」に行なうものとして「経」を、「変」に適したものとして「権」を措定する。つまり、平常時と異常事態とでは、その行動原則が異なるとするのである。そうしてさらに、

変に小大有り、緩急有り。而して料るべからず。故に権は豫言すべからず。豫言すべきは権に非ざるなり。孔子曰く、与に立つべし。未だ与に権るべからず、と。権、豈易易なるかな。（「忠孝両全論」『履軒敝帚』[17]）

として、「変」に「小大」「緩急」の区別を措定する。物事には重大なものと軽微なものとがあり、その対応も緊急に行なわねばならぬものと不急でよいものとがあるわけである。この「経」「権」なる概念を用いた論法は、履軒の忠孝に関する他の論説でも用いられている。例えば『孟子逢原』に、

子の父に事うるは、承順を以て職と為す。諫諍を以て職と為さず。縦令其の諫諍有れども、必ず已むを得ざるに在り。経礼に非ず。（『孟子逢原』離婁上、「孟子曰不孝有三無後為大」注[18]）

とある。諫争は「経」礼ではなく、「已むを得ざるに在」る方法であり、続けて、

父の不義、子に以て諍わざるべからざる者有り。蓋し不義に亦大小有り。小事の若きは、子必ずしも諍わざるなり。子の諍うべきは、必ず大不義に在り。或は此れに因りて大禍を致し、坐視に忍びざる者、所謂必ず已むを得ざる、是なり。（『孟子逢原』離婁上、「孟子曰不孝有三無後為大」注[19]）

とし、「不義」に「大小」を設定している。「権」の文字は見えないが、「大小」によって対応を変えることは「経礼」に対となる「已むを得ざる」ものであり、「権」のことと見なして差し支えなかろう。

「忠孝両全論」においては、忠と孝とを同時に全うすることができないという忠孝背反が問題とされている。また、

親への従順と諫争とは共に孝の部分であるといえるが、上で採り上げた『孟子逢原』では、従順と諫争とを同時に全うすることができないという二種の孝の背反が問題となっている。

このように履軒は、状況を「恒」と「変」とに分類した上で、複数の徳目が背反するような状況を「変」と定義する。さらに、「恒」における常の対応「経」に対して、「変」における非常の対応「権」を設定する。その上で、「変」に「大小」「緩急」などの程度の別を設定し、「権」の使用を「変」の中でも非常度の高い「大」「急」に限定することにより、「権」が「経」と完全に齟齬・対立するのを回避させている。

ただ、そもそも出典の『孟子』より、「経」「権」なる概念自体、二律背反状況の解決のための思考である。また、例えば林羅山は、父の謀叛を君に訴えた李璀について、

父子ノ変ナリ、父子ノ常ニアラズ（『儒門思問録』巻一上）

としており、また、堯舜が我が子に帝位を継がせなかったことについて、

子ニ伝ウルハ常ノ法ナリ。賢ニ譲ルハ人倫ノ変ナリ（『儒門思問録』巻一上）

として、原則背反状況での対応を「常」「変」の「変」として評価している。さらに、『孝経』の「身体髪膚云々」と『礼記』の「戦陣勇なきは孝に非ず」との矛盾に関して、

軽キヲステ、重キヲトルベシ。小ヲステ、大ヲトルベシ（『儒門思問録』巻一上）

とあり、また諫争に関しても、

小キ僻事ナラバ、随フコトモアルベシ。大ナル僻事ナラバ、子タル者ノ気分ニヨリ力量ニヨリ分別ニヨリテ、親ヘノアテガヒヤウアルベシ（『儒門思問録』上）

と、その大小によって対応に差をつけることを認めている。徳目背反状況における「経権」「大小」を用いた履軒の

解説は、これらに類するものであるといってよいであろう。

ただ、履軒はこの「変」の「大小」「緩急」について、さらに具体的な喩え話を挙げて解説してゆく。

之を譬うれば、火其の室に然え、其の父を負いて遁ぐるに、顧て其の子焔煙中に呼号輾転すと雖も、提《ひつさ》げざるなり。家貧しく甘旨充たさざるとき、至孝の子有りと雖も、其の子を鶏豚に鬻がず。

（「忠孝両全論」『履軒敝帚』）[20]

ここで挙げられているのは、「火事で逃げる際、父を抱えているため、子供を助けない」「貧乏で親に食事が出せないとしても、自分の子を売るまではしない」という二種の事例である。ここで挙げられた状況設定「火事」「親に食事を供することができないほどの極貧」が、「変」にあたろう。共に「子を救う」、「親に食事を供する」という「利得」を得るには、「父を投げだす」「子を売る」という「費用」（代償）が大きすぎる事例である。

さらに履軒は、こういった「変」における行為によって生じる利得とその費用との「大小」が異なる、様々なパタンの状況を仮設して検討を行なう。具体的には、利得に「父の命」という極大をおき、それを全うするためにかかる費用の軽重が異なる三種の例を設定する。

まず、利得が「父の命」（極大）に較べ、費用が「君の命」（極大）である場合。

有る人之に謂いて曰く、而《なんぢ》若《なんぢ》が君を殺せ。我則ち若が父を釈さん。不《しから》ずんば則ち遂に若が父を殺さん、と。苟しくも人心有る者皆為さざるなり。

（「忠孝両全論」『履軒敝帚』）[21]

「おまえが君を殺さなかったらおまえの父を殺す」と言われたら、普通の人間には何もできない、つまり利得と費用とがつりあっているために選択が不能となる。

次に、利得が「父の命」（極大）に対し、費用が「君の靴」（小）の場合。

曰く、而若が君の履を竊みて我に奉ぜよ。我則ち若が父を釈さん、と。辜を君に得ると雖も為すべし。（「忠孝両全論」『履軒敝帚』[22]）

「おまえが君の靴を盗まなかったらお前の父を殺す」と言われたら、盗んでくるべきであるとする。つまり、利得に比して費用が小さい場合は実行すべきなのである。

さらに、利得が「父の命」（極大）で、費用が「君の璽符」（大）である場合。

曰く、而若が君の璽符を窃みて我に奉ぜよ。不んば則ち遂に若が父を殺さん、と。孝に顓《もつぱ》らなる者猶之を為す。忠に顓らなる者為さず。一に顓らにして全と謂うべからず。（「忠孝両全論」『履軒敝帚』[23]）

「おまえが君の璽符を盗まなければお前の父を殺す」なら実行する者としない者とがいるであろうが、どちらも不完全であるとする。「君の璽符」は「君の命」に比すれば小さいものだが、「君の靴」と異なりその差が些少であるため、孝を重んじる者は実行し、忠を重んじる者は実行できない。

結局、履軒の考えは、忠孝背反に当たっては、背反事例を「変」として特殊かつ個別の対応の「権」を認め、その対応は、背反における利得と費用との大小の比較によって決定されるという一種合理的なものとなろう。またその解説は、事象を分析して要素に分解し、その「大小」の異なる各種の要素を組みあわせて複数のパタンの状況を設定、さらにそれらの仮設状況における行動について比較・検討しており、多分に分析的・実験的な側面を持つものといえる。こういった論法に、履軒の思考の特色が見てとれよう。

三　利得と動機との関係

筆者は以前、拙稿「中井履軒の「孝」観」[24]において、履軒の孝観念を、行為の結果（利得）を軽視し動機（心情）のみを重視した極めて動機主義的なものと結論付けた。これに対して、「忠孝両全論」において、ここまでで示された履軒の忠孝観は、利得と費用とを勘案した、一種合理的ともいえるものであった。では、忠孝背反事例において、利得と心情との関係はどのように扱われているのであろうか。

「忠孝両全論」では、先の「父の命」「君の璽符」の天秤状況の解説の後、以下のようにある。

然らば則ち之を為すこと奈何。死有るのみ。[25]

前節で見たように、利得と費用との差が大きい場合は、己の執るべき行動はその大小関係から判断可能であった。ここで履軒は、利得と費用とが同等もしくは差が小さい場合については、己が執るべき行動を「死有るのみ」とする。

これは前節で見た合理的態度と大きく異なるものだが、さらに履軒は、

縦令躬死して父の死を救わず、君の事に益無くとも、臣子の分尽く。（「忠孝両全論」『履軒敝帚』[26]）

と続ける。たとい費用が極大で（父が死亡）、かつ利得は無（君は利益無し）、つまり「忠孝不両全」（どちらかは全うできない）どころか「忠孝両不全」（どちらも全うできない）であったとしても、その問題のために己が命を棄てさえすれば「臣子の分」を尽くしたことになるというのである。これは例えば、

太子燕会し、衆賓百数十人あり。太子建議して曰く、君父各おの篤疾有り。薬一丸有り、一人を救うべし。当に君を救わんか、父か、と。衆人紛紜し、或は父とし或は君とす。時に原坐に在り、此の論に与せず。太子之を原に諮る。原悖然として対えて曰く、父なり、と。太子亦復た之を難ぜず

（『三国志』巻一一、魏書、邴原伝第一一[27]）

のように、利得（父の命）と費用（君の命）とが釣り合った場合、迷わず孝を選択するといった態度とは大きく異なっ

ている。(28)

履軒の見解は、「臣子の分」さえ尽くせば、最終的には「父の死を救わ」なくともよいともとれ、非常に極端なものであるといえる。では、これは「臣子の分」を尽くすという当為が完成することを目的としたものなのであろうか。「忠孝両全論」は以下のように結ばれている。

昔者平清盛逆を作す。其の子重盛請いて曰く、臣君に録を食み、職は近密にして且つ死を以て君を衛るに在り。臣や天ならず。忠を為せば孝ならず、孝を為せば忠ならず。不忠と不孝と、死の久しきに若かず。請う、亟《すみやか》に臣の首を刎ね、而して後に事に従え、と。悲しいかな言や。両全なる者に庶幾し。

（「忠孝両全論」『履軒斂帚』(29)）

重盛の科白は、細部に小異はあるが、内容は『日本外史』など他の史書とほぼ等しい。だがここでは、「安んぞ忠孝兼完有らんや」と評した『通語』の認識と大きく異なり、重盛の言を「両全なる者に庶幾し」として忠孝両全と認めている。細かく云えば、『通語』は重盛の人物評であり、「忠孝両全論」はこの科白に対する評であるから、人生全体としては両全に及ばなかったが、清盛説得にあたった科白における心情は両全に近いということになろうか。

ここで注目したいのは、「悲しいかな、言や」の部分である。例えば『本朝孝子伝』は、

清盛是に繇《よ》りて簒弑の罪に陥るを免る。其の孝亦大ならずや

（『本朝孝子伝』公卿、三「小松内大臣」(30)）

として、「孝」が「大」である理由を、「清盛が簒弑の罪に陥らずに済んだ（親の利得の極大化）」という孝行の結果に求める。これに対して履軒は、重盛の言が「両全なる者に庶幾」い理由を、「悲しいかな」としており、称賛の理由は、孝行の結果ではなく、忠孝の板挟みより死を願うという心情自体にあると考えられる。「臣子の分尽く」は、当為の完成を求めたものというより、忠孝欠けては生きていられないという、背反に引き裂かれた心情を重視したもの

であるといえよう。

以上、忠孝背反事例における中井履軒の考えは、先ずは己の行動によって得られる忠孝双方の利得と費用とを勘案し、その大小によって行動を選択する、という合理的なものであり、さらに問題を突き詰めて、利得と費用とが釣り合って選択不能な場合は、一転して利得と費用との比較という合理性が完全に捨象され、己が死にさえすればよいという極端なものであった。履軒の忠孝観は、普段は合理的でありつつも、最終的には親の命（利得）さえ無視され、動機（心情）が重視されるという極めて動機主義的傾向の強いものであったといえよう。

おわりに

一節で採り上げた三名について再度確認すると、重盛は忠孝背反事例における両全の例、正成は忠孝一致の言説における両全の例であり、共に忠孝二者の択一となっていないため、忠孝孰れが重いかという履軒の考えを看取することはできない。これに対して、義朝は君命に従い父を殺した、いわば忠孝背反事例における不両全（忠全孝不全）の例である。この事例における利得と費用とを考えると、父の命を救い孝を全うするには君命に反せねばならず、利得は「父の命」であり、費用は「君命遵守」となる。「忠孝両全論」の例から推せば、義朝は僅かな費用を支払わなかった（＝「君命遵守」を放棄しなかった）ために、親殺しという極めて不道徳な形で極大の利得（父の命）を失ったということとなる。これは、履軒にとって到底認められるものではなかろう。

また、「忠孝両全論」結論部には、再度王陵・趙苞・徐庶に言及し、

故に王陵・趙苞・徐庶の属、其の事の大小緩急を審かにせば、而して其の是非自ら定まる。

（「忠孝両全論」『履軒敝帚』[31]）とする。「自《おのずか》ら定まる」とだけあって是非が明記されていないが、これら三者は、母が人質にとられ、趙苞は開城、王陵・徐庶は投降を強要された例である。「忠孝両全論」に表れた履軒の説に従えば、三例全て利得は「母の命」であり、王陵・徐庶の費用は「君への忠誠」、趙苞の費用は「君の（多数ある中の）一城」に過ぎない。先の仮設例では「父の命」に匹敵するのは「君の命」、忠を重んじる者でやっと「君の璽符」であるから、これらの状況における費用はすべて「母の命」より小さく、ここは「母の命」を優先させるのが履軒にとっての「是」であろうことは想像に難くない。

和辻哲郎氏は、太宰春台が赤穂義士を「徒死」と評したことを「春台にとつては献身そのものが有意義なのではなく、献身によつて達するところの当否が重大なのである」として『葉隠』の言説と対比し、「武士の献身は、それによつて達せられる事態の故に意義があるのではない。それ自身が貴いのである。図に当る当らぬは問ふに及ばない。……ただまつしぐらに主君のために命を捨てる。この捨身の態度がそれだけで意義を持つのである……かゝることは儒教の士道の立場に於てはなされ得なかつたであらう[32]」と結んでいる。

儒者履軒の「たとい父が死に君に益なくとも、己が死にさえすればよい」なる忠孝観は、この「献身」がなされ得たものとはいえないであろうか。

注

（1）所謂「忠ならんと欲せば孝ならず、孝ならんと欲せば忠ならず」といった状況においてとるべき行動についての論。以下、本章ではこういった状況を「忠孝背反」、忠孝の両方を全うすることを「忠孝両全」（両方とも全うできないことを「両不全」、一つしか全うできないことを「不両全」）と称する。

（2）「野史氏曰、甚矣哉、義朝之不仁也。自賊其父、涕隕而已。陳殄諸弟、恬不知恤。汲汲若不及然。彼其心以為不若是。弗足以保富貴。嗚呼人生之楽、父母倶存、兄弟無故、至矣。天下莫以易之。彼将以富貴足易之邪。弗思之甚」

（3）「若義朝、夫人得而誅之。奚堂堂廟廊、而無一人鳴鼓攻之者也。則其時事可知矣。宜乎平治之禍不回踵」

（4）「野史氏曰、初義朝弑其父、幷殺九弟。又更平治之乱、誅滅殆尽。……亦更相賊殺、以絶其祀。悲夫。……諺称、源氏相食。豈不信乎。後之有国者、可以鑑焉」

（5）板坂輝子氏は近世文学での重盛の取り扱いについて、「浄瑠璃、読本、黄表紙等には、したがって重盛もしばしば登場している。……きわめて自然に、すぐれた人間、ある種の英雄として描かれている」（「重盛像の変遷」『語文研究』第六四号、一九八七年）として、重盛を称賛する作品として、滝沢馬琴『椿説弓張月』・大田南畝「源平惣勘定」をはじめ多くの作品を挙げている。

（6）「八月朔卒。性仁厚沈深、敏而愛衆。以清盛之兇暴亦畏而愛之、其横逆為止者数矣。宮闈倚頼焉。及卒、上下惴惴、若無所帰」

（7）「野史氏曰、世人喜称重盛忠孝兼完之人也。余謂、重盛上不能張王綱、下不能乂家姦。尊栄不聞推譲、賢俊不聞抜推。徒悲家之弗道、願躬死而不及難。陋矣。安有於忠孝兼完也」

（8）森銑三・北川博邦編『続日本随筆大成』一〇（吉川弘文館、一九八〇年、一三―一四頁）

（9）「雖然、沒重盛之世、清盛不得逞其毒。天下望之如父母。即重盛而不死者、一頼朝其奈平氏何。夫重盛以眇眇之軀、繫天下軽重、如此其大也。嗟、亦賢矣哉」

（10）「訓之曰、是行也、吾必死矣。則天下必帰于足利氏。雖然汝勿偸生棄忠義。其糾合余衆、以効死。汝之孝亦莫大焉」

（11）「我既知国家為賊被奪、則必戦死、以旌無貳之志。我死則尊氏有天下、而或発兵欲屠我家乎。然則率残兵、守金剛山城、可尽力拒之。或縦贖重禄招之、必其勿降而忍耻。可死而守義。……汝不違我遺訓、則君王之忠臣而我家之孝子也」

（12）「誡之曰、……今日之役、天下安危所決。意吾不復見汝也。汝、聞吾已戦死矣、則天下尽帰足利氏可知也。慎勿計較禍福、嚮利忘義、以廃乃父之忠。苟使我之族隷而有一人存者、則率以守金剛山旧趾、以身殉国、有死無他。汝所以報我、莫大於此」

(13)　加美宏氏は、『本朝通鑑』における『太平記』及びその解説書の影響や、『大日本史』が南北朝時代の記述の殆どを『太平記』に依っていることなどを指摘し、「南北朝時代史の記述は、『太平記』を除外しては、ほとんど不可能に近」(「『太平記理尽鈔』と『本朝通鑑』——近世における『太平記』受容史の一斑——」(『人文学』第一四六号、一九八八年)いとするが、この教訓の内容も『太平記』とほぼ一致する。

(14)　「訓子勗其忠、父之慈也。纘父成其忠、子之孝也。一忠而孝慈併焉。大哉忠乎。曁其和於家、睦於族、撫士恤民。莫非忠也。莫非孝也。然而千載之下、孰不堕涙乎斯図者。嗚呼公之訓子、非特訓其子也。亦所以訓万世為人臣子者」

(15)　王陵は『漢書』巻四〇王陵伝(『史記』巻五六)、趙苞は『後漢書』独行列伝七一、徐庶は『三国志』巻一四『魏書』程昱伝第一四注に当該事件を載す。

(16)　「夫事有恒有変。行於恒。而道之謂経。称於変。而道之謂権。恒可知矣。故経可語也」

(17)　「変有小大焉、有緩急焉。而不可料。故権不可豫言。可豫言非権也。孔子曰、可与立。未可与権。権、豈易易乎哉」

(18)　「子之事父、以承順為職。不以諫諍為職。縦令其有諫諍、在於必不得已。非経礼也」

(19)　「父之不義、子有不可以不諍者。蓋不義亦有大小。若小事、子不必諍也。子之可諍、必在於大不義也。或因此致大禍、不忍於坐視者、所謂必不得已、是也」

(20)　「譬之、火然其室、負其父而遁、顧其子雖呼号輾転於焰煙中、而弗提也。家貧甘旨不充、雖有至孝之子、不鬻其子於鶏豚矣」

(21)　「有人謂之曰、而殺若君。我則釈若父。不則遂殺若父。苟有人心者皆弗為也」

(22)　「曰、而窃若君之履而奉於我。我則釈若父。雖得辜於君可為也」

(23)　「曰、而窃若君之璽符而奉於我。不則遂殺若父。顓乎孝者猶為之。顓乎忠者弗為。顓乎一不可謂全矣」

(24)　拙稿「中井履軒の「孝」観」(湯浅邦弘編『懐徳堂研究』汲古書院、二〇〇七年)

(25)　「然則為之奈何。有死而已矣」

(26)　「縦令躬死救於父之死、無益於君之事、臣子之分尽矣」

（27）「太子燕会、衆賓百数十人。太子建議曰、君父各有篤疾。有薬一丸、可救一人。当救君邪、父邪。衆人紛紜、或父或君。時原在坐、不与此論。太子諮之于原。原悖然対曰、父也。太子亦不復難之」

（28）「中国は古来君主専制の国であった。従ってもちろん忠君にも重きを置くが、孝行とは比較出来ぬ。忠孝と並べても、中国では多くの場合、孝が第一に置かれる」（桑原隲蔵『中国の孝道』、講談社、一九七七年、二九頁）などとされるように、中国では一般的に孝がより重視される傾向にある。

（29）「昔者平清盛作逆。其子重盛請曰、臣食禄于君、職在近密且以死衛君。臣也不天。為忠不孝、為孝不忠。不忠与不孝、不若死之久矣。請、亟刎臣之首、而後従事。悲哉言也。庶幾乎両全者」

（30）「清盛繇是免陥簒弑之罪。其孝不亦大乎」

（31）「故王陵趙苞徐庶之属、審其事之大小緩急、而其是非自定」

（32）和辻哲郎「献身の道徳とその伝統」（『岩波講座　倫理学』第三冊、岩波書店、一九四〇年）

第八章　懐徳堂の「不孝有三無後為大」解釈

佐野大介

はじめに

『孟子』の「不孝有三、無後最大」（離婁上）句は、漢土のみならず本朝においても、長く孝の言説として重んじられてきた。加地伸行氏は、孝を、「儒教は、（一）祖先祭祀をすること、（二）現実の家庭において子が親を愛し、かつ敬うこと、すなわち敬愛すること、（三）子孫一族が続くこと、この三者を併せて〈孝〉と表現した[1]」と規定する。この、（三）は「子孫継嗣」といえようが、当該句は、その精神を表した文言と考えられたためである。

その一方、近代に至ると、当該句に対して批判的な言説が見られる。

孟子の教えに不孝に三あり、後なきを大なりとすと。余答えて云く、天理に戻ることを唱うる者は孟子にても孔子にても遠慮に及ばず、これを罪人と言って可なり。妻を娶り子を生まざればとてこれを大不孝とは何事ぞ。遁辞というも余り甚だしからずや。苟も人心を具えたる者なれば、誰か孟子の妄言を信ぜん。

（福沢諭吉『学問のすゝめ』八編[2]）

又妻に子なきに依りて妾を置くといふ者あり、此事全体の道理には協はざることなれども、彼孟子の不孝有三無後為大といへる語を信ずる者ある間は、未だ断然此風を去ること能はざれば、夫年四十にして妻子に子なくば、

姑く其蓄妾を許すべし、然れども此事は世人善く天地の真理を解するに至らば、必ず之を廃すべきことなり、

（西村茂樹「遇筆二」[3]）

福沢は「無後＝不孝」の認識に対して、西村はそれより生じる蓄妾の俗に対して批判したものであるが、両者とも、「不孝有三、無後為大」をその根拠として批判的に捉えている。近代啓蒙思想を奉じた両人らしい意見といえよう。

当該句は、前近代では「子孫継嗣」という儒教的理念を体現するものとして尊重されたのに対して、近代では蓄妾という不道徳の自己正当化の論拠として非難される傾向にあり、時代によって受容に両面性が見られるといえよう。

この「不孝有三、無後為大」句にどのような解釈がなされてきたのかについて注目すると、当該句の解釈は、長く趙注が標準的なものとされ、後世の注においてもこれを襲うものが多かった。だが、懐徳堂の中井兄弟による注釈には興味深い解釈が見うけられる。

そこで本章では、まず漢土と本朝近世における「不孝有三、無後為大」句の解釈を確認し、その上で懐徳堂の中井竹山・履軒兄弟の解釈について検討してみたい。

一　標準的解釈

まず「不孝有三、無後最大」の一般的な解釈について確認する。当該句は、

孟子曰く、不孝に三有り、後無きを大と為す。舜告げずして娶る。後無きが為なり。君子以て猶告ぐるがごとしと為す。

（『孟子』離婁上[4]）

というものである。まず「無後」を最大の不孝であると定義し、次に舜の結婚問題について解説する。その問題とは、

「舜の両親は徳性に劣る人間で、舜の結婚に反対すると考えられたため、舜は両親に無断（不告）で堯の二娘を娶った」[5]が、その行為は「不孝」に相当するか、というものである。

ここで孟子は、「舜は両親に無断で結婚したが、それには最大の不孝である「無後」を回避するという正当な理由があるため、告げてから結婚したのと同じく不孝にあたらない」と解説する。

当該章に対する注釈として、趙岐『孟子正義』には、

礼に於いて不孝は三事有り。謂えらく、意に阿り曲従し、親を不義に陥らせる、一の不孝なり。家窮して親老い、祿仕を為さず、二の不孝なり。娶らずして子無く、先祖の祀を絶つ、三の不孝なり、と。三者の中、無後を大と為す。舜無後を懼るるが故に告げずして娶る。君子舜の焉れを告ぐれば得て娶らざるを知る。娶りて父母に告ぐるは礼なり。舜告ぐるを以てせず。権なり。故に「猶告ぐるがごとし」と曰う。告ぐると同じなり。

（趙岐『孟子正義』）（傍点引用者、以下同）[6]

とあり、「無後」を「娶らずして子無く、先祖の祀を絶つ」と解釈している。また、舜が父母に無断で結婚したことの是非についても、経文の主張に従う。

朱熹『孟子集註』も、

趙氏曰く、礼に於いて不孝は三事有り。謂えらく、意に阿り曲従し、親を不義に陥らせる、一なり。家窮して親老い、祿仕を為さず、二なり。娶らずして子無く、先祖の祀を絶つ、三なり、と。三者の中、無後を大と為す。

（朱熹『孟子集註』）[7]

と、ほぼそのまま趙注を引く。なお、『孟子大全』、焦循『孟子正義』なども同様。

また本朝においても、当該句の伊藤仁斎『孟子古義』、安井息軒『孟子定本』は共に「趙氏曰」として、趙注を引

用するのみである[8]。

和漢における当該章の解釈として、趙注の、①「無後」は即ち「不娶無子、絶先祖祀」であるために「不孝」である、②舜が両親に無断で結婚したのは「無後」を懼れたためで「不孝」にはあたらない、という解釈が標準的であったとしてよいであろう。

二　中井履軒の解釈

だが、これと一風異なった解釈を示すのが、大坂の学問所懐徳堂の中井兄弟である。中井履軒『孟子逢原』は、当該句に対して、

> 娶らずして子無し、固より不孝なり。然れども豈必ず先祖の祀を絶たんや。兄弟に子有れば、以て奉祀すべし。宗族の子、亦以て奉祀すべし。単戸にして親族無き者が若きは、世に多くは有らず、礼は制と為さず。無後は是れ我の無嗣なり。我の嗣は亦是れ先祖の後なり。然らば其の有無、当に先祀の絶否を以て論を作すべからず。
> （『孟子逢原』離婁四[9]）

と注する。趙注の「不娶無子、絶先祖祀」を「不娶無子」と「絶先祖祀」とに分解して考察するのである。「不娶無子、絶先祖祀」を二要素に分解すると、「不娶無子」かつ「絶先祖祀」である状態は当然不孝として、「不娶無子」だが「絶先祖祀」ではない状態というものが想定可能となる[10]。これに相当するのが兄弟に子がいる状況である。履軒はこの状況を取り挙げ、「不娶無子（己に子が無い）」であったとしても、兄弟に子がいれば「絶先祖祀（祭祀を行なう子孫が無い）」とはならない、と主張するのである。

さらに履軒は、舜の結婚問題について、

何となれば則ち舜に弟象有り。象即ち多子有り、乏祀の憂無し。（『孟子逢原』離婁四）[11]

と述べる。

舜が「不告（両親に無断）」で娶ったことと「絶先祖祀」とを関連付けてはならない、との主張である。先の問題の具体的事例であるが、履軒の説に従えば、たとい舜が「不娶無子」であったとしても、弟象の子が祖先祭祀を行なえば、「絶先祖祀」という事態は発生しない。

では、舜は「絶先祖祀」さえ避ければ「不娶」でも「不孝」には当らないのかというと、

舜以て娶らざるべけんや。此れ不通たり。孟子嘗て「大倫を廃し父母を懟みん」と称し、乏祀を以て言を為さず。其の意以て見るべし。趙説の如きは、唯長子一人、是の責を任ず。次子より季子に至るは、是の責無きのみ。此れを以て礼と為す、亦狭からざらんや。（『孟子逢原』離婁四）[12]

とあり、「不娶」は「大倫を廃し父母を懟みん」がために否定される。

また履軒は、「不娶無子」と「絶先祖祀」とを辨別しつつ、「娶らずして子無し、固より不孝なり」として、「不娶無子」自身が不孝性を有するとする。「我の嗣、亦是れ先祖の後なり」、つまり、「不娶無子」は「絶先祖祀」を導くが故に不孝なのではなく、祭祀問題とは独立して、先祖の後が「無」であることそれ自体が不孝なのである。[13]ここからも舜は「不娶」を避けねばならず、「不告」が免責される理由もここにある。

同様に「不娶無子」と「絶先祖祀」とを辨別する見解としては、吉田松陰が、

是亦不通の論なり。且娶らずんば舜は誠に後なかるべし。然れども弟象にして後あらば、瞽瞍の血統を絶つに至らず。喩へば大伯・仲雍、周を去ると雖ども、弟季歴あるを以て大王の血統は絶えざるが如し。

（『講孟劄記』上[14]）

と、履軒と同じく象の存在に言及している。

また、竹添井井『孟子論文』は、履軒の名を記してはいないものの、注文が『孟子逢原』の「無後是我之無嗣也」から「其意可以見」までの文章と全く一致しており、『孟子逢原』を襲ったものと考えられる。[15]

履軒は、「不娶無子」と「絶先祖祀」とを辨別し、どちらも避けねばならない事態としたが、同じ「不娶無子」と「絶先祖祀」とを辨別する考え方にも、別の結論が導かれるものがある。

清の汪士鐸の文集に、

古者、無子と無後とに別あり。左氏、「予無子」、「小人無子」、「荘姜無子」、皆後と言わず。後と言うは、大宗に後たるなり。……舜象の兄たり。即ち継禰の宗なり。故に後無かるべからず。注の「不娶無子、絶先祖祀」と言うが如きは、此の言非なり。……娶らざれば子無く、娶りても亦未だ必ずしも皆に子有らず。然らば則ち苟も子無くんば、行ない曾閔の如きと雖も亦不孝たらんか。……注惟無子と無後とを混じて一とす。故に解通ずる能はざるのみ。

（『汪梅村先生集』巻二、「無後為大解」[16]）

とある。「無子（已に子が無い）」と「無後（祭祀を行なう子孫が無い）」とを辨別する態度は、履軒のそれと軌を一にしたものであるといえよう。ただ、舜の結婚問題に関しては、汪士鐸は、舜は兄であり「大宗」に相当するが故に、「絶祀」に繋がる「無後」は許されないとしており、弟象がいるため舜の「不娶無子」は「絶祀」と関連しないとする履軒とは逆の結論となっている。[17]

礼においては、「支子は祭らず。祭るときは必ず宗子に告ぐ（支子不祭。祭必告于宗子）」（『礼記』曲礼下）、「庶子の祖を祭らざるは、其の宗を明かにするなり（庶子不祭祖者、明其宗也）」（『礼記』喪服小記）などと、祖を祀るのは宗の役目とされる。

履軒の意見では、兄弟どちらかに子があればよく、弟の子が祭祀を嗣ぐことも容認されるが、士鐸の意見では、祭祀を嗣ぐのは宗の役目であり、嫡長子は「無後」を避けねばならない。士鐸の意見は、履軒のそれより嫡長子相続の礼制に厳格なものといえよう。

他にも、唐の元徳秀は、

徳秀親在りて娶るに及ばず、婚を肯んぜず。人以て嗣を絶つべからずと為す。答えて曰く、「兄に子あり、先人祀を得。吾何ぞ娶るを為さん」と。（『唐書』巻一九四、卓行伝[18]）

と、弟の立場より、「絶先祖祀」に結びつかない「不娶無子」、つまり兄に子がある場合の己の不娶を辯護している。

また、宋の孟景休は、

浦娶らずして子無し。兄の子宥を教え、進士甲科に登らしむ。（『宋史』巻四五七、隠逸上[19]）

として、己は「不娶無子」で兄の子を教育する。これらは、嫡長子に子があれば弟の「無子」は「絶祖先祀」とはならないとの立場を示した実例といえる。

趙注が「不娶無子」と「絶先祖祀」とをいわば一体化して取り扱うのに対し、履軒は、「不娶無子」と「絶先祖祀」とを異なる要素として取り扱う。事象を要素に分解し、分析的・実験的に思考するのは履軒の思考法の特徴の一つだが[20]、当該句の解釈は、この特徴がよく表れたものであるといえよう。

三　中井竹山の解釈

中井竹山は、『孟子』不孝有三章に対して、

善按ずるに、後無きの不孝、娶らざる者の為に発す。既に娶りて後無きは、天なり。君子天を如何せん。近儒誤りて此の章を看、過ちて嗣を求むるの挙と為す。或は内行の不正、此れに因りて藉口す。皆孟子の罪人なり。余嘗て為に論を著す。（『孟子断』[21]）

と注する。結婚していながら子がないのは天（天命・運命）であるから、「無後之不孝」とは、「娶らざる者」即ち結婚していない者に対する言である、との意見である。

先に見たとおり、履軒は「不娶無子、絶祖先祀」を「不娶無子」と「絶祖先祀」とに分解し、「不娶無子」が必ずしも「絶祖先祀」となる訳ではないことを主張した。これに対して、竹山は履軒より一歩進んで、「不娶無子」をさらに「不娶」と「無後」とに分類し、「娶かつ無後」と「不娶かつ無後」との二つの状況を設定したものといえる[22]。

さらに竹山は、「不娶」を己の意志のみで決定可能な部分、「無後」を決定不可能な部分として区別する。「無後」は天命であり人の力の及ぶところではない。しかし、「娶」か「不娶」かは自己決定可能な事象であるから、結果的に「無後」となるとしても「娶」までは行なうべきであり、「不娶」は許されない、と解釈できよう。また、近儒が「無後（己に子が無い）」を、即ち祭祀を行なう子孫が無いことと等価だと解釈するのを批判するのは、履軒と同じ観点である。さらに、そこから「無後」にかこつけて「内行の不正」を行なう者を含めて、「孟子の罪人」であると非難し、このことについて別に論を立てたと結ぶ。

この、別に立てた「論」とは、竹山の詩文集である『奠陰集』に収める「不孝無後為大論」を指すと考えられる。「不孝無後為大論」で竹山は、

王公大人、姑く是れを舍く。庶人の職は一夫一婦。其の既に嗣無きは、年老い気衰えたると雖も、猶且つ妾を買い婢に淫し、以て性を伐《き》り身を隕《うしな》いて悔い弗く、譏を招き侮を納れて顧みる所無し。可なるか。曰く「否、然らず」と。（『奠陰集』巻五、「不孝無後為大論」(23)）

と、妾婢に淫するの非を挙げ、

孟子娶らざる者の為にして焉れを発す。（「不孝無後為大論」(24)）

として、孟子の「不孝有三無後為大」句は、結婚しない者に対する意見であるとの認識を示す。ここから、『孟子断』の「内行の不正、此れに因りて藉口す」とは、『孟子』の「無後不孝」説を口実とする蓄妾を指していることが分かる。蓄妾は、いわば「不娶有後」に当たるといえようか。

続いて、「無後」を「娶らずして無後」と「娶りて無後」とに辨別して分析する。「娶らずして無後」の者に関しては、

蓋し世に、窮困多病にして愆期に安んずる、或は寡欲簡傲にして室家の累を厭う、或は閨闈勃磎の患を預料する者有り。僉初より意の昏を議すに無く、卒に以て祖先の祀を絶つ。是れ皆軽重の等を失い、甘んじて綱常を廃す。其の不孝たるや、亦大ならざんや。（「不孝無後為大論」(25)）

とあり、結婚しようと思わない者は、「卒に以て祖先の祀を絶つ」不孝の大なるものと批判している。

次に、「娶りて無後」に関しては、

娶らずして後無きは、人に出づ。娶りて後無きは、天に出づ。君子天に安んずるのみ。（「不孝無後為大論」(26)）

と、「天に出づ」るもの（天命）として容認する。結果的に「無後」であったとしても、「娶りて無後」の者は自己決定可能な部分までは実行したわけであり、批判には当たらないのである。これは『孟子断』に見られた見解と同じい。

儒教的思惟において婚姻は、

昏礼は、将に二姓の好みを合わせ、上は以て宗廟に事えて、下は以て後世に継がんとするなり。（『礼記』昏礼）(27)

人天地を承け陰陽を施す。故に嫁娶の礼を設くるは、人倫を重んじ、継嗣を広むればなり。（『白虎通義』巻十、嫁娶）(28)

などとされ、「継後世」「広継嗣」に関する当為の一部とされる。それ故、自己の意志による「不娶」は、好ましからざるものと認識される。

例えば、若い頃「不娶」を希望していた司馬江漢は、

親族の者頻に留め、聖人の教を以て示し、人道は妻子を以て子孫とし、之に差ふ時は人道にあらず、爰において竟に留まる、是も量見違なり（司馬江漢『春波楼筆記』）(29)

と、親族達に「聖人の教」として妻子を持つことを勧められたという。

「子の有無に自己決定が及ばない」という思考は、竹山以外にも見える。先に挙げた『汪梅村文集』にも、

娶らざれば子無く、娶りても亦未だ必ずしも皆に子有らず。然らば則ち苟しくも子無くんば、行ない曾閔の如きと雖も亦不孝たらんか。（『汪梅村文集』巻二）(30)

と見え、邦儒にも、

問テ云。不孝ニ三アリ。後ナキヲ大ナリトス。……伯夷叔斉子孫アルコトヲキカズ。イカヾ侍ルベキヤ。……夷

斉後ナキヿヲネガヒ求メズ。自ラ子孫ナキハ。力ラ及バヌトコロナリ。我カミヅカラスルトコロニアラズシテ。自ラ致スヲ命ト云フハ此義ナリ。

（林羅山『儒門思問録』巻一上）(31)

男女交媾は人事なり。されど子の生ずるあり、子の生ざる有り、人力の及ばざる処にして、自然にして然り、是天なり。

（太田錦城『梧窓漫筆』後編上）(32)

などといった意見が管見に及ぶ。

ただ、例えば太田錦城は『梧窓漫筆』において、「子の生ずるあり、子の生ざる有り」との認識を示しながらも、『孟子精蘊』当該章の注には、「権」と記すのみで、当該章の解釈と関連させた様子は見えない。

これに対して、竹山は「子の有無に自己決定が及ばない」という認識を当為性と結びつけ、自己決定の及ばぬ「無後（娶りて無後）」は容認し、自己決定が可能な「不娶」のみ本人に責任を問う。これは、自己決定に基づく行為であることを、不孝という不道徳成立の要件として組み込み、それを当該句の解釈に応用したものといえよう。

四　主張の理由

この「不孝無後最大」について、特に竹山は独立した文章を撰してまで論じているわけだが、ではなぜこの問題について、これほど詳細に論じねばならないのであろうか。

一つ考えられるのは、蓄妾の問題である。蓄妾に関する邦儒の意見を閲すると、

その妻一人の外をばおしなべて邪淫とするは、死法と云てかたつまりたることなり。儒道の法には、庶人ばかり妻一人の定なり。天子より士までは、その位々分々相応によつて后・夫人・世婦・妻・妾の員数、自然の天則あ

り て、妻一人の定にあらず。子細は、根本、子孫相続の道なれば、婦人に子のなきものある故なり。

（中江藤樹「翁問答」[33]）

妾ト云者ハ無くて不叶物也。……卿大夫ノ事ハ見ヘズ。古ハ世官ニテナケレバ、其法ナキナルベシ。去ドモ、子無ケレバ妾ヲ置事通法也。

（荻生徂徠『政談』巻四[34]）

妻を娶る事は、祖先の後を重んじて、子孫を絶たざらんとの義なれば、天地の道に随い、妻妾を蓄へて継嗣を広くする事、聖賢の教なり。

（会沢正志斎『迪彝篇』師道五之四「論夫婦之別」[35]）

などといったものが見える。これらは全て「無後」を蓄妾の正当な理由と見なしており、「不孝有三無後最大」句が念頭にあったことは疑い得ない。この句が蓄妾の藉口となっているという西村の指摘は、的外れなものとはいえまい。

これに対して竹山は、儒家らしく、「王公大人、姑く是れを舍く。庶人の職は一夫一婦[36]」として、庶人に限定してはいるが、蓄妾不容認の立場を明確にしている。竹山にとってこれらの見解は、「一夫一婦」である庶人においても蓄妾の容認に繋がるものであり、竹山が「或は内行の不正、此に因りて藉口す」、羅山が「或ハ後ナキニカコツケテ色ニフケリ家ヲヤブルヿモアルナリ。是又戒ムベキヿナリ[37]」として警戒するものであったといえよう[38]。

もう一つ考えられるのが当時の「不娶」の風潮である。竹山の見解では「娶りて無後」は天命であるため容認されるが、「不娶」は自己決定可能な部分であり許されない。ところが当時、一部で「孝のための不娶」という事態が発生していた。

例えば、江戸期の全国での表彰事例を集めた『孝義録』には、漢土の類書にはまず見えない「孝のための不娶」に関する記述が数多く見られる。ごく一部を示すと、

妻をも迎へよとすゝむる人のおほかりしに、孝養のさまたけになりなん時は、本意なくこそ候へとてうけひかさ

りき　（伊勢国、孝行者、弥三郎[39]）

親しき友……、妻をむかへよなと母と、もにす、めしに、他人のましはりなは孝養に怠り年頃の本意とけさる事も出来なんとて辞しけれと　（駿河国、孝行者、仁右衛門[40]）

妻むかへてよと母も近隣のものもいへと、もし母の心にかなはさる時はいか、ならんとてうけかハぬ　（武蔵国上、孝行者、吉五郎[41]）

村の内の人々も其孝行を感してものなとあたへ、また妻の媒をもなしけれと、かくわひしきうへに妻をむかへて子をもまうけなハ、世渡りにくるしミ、をのつから母の養ひもをろそかにならんとてうけいれす　（下野国、孝行者、利八[42]）

親き人〱後の妻をむかへてんやといひけれと、かへりて孝養の妨けになるへしとてうけかハさりき　（下野国、孝行者、利左衛門[43]）

といったものである[44]。どれも、親の嫁への感じ方・家族人口増加による経済問題・嫁の孝養態度などに対する不安から、言い換えれば孝のために、「最大」の不孝を構成するはずの「不娶」を行なうという事例である。なお、「外にハ一人の兄弟もなく」（下野国、孝行者、利左衛門）などと、子一人であり「不娶」が「絶先祖祀」に直結することが明示される事例も多い。

『孝義録』にみえる孝行の具体相を統計的手法を用いて分析した鈴木理恵氏によれば、氏が〈親優先〉に分類した孝行を行なった者一二八名（女四〇名・男八八名）の評伝のうち、女性は六五・〇％、男性は四四・三％が「非婚（孝養のために夫または妻を迎えない、あるいは嫁入りしない）」というモチーフを有していたという[45]。

当時よりこのことは問題視されており、上田秋成の「旌孝記」にも、娶れといへど、いかなるもの丶出来て、親につらき事やあらんとて迎へず。……或人の母是を聞きて、……たゞいぶかしきは、めとらず、養はせず、後いかなりともはかり思はで、其こしに乗りて出遊ぶらん親の心こそしらねと、我にかたられし。これも世のことわりに承り侍りき。
（上田秋成『藤簍冊子』巻五「旌孝記」[46]）

と、懸念が示されている。『草茅危言』などの経世論を撰して「治人」について考究した竹山としては、このようないわば顛倒した孝は、見すごせないものだったに違いない。

また、竹山の個人的状況について見ると、竹山は妻革島氏との間に九男五女を設けたが、成人したのは二男一女、さらにその内一男一女は自身より先に死亡している[47]。竹山は三女布美を喪った際に、

抑そも吾これを聞けり。娶らず子無きをば不孝と為す、と。我既に娶り、又六子を挙ぐ。其の育たざるは天なり。我免るるを獲んか。
（『奠陰集』巻九「女布美埋銘[48]」）

と記している。自分は「已に娶り」「子を挙げ」た。子が夭折したのは「天（天命）」であるから、「不孝」は免れたか、というもので、本章で見てきた竹山の見解と一致する。竹山が「娶りて無後」を「天」と表現するのは、こういった自身の体験に基づく実感でもあったのであろう。

また、履軒は象の存在に着目し、兄に子が無くとも、弟が祭祀を継ぐことで「絶先祖祀」を避けられるとしたが、これも自身が弟であったことが発想の要因の一つであったかもしれない。

おわりに

本章では、まず『孟子』の「不孝有三、無後為大」句の解釈について確認し、漢土・本朝共に、趙岐の「不娶無子

絶先祖祀」が一般的解釈とされていることを見た。

これに対し、中井履軒は「不娶無子」と「絶先祖祀」とを辨別し、兄弟がいれば「無子」でも「絶先祖祀」とはならないと主張し、舜もその例に当てはまるとする。

中井竹山は、さらに「不娶無子」を「不娶」と「無後」とに分解し、自己決定の範囲内である「不娶」こそが問題であるとする。竹山にとって、「無後」は自己決定が及ばぬ「天」であり、それ自身は問題とはならない。

特に竹山がこれを主張する理由は、当時「無後」を問題として、畜妾を正当化する意見が多かったこと、さらに「孝のための不娶」という、いわば顚倒した孝を行なう者が多かったことなどが挙げられよう。

なお、竹山・履軒の死後、竹山の子碩果は、設けた一男（震太郎）が夭折したため、履軒の孫にあたる桐園を養子として「絶先祖祀」を免れている。中井一族の後裔は、「娶りて無後」のため弟の血筋が継祀したわけであり、図らずも両者の説を実行した形になったといえる。

福沢は「無後」を即ち「不孝」だとすることに反対し、西村は「不孝有三、無後為大」が蓄妾に繫がることを案じたが、懐徳堂学派の認識は、儒家として『孟子』への批判は避けつつも、近代の蓄妾批判を先取りしたものであったといえよう。

注

（1）加地伸行『沈黙の宗教　儒教』（筑摩書房、一九九四年、六一頁）

（2）福沢諭吉『学問のすゝめ』（岩波書店、一九四二年、七九頁）

（3）日本弘道会編『（増補改訂）西村茂樹全集』巻四（思文閣出版、二〇〇六年、五九九頁）

（4）「孟子曰、不孝有三、無後為大。舜不告而娶。為無後也。君子以為猶告也」
（5）『孟子』万章上第二章
（6）「於礼有不孝者三事。謂、阿意曲従、陥親不義、一不孝也。家窮親老、不為禄仕、二不孝也。不娶無子、絶先祖祀、三不孝也。三者之中、無後為大。舜懼無後故不告而娶。君子知舜告焉不得而娶。娶而告父母礼也。舜不以告。権也。故曰、猶告。与告同也」
（7）「趙氏曰、於礼有不孝者三事。謂、阿意曲従、陥親不義、一也。家窮親老、不為禄仕、二也。不娶無子、絶先祖祀、三也。三者之中、無後為大」
（8）塚田大峯『孟子断』、佐藤一斎『孟子欄外書』、猪飼敬所『孟子考文』は当該部無注。太田錦城『孟子精蘊』は「権」との み記す。
（9）「不娶無子、固不孝矣。然豈必絶先祖祀哉。兄弟有子、可以奉祀。宗族之子、亦可以奉祀。若単戸無親族者、世不多有焉。礼不為制焉。無後是我之無嗣也。我之嗣亦是先祖之後矣。然其有無、不当以先祀之絶否作論」（関儀一郎編『日本名家四書註釈全書』第九巻孟子部一、鳳出版、一九七三年、二二六頁）
（10）組み合わせは四通りあるが、「「不娶無子」でなく「絶先祖祀」」は結果的に絶祀の不孝となり、「「不娶無子」でなく「絶先祖祀」でもない」は正常な継嗣で、共に特に議論とはならない。
（11）「何則舜有弟象。象即有多子、無乏祀之憂」（『日本名家四書註釈全書』第九巻、二二六頁）
（12）「舜可以不娶与。此為不通。孟子嘗称廃大倫懟父母、不以乏祀為言也。其意可以見矣。如趙説、唯長子一人、任是責也。次子至季子、無是責耳。以此為礼、不亦狭乎」
（13）滋賀秀三氏は、「無後」と「絶祀」との関係について、「「不孝有三、無後為大」という言葉が示すとおり、己れかぎりで血すじの絶えることは、己れにとって最大の不幸であるのみならず、父祖に対しても最大の不孝であった。このことは自己が独子である場合に特に深刻であるけれども、他に兄弟がある場合においても、各人が共同責任の一端を荷うという意味において、事柄は同じであった」（『中国家族法の原理』、創文社、一九六七年、一一三頁）としている。

(14) 近藤啓吾訳注『講孟箚記』上（講談社、一九七九年、三四一頁）
(15) 竹添光鴻『孟子論文』（奎文堂、一八八一年、二二葉表）
(16) 「古者、無子無後有別。左氏、予無子、小人無子、荘姜無子、皆不言後。言後者、後大宗也。……舜為象兄。即継禰之宗也。故不可無後。如注言、不娶無子、絶先祖祀、此言非也。……不娶無子、娶亦未必皆有子。然則苟無子、雖行如曾閔亦為不孝乎。……注惟混無子無後而一。故解不能通爾」
(17) ただ、「無後為大解」にも「大宗は族を収むる者なり。以て絶つべからず。故に族人支子を以て大宗に後たらしむるなり（大宗者収族者也。不可以絶。故族人以支子後大宗也）」（『儀礼』喪服）を引くように、現実的に大宗が無子であった場合は支子を立てることになる。
(18) 「徳秀不及親在而娶、不肯婚。人以為不可絶嗣。答曰、兄有子、先人得祀。吾何娶為」
(19) 「逋不娶無子。教兄子宥、登進士甲科」
(20) 本書第二部第七章「中井履軒の忠孝観――忠孝背反事例を中心に――」参照。
(21) 「善按、無後之不孝、為不娶者発焉。既娶而無後者、天也。君子如天何。近儒誤看此章、過為求嗣之挙。或内行不正、因此藉口。皆孟子之罪人也。余嘗為著論」（中井竹山手稿『孟子断』下巻、大阪大学附属図書館懐徳堂文庫蔵、一六葉表）
(22) 竹山は、「無後」を己に子即ち己の後がないこと（二節でいうところの「無子」）として用いている。なお、「娶かつ有後」は問題とならず、「不娶かつ有後」は蓄妾の問題と関連する。
(23) 「王公大人、姑舍是。庶人之職一夫一婦。其既無嗣、雖年老気衰、猶且買妾淫婢、以伐性隕身而弗悔、招譏納侮而無所顧。可乎。曰、否、不然」（懐徳堂記念会編『懐徳堂遺書』第三冊、松村文海堂、一九一一年、三葉裏―四葉裏。以下同）
(24) 「孟子為不娶者而発焉」
(25) 「蓋世、有窮困多病安於愆期、或寡欲簡傲厭室家之累、或預料閨闥勃谿之患者。僉初無意於議昏、卒以絶祖先之祀。是皆失軽重之等、甘廃綱常。其為不孝、不亦大乎哉」
(26) 「不娶無後、出乎人。娶而無後、出乎天。君子安於天而已矣」

(27)「昏礼者、将合二姓之好、上以事宗廟、而下以継後世也」
(28)「人承天地施陰陽。故設嫁娶之礼者、重人倫、広継嗣也」
(29)日本経済叢書刊行会編『日本経済叢書』第二巻（日本経済叢書刊行会、一九一七年、三〇五頁）
(30)「不娶無子、娶亦未必皆有子。然則苟無子、雖行如曾閔亦為不孝乎」
(31)関儀一郎編『日本儒林叢書』第八巻（鳳出版、一九七八年、一八―一九頁）
(32)武笠三校『名家随筆集』上（有朋堂書店、一九二四年、五一二頁）
(33)山井湧他校注『中江藤樹』（日本思想大系29、岩波書店、一九七四年、一三二頁）
(34)吉川幸次郎他校注『荻生徂徠』（日本思想大系36、岩波書店、一九七三年、四一六頁）
(35)塚本勝義訳註『新論・迪彝篇』（岩波書店、一九四一年、二七六頁）
(36)「妾媵無数、教人以乱。且貴賤有等、一夫一婦、庶人之職也」（『文中子中説』巻八、魏相篇）
(37)『日本儒林叢書』第八巻（一九頁）
(38)近世、蓄妾を強く非難した論としては、安藤昌益の「堯、舜を揚げて二人の娘を許して姉は舜の妻となり娣は妾と為る、是れ人倫の畜類と為るの始めなり」（奈良本辰也訳注『統道真伝』「妻の外に妾を立てて畜業始まるの論」、岩波書店、一九六九年、一三三頁）、「男女にして一夫婦、加うること離るること能わざる自然の人道なるに、己れ一男に多女を附け放に婬乱し己れと禽獣の業を為す」（仝「聖人、五逆・十失の論」、一三五頁）などがある。
(39)菅野則子校訂『官刻孝義録』上巻（東京堂出版、一九九九年、五七頁）
(40)『官刻孝義録』上巻（八六頁）
(41)『官刻孝義録』上巻（一二七―一二八頁）
(42)『官刻孝義録』上巻（三二三頁）
(43)『官刻孝義録』上巻（三二五頁）
(44)物語である『御伽草子』にも、独身男性の科白として、「もしわれ女房もち候はば、心もそばになりて、母を無沙汰にあつかひ申わん事もや候はん」（市古貞次校注『御伽草子』下、岩波書店、一九八六年、一八頁）とある。なお、これらは男性の「孝のための不娶」例であるが、女性の「孝のための不嫁」例はさらに多い。

（45）鈴木理恵「江戸時代における孝行の具体相――『官刻孝義録』の分析――」（『長崎大学教育学部社会科学論叢』第六六号、二〇〇五年）

（46）塚本哲三編『上田秋成集』（有朋堂書店、一九二六年、六二七頁）

（47）井上了「中井竹山の子女について――『奠陰集』を中心に――」（『懐徳堂センター報』２００９、二〇〇九年）参照。

（48）「抑吾聞之也。不娶無子為不孝。我既娶矣、又挙六子矣。其不育天也。我獲免矣夫」（『懐徳堂遺書』第五冊、三一葉表）

第三部　幕末期の懐徳堂

第一章　並河寒泉の陵墓調査——幕末懐徳堂教授の活動——

矢羽野隆男

はじめに

幕末維新期に最後の教授として学校の運営に当たった並河寒泉《なびかわかんせん》（一七九七〜一八七九）については、まとまった著述が少ないこともあり、従来あまり注目されていない。しかし寒泉には日記『居諸録』や詩文などの遺稿も現存し、そこからその活動を知ることができる。陵墓調査もその一つである。本章では、『居諸録』のほか、陵墓調査に関する報告書や草稿類（以下「陵墓調査関係資料」）に基づき、寒泉の陵墓調査の実態を明らかにし、寒泉における思想的政治的な意味および歴史的な意義を考察する。

一　並河寒泉およびその陵墓調査への評価

西村天囚の『懐徳堂考』（明治四十四年・一九一一）は懐徳堂研究の嚆矢で、今なお基本資料として価値をもつが、その寒泉評価は芳しくない。「〔寒泉の時代〕懐徳堂に於ける經書講義の内容は、朱註一方の單純なる解釋にして（中略）游學の書生はその學風に滿足せず」「碩果以來は、閉鎖退嬰の方針を取り、寒泉桐園も亦其の風を守りて、學校の中《うち》に割據したりしかば、竹山時代の大學は、此に至りて名實共に一鄕校とは爲れりき。」というように、寒泉の学問の性質や規模水準が竹山らの黄金期に及ばないためである。

もっとも天囚の評価には注意を要する。一つに江戸幕府の評価を貶めるいわゆる維新史観である。例えば将軍家茂の時に寒泉は御城入儒者に選ばれて大坂城内で講義を行ったが、[1] 天囚はこれを「冥加に餘る仕合せと難有がる儒者共の口より、幕府を謳歌せしめんとにや、いと覺束なし（中略）寒泉桐園は、東畡松陰の二老儒と共に、命の辱けなきを拜したりき。」と、幕府との接触を忌むべきことのごとく記す。

いま一つは資料的な制約である。例えば、嘉永七年（一八五四）ロシア艦ディアナ号の大坂湾来航の際、寒泉は大坂町奉行所の命でロシア側との交渉に当たった。寒泉の外孫中井木菟麻呂《なかいつぐまろ》が天囚への資料提供のために記した『懐徳堂水哉館先哲遺事』（明治四十三年・一九一〇）（以下『先哲遺事』）には、交渉の様子を「〔寒泉は〕應接ノ事アル時ハ軍艦ニ舟ヲ進メ、漢文ヲ以テ應接セシガ」と筆談の事実を明記する。寒泉自身がロシア艦との応接の顚末を記した『拜恩志喜』に基づく記述である。だが天囚は『拜恩志喜』を実見しなかったためか、「筆談せしことありしや否やは、詳ならず。」とあえて控え目に記す。[2]

さて寒泉の陵墓調査について、木菟麻呂の『先哲遺事』には、「寒泉ハ大和其他近畿ニ散在スル歴代山陵ノ隠晦シテ、往々荒廢榛蕪スルモノアルヲ慨シテ、何年ノ頃ヨリナリシカ、山陵調査ノ事ヲ思ヒ立チ、同志門生等ヲ率ヰテ、畿内ノ諸陵ヲ蹈査シ、悉ク之ヲ圖シテ、其窮探セシ所ヲ附記セリ。圖幷ニ附記ハ並河氏ニアリ。」と記す。『先哲遺事』は、限られた家蔵資料と記憶とによるもので、『居諸録』等の詳細な記録によるものではない。ために寒泉の陵墓調査を私的な活動のように記している。さらに天囚は、調査記録を実見できなかったためか、これを『懐徳堂考』に全く取り上げていない。

後に寒泉の陵墓調査は、木菟麻呂や羽倉敬尚《はぐらけいしょう》により『居諸録』にもとづいて紹介された(3)。ただ、それらは日記の抜粋や要約に止まる。『居諸録』および陵墓調査関係資料も用いた調査の実態の解明、その歴史的な意義の考察を必要とするゆえんである。

二　陵墓調査・修補の概観

最初に寒泉の調査に至るまでの陵墓調査や修補の歴史について概観する。まず六国史以後の陵墓の記録として重要なのが『延喜式』（延長五年・九二七）巻二十一「諸陵式」である。百二十基の陵墓の名称・被葬者・所在地・面積等の情報を記録し、後の調査研究の基礎となった。しかしそれ以後、陵墓への関心は長らく途絶え、再び注目されるのは江戸時代になってからである。

1・江戸期の主な調査・修補(4)

まず元禄期に、尊王を掲げる水戸学の立場から徳川光圀が神武天皇陵の祭祀を試みた(5)。こうした機運に、民間にも調査研究が現れ、幕府も調査や管理に着手することとなった。松下見林が陵墓の所在調査を行い『前王廟陵記』（元禄十一年・一六九八）を刊行、また細井知慎《ともちか》（広沢）が陵墓修補を提議し、幕府の事業として元禄十年（一六九七）から十二年（一六九九）にかけて探索・修補が行われた。細井の『諸陵周垣成就記』および京都所司代松平信庸《のぶつね》の『歴代廟陵考』はその事業報告である。

次いで享保期には並河《なびか》誠所(6)が幕府の援助を受けて文献・実地の両面から五畿内の歴史地理の研究を行い、官撰地誌の先駆となる『五畿内志』を著した。誠所は懐徳堂助教を務めたこともあり、寒泉の祖父に当たる。また寛政期には、蒲生君平によって、水準の高い実証的な研究が行われ『山陵志』（文化五年〈一八〇八〉刊行）に結実した。

天保期に入ると、西洋列強の接近による国家意識の高まりに伴い天皇陵が重視され始める。その端緒となるのが徳川斉昭による神武天皇陵の整備計画である。天保五年（一八三四）、斉昭は、朝廷を尊崇し併せて幕府の威信を示すために、神武陵の整備を幕府へ建議した。これは幕府に却下されたが、その後、陵墓の調査・整備は幕府によって公武合体を象徴する事業として進められる。嘉永・安政期になると、幕府が陵墓の管理を厳重にする一方で在野の学者の調査研究も活発となった。この時期の主な調査研究は次の通りである。このうち北浦・谷森・平塚は後述の「文久の修陵」の「調方（調査員）」となった研究家である。

北浦定政『打墨縄』（嘉永元年・一八四八）北浦は津藩藩士・国学者。
川路聖謨『神武御陵考』（嘉永二年・一八四九）川路は奈良町奉行。
谷森善臣『諸陵徴』（嘉永四年・一八五一）谷森は公家の侍臣・国学者。
平塚瓢斎『陵墓一隅抄』（安政元年・一八五四）平塚は京都奉行所与力。
平塚瓢斎『聖蹟図志』（安政元年）
浅野長祚『歴代陵廟考補遺』（安政二年・一八五五）浅野は京都町奉行。
谷森善臣『諸陵説』（安政二年）
山川正宣『たまだすき』（安政二年）山川は摂津池田の酒造家・国学者。
山川正宣『山陵考略』（安政二年）

伴林光平『巡陵紀事』（安政四年・一八五七）伴林は河内八尾の僧侶・国学者。
谷森善臣『藺笠乃志つく』（安政四年）
谷森善臣『山陵考』（文久二年・一八六二）

このうち懐徳堂の陵墓調査と直接関わるのが浅野長祚《ながよし》の調査である。弘化・嘉永の盗掘事件をきっかけに、幕府は陵墓の調査管理を強化するよう京都所司代および奈良奉行に通達する。もとより陵墓への関心が強く、配下の与力に陵墓研究家の平塚瓢斎を得た京都西町奉行の浅野は、嘉永五年（一八五二）春から安政元年（一八五四）冬にかけて調査を実施した。その結果、文化年間（一八〇四〜一八一七）の幕府の調査でも未定とされた二十一陵のうち陽成・宇多・村上陵など七陵を含め、計十五陵の所在を明らかにし、その成果を『歴代陵廟考補遺』にまとめて京都所司代の脇坂淡路守へ提出した。

しかし浅野が所在を確認したのは自身の管轄する山城国内の諸陵で、未定二十一陵のうちの仁賢陵などは依然として未詳であった。それら未解決の摂津・河内の陵墓については、浅野から堺奉行と大坂町奉行とへ調査が依頼され、さらに大坂町奉行から懐徳堂へと委嘱されることになったのである。

2・文久の修陵(7)

安政年間に行われた寒泉の陵墓調査について述べるに先だち、後に朝廷・幕府の共同事業として行われた、いわゆる「文久の修陵」の概略を見ておきたい。

文久二年（一八六二）閏八月八日、宇都宮藩が陵墓の修補を幕府へ提議したのが事業の発端である。同藩は尊王攘夷論が盛んで、幕末には尊攘論者の大橋訥庵が藩儒に迎えられ、多くの藩士が大橋の門弟となった。やがて大橋の過激な言動のため同藩が幕府から危険視されると、宇都宮藩士で大橋門下の県勇記《あがたゆうき》（信緝《のぶつぐ》）が陵墓の修補事業を藩に提案する。藩として勤王の実意を示し、さらに幕府の権威を高める事業として陵墓修補が最適と考えたのである。藩は県の意見を採用し、幕府への提議となった(8)。

提議はすぐに幕府の容れるところとなり、宇都宮藩に修陵の命が下った。同藩家老の戸田忠至《ただとし》が事業統括者となり、県が補佐役となって準備が進められた。同年十月九日に戸田が上京、朝廷側の責任者である山陵御用掛と協議し、二十二日に戸田は山陵奉行（幕府側の事業総括者）に任命された。そして十一月一日、調方（調査員）十名――谷森外記（善臣）・同平太・結城筑後守・村井修理小進（正礼）・豊島太宰少弐（泰盛）・砂川健次郎（正教）・平塚瓢斎（利助）・岡本桃里・北浦儀助（定政）・矢盛式部（教愛）――が選ばれ、修補事業は大和国から順次行われることとなった。

事業は二年半の工期と七万三千両の費用を投入して、七十六基の天皇陵を含む一〇九箇所に修補が加えられ、慶応元年（一八六五）に竣工した。これは国家の象徴たる天皇の存在を視覚的に人々に示す、近代国家建設につながる大事業であった。

三　並河寒泉の陵墓調査

1．大坂東町奉行所からの委嘱(9)

話は七年前に遡り、安政二年（一八五五）四月十八日、東町奉行所の寺社方から寒泉に出頭を請う通知があった。翌十九日午後、寒泉が正装で訪れると、与力の八田五郎左衛門が召見の趣旨を次のように伝えた。

京尹より命有り　歴代舊陵の摂・河に在る者を検記して以て報ぜよと。我が尹　予輩に命じ之を捜索せしむ。摂に二陵有り、河に十陵有り、是れ皆　文化中に既に検正を歴《へ》、其の餘の　検正の未だ審らかならざる者四陵、曰く反正帝、曰く仁賢帝、曰く後村上帝、曰く亀山帝、其の尤も審らかにし難き者は、仁賢帝の一陵なり。子《し》に請ふ書冊に就きて以て徴を取らんことを。我が尹　今　應に面晤すべし、就きて審らかにせんことを請ふ。

京尹有命検記歴代舊陵之在摂・河者以報。我尹命予輩捜索之。摂有二陵、河有十陵、是皆文化中既歴検正、其餘検正未審者四陵、曰反正帝、曰仁賢帝、曰後村上帝、曰亀山帝、其尤難審者、仁賢帝一陵也。請子就書冊以取徴。我尹今應面晤、請就審焉。

すなわち、京尹（京都町奉行）から「歴代陵墓の摂津・河内にあるものについて調査し報告されたい」との命があり、わが奉行が自分（八田）に捜索を命じた。摂津の二陵、河内の十陵については文化年間に既に調査が行われたが、その他未詳のものが四陵（反正・仁賢・後村上・亀山の諸陵）ある。特に仁賢陵は難しい。ついては寒泉に文献調査に当たってもらいたい、との依頼であった。

ここで二点確認しておきたい。一点は、傍線ア大坂町奉行所が寒泉に依頼した陵墓調査が、京都町奉行からの要請を受けたものであることである。浅野の調査でも未決の陵墓を継続して探索するための、従来の調査の延長線上にある調査であった。もう一点は、傍線イ対象となる陵墓が従来未詳とされる反正・仁賢・後村上・亀山、特に仁賢陵についての調査だということである。ただし調査対象は、調査の進展につれて変わることになる。

八田との面談の後、寒泉は奉行佐々木信濃守の部屋に通され、佐々木から次のように告げられた。

尹曰く、「應に畧《ほぼ》意を領《さと》るべし。聞くならく汝の祖先に『五畿志』の撰有りと。今是を以て汝に托す。継述の道も亦た焉《ここ》に存す。且つや吾が曹吏一日万機、専ら一事を主《つかさど》り難し、况んや史冊上に徴を取るをや。因りて以て汝を煩はすのみ。」と。予拝謝して曰く、「臣不敏、胡《なん》ぞ以て之に任《た》へるに足らんや。然れども祖先五一『五志』の撰意を承《う》けて以て周旋するは、何の幸いか之に如《し》かん。謹しみて休命を奉承し、力を竭《つく》して以て一に捜索せん。事の當否は、選擇して以て沙汰を賜はんことを請ふ。」と。

尹曰、「應畧領意、聞汝祖先有五畿志之撰。今以是托汝。継述之道亦存焉。且也吾曹吏一日万機、難専主一事、况史冊上取徴乎。因以煩汝耳。」予拝謝曰、「臣不敏、胡足以任之。然承祖先五一五志之撰意以周旋、何幸如之。謹奉承休命、竭力以一捜索。事之當否、請選擇以賜沙汰。」

佐々木は寒泉に陵墓調査を委嘱するに当たり、役人は諸事多端で文献考証に専従できないとの理由の他、傍線ア「寒泉の先祖並河誠所に『五畿内志』の著作が有り、陵墓調査は祖業を継承祖述する意義がある。」との理由を挙げている。これに対し寒泉は、傍線イ「『五畿内志』を撰述した祖父の遺志を継いで奔走できることは無上の幸せ。謹んで君命を拝受致し、調査に尽力する。」と即諾した。少なくとも二年を費やすことになる調査研究は、祖先尊崇の念を尽くせる「休命（君命）」を受けて始められた。なお、この「休命」の語は経書では、〈天の命令〉という意味の他、「王之休命」（『尚書』説命上）、「天子之休命」（『同』説命下）、「天子之丕顯休命」（『左伝』僖公二十八年）のように〈天子の命令〉の用例も多い。直接には京都町奉行―大坂町奉行を介して下されたこの命令も、陵墓調査という内容でもあり、究極には天皇に繋がるものとの認識が、寒泉には有った可能性がある。

2・第一回の実地調査

寒泉は四カ月ほどの文献調査の後、第一回の実地調査を行った。『居諸録』には安政二年（一八五五）八月十四日条に、「寒泉 是の日を以て行きて河州の山陵を巡拝す。蓋し四月の官命有るを以てなり。尓後 年を終ふるまで記すを得ず。」とあり、その開始時期を記す。そして多忙を極めたのであろう、年内は陵墓関連記事を記さず、第一回実地調査の期間や調査地など具体的なことは未詳であった。

しかし寒泉の陵墓調査関係資料の一つ『安政乙卯巡拝録』（宮内庁書陵部蔵写本）によって、具体的な内容が明らかになった。この資料は、乙卯の年（安政二年・一八五五）に行った調査において、陵墓の状況や地元の伝承および私見を記すもので、奥書に「安政二年八月十八日　門人藤條公名拝記」と記す。藤條は懐徳堂の門弟で、後述の第二回実地調査でも同行している。今回同行させ、寒泉の口述を記録させたものと思われる。因みにこの調査には陵墓の形状を記録するために若き絵師西山英之輔（後の西山完瑛）も伴っている。

『安政乙卯巡拝録』の奥書および調査記録からすると、調査期間は八月十四日から十八日までの五日間、また調査地は左に列挙した1の「ミサンザイ山」から「黒山古陵」まで現在の大阪府の堺市東部・藤井寺市・羽曳野市・太子町にあたる地域であることがわかる。調査地の下に（　）で現在の所在地と治定陵墓名などを付記した。

1ミサンサイ山（藤井寺市、仲哀陵）

2冢穴（羽曳野市、来目皇子墓）

3ム子《ね》カツカ（羽曳野市、峰ケ塚古墳）
4牡計山《ぼけやま》（藤井寺市、仁賢陵）
5皇子軽墓（羽曳野市、日本武尊陵）
6坂門原陵（羽曳野市、清寧陵）
7恵我藻伏山岡陵（羽曳野市、応神陵）
8冢山（羽曳野市、墓山古墳か）
9白鳥陵（羽曳野市、白鳥神社古墳）
10聖徳太子墓（太子町叡福寺内）
11磯長原陵（太子町、用明陵）
12大阪磯長陵（太子町、孝徳陵）
13磯長山田陵（太子町、推古陵）
14磯長中尾陵（太子町、敏達陵）
15古市高屋丘陵（羽曳野市、安閑陵）
16黒山古陵（堺市美原区、黒姫山古墳）

3．仲哀・允恭・仁賢・後村上陵の由緒書・図の提出

翌安政三年（一八五六）三月二日、寒泉は東町奉行所の呼び出しに応じて出頭した。「仲哀・允恭・仁賢・後村上の四帝陵について、図を付した調査報告を提出するように。」との八田からの督促であった。五月二十四日、西山英之輔から仲哀・允恭・後村上および忍坂大中津姫（允恭天皇皇后）の四陵を描いた『帝陵図』が届けられ、寒泉はそれに付す序文の執筆に取り掛かっている。さらに六月十七日、やはり八田から、「允恭帝と仲津山陵との調査報告書を急ぎ脱稿して提出願いたい。」との督促を受けている。

この町奉行所からの督促では、当初対象とされた反正・亀山の二陵が外され、仲哀・允恭・仁賢・後村上・仲津山の五陵が対象になっている。『安政乙卯巡拝録』で見たとおり、仲哀・允恭・仁賢の三陵は南河内（藤井寺市）所在の陵、後村上陵（河内長野市）・仲津山陵（藤井寺市）も同様で、河内所在の陵に絞られることになった。特に仲津山陵が浮上したのは、この陵の被葬者には異説が多く（すなわち允恭天皇〔並河誠所〕、仲哀天皇〔蒲生君平〕、応神天皇の皇后・

仲津媛《なかつひめ》〔平塚瓢斎〕、允恭天皇の皇后・忍坂大中津姫《おしさかおおなかつひめ》〔寒泉〕など）、天皇陵か否かに関わるために調査の過程で注目されたのであろう。後掲のように、寒泉は仲津山陵に関する調査報告書も作成した。

4・第二回の実地調査

『居諸録』によると安政三年（一八五六）六月二十一日から二十八日にかけて第二回の実地調査が行われた。寒泉は葛井寺《ふじいでら》（藤井寺市）を拠点に周辺の諸陵を巡検した（図1参照）。日程は次の通りである。二十一日の払暁、寒泉は門弟藤條公名と従者とを伴い懐徳堂を出発し、玉造を経て午後に葛井寺に到着、案内役の僧徳門・十兵衛が出迎え、住職も応接した。昼食後、徳門・十兵衛に導かれて葛井寺近くの辛国《からくに》神社・韓人《からと》塚を視察したあと仲哀陵に至り、そこから挟山《はざみやま》・誉田《こんだ》陵（応神陵）・彦日山（大鳥塚か）・栗塚（古室山）・仲津山のなどを望見した。こうして諸陵の位置を確認し、夕方葛井寺へ戻った。

翌二十二日から二十五日にかけて、寒泉は徳門・十兵衛の案内で諸陵を巡検した。[10] 注目すべきは、二十五日午後に京都の陵墓研究家の谷森善臣および鈴鹿筑前守（京都吉田神社社家・国学者）の訪問があったことである。想定外のことらしく、寒泉は急遽住職に二名の同宿を頼み、翌日から行動を共にした。二十六・二十七の両日、寒泉は徳門・十兵衛とともに谷森・鈴鹿のために再び諸陵を巡った。『居諸録』二十六日条に「京人二氏は皆京師山陵の事に預る者、因りて此くの如しと云ふ。」と記すように、谷森らの山陵調査に協力すべく、寒泉は宿舎や視察の便宜を図ったのである。そして二十八日朝、寒泉と谷森らは葛井寺を辞去、夕方に大坂へ戻り、翌二十九日、谷森らは懐徳堂を訪れて数日の厚意に礼を述べ、翌日京都へ帰った。

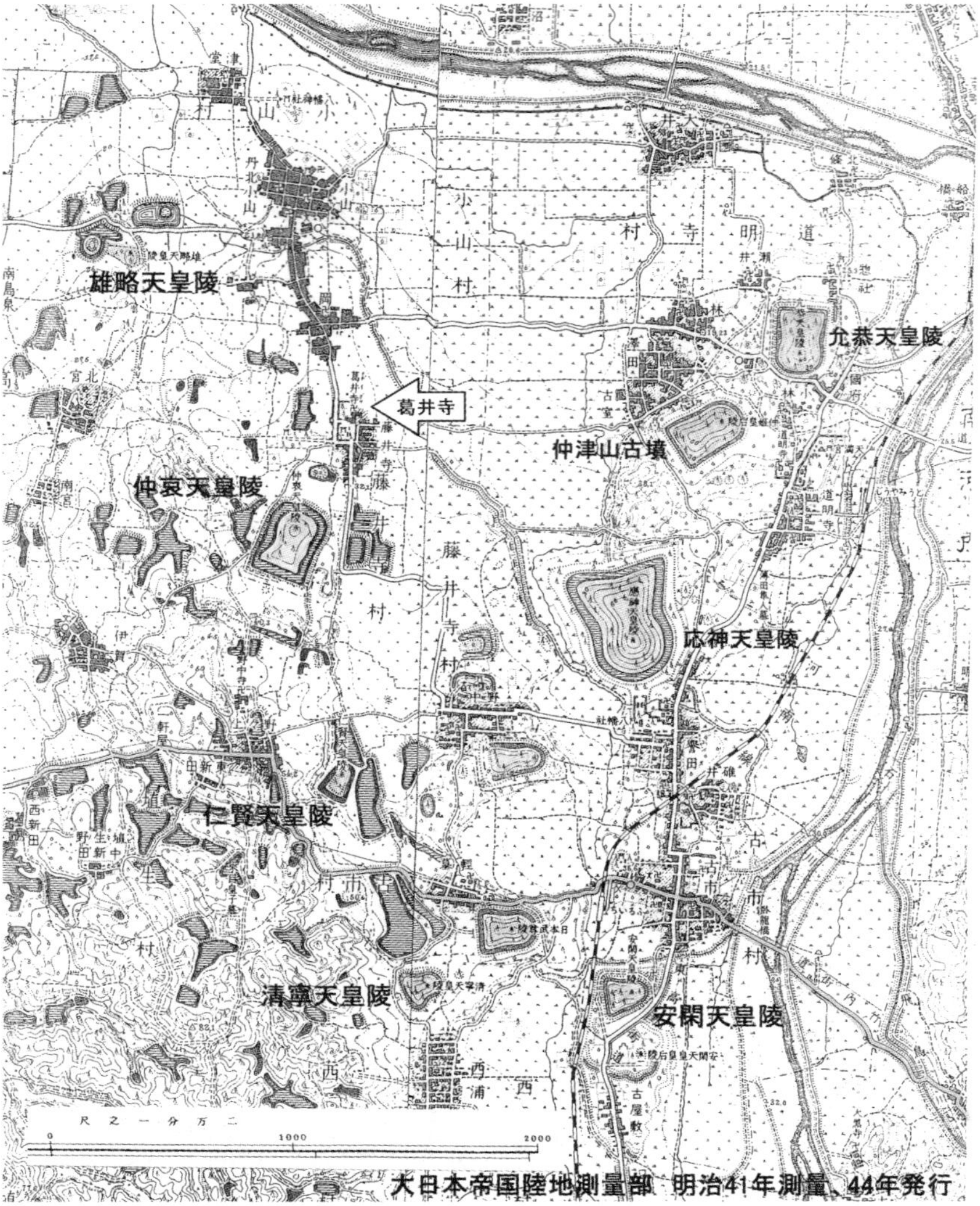

図１　葛井寺周辺の陵墓群

（現在の古市古墳群）

5・報告書提出とその後の調査

寒泉は文献・実地の両面から調査を行い、その結果をもとに考証を加えて報告書を作成した。下記がそれである。（　）は奥書等にみえる署名と日付、その下に紙数等の参考事項を略記した。[11]

『仲津山陵考』（安政丙辰〈三年〉六月　並河鳳来謹識）全六葉、漢文。
『仲哀帝陵考』全十二葉、和文
『仲哀帝陵考　私記』全七葉、漢文
『仲哀帝陵考　献官』全四葉、和文
『仁賢天皇御陵申上覚』[12]（安政乙卯〈二年〉九月並河復一朋来謹白）十五葉、和文
『仁賢帝陵考後案』五葉、和文
『允恭天皇御陵考』A・Bの合冊
　A『允恭天皇御陵考』（安政丙辰〈三年〉五月）四葉、漢文
　B『允恭帝陵考』（安政丙辰八月並河鳳来申上）六葉、和文
『允恭帝陵考別記』四葉、和文

題目や識語の「謹識」「献官」「申上」等の表現から、幕府への報告書の控えあるいは草稿と思われる。また『居諸録』に報告書提出の記事はないが、奥書の日付から時期が推定できる。すなわち第一回実地調査の後、安政丙辰（三年）

年六月から八月にかけて、仲哀陵・仁賢陵・允恭陵・仲津山陵の四陵について奉行所に報告書が提出されたものとみえる。

ところで、二度の実地調査を経て報告書が提出された後も、文献調査は行われた。安政四年二月二十日条に「凡そ山陵考索の公命を奉じてより以来、授讀皆及泉に托し、予は唯だ夜講と質問を聴くとのみ。而して山陵考索書を讀み、或いは抜萃し以て資とすと云ふ。[13]」、また同年閏五月廿日条にも「凡そ山陵を捜索するの命を奉じてより、日として質《ただ》さざるは無し。[14]」と記すように、奉行所から委嘱を受けて以来、門弟への素読は及泉（桐園）らに任せ、寒泉は史書や先行研究を読み、資料を収集する日々であった。研究終了の時期は未詳だが、早くとも安政四年閏五月まで、委嘱から二年以上におよぶ。

四　寒泉の陵墓考察の実例

1・市野山＝允恭陵説に見える『古事記』本文批評

過去の研究の蓄積によって水準の高まった嘉永・安政以後の陵墓研究は、多く国学者が従事し、漢学者の関与は比較的珍しい。前掲のこの時期の主な研究家の中で漢学者といえるのは平塚瓢斎のみである。漢学者・寒泉の研究にはどのような特徴があるだろうか。それを示す例を挙げてみる。

河内国国府《こう》村の市野山（藤井寺市、允恭陵に治定）は松下見林・細井知慎・蒲生君平・平塚瓢斎らがみな允恭陵とし、寒泉も同様に允恭陵と見なしていた。が、通説とは別に市辺押歯皇子《いちのへのおしはのみこ》（履中帝の皇子で顕宗・仁賢両帝の父。以下「市辺皇子」）の墓とする異説もあった。寒泉は『允恭天皇御陵考』において、「市辺皇子の墓は近江国にあり、皇子の遺骨が畿内に運ばれた事実はなく、市野山は市部皇子の墓ではない」ことを考証している。

寒泉が「市辺皇子の墓は近江国にある」ことを考証するのに援用したのが長野義言《よしとき》『市辺忍歯別命山陵考』である。国学者の長野は谷森善臣の友人で、寒泉が谷森に依頼して資料提供を受けた経緯がある[15]。允恭陵の考証における『市辺忍歯別命山陵考』の援用は、寒泉の研究に谷森との交流が寄与した一例である。

さて寒泉は「市辺皇子の遺骨が畿内に運ばれた事実はない」ことについても、『古事記』に基づいて議論を展開する。『古事記』顕宗天皇巻には、顕宗天皇は殺害された父市辺皇子の遺骨を探し出し、近江の蚊屋野の東山に陵を造営して埋葬し、韓帒《かんたい》の子らに守らせたと述べるが、その直後に「然後持上其御骨也」と記している。この記述は一説に「後にその御骨を畿内に持ち上げた」とも解釈され、市辺皇子墓が畿内（河内）にある論拠となっていた。これに対し寒泉は、畿内のどこに改葬したか記述がない、後文に改葬の事実を記さない、「〔蚊屋野に〕御陵を作り葬る」と明記する、などの理由を挙げて反駁し、さらに傍証として『古事記』顕宗天皇巻の本文批判を行っている。『允恭帝陵考』附考に記す寒泉の主張を引用する。

> 『古訓古事記』（原注：本居宣長校）顕宗記中、改葬市邊皇子遺骨条云、「於其蚊屋野之東、作山御陵[ア]葬以韓帒之子等令守其御陵、然後持上其骨也[イ]。」「然後」以下七字、『古訓』不副墨、校者以為不可讀也。盖以上下文意難相属故也。鳳来按、是句錯簡、且有誤字。今移此七字置「作陵」下、而「骨也」之「也」、宜作「而」。盖以字畫似誤也。果然、文意太順、義亦相適。盖言於其蚊屋野作陵、然後持上其骨而葬、以韓帒之子等、令守御陵也。文義豈不順適乎哉。又按、「於蚊屋野東、作山御陵」句、「作山」二字倒置之、則此句意亦順。
>
> 鳳来謹考

錯簡改正　「於其蚊屋野之東山、作御陵、然後持上其骨而葬、以韓帒之子等令守其御陵。」

すなわち、本居宣長『古訓古事記』が「然後」以下の七字に訓点を付さないのは、宣長にも前後の文脈が捉え難かったからだとして、本文の錯簡と誤脱とを指摘する。そして改正案を次のように述べる。「然後」以下の七字（傍線イ）を「作山御陵」（傍線ア）の下に移し、傍線イ「骨也」の「也」を字形の類似による訛誤と見て「而」に改める。さらに傍線ア「作山」の二字は転倒させ「山作」とする。こうすると「錯簡改正」として掲げられるように「於其蚊屋野之東山、作御陵、然後持上其骨而葬、以韓帒之子等令守其御陵（其の蚊屋野の東山に於いて、御陵を作り、然る後に其の骨を持ち上《のぼ》して葬り、韓帒の子等を以て其の御陵を守らしむ）」となる。「『持上』ト申ハ都へ上スニテハナク、山ノ上ヘノボスヲ云（その遺骨を都へ持ち上ったのではなく、御陵の上に持ち上げて葬ったことをいう）」（『允恭帝陵考別記』）との意味で文意が通じる。よって市辺皇子墓が近江の蚊屋野にあるのは明白で、市野山であるはずがないというのである。

この「錯簡」という文献上の問題は、漢学者の寒泉には日常的に目にするものであった。寒泉自身それを次のように述べている（同前）。

是ハ前文中ノ錯簡ト相見へ申候。其上、此處ハ大分誤字抔モ有之様被存候。總テ古書ノ寫本ニテアリシ間ハ處々方々ニテ寫取候コト故、脱字誤字ハ勿論、文句ノ行抔モ不斗其行ヲ落シテ、其次ノ行へ書誤コト、四書五行《ママ》等抔《ママ》ニハ澤山有之、皆寫本ノ誤リノマ、ニテ板行ニ上シタル者也。是ヲ錯簡ト申候。

懐徳堂の代表的な学説に、三宅石庵が唱え、中井竹山・履軒が補足展開した『中庸』錯簡説がある。『古事記』解釈に錯簡を適用したのも、懐徳堂の先師先賢への尊崇の篤かった漢学者・寒泉らしい発想と言えるのではないか(16)。

2・仲津山＝忍坂大中姫陵の考察

考古学的な知識のない当時、陵墓研究家は文献のほか、実地調査から得た情報をどのように被葬者特定につなげたのか。仲津山に関する寒泉の考証は特色ある例と思われるので、『仲津山陵考』によってその所説を紹介したい。

前述のように仲津山には異論が多いが、寒泉はこれを允恭天皇皇后の忍坂大中《おしさかのおおなか》津《つ》姫《ひめ》の陵として議論を展開する。その論拠となったのは『日本書紀』允恭紀・雄略紀に見える忍坂大中津姫の人柄である。寒泉は、忍坂大中姫が夫の允恭天皇に貞、子の雄略天皇に慈なる「婉柔なる婦徳」を具えた貞婦慈母であったと指摘し、よって雄略天皇はこの慈母を父の允恭陵に寄り添うように葬ったはずだとする。「千載の上と雖ども、其の事情は想見すべきのみ（雖千載之上、其事情可想見耳）」と述べるように、人情から古代の事情を想像する議論である。

また寒泉は「後世 陵の位置を観れば、亦た以て當時の状を想ふべし（後世観陵之位置、亦可以想當時之状矣）」、つまり陵墓の位置関係から当時の状況が想像できるとし、この地域における陵墓の位置関係に着目する。略述すれば次の通りである。

応神陵は、恵我長野の東南角に在り、北に向く。

允恭陵は、恵我長野の東北角に在り、応神陵と対して南に向く(17)。

仲哀陵は、恵我長野の西に在り、応神陵・允恭陵と十六町隔たり、南に向く。

仲津山陵は、夫帝の允恭陵と五町隔たり、夫帝陵の南面を回避するため西南に向く。

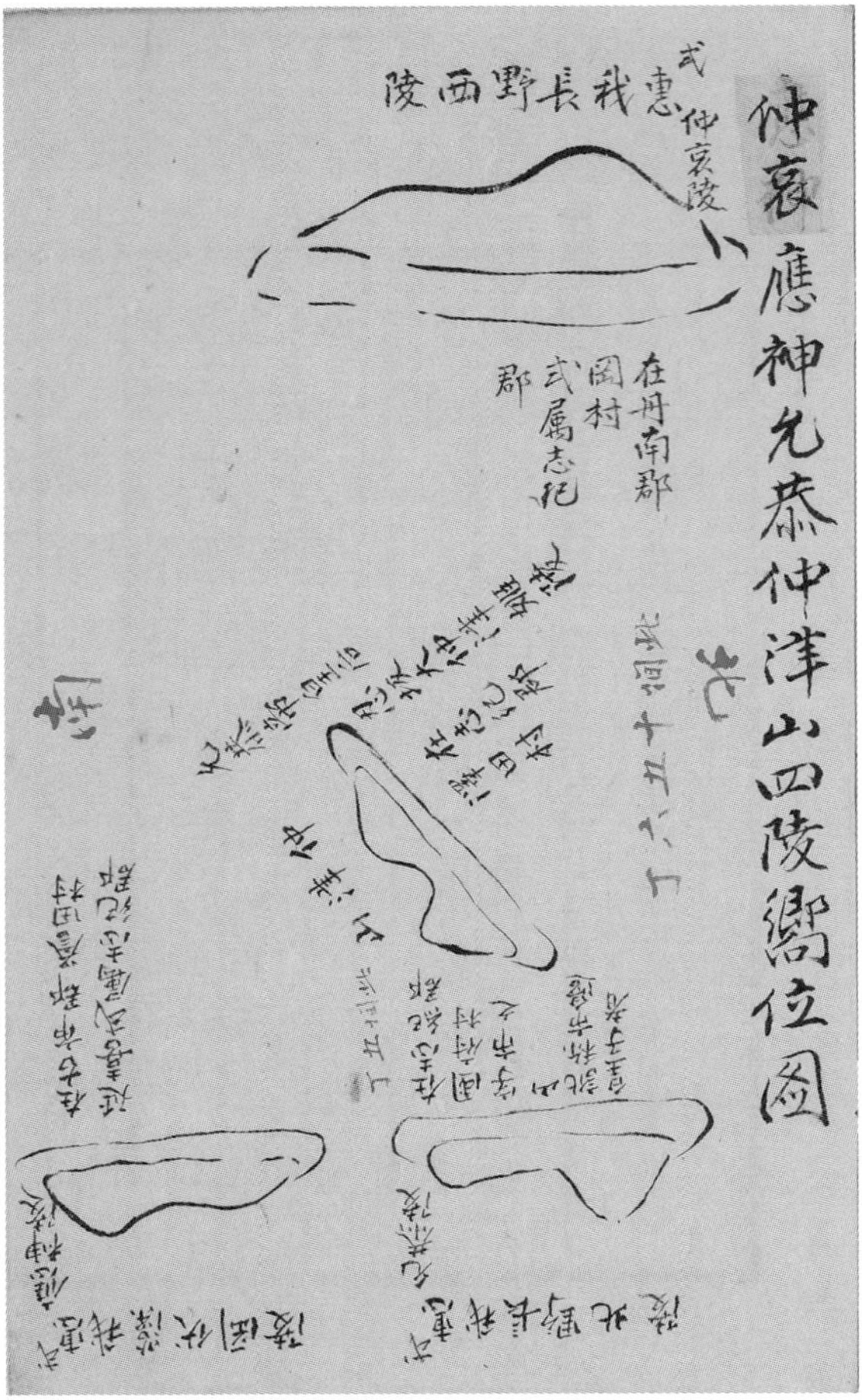

図２　仲哀応神允恭仲津山四陵嚮位図
（天理大学附属天理図書館所蔵『仲津山陵考』所載）

「向く」とは、現在の陵墓の参拝所の方向、前方後円墳ならば前方部の方向をいう。さらにこの位置関係を「仲哀應神允恭仲津山四陵嚮位圖」として図示している（図2参照）。

この仲津山陵と諸陵との位置関係から当時の状況を考えると、忍坂大中姫陵が夫の允恭陵に寄り添うには西南向きしかない、と寒泉は言う。何故か。もし仲津山陵が真南に向けば、南面する天皇陵と見紛うこととなり僭越である。

また真北に向けば夫の允恭陵と対立することになり、真西に向けば允恭陵に尻を向け、真東に向けば祖君の仲哀陵に尻を向けることになる。よって支障のない方向は西南しかない。これが寒泉の論理である。

こうして寒泉は仲津山＝忍坂大中津姫陵（允恭皇后陵）という自説を確信し強く主張する。『仲哀帝陵考』では確信ゆえに「或人」の異議を敢えて掲げ、それへの反駁を加えている。「仲津山の名称から忍坂大中津姫の陵とするのなら、応神天皇の皇后も仲津姫で、応神陵からも近く、応神天皇の皇后陵としてもよい」という「或人」の議論、これに対し寒泉は反論する。

鳳来答テ曰、御唱ヘハ同ジ御コトナレトモ、愈ソコノイハルル通リニ應神帝ノ皇后ナレバ、何故誉田八幡宮御同様結構ニ御廟ヲ儼然ト御建立アラセラレズ候ヤ。（中略）應神帝ノ皇后ニアラサル故ニ何ノ事モ無之ナリ。サレハ同シ仲津姫ト申セトモ應神帝ニ付ヘキ仲ツ姫ニテハナキコト明ラカナリ。

応神陵の傍らには応神天皇を祀る誉田《こんだ》八幡宮がある。仲津山が応神天皇皇后の仲津姫陵ならばなぜ夫君と同様に仲津姫を祀る神社が建立されなかったのか。仲津山が応神天皇皇后陵でない証拠だ、というのである。この異論の主「或人」が実在の人物か否かは定かでない。応神天皇皇后陵説を唱えた平塚瓢斎の可能性もある[18]。ともかく寒泉の論証の特徴および自説への自信がうかがえる。

五　寒泉の陵墓調査の思想性、政治性、その歴史的意義

懐徳堂は幕府の官許を受けて以来、土地税や諸役の免除といった優遇を受け、さらに竹山の頃から幕府と密接な関係を持つようになった。寒泉も懐徳堂教授として大坂町奉行や与力ら幕府役人と私的な交誼を結び、幕府には厚い恩義を感じていた(19)。寒泉が陵墓調査に従事したのは、個人的心情として祖父誠所の遺業の継承・祖述に意義を感じたことの他、これが町奉行所（幕府）からの公的な委嘱であったからであろう。

江戸時代の陵墓の調査修補は、前述のごとく水戸学の尊王思想を端緒とし、幕末の公武合体政策の一環として結実したものであった。この極めて思想的かつ政治的な色彩の濃い事業に従事するに当たり、寒泉はそこにどのような思想的政治的な意味を見出したであろうか。また彼の活動は歴史的にどう位置づけられるだろうか。ここで水戸学および文久の修陵との関係から、寒泉の思想的政治的な認識および歴史的な意義を考察する。

1・水戸学との関係から

懐徳堂は夙に水戸学と親和的な関係にあった。初代学主三宅石庵の弟観瀾は水戸藩に仕官し『大日本史』の編纂に携わった。懐徳堂では明和八年（一七七一）頃から『大日本史』の筆写に総力を傾け、竹山・履軒も水戸学に通じる尊王の立場を表明していた。そして幕末にかけて後期水戸学が影響を及ぼす中、寒泉もそれへの傾倒を深めていた。

幕末の懐徳堂は書籍を通じて水戸藩と直接の交流をもった。安政四年（一八五七）三月二十三日、水戸藩から『破邪集』（明・徐昌治編の基督教排斥論）が届く。徳川斉昭が安政二年に翻刻した書で、寒泉は「懐徳堂未曾有の慶事」と

感動し先哲の霊へ報告した。以下は寒泉の告文である（『寒泉遺稿（丁巳稿）』所収）。

　太公の草筆の序有り。筆畫字勢、奮如たり勃如たり。（中略）押すに二朱印を以てす。上は諱字を押し、下は則ち「尊王攘夷」の四字なり。ああ、太公は叡明雄偉なり。斯の書の黐刻の深意、豈に凡慮の料《はか》り知る所ならんや。

　太公草筆序有焉。筆畫字勢、奮如勃如。（中略）押以二朱印。上押諱字、下則「尊王攘夷」四字。嗚呼、太公叡明雄偉。斯書黐刻之深意、豈凡慮之所料知乎。

太公（斉昭）の序文の気魄の溢れた筆跡や「尊王攘夷」の落款印など「叡明雄偉」な斉昭への畏敬が窺える。さらに同年四月十四日、水戸藩から『大日本史』百巻が寄贈され、寒泉は「懐徳堂中の先哲の喜び知るべきのみ」と感激を日記に綴っている。

　徳川斉昭は後期水戸学の「尊王攘夷」の象徴で、反幕勢力も期待を寄せる存在であったが、その素志は動揺する幕府権力を尊王によって強化することにあった。そもそも内憂外患の状況から生まれた後期水戸学は、尊王の理念のもとで幕藩体制を補強することを目的とした。天皇の下に将軍・諸侯・卿・大夫が階層をなす名分秩序を維持し、尊王は直接的には将軍（幕府）においてはじめて可能とする階層性を重視し、それによって幕府の権威強化を図ったのである。[20]

　また寒泉は平素より天皇に強い尊崇の念を抱いていた。開国を憂える孝明天皇に共感し、叡慮に背く幕府政治には一貫して批判的であった。[21]『居諸録』の慶応二年（一八六六）十二月二十七日条に、孝明天皇の崩御の報に接した寒泉は「ああ、ああ、ああ、草茅の臣 悚懼浩嘆に堪へず。（嗚呼嗚呼嗚呼、草茅臣不堪悚懼浩嘆也。）」と、自ら天皇の「草茅の臣」と称した。さらに寒泉は、皇室の権威の現れである儀礼にも関心を寄せていた。慶応三年一月二十七日条に孝明天皇の大喪儀の記事が見える。この大喪儀は従来の仏式を排し、文久の修陵の流れで古式が復興された画期をなすものであるが、寒泉の記事は儀式の次第を正確に伝えている。大喪儀に関与した並河本家の尚教からの情報であろう[22]。「築陵は後一日申牌にして成る。ああ速やかなりと謂ふべし。」との感懐は、古制に復され粛粛と行われた儀礼への賛辞と読めよう。

このように水戸学に傾倒し、天皇を尊崇して朝廷の儀礼に関心を寄せる寒泉にとって、幕府からの陵墓調査の委嘱は、思想的政治的にも意に適ったものであった。幕命に応じることで幕府への公恩に報い、陵墓の探索で自ら尊王に貢献もできる。寒泉には望ましい条件のそろった意義ある任務だった。寒泉にとって、嘉永七年のロシア艦来航時の応接は〈官命を奉じての攘夷の実践〉であったが[23]、それとの対比でいえば、安政年間の陵墓調査は〈官命を奉じての尊王の実践〉という意味をもったと言えよう。

2．谷森善臣との交流から

谷森善臣は文久の修陵で陵墓治定に重要な役割を果たした、調方の中心人物である。先に見た第二回の実地調査は、寒泉と谷森らとの共同調査の観を呈したが、彼らは実はこれに先立ち陵墓関係資料の貸借なども含めてかなり親密な交際があった。資料の提供では、『居諸録』安政三年（一八五六）正月十九日条に、谷森の斡旋で購入した『続日本後記』が寒泉に届けられている。このように相互に提供された書名を『居諸録』の記事から抽出すると次のようになる。

（　）は『居諸録』記事の日付。

《谷森から寒泉への資料提供》『続日本後記』（安政三年正月十九日）、『行在或問』『花咲松』（同年正月二十一日）、『市辺皇子山陵考』（同年三月六日）、『和印譜』一冊（安政四年六月二十一日）、『稽古印譜』一冊（同年七月十八日）、谷森著書『帝皇略譜』三本（文久二年十二月五日）

《寒泉から谷森への資料提供》『神武陵墓考』『諸陵考略』（安政三年三月六日）、『山陵公書（係元禄中）』（同年七月九日）、『類聚国史（韓唐部六七二冊）』、寒泉撰『河内陵図』、吉村氏所筆『反正山図』、『光孝陵考』（安政四年三月二十八日）

また資料の貸借以外の交流も見える。例えば安政三年三月十六日条に、谷森が僧超海（寒泉の旧知）および京都並河本家の当主尚教らと寒泉の還暦祝いに和歌を贈ったことが見え、谷森の「夏日賀寒泉先生六十算歌」歌を記す。「湧き暮れて夏なほ寒き泉こそ千歳澄むべきしるしなりけれ。(24)」夏の夕暮れの納涼に寒泉の名を織り込んで長寿を祝う歌である。親類縁者とともに賀歌を贈るのを見ると親密な関係が察せられる。また文久二年十二月五日条に、文久の修陵で大坂に滞在する谷森の宿舎に寒泉が歌を添えて海月と酒を届け、それに谷森が当意即妙の返歌で礼を述べたことが見える。(25)

一方、谷森の著作にも寒泉との交流が見える。谷森の著『藺笠乃志《いがさのし》つく』は、安政四年（一八五七）三月十四日から四月一日まで大和を中心に和泉・摂津を実地調査した十八日間の記録である。この調査の終盤の三月二十八日、堺の仁徳陵を経て摂津の継体陵へ向かう途中に大坂に立ち寄った記述が見える。「此大坂に、むかし親しかりし友がりとふらふに、待よろこびてあるじてののしる。酒たうべゑひて、やどりにかへりてねぬ。」寒泉の『居諸録』三月二十八日条にも、大和・和泉の諸陵を巡拝してきた谷森を酒食で歓待したと見え[26]、両者の親密さが窺える。

ここで、この実地調査で大和を抜けた谷森が河内を素通りして堺へ向かったことに注目したい。それは谷森が同書冒頭に「去年のみなづき、河内國なる御陵どもを拜みありきたりし」と記すように、「去年のみなづき(安政三年六月)」に既に寒泉とともに調査済みで、再度の調査を要しなかったからであろう。谷森の『山陵考』は彼の陵墓調査の集大成で、幕末の陵墓治定の根拠となった著作であるが、それが対象としたのは山城・大和所在の陵墓で、河内所在のものは含まない。こう見れば、谷森の陵墓研究において、河内の陵墓については寒泉の研究に負うところが少なくないのではないかと推測させる。実際、谷森は前掲のごとくこの来坂時に寒泉撰『河内陵図』を借り受けている。こうして彼らは幕末の数年間、陵墓研究で互いに便宜を図りつつ、親しい関係を維持したのである。

3・文久の修陵との関係から

寒泉の陵墓調査は、京都町奉行浅野長祚の調査の延長線上において、大坂町奉行の委嘱を受けて行われた公的な活動であった。その後、文久二年(一八六二)十月に宇都宮藩家老の戸田忠至が幕府側の実務責任者となり文久の修陵が実施される。では寒泉の陵墓調査と文久の修陵との間には接点があったのだろうか。

寒泉の調査結果が文久の修陵に貢献したであろうことは、谷森善臣との交流関係から想像に難くないが、その具体的な状況は残念ながら未詳である。しかし、実務を担当した宇都宮藩の幹部には、寒泉の調査が相応の評価をもって認識されていた。県勇記『修陵雑記』の記述がそれを示している[27]。日付がないが、続き具合から文久二年の十月から十一月にかけての記録と思われる。内容は次の通り、十名の住所・身分と名前が列挙される。

洛東吉田村吉田殿官人当時隠居　鈴鹿筑前守
粟田宮諸大夫　進藤加賀守
町与力當時浪人京古屋敷町住居　砂川健次郎
町与力平塚表《ママ》次郎隠居當時浪人京二軒屋敷住居　平塚瓢斎
大和国　北浦儀助
大坂　並河復一／藤井寺住僧
奈良奉行与力　橋本喜久衛門／中条良蔵
堺町通リ二條下ル東側　谷森外記

そして末尾に「以上御陵墓取調年來篤志之者」と結ぶ。つまり「これまでの陵墓調査に志の篤かった者」の一覧である。県は戸田の補佐役として修陵事業に従事したが、事業開始に先立つ九月十八日に上京し準備に当たった。これまでの貢献者を把握し、以後の事業に活かす目的で記したと思われ、実際に文久の修陵の調方に抜擢される砂川・平塚・北浦・谷森らの名が見える。ここに「大坂　並河復一」（復一は寒泉の通称）も見え、彼が評価されていたことが分かる。

また同じく『修陵雑記』十一月八日条に、十一月一日に戸田が山陵御用掛の一人柳原光愛《やなぎわらみつなる》に提出した文書の写しが見える。冒頭に「諸職大和へ下候様申渡候事」との題目を掲げ、以下に修補事業のために大和へ下向させるべき人物――谷森外記以下「調方」十名の氏名を列挙する。さらにその後に「右之通夫々調方相頼ミ候者共ニ御座候／猶大和河内其外有志之者御座候ハバ／相頼可申奉存候　以上／十一月朔　戸田和三郎」（／は改行）と記す。すなわち、谷森以下十名に「調方」を頼むと共に、大和・河内などに有志の者が有れば事業への協力を頼む予定だ、というのである。この協力を要請する者には、先の「御陵墓取調年来篤志之者」も念頭にあったであろう。

それを裏付ける記事が『居諸録』同年十二月一日条に見える。「午後、京師の和學者谷森外記父子来訪、界府より至ると云ふ。蓋し鬱宮《うつみや》矦の臣戸田和三郎 君命を奉じ諸州の山陵を巡拝し、外記之を導く。和州より始め河内及び界府に至るなり。(28)」谷森という重要人物の事業開始まもない訪問からすると、年来の協力への表敬とともに、引き続き協力要請の意図もあったと考えられる。

実際その直後、十二月五日条に、河内国島泉村の大庄屋・吉村丹下から寒泉に対し、谷森の著書『帝皇略譜』三本を拝借したいとの依頼が見える。(29)この書は歴代天皇の系譜に父母・皇后・享年・陵墓などを付した表である。島泉村には雄略陵があり、大規模な修補が行われた。(30)工事に臨み、大庄屋として谷森の著書から知識を得ておこうと考えたのであろう。寒泉は快諾し、来坂中の谷森に著書の貸出を仲介し、事業に協力している。

このように寒泉の活動は、浅野長祚の陵墓調査と文久の修陵との間に位置づけられる。歴史的に重要な一連の修陵事業に、寒泉は自らの調査報告や谷森らへの協力によって貢献したといえる。

おわりに

最後に二点について述べて結びとしたい。先ず天囚の寒泉評価である。天囚はその維新史観から幕府との密接な関係を忌んだためか、『懐徳堂考』での寒泉評価は芳しくない。天囚は資料的な制約から寒泉の陵墓調査の歴史的意義を知り得なかったが、もし知り得たなら寒泉評価も違った可能性がある。そう思わせるのが、寒泉への贈位である。懐徳堂記念会による顕彰活動の結果であろう、懐徳堂関係者は大正元年に竹山が正四位を贈られたのを初めとして、履軒（従四位）・甃庵（正五位）・並河誠所（従五位）・三宅石庵（正五位）・五井蘭洲（正五位）と贈位され、寒泉も大正八年に正五位を贈られた。贈位理由は、贈位申請の略伝を下敷きにした羽倉敬尚「並河寒泉事略」に窺える[31]。その要点は、①尊王攘夷の念に篤かったこと、②ロシア艦と応接し褒賞されたこと、③陵墓を調査報告したことの三点で、理由の一つに陵墓調査が考えられる。後に評価される陵墓調査に触れない『懐徳堂考』の寒泉評価には修正が必要であろう。

いま一つは陵墓調査における漢学者の関与である。幕末の陵墓の調査修補には主に国学者が重要な役割を果たした。その代表格が文久の修陵の調方の谷森善臣らである。しかしその前段階において、『五畿内志』の著者並河誠所を祖父にもち、和漢兼修を学風とする懐徳堂の漢学者並河寒泉が従事していた。王政復古の具体化という近代史的意義をもつ国家事業に、国学者だけでなく漢学者も関与した点は、変革期の思潮を見る上で注目に値すると考える。

注

（1）御城入儒者の詳細については、湯浅邦弘編著『増補改訂版　懐徳堂事典』（大阪大学出版会、二〇一六年）一八三頁を参照。

（2）湯浅邦弘「ロシア軍艦ディアナ号と懐徳堂――並河寒泉の「攘夷」――」（湯浅邦弘編『懐徳堂研究』汲古書院、二〇〇七年）参照。

（3）中井木菟麻呂「懐徳堂年譜」（重印『懐徳堂考』付録、一九二五年）、羽倉敬尚「並河朋来の日記「居諸録」（上・中・下）」（『芸林』八―一～三、一九五七年）、同「大阪学校懐徳書院最後の名教授並河華翁」（『東洋文化』復刊十七号、一九六八年）参照。

（4）本項の記述は主として茂木雅博『天皇陵の研究』（同成社、一九九〇年初版）により、適宜その他の論考も参照した。

（5）鈴木暎一「徳川光圀・斉昭の修陵請願」（『季刊・考古学』第五十八号、一九九七年）参照。

（6）井上智勝「並河誠所の式内社顕彰と地域——摂津国式内社号標石の建立を中心に——」（『大阪市立博物館研究紀要』第三二冊、二〇〇〇年）が、誠所の姓を「なびか」とするのに従う。

（7）本項の記述は主に戸原純一「幕末の修陵について」（『書陵部紀要』第十六号、一九六四年）により、適宜その他の論考も参照した。

（8）宇都宮藩の関与の理由については、大平聡「公武合体運動と文久の修陵」（『考古学研究』三十一巻二号、一九八四年）参照。

（9）以下、具体的な日付を記す事項は寒泉の日記『居諸録』による。なお引用には原文の字形に沿うように留意した。

（10）巡検は徳門・十兵衛の他、村の庄屋にも案内を請うて行われた。例えば『居諸録』安政四年十一月十三日条「暮後、河州上田村里正松川太次郎来。客歳、予往拜山陵日所導者云。」とある。上田村は現松原市上田で、付近に大塚古墳、柴垣宮（伝反正帝宮跡）がある。なお、『仁賢天皇御陵申上覺』（安政二年九月）によると、第一回実地調査でも黒山古陵（堺市美原区、黒姫山古墳）と冢穴（羽曳野市、来目皇子墓）の調査に黒山村庄屋の理右衛門、島泉村（羽曳野市）庄屋の吉村氏に案内されていることがわかる。

（11）『仲哀帝陵考　献官』以上の四点は天理大学附属天理図書館所蔵の自筆稿本。『仁賢天皇御陵申上覚』以下の四点は宮内庁書陵部所蔵の写本。この写本は宮内省諸陵寮が並河総次郎（並河本家当主）所蔵の原本を転写したもの。詳細は拙稿「天理大学附属天理図書館所蔵並河寒泉「陵墓調査関係資料」解題」（『中国研究集刊』第五十一号、二〇一〇年）、「宮内庁書陵部所蔵並河寒泉「陵墓調査関係資料」解題」（『懐徳堂研究』第二号、二〇一一年）参照。

（12）「今暫彼是と聞合せ、又書キ物等も見候得ハ、何とか陵之義も分明ニ可相成歟」等の記述から、中間報告書というべきものである。

（13）『居諸録』安政四年二月二十日条「九自奉山陵考索公命以来授讀皆托及泉、予唯夜講與聴質問耳。而讀山陵考索書、或抜萃以資云。」

（14）『居諸録』安政四年閏五月二十日条「九自奉捜索山陵之命、無日不質。」

（15）『居諸録』安政三年三月六日条「六日『神武陵墓考』及『諸陵考畧』共二冊、自谷森氏還納。京師谷森次郎子逓致前日所托標背紙書付『市邊皇子山陵考』（原注：長野義言考、其友人也）付来前日予所叩也。」

（16）大阪大学附属図書館懐徳堂所蔵の寒泉撰『華翁耄筆』（明治七年・一八七四）は、寒泉が少壮時に記した学術筆記を晩年にまとめたもので、全四十九条から成る（『左伝』三十三条、『中庸』一条、『周易』二条、『尚書』二条、『礼記』十一条）。このうち錯簡を適用して疑問を解決する条が五条ある。また同書に「詳于鄙撰『錯簡録』」の文言が見え、寒泉には別に『錯簡録』の著も有った（所在未詳）。懐徳堂先哲への尊崇の篤かった寒泉ゆえ、その学問を継承する意識があったかと推察する。

（17）「允恭陵は応神陵と対して南に向く」というが、実際は前方部が北側にあり「南向」ではない。允恭陵は前方部の方がやや高いために見誤ったのかもしれない。

（18）平塚瓢斎（一七九四～一八七五）は京都町奉行所の与力で、尊王の志が篤く、そのために安政六年（一八五九）十月に永蟄居を命じられ、赦免の後、前述のように文久の修陵では調方として活躍した。平塚は仲津山について「従應神陵、在亥子之方、一名中ツ山、皇后仲媛陵乎」（『聖蹟図志』安政元）と考えていた。寒泉と平塚との間に交流があったことは『居諸録』から読み取れる。書籍の貸借の他、例えば、文久二年（一八六二）十月に大坂東町奉行所与力の朝岡氏（寒泉の出講先の一つ）から瓢斎の蟄居赦免の報を受けた寒泉は、「華翁之を聞き、欣々然として喜色有りと云ふ（華翁聞之、欣々然有喜色云）。」と喜びを顕わにし、和歌一首「ひさかたの雲吹き拂ふ日の御影　霜も心も解けてうれしき」を詠んで瓢斎に送った（『居諸録』文久二年十月二十一日条）。両者の交流の親密さが窺える。因みに、明治八年（一八七五）十一月、仲津山古墳は平塚説に沿う形で応神天皇皇后の仲津姫陵と決定された（国立公文書館所蔵『陵墓録』）。

（19）松本望「天保期大坂代官と懐徳堂による文事交流」（『ヒストリア』第二五一号、大阪歴史学会、二〇一五年）は、これまで大坂町奉行や城代との交流を軸に論じられてきた懐徳堂と幕府役人との交流について、大坂谷町代官であった竹垣直道の日記にもとづき、天保年間の懐徳堂が講釈を通じて、より格下の「地役人」層の幕府役人とも交流を深め、また竹垣らを介して新来の幕府役人との関係を築いていたことを明らかにしている。また懐徳堂では竹山以来、幕府役人への出講が官許による諸役免除の公恩に報いる役目であると認識されていたと指摘する。

(20) 山口宗之『改訂増補 幕末政治思想史研究』（ぺりかん社、一九八二年）参照。

(21) 拙稿「並河寒泉の政治思想と幕府観――鳥羽伏見戦を中心に――」（『中国研究集刊』玉号〈総五十号〉、二〇一〇年）、および本書第三部第二章「幕末懐徳堂の情報環境――島津久光の率兵上洛を中心に――」参照。

(22)『居諸録』慶応三年一月二十七日条「聞斯夕　大行天皇葬儀、酉牌出門儀畢、亥牌送徒還家則暁云。築陵後一日申牌而成。嗚呼可謂速矣。」これは武田秀章『維新期天皇祭祀の研究』（大明堂、一九九六年）に記す大喪儀の次第とほぼ一致し、正確な伝聞に基づくといえる。

(23) 注（2）前掲湯浅論考参照。

(24)『居諸録』安政三年四月十六日条に超海と尚教の歌を記した別紙を添付する。日記には次の歌が記され、これが谷森の歌と思われる。「夏日賀寒泉先生六十算歌　和支呉傳《ママ》て、難都奈保さむき、い川美こそ、知止せす無倍支、志るし那理計礼」

(25)『居諸録』文久二年十二月五日条「贈海月于谷森氏、付蜂腰而遣曰、袁斯照也、浪速能碕能海廼月袁　山代人仁　美岐勧馬牟登。其賽歌曰、勧馬牟土　君可贈礼留海能月仁　顔毛天流皿久　江飛天帰蘭。」

(26)『居諸録』安政四年三月二十八日条「午後、京師和学者谷森二郎来、供酒鮓及飧、暮天而去。盖巡拝大和和泉諸陵而来坂、遂将以明日拜津之継躰陵也。」

(27) 宮内庁書陵部所蔵、県勇記『修陵雑記（文久二）』一冊（大正十四年〈一九二五〉写本）による。寺田剛・雨宮義人『山陵の復古と蒲生秀実』（至文堂、一九四四年）は、並河復一を含む陵墓調査への功労者の名を「〔県〕信緝の日記や修陵雑誌及び孝明天皇紀等によつて」挙げるというが、出典が特定されていない。

(28)『居諸録』文久二年十二月一日条「午後京師和學者谷森外記父子来訪至自界府云。盖鬱宮矦臣戸田和三郎奉君命巡拝諸州山陵、外記導之。始自和州至河内及界府也。菓糍一筥、谷森氏土儀。」（「界府」は堺）

(29)『居諸録』文久二年十二月五日条「朝河之島泉大理正家人至、傳其主吉村丹下之言、請谷森著書『帝皇略譜』三本。諾之而遺。（中略）欒実及海月、贈谷森氏旅舎、訪問且請『帝皇略譜』三本。谷森不在、後有答書、『略譜』三本至。」

(30) 地元では村内の円墳（丸山）が雄略天皇の墓とされていたが、大和王権の大王の墓は前方後円墳であるべきとの考えにより、丸山の東方百ｍにある方墳（平塚）を雄略陵の一部として整備したため膨大な改修費を要した。西田孝司『雄略天皇陵と近世史料　河内国丹南郡南嶋泉村松村家文書』（末吉舎、一九九一年）、浅田益美「幕末・近代の修陵・管理と地域社会――河内の「陵墓」を中心に」（『鳴門史学』第二号、一九八八年）参照。

(31) 『国学院雑誌』（第四十一巻十一号、一九三五年）所収。

第二章　幕末懐徳堂の情報環境

――島津久光の率兵上洛を中心に――

矢羽野隆男

はじめに――懐徳堂に届く情報とその種類

江戸時代の大坂は、諸藩の蔵屋敷が立ち並ぶ経済の中心地であるとともに、大坂城代や大坂町奉行など幕府の要職が管理する西国支配の拠点で、モノ・カネとともに政治・経済に携わるヒトが集散する大都市であった。ヒトの集まるところ情報も集まる。大坂の学問拠点であった懐徳堂は官許以来、奉行所と密接な関係を保ち、奉行・与力とも公私にわたる交流があった。また諸藩の蔵屋敷の武士や医師といった人々も懐徳堂の門人・社友として親密な関係をもった。これに親類縁者を加えた多様な人脈から様々な情報が懐徳堂へもたらされた。

懐徳堂最後の教授並河寒泉《なびかわかんせん》（一七九七～一八七九）は、天保三年（一八三二）から明治十二年二月に死去するまで約五十年に及ぶ漢文による日記『居諸録』を残している。この『居諸録』の記述に基づき、懐徳堂に届く情報を情報源によって分類すれば、次の三種に大別できる。すなわち、A 奉行所からの御触《おふれ》、B 懐徳堂関係者（門人・社友や親類縁者など）からの情報、C 風聞である。

Aの御触は、大坂町奉行所から懐徳堂へ伝達される公的な情報である。内容は多様だが、幕府支配の安定維持を目的とするものゆえ、影響の大きな事項については情報の信憑性や速報性に欠ける面があった。Bの懐徳堂関係者からの情報は、奉行所与力や蔵屋敷役人を務める門人・社友など消息筋からの情報であり、相応の信頼性と速報性とを伴っていた。また寒泉の場合、京都の並河本家は伏見宮家に仕える儒医で、当時の当主尚教《ひさのり》は朝廷の実力者中川宮《なかがわのみや》（伏見宮邦家親王の第四子）に仕えており、本家を通じて京都の重要情報を得ることもできた。このようにBの情報は、広い人脈をもった懐徳堂ならではのものといえる。Cの風聞は世間の噂で、信頼性に欠ける面があるとはいえ、その情報は受け手の興味関心を掻き立てて一定のイメージや見方の形成に影響する場合もある。

これら三種の情報は具体的な事件においていかに伝えられたのか。本章では、寒泉の日記『居諸録』に基づき、先ず一で奉行所からの御触《おふれ》を丹念に記録した『居諸録』の、近世大坂の町制における資料的価値を指摘する。次いで二で懐徳堂に届く諸種の情報を『居諸録』の実例を通して概観する。そして三において幕藩秩序の崩壊の端緒となった文久二年の島津久光による率兵上洛の記事を抽出し、誰からどのような情報が伝えられたかを明らかにする。そして、最後に四で寒泉の詩文集『寒泉遺稿』に基づき、所与の情報から寒泉がどのような社会政治的なイメージや見解を形成したかをたどりたい。なお、以下の『居諸録』および『寒泉遺稿』(1)の引用には、漢字の字形はできるだけ原本に近い字体を用いた。

一　町奉行所から懐徳堂へ届いた御触――『居諸録』の価値

幕府の官許を得た懐徳堂は、歴代奉行と良好な関係を保ち、何事も町内の手を経ず直接に奉行所に申し出る特権を得ていた。その特権を確固たるものにすべく、中井竹山（一七三〇～一八〇四）は奉行所に対して懐徳堂の公的性格を主張し続け、安永九年（一七八〇）町内の支配からの離脱を公認されることとなった(2)。

町内から離脱した懐徳堂は、奉行所が発する情報（御触）においても、町内とは異なる扱いとなった。一般に奉行所から出た御触は、三郷《さんごう》（町人の居住区である北組・南組・天満組）の各惣会所《そうかいしょ》で受け継ぎ、それを各組所属の町会所に伝え、町会所でそれを書き写して町人に見せ、見たという印形を取るという流れで周知された(3)。しかし、懐徳堂は町内を通さず、直接に奉行所とつながっていた。次の『居諸録』の記事はそれをよく示している。引用文中の傍線ア～エおよび波線は、後文で注目する箇所である。

〔文久四年四月〕十九日……是の日 官より令有りて曰く、（中略）〔幕府要職の人事異動について〕一昨十一日に仰せ出だされ候段、京都より仰せ下され候条、此の旨 承知せしむべく候。子四月、と。鳳来曰く、ア令に「一昨十一日」と云へば、則ち十三日に之《し》を布く令なり。イ而るに十九日に此の令を布くは如何ぞや、と。是れ蓋し ウ銜臣 偶《たま》たま 吾が庠に布くを忘れて今日に至るなり。エ閭里に此の令を布くは、実に十三日に在るなり。之を聞きて及泉と謂ひて曰く、斯の令 何ぞ吾が庠に及ばざる、怪しきかな。日有りて今日徐ろに来たるなり。ああ、と。

十九日……是日官有令曰、（中略：内容は幕府要職の異動）一昨十一日被仰出候段、従京都被仰下候条、此旨可令承知候　子四月。鳳来曰、ア令云「一昨十一日」、則十三日布之令也。イ而十九日布此令者如何也。是盖ウ銜臣偶忘布吾庠而至今日也。エ閭里布此令、実在十三日也。聞之與及泉謂曰、斯令何不及吾庠、怪焉。有日而今日徐来也、嗚呼。

文久四年（一八六四）四月十九日に官（お上）から届いた幕閣の人事異動を通知する御触には「一昨十一日」に発布されたとあり（傍線ア）、閭里《りより》（町内）には確かに十三日に通達されていながら（傍線エ）、吾《わ》が庠《しよう》（懐徳堂）へは十九日になってようやく届いたのはどうしてかと鳳来（寒泉の名）は疑問を示し（傍線イ）、その原因を衙臣《がしん》（奉行所の役人）がたまたま今日まで懐徳堂に伝え忘れていたためだ（傍線ウ）と記している。懐徳堂への御触は町内向けとは別に奉行所から直接に通達されていたことがわかる。寒泉は御触を『居諸録』に丹念に記録しているが、これは町内で回覧される御触に慌ただしく目を通すのではなく、懐徳堂宛に別途通達された御触を入念に読める環境があったことも要因に挙げられよう。

幸《こう》田《だ》成友《しげとも》が日本初の地方自治体史である『大阪市史』全五巻七冊（大正四年〈一九一五年〉完成。以下、『市史』）を編纂する際、史料として利用したのが御触の類であった。幕末維新の混乱や火災で奉行所や大坂城の御触は散逸・焼失したが、町会所が保存していたもの、町人が回覧時に書き留めた抜き書きなどを集めて『市史』の基礎を作ったという(4)。『市史』全五巻のうち第三と第四上・下の三冊に「江戸時代の御触及口達」がまとめられている。

この大坂の御触の集成といえる『市史』所収「江戸時代の御触及口達」と『居諸録』所収の御触とを対照してみると、『居諸録』には『市史』に掲載されていないものが少なからずある(5)。また両者の間に表現の違いもある。たとえば前掲の『居諸録』文久四年四月十九日条の波線部「此の旨　承知せしむべく候（此旨可令承知候）」は、『市史』所収の御触では「此の旨　三郷町中に觸れ知らすべき者なり（此旨三郷町中可觸知者也）」とあり、「三郷町中」への通知であることが明示されている。『居諸録』所収の御触のうち『市史』に載せないものは、三郷にも通知されていたものなのか、それとも懐徳堂など一部にだけ通達されたものか未詳ながら、『居諸録』が近世大坂の御触を補足する点においても貴重な資料であるということができよう(6)。

二　懐徳堂に集まる情報の具体例

ここで「はじめに」で示したA・B・C三種の情報について、いくつかの事件に関する実例を通して概観したい。

1・将軍家定の死去

ア〔安政五年七月〕十八日……森氏報じて云はく、今大君 六月六日（原注：一に七月に作る）を以て鴆薨《ちんこう》すと側聞す。恐るべし悚《おそ》るべし。事は演劇の仙臺萩《せんだいはぎ》に似たる者と云ふ。○又聞く、水府の老公及び尾公・福井侯、倶《とも》に台命《たいめい》を以て閉居すと云ふ。ああ、肘下《ちゅうか》の変、此《ここ》に基かざらんや。ああ。

十八日……森氏報云、側聞 今大君以六月（原注：一作七月）六日鴆薨。可恐可悚矣。事似演劇仙臺萩者云。○又聞、水府老公及尾公・福井侯、倶以台命閉居云。嗚呼、肘下之変、不基於此乎哉。嗚呼。

【語釈】○鴆薨…鴆という鳥の毒による毒殺で薨去すること。「薨」は諸侯の死、ここでは将軍家定の死をいう。○演劇の仙臺萩…歌舞伎演目「伽羅先代萩《めいぼくせんだいはぎ》」。仙台伊達家の横領を謀る原田甲斐らは、幼君亀千代の毒殺を企てる。○台命…将軍の命令。○肘下の変…近親者による騒乱。例えば『三国志』蜀書・法正伝に、「〔劉備は、北は曹操、東は孫権〕近くは則ち孫夫人の 變を肘腋の下に生ずるを懼る（近則懼孫夫人生變於肘腋之下）」とある。

イ〔同年八月〕十五日……官より令有りて曰く、大君《たいくん》 本月六日を以て薨《こう》ず。庶事 遏密《あつみつ》して當《まさ》に慎しむべしと。

十五日……官有令曰、大君以本月六日薨。庶事遏密當慎矣。

【語釈】〇遏密…鳴り物などを停止して謹慎すること。

第十三代将軍家定は安政五年（一八五八）七月六日に死去したが、喪が発せられたのは同年八月八日であった。(7) アは、近江三上藩の医師で懐徳堂の門人・社友であった森三寿《もりさんじゅ》が伝えたもので、家定の死去から十二日で届いた比較的早い情報である。加えて、家定の鴆毒による暗殺という極秘情報（真偽は未詳）、および将軍継嗣問題で井伊大老と対立した水戸の徳川斉昭、尾張の徳川慶勝、福井の松平慶永が蟄居させられたことを報じている。当時の近江三上藩主遠藤胤統《えんどうたねのり》は、天保十二年（一八四一）から嘉永四年（一八五一）まで若年寄を務めたほか、大坂定番・台場造営など重職を歴任するなど幕府の信任が厚く、かつ森氏が医師でもあり、このような機密情報に接し得たのかもしれない。この情報は寒泉に「肘下の変」すなわち幕府の内訌を懸念させた。一方のイは官（お上）からの御触である。家定の死去は一ヶ月後の八月六日のこととされ、実際の死去から四十日も経過してからの通達で、信憑性・速報性ともに価値の低い情報であった。

2・桜田門外の変

大老井伊直弼は、万延元年（一八六〇、安政七年閏三月改元）三月三日、桜田門外において水戸浪士らによって暗殺された。襲撃には拳銃が一発発射され、目的を遂げた浪士のうち四名が老中脇坂淡路守邸へ自首して「斬奸趣意書」を提出、別の四名が熊本藩主細川越中守邸へ自首した。(8) 大老の死は病気として伏せられ、正式に喪が発せられたのは同年閏三月三十日であった(9)。

ア〔万延元年三月〕十日……或るひと云はく、本月初三、彦根矦 巳日を拝賀するより至り、鹵簿《ろぼ》 儼然《げんぜん》として櫻門を出づれば、則ち銃丸 雨のごとく迸《ほとばし》り、轎《かご》の内に四集し、従者の死し且つ傷つく者太《はなは》だ多し。須臾にして細川及び脇坂の二矦 退城し、五六の浪士 二矦の轎《かご》の前に愬《うった》ふ。愬ふる辭《ことば》 畢《お》はれば、即ち自刃して死す。其の由《よし》を知らずと云ふ。浪士は蓋《けだ》し銃を操るか。

十日……或云、本月初三、彦根矦至自拝賀巳日、鹵簿儼然出櫻門、則銃丸雨迸、四集於轎内、従者死且傷者太多。須臾、細川及脇坂二矦退城、五六浪士愬二矦轎前。愬辭畢、即自刃而死。不知其由云。浪士蓋操銃與。

イ〔同年三月〕廿四日……聞く 前日に四浪士有り、皆 散處して屠腹し、其の二は父子なりと。父は高橋多一郎と曰ひ、子は庄左衛門と曰ひ、天王寺の内に屠腹す。其の一は生玉《いくたま》祠の門前に于《お》いてし、其の一は上宮（原注：此條虚説）に于いてす。蓋し皆 水府の浪士と云ふ。

廿四日……聞前日有四浪士、皆散處屠腹、其二父子也。父曰高橋多一郎、子曰庄左衛門、屠腹于天王寺内。其一于生玉祠門前、其一于上宮（原注：此條虚説）。蓋皆水府浪士云。

ウ〔同年三月〕晦《みそか》……赤松氏 前日の天王寺内屠腹の士の 障上に血書せし詩句を傳へ示す。〇田中方安（中略）

も亦た天王寺内の血書の詩句及び訴書を傳へ示す。

晦日……赤松氏傳示前日天王寺内屠腹之士血書障上詩句。○田中方安……亦傳示天王寺内血書詩句及訴書。

エ〔同年閏三月〕九日……是の日　官より令三道有り。一に曰く、萬延に改元すと。一に曰く、大老井伊掃部頭《かもんのかみ》、大君　意有りて以て職を免ずと。一に曰く、久世《くぜ》大和守　召されて老班と為り松平泉和《ママ》守の次に在りと。

九日……是日官有令三道。一曰、改元萬延。一曰、大老井伊掃部頭、大君有意以免職。一曰、久世大和守召為老班在松平泉和《ママ》守次。

【語釈】○大君…征夷大将軍をいう。ここでは徳川家茂を指す。○老班…老中のこと。安政の大獄後に安藤信正と幕政を担うことになる久世《くぜ》広周《ひろちか》の老中就任を告げる。

オ〔同年五月〕十二日……水士の檄文《げきぶん》、諸《これ》を坂本君に假《か》る。

十二日……水士檄文、假諸坂本君。

カ〔同年五月〕十八日……水士の檄文、森氏に轉借す。蓋《けだ》し坂本氏より至る者なり。

十八日……水士檄文、轉借森氏。蓋至自坂本氏者。

アは「或るひと」が桜田門外の変の七日後の三月十日にもたらした情報である。事変が早飛脚で彦根に報ぜられたのが四日後の七日夜というから、この情報もかなりの速報といえる。(10) 細部では事実と異なるものの、上巳《じようし》（旧暦三月三日）の登城拝賀の日に井伊大老の鹵簿（行列）が桜門（桜田門）外において浪士に襲撃されたこと、その際に銃弾が発せられたこと、多数の死傷者が出たこと、襲撃直後に浪士たちが脇坂侯・細川侯に自首したことなど、大筋は事実に沿った内容である。この後まもなく犯人の捜索が大坂にも及び、『居諸録』同年三月二十日条に懐徳堂へも役人による身元調査が入ったことを記し、(11)「盖し水府浪士の 散逃する者を廉問するなり（盖廉問水府浪士散逃者也）」と注記している。情報の精度・速度からすれば風聞の類ではなさそうで、情報源の「或るひと」は事件の重大性ゆえの匿名と思われ、機密に通じた町奉行所や蔵屋敷の武士を想定できよう。井伊大老の首を討ち取った薩摩浪士の有村次左衛門が、その門前で力尽き自決したため大老の首を預かったのが前出の近江三上藩主の遠藤家であったから、同藩医師の森三寿が情報源であったかもしれない。(12) この推測は、『居諸録』同年閏三月十九日条に「森氏 其の子敏童をして一書を齎し以て雑記事を示さしむ。東関の騒擾に係ると云ふ。（森氏使其子敏童、齎一書以示雑記事。係東関騒擾云）」とあり、森氏が関東の混乱を伝えていることからも、あながち見当外れではなかろう。

イは冒頭に「聞く」とだけあるように風聞であろうが、井伊大老暗殺と呼応して京坂で挙兵を計画していた水戸浪士高橋多一郎・庄左衛門父子の自刃を名前まで正確に伝えている。三月三十日にはウのように自刃した高橋父子が血で書き記した詩句や訴状の写しが赤松氏や田中方安から届けられた。赤松（孫太郎）は浜松藩士、田中方安は在坂の医師で、ともに懐徳堂の門人・社友である。また五月にはオ・カのように坂本氏が入手した「水士の檄文」（水戸浪士の檄文）が寒泉や森三寿の間で貸借される。坂本は坂本鉉之助という砲術に優れた大坂城玉造口与力で寒泉と親交があった。このように寒泉の周辺では、井伊大老の強権政治への反発も手伝い、自刃した高橋父子をはじめ水戸浪士への同情が募っていった。一方、奉行所からの公式発表は、エのようにようやく閏三月九日に届き、しかもこの時点では大老の免職を伝えるにすぎなかった。

3・孝明天皇の攘夷表明

文久二年（一八六二）四月七日、孝明天皇は改めて廷臣に対し、和宮降嫁（婚儀は文久二年二月十一日）を認めたのは公武一致・攘夷実行を条件としてのことであったとの意思表明を行った(13)。次の『居諸録』の記事は、廷臣に示された叡慮を清水士進が伝えて寄越したものである。

〔文久二年四月〕廿四日……是の日、清水士進の示す所は左のごとし。「夷狄月々猖獗《しょうけつ》、御国威日々逡巡《しゅんじゅん》の儀、深く宸衷《しんちゅう》を悩まされ、段々関東御往復　之れ有り。終《つい》に七八箇年　十箇年に及ぶ内には、是非　令して應接征討の内を以て、何《いず》れも必ず拒絶に及ぶべき旨言上、之れに依り暫く御猶豫《ごゆうよ》　之れ有り、右期限には、断然　掃攘有るべきに付、武備充実、海軍調練は勿論の事、第一全国一心一同に相成らず候ては、蛮夷壓倒せられがたき儀に候間、先づ國中一和の基源を開かれ度《た》き叡念《えいねん》に付、願のまま皇妹を以て大樹へ配偶せられ、公武御合躰を宇内に表され候。深重の聖慮、遐迩《かじ》に布告し、海内協和、御國威更張の機會　相失はざる様、乞度《きっと》　遠畧を廻《めぐ》すべき儀と思食《おぼしめ》され候事。」右一紙、叡慮に在らせられ候。尤《もっと》も改めて仰せ出だされ候儀には之れ無く候へども、心得の為　内々御沙汰在らせられ候事、右の通り。壬戌四月十二日、傳奏衆（原注：勧修寺殿）より私共へ御達し相成り候間、写し差し出し申し候。御一覧成らるべく候。已上。

廿四日……是日、清水士進所示如左。「夷狄月々猖獗、御国威日々逡巡之儀、深被悩宸衷、段々関東御往復有之、終ニ七八箇年及十箇年内ニ者、是非令以應接征討之内、何レ茂必可及拒絶旨言上、依之暫御猶豫有之、右期限ニ者、断然可有掃攘ニ付、武備充実海軍調練者勿論之事、第一全國一心一同ニ不相成候而者、蛮夷壓倒セられかたき儀ニ候間、先被開國中一和之基源度叡念ニ付、願之まゝ以皇妹大樹江被配偶、公武御合躰ヲ宇内ニ被表候。深重之聖慮、遐迩ニ布告シ、海内協和、御國威更張之機會不相失様、乞度可廻遠畧儀被思食候事。」右一紙叡慮ニ被為在候。尤改而被仰出候儀ニ者無之候得共、為心得内々御沙汰被為在候事、右之通。壬戌四月十二日、傳奏衆（原注：勧修寺殿）より私共へ御達相成候間、写差出申候。御一覧可被成候。已上。

この情報をもたらした清水士進（一七九〇～一八六七）は号を中洲といい、仙台藩大坂藩邸の留守居役で、かつて履軒に学び寒泉とも親交のあった懐徳堂の社友である。中洲は武家伝奏《ぶけてんそう》（武家との連絡にあたる朝廷の要職）の勧修寺氏からこの天皇の意思表明の写しを入手し、天皇を尊崇し攘夷の実現を願う寒泉に届けたのである。この機密情報によって、寒泉は天皇の堅固な攘夷意思を再認識したことであろう。

三　島津久光の率兵上洛に関する記事

桜田門外の変の後、老中の安藤信正・久世広周は強硬姿勢から公武融和へと方針を転換し、前節二―3で見た〈七年から十年の内に条約破棄あるいは攘夷決行すべし〉という孝明天皇の条件を受諾して和宮の将軍家降嫁を実現した。これに対し、有力諸大名は朝廷と結んで政治の主導権を握ろうと画策する。当初、長州藩の長井雅楽《うた》の航海遠略策

〈開国攘夷策〉が朝幕双方から支持されるが、やがて安藤・長井の失脚で消滅する。一方、文久二年（一八六二）四月、島津久光は一千余名の藩兵を率いて京都に入り、朝廷に対して〈皇国復古〉〈安政の大獄の処罰者の赦免〉〈幕政改革＝徳川慶喜・松平春岳の登用〉などを建白して嘉納されるとともに、不穏浪士の鎮撫のため京都滞在を命じられた。久光が尊王過激派を鎮圧した四月二十三日の寺田屋事件はその直後のことであった。こうして久光は武威と朝廷の権威とをもって幕府に影響力を行使することになる。(14) 以下に『居諸録』から文久二年の島津久光による率兵上洛に関連する記事を抽出し、見出しと解説を付す。

1・島津久光入京の不安

ア〔四月〕十九日……是の日 之を森氏より聞く。薩侯の父和泉 士卒三千餘を率《ひき》ゐて以て入洛す。(15) 毛利長門侯も亦た不日にして来たり會す。何の故かを知らざるなり。世評 嘖々《さくさく》たり。

十九日……是日聞之森氏。薩侯之父和泉卒《ママ》士卒三千餘以入洛。毛利長門侯、亦不日来會。不知何故也。世評嘖々。

イ〔五月〕朔《ついたち》……是の日 京師の宗子 書を寄せ来たりて説齋《えつさい》先生の餕・菓糍《かし》を贈り、併せて京師比日の事を示す。状は箚子《さつし》に別記す。因りて言ふ 長州侯は前月廿八日を以て入京す。蓋し島津和泉君に會するなり。

朔……是日京師宗子寄書来贈説齋先生餕菓糍、併示京師比日事。状箚子別記。因言長州侯以前月廿八日入京。蓋會島津和泉君也。

【語釈】○説齋先生餕菓糍…「説齋先生」は京都本家の並河天民の子、当時の当主尚教《ひさのり》の曽祖父。安永四年（一七七五）四月二十九日没。祥月命日の供物の餕（お下がり）・菓子を送って来たのである。

アは薩摩藩主の父和泉（久光の通称）が三千余の兵を率いて入京し、長州の毛利侯も近日中に入京して会合するらしいが、その目的は未詳で、ために世間が騒然としているという情報である。情報源は前出の近江三上藩の医師森三寿である。イは京都の並河本家の尚教が伝えた京都の近況で、毛利侯が先月四月二十八日に入京し、島津久光と会合するらしいという。史実によると、兵を率いて東上した島津久光は、四月十三日に伏見に到着、十六日に側近とともに近衛邸を訪れて前記の建白を行い、京都滞在の勅許を得た。藩兵を伴って京都の薩摩藩邸に入ったのは翌十七日である。この薩摩藩の動きに対抗して、長井の航海遠略策を廃して破約攘夷をめざす長州藩の世子毛利定広は、江戸を四月十三日に発して西上し二十八日に入京した。そして三十日、議奏の中山忠能《ただやす》を通して「暫く京都に滞在して薩摩と協力して浪士鎮撫に当るように」との勅命が伝えられた[16]。アの森三寿の情報には「士卒三千餘」との誇張はあるが、ア・イともに簡単ながら当時の薩長両藩の動きを伝えている。記述には、目的が定かでない薩長の連携に対する不安が滲んでいる。

2・島津久光在京の不安

〔四月〕廿日……是の日 之を聞く。薩侯の父伊豫[17]の 洛に在るや、京尹及び衙尹 共に其の故を問《と》[18]ふも應ぜず、之を強《し》ふれば答へて曰く、「幕府の知る所なり。之を幕府に問へ。」と。復《ま》た他を言はず。

廿日……是日聞之。薩侯之父伊豫之在洛也、京尹及衙尹共訪《ママ》其故不應、強之答曰、「幕府所知也。問之幕府。」不復言他。

情報源は明記されないので風聞の類であろうか。久光の京都滞在の理由が未詳で、京尹（京都所司代）や衙尹（京都町奉行）が問い合わせても「幕府が知っているから幕府に聞け」と言うばかりだとの情報で、世間および寒泉の不安が窺える。

3．寺田屋事件直前の不穏な状況

〔四月〕廿三日……、是の日 京より至る者に聞く。祝氏なり。曰く、「我が寓する所の旅舎は、蓋し祝人多く、薩長二國の祝も亦た在り。乃ち入洛の故を問へば、則ち皆 遊観せんと欲す、と曰ふなり。而《しか》るに二祝は晝日 常に舎に在りて出づるを見ず、夜に及べば則ち他に之《ゆ》くの状有り。或る夜 鎧櫃《よろひびつ》を舎に致すなり。其の飲食の状を見るに、皆自ら竈《かまど》を設けて自炊し以て給し、旅舎の人は給せず。何の故たるかを知るべからざるなり。京人 皆 評して曰く、薩の京に在ること二十日のみ。然れども其の竈を設くるの状、決して遽《にわ》かに去るの勢ひ無し。」と。

廿三日……是日聞至自京者。祝氏也。曰、「我所寓旅舎、盖多祝人、薩長二國之祝亦在。乃問入洛故、則皆曰欲遊観也。而二祝晝日常在舎不見出、及夜則有之他之状。或夜致鎧櫃于舎也。見其飲食之状、皆自設竈自炊以給焉、旅舎人不給。不可知為何故也。京人皆評曰、薩之在京二十日耳。然其設竈之状、決無遽去之勢矣。」

京都から来た祝氏（神職）からの情報である。宿泊した宿屋に薩長両藩の神職があり、物見遊山の入京という言葉に反し、日中は外出せず夜になると活動し、或る夜には鎧櫃を運び込み、自炊のために竈を設置して長期滞在する模様だという。京都市中の不穏を伝え、寒泉も凶兆を感じているようである。寺田屋事件はこの二十三日の夜のことであった。

4・井伊大老の圧政批判、島津久光への勅命

〔五月〕十日……稲謙藏、早朝 京より至りて曰く、「再び貴宗を過《よぎ》れども左金吾《さきんご》氏は不在、僅かに令室に見《まみ》ゆるのみ。（中略）令室の話に曰く、金吾の家に在らざるは、皆 業事のみ。今日の不在は、粟田法王を胗《み》るなり。蓋し法王は比日 勅赦を得て幽囚を出で、形は枯槁 足は軟痿、金吾に胗藥を命ず、所以《ゆえ》に不在なり。幽囚は原《もと》より寃《ぬれぎぬ》、前四年に在り。蓋し彦矦 時に大老職に在り、夷を挟《さしはさ》んで以て皇國を制せんと欲す。夷を疾《にく》む者有れば、皆 他罪を以て逮捕し、人を京畿・江都及び餘邦へ出して、之を廉察し、或いは放流し、或いは永囚し、或いは斬殺す。法王も亦た與《とも》に其の中に在るなり。／今茲四月十三日、薩矦の生父和泉、薩より坂を過ぎて京に入る。従ふ者千餘人。至れば則ち先づ伏水驛《ふしみえき》に在り、従ふ者数十人 以て京に入り、事を天闕《てんけつ》に訟ふ。帝 大いに之を叱斥し、和泉 恐怖して伏水に反《かえ》る。還《かえ》れば則ち詔命有り、和泉を召す。和泉即ち単騎にて馳せ至り、従ふ者数百人、装容鮮明にして追及す。和泉 禁垣に到れば、則ち議奏司を以て命を傳へて曰く、聞くならく 比日 姦徒 畿甸《きでん》に充斥すと。汝 今 将《まさ》に東関に入らんとして鹵簿《ろぼ》 伏水に及ぶ。姑《しばら》

く鹵簿を輦下《れんか》に移して、以て不虞《ふぐ》に備へよ(19)、と。和泉命《めい》の辱《かたじけな》きを拝し、即ち移りて京邸に入り、以て不虞に備ふと云ふ。」と。

十日……稲謙藏、早朝至自京曰、「再過貴宗而左金吾氏不在、僅見令室而已。（中略）令室之話曰、金吾之不在家、皆業事耳。今日之不在、胗於粟田法王也。蓋法王比日得勅赦出幽囚、而形枯槁足軟痿、命金吾胗藥、所以不在也。幽囚原寃、在前四年。蓋彦侯時在大老職、欲挟夷以制皇國。有疾夷者、皆以他罪逮捕、出人于京畿・江都及餘邦、廉察之、或放流、或永囚、或斬殺。法王亦與在其中也。／今茲四月十三日、薩侯生父和泉、自薩過坂入京、従者千餘人。至則先在伏水驛、従者数十人以入京、訟事天闕。帝大叱斥之、和泉恐怖而反伏水。還則有詔命、召和泉。和泉即単騎馳至、従者数百人、装容鮮明追及、和泉到禁垣、則以議奏司傳命曰、聞比日姦徒充斥畿甸。汝今将入東関而鹵簿及伏水。姑移鹵簿於輦下、以供《ママ》不虞。和泉拝命之辱、即移入京邸、以備不虞云。」

【語釈】○左金吾…左金吾は左衛門督《さえもんのかみ》の唐名。京都並河本家の尚教は当時この官職にあった。○令室…尚教の妻は中井碩果の娘のしん。寒泉も碩果の娘うたを妻としたので、尚教と寒泉は義兄弟の関係でもあった。○粟田法王を胗る…粟田法王は孝明天皇の信頼の厚かった中川宮の別名。京都並河家は伏見宮家の医師であった。○勅を得て赦され幽囚を出で…粟田法王（中川宮）は将軍継嗣問題で一橋派に立ち、開国に反対するなど、井伊大老と対立したため、安政六年（一八五九）十二月に蟄居処分となった。文久二年四月に島津久光が率兵入京し、安政の大獄関係者の赦免などを朝廷に建言したので、幕府は勅命が出る前に幕府の意思によって赦免を実行した（『徳川慶喜公伝2』平凡社東洋文庫、一九六七年）。○夷を挟んで以て皇國を制す…井伊大老が夷狄の圧力を理由に開国反対の世論を抑圧したこと。○議奏司…朝廷の要職である議奏のこと。政務を合議し天皇へ奏上したり、朝臣へ宣下したりした。○畿甸に充斥す…「充斥」は悪人が満ち溢れること。「畿」「甸」はともに都を中心とした地域、畿内。○輦下…天子の乗り物（輦）の下、天子のお膝元。○不虞…予期せぬ事態。

稲謙蔵（稲垣謙蔵）は、かつて懐徳堂で助教を務め、当時は大坂近郊の八尾で開業していた医師で、京都より帰坂し、並河本家の左金吾（尚教）の夫人（寒泉の妻の妹）の話を伝えたのである。尚教夫人の話ではあるが、情報源は尚教といってよい。前半は、安政の大獄で処罰された粟田法王（中川宮）が四年間の謹慎処分を解かれたこと、および井伊大老の暴政を述べる。

後半「今茲四月十三日」以下が久光の率兵上洛に関する語りで、内容は次の通りである。従者千余名を率いた久光は四月十三日に伏水《ふしみ》（現在の伏見）に到着、数十人を伴って入京し〔率兵上洛の事情を〕朝廷へ訴えた。天皇はそれを叱責し、久光は恐怖して伏見に戻った。戻ると久光を召喚する勅命があり、久光は単騎で馳せ参じ、従者数百名が立派な装備でそれを追った。久光が参内すると、議奏を通じて勅命が伝えられた。「最近、不逞の徒が畿内に満ち溢れていると聞く。お前たち一行は東下の途中に伏見に至った。しばらく京都に移って不測の事態に備えよ。」と。久光は謹んで拝命し、すぐに京都藩邸に移って警備についた。

「帝　大いに之を叱斥し、和泉　恐怖して伏水に反る。」は訛伝だが、大筋は前述の久光の行動に沿うものといえる。寒泉は、中川宮に仕える並河本家を通じて、勅命を奉じるに至った久光の動きを知り得たのである。天皇を篤く尊崇する寒泉の目に、強大な武力を擁する久光は、天皇の宿願を実現する心強い支持者と映ったであろう。

四　島津久光に対する寒泉の期待――『寒泉遺稿』所収の詩より

以上見たように、懐徳堂には島津久光の率兵上洛に関する種々の情報がもたらされた。寒泉はそれらの情報によって事件に対するイメージをもち自らの見解を形成するに至る。ここでは寒泉の詩文集『寒泉遺稿』所収の詩を通して、寒泉に形成された当時の政局に対するイメージや見解をたどりたい。

1．重五の前に書して人に示す（原注：是の歳 薩長二藩の士、數百騎留まりて京坂の間に在り。「訛言嘖々」は因りて云ふ。）

訛言 嘖々《さくさく》たり 竟《つい》に何事ぞ、十万の旌旗 薫吹に和す。
請ふ看《み》よ 午辰は只《た》だ咫尺《しせき》、外世を驚かして干戈を動かす休《な》かれ。

重五前書示人（原注：是歳薩長二藩士、數百騎留在京坂間、訛言嘖々因云。）
訛言嘖々竟何事、十万旌旗薫吹和。請看午辰只咫尺、休驚外世動干戈。

【語釈】○訛言嘖々…「訛言」は薩長の訛りの強い言葉。「嘖々」は騒がしい様。○十万の旌旗 薫吹に和す…「十万の旌旗」は、重五（五月五日、端午の節句）を祝う幟《のぼり》。「薫吹に和す」は、幟が薫風に吹かれ棚引く様子か。○午辰は只だ咫尺…「午辰」は端午の節句。「咫尺」はわずかな距離。端午の節句が目前に迫っていることをいう。

文久二年五月五日の目前、薩摩の島津久光が率兵上洛し、遅れて長州の世子毛利定広も入京して、両者が目的不明のまま京都で落ち合うという状況となった。節句を祝う幟が棚引く中、薩長の藩士が京坂一帯に留まって騒然とし、もしや戦争勃発か恐れる不安な世情を詠む。内容から、前節三—1・2・3の情報を受けての作で、寒泉の心配が見て取れる。

2・連環體、賦時事以擬史詩（連環體、時事を賦して以て史詩に擬《なぞら》ふ）

ア　傳へ聞く　長薩の両元侯、鹵簿《ろぼ》は西東より帝州に會す。
天は雄藩の剛断たる手を假り、紫宸殿下に忠謀を献ぜしむ。

傳聞長薩両元侯、鹵簿西東會帝州。天假雄藩剛断手、紫宸殿下献忠謀。

【語釈】○元侯…「元」は長《おさ》。諸侯の長たる旗頭。薩摩・長州の両君を指す。○西より東より帝州に會す…島津久光は西の薩摩から、毛利定広は東の江戸から帝州（京都）へ上り会したこと。

イ　紫宸殿下に忠謀を献じ、聖旨　睿明《えいめい》　冕旒《べんりゅう》を徹す。
天定まり人に勝つ　今日の政、万邦　枕を高くして　万民謳《うた》ふ。

紫宸殿下献忠謀、聖旨睿明徹冕旒。天定勝人今日政、万邦高枕万民謳。

【語釈】○冕旒…「冕」は天子の冠、「旒」はその冠の前後に垂れた玉飾り。天子の聡明な意思が冕旒を透徹して薩長の両君に伝わること。○天定まり人に勝つ…『史記』呉子胥伝に「人衆《おお》ければ天に勝ち、天定まれば亦た能《よ》く人を破る（人衆者勝天、天定亦能破人）」とある。一時的に悪人が栄えても、天の道理が定まれば、悪人は滅ぼされるの意。

ウ　万邦　枕を高くして万民謳《うた》ひ、庶士　王公　均しく囚を脱す。
誣《し》ひられし寃《ぬれぎぬ》の雪然たるは陳白の績、傳へ聞く　長薩の両元侯よりすと。

万邦高枕万民謳、庶士王公均脱囚、誣寃雪然陳白績、傳聞　長薩両元侯。

【語釈】○誣ひられし寃～陳白の績…中川宮らの蟄居処分の赦免は島津・毛利らの建白を幕府が追認実行する形で実現した。前節三―4の語釈参照。

これらは寒泉が時事を史詩のスタイルで詠んだものである。「史詩」とは歴史に対する見解を述べた「詠史詩」をいい、『文選』にも立てられた詩歌の一部門である。アは島津久光と毛利定広とが京都で合流し、天が薩長両雄藩の力を借りて、孝明天皇に忠義の建白をさせたという。イは孝明天皇が薩長の忠謀を嘉納して、天下万民が太平を謳歌する様を詠む。「天定まり人に勝つ」という成語によって、一時的に井伊大老が権勢を振ったが、天の道理が定まって人の世は正義を回復したと述べる。ウは、安政の大獄で処罰された人々の冤罪が雪《そそ》がれたのは薩長両侯による建白の功績だと称える。

内容から前節三―4の五月十日の情報を受けての作である。全体として、朝廷に対する薩長両侯の忠義、安政の大獄の処罰者の赦免および尊王攘夷路線への転換を「天」の道理の実現として歓迎する内容である。天皇の意思を力強く後押しする薩長両侯に寄せる寒泉の大きな期待が溢れた連作である。

3・偶成

ア　傳へ聞く　板相の政　維《こ》れ新たに、餘権を卻《しりぞ》け履《ふ》み併せて銀を卻く。(20)
　皇國の　夷を操るは元《もと》より此の法、羯奴《かつど》　蓬累《ほうるい》して城闉《じょういん》を出づ。

　傳聞板相政維新、郤《ママ》履餘権併郤《ママ》銀。皇國操夷元此法、羯奴蓬累出城闉。

【語釈】〇板相の政　維れ新たに…「板相」は文久二年三月十五日に老中に就任した備中松山藩主の板倉勝静《いたくらかつきよ》を指すのであろう。板倉は四月に久世広周が老中を罷免されて後は、幕閣の中心として生麦事件および安政の大獄関係閣老の追罰と連坐者の赦免を処理した（『国史大辞典』）。〇餘権を卻け～銀を卻く…「餘権」は条約で外国に認めた様々な権利あるいは貿易による権益、「銀」は外国との貿易による利益か。それらを「卻《しりぞ》」けることが祖法たる鎖国であるというか。〇羯奴～城闉を出づ…「羯奴」は中国北方の騎馬民族。ここでは外国人とくに西洋人を指すのであろう。「蓬累」はあてどなくさまようこと。「城闉」は城門。

イ　聞《き》説くならく　獅王　寃囚を出で、赦詔　半夜　俄かに相酬ゆ。

請ふ看《み》よ　鬚髪《しゆはつ》三千丈、個《か》くの似《ごと》く長きは個くの似き愁ひに縁《よ》る。

聞説獅王出寃囚、赦詔半夜俄相酬。請看鬚髪三千丈、似個長縁似個愁。

【語釈】◯獅王…中川宮を指す。中川宮は、時により粟田宮・獅子王院宮・朝彦親王・賀陽宮・尹宮・久邇宮などと称された。安政の大獄で蟄居処分となっていたが文久二年四月に赦免となった。前節三―4の語釈参照。◯鬚髪～愁いに縁る…李白「秋浦歌」の「白髪三千丈、愁ひに縁《よ》りて箇《か》くの似《ごと》く長し（白髪三千丈、縁愁似箇長）」による。

アに取り上げられた「板相」（板倉勝静《いたくらかつきよ》）については、三月二十六日にその老中就任を伝える御触が懐徳堂へも届いていた。「餘権を卻《しりぞ》け履《ふ》み併せて銀を卻く」は、異国に認めた諸の権利・権益を退け踏みつけ、貿易の利益も退けて、祖法である鎖国を行うことかと思われる。板倉勝静は、清廉で知られた松平定信の孫であり、昏迷を深める幕政の刷新が期待されたのであろう。イは前節三―4に見えた獅子王院宮（中川宮）の蟄居の赦免を喜ぶ内容である。

4・偶　成

聞《き》道くならく　攘夷の官令　傳はり、叡襟《えいきん》　慰め得たり　万方の権。

一朝　腥羶《せいせん》の毒を除却すれば、日域の精神　永く赫然《かくぜん》たらん。

聞道攘夷官令傳、叡襟慰得万方権。一朝除却腥羶毒、日域精神永赫然。

【語釈】○叡襟…天子の胸の内、気持ち。○万方の権…「万方」は万邦と同じで諸国。「万方権」は諸侯による夷狄を追い払う権勢、あるいはそのような謀か。○腥羶…「腥」「羶」はともに生臭い。転じて外国人への蔑称。

攘夷の官令（幕府の命令）が伝達され、それに万方（諸侯）の権勢も従うことにより、攘夷を念願する孝明天皇も心を慰められたとの内容である。[21] 制作時期は未詳だが、制作時期順の『寒泉遺稿』の並びでは、詩題に「仲秋」「晩秋」とある詩の中間にあり、これに従えば八月から九月の状況と考えられる。この頃、幕府に改革を要求すべく勅使大原《おおはら》重徳《しげとみ》に随行して江戸へ下っていた島津久光が、任務を果たし閏八月七日に京都へ戻っている。途中八月二十一日に生麦村で英国人を斬殺し、民衆は攘夷を決行した英雄として迎え入れた。また京都では長州藩が孝明天皇の破約攘夷の意思を後押しして攘夷論が高揚し、九月十八日には土佐・長州・薩摩の三藩主の連署で幕府へ攘夷決行を督促する勅使の派遣が奏請され、二十一日には廷議が攘夷に決定し、三条《さんじょう》実美《さねとみ》・姉小路《あねがこうじ》公知《きんとも》を勅使として江戸へ派遣することとなった。ただし、幕府が勅使の要求に応えて諸大名に攘夷の勅旨の承諾を布告したのは十二月五日のことである。[22]

寒泉の詠む「攘夷の官令」が何を指すか、『居諸録』には明確な記述が見当たらず未詳である。『寒泉遺稿』編纂においてこの詩の編次を誤ったものであろうか。あるいは、九月の時点で世間では朝廷の決議を受けて幕府が攘夷を実行するものと感じていたのだろうか。例えば、『居諸録』九月十八日条には、「官より令有りて曰く、来二月 御上洛遊ばさるべき旨仰せ出だされ候段、承知せしむべく候と。（官有令曰、来二月可被遊御上洛旨被仰出候段、可令承知候）」と将軍家茂の上洛を予告する御触が届いている。懐徳堂門人の武士で将軍上洛の準備のため京都へ長期出張する者もあった。このような動きを通して、薩長の武威を借りた朝廷の働きかけが奏功し、将軍を先頭に攘夷が実行に移されつつあると察したのかもしれない。

5・偶　成

ア　傳へ聞く 麑隝《かごしま》（原注：隝は島なり）の島三郎、文武燮和《しょうわ》して洛陽に入る。
階下の奏言 能《よ》く旨に稱《かな》ひ、龍顔 咫尺《しせき》 天觴《てんしょう》を錫《たま》ふ。

傳聞麑隝（原注：隝、島也）島三郎、文武燮和入洛陽。階下奏言能稱旨、龍顔咫尺錫天觴。

【語釈】○麑隝島三郎…「麑《げい》」は「鹿児」の合字で、鹿の子の意。「隝」は寒泉自注にあるように「島」と同じ。すなわち「麑隝」は「鹿児島」の意。「島三郎」は「島津三郎（＝久光）」の略。○燮和…調和すること。○龍顔…天子の顔。○咫尺…距離の近いこと。○天觴…「天杯」「天盃」と同じく天子が下される杯。

イ　聞説《き》くならく 宸襟《しんきん》 狄《えびす》を征《う》つの盟《ちかひ》、依然 變はらず十年の情。
頻々《ひんぴん》 諭を降す 膺徵《ようちょう》の勅、俯して望む東関の廷議 平らかなるを。（原注：壬戌初冬）

聞説宸襟征狄盟、依然不變十年情。頻頻降諭膺徵勅、俯望東関廷議平。（原注：壬戌初冬）

【語釈】○宸襟…天皇の心のうち、気持ち。○狄を征つの盟…日米通商条約の締結（安政五年〈一八五八〉六月）が迫る中、孝明天皇は伊勢・石清水・賀茂の各社へ勅旨を立て、夷狄に国土を汚させぬことを誓い、神明の加護を願った。○膺徵の勅…「徵」は「懲」の誤記であろう。「膺懲」は夷狄を打ち払うこと。すなわち攘夷の詔勅。○俯して望む…謹んで願うの意。○東関の廷議平らかなり…関東（江戸幕府）での議論が平穏に、天皇の願い通りに決議されること。

久光は閏八月七日に江戸から京都へもどり、九月七日に参内して孝明天皇から勅旨補佐の労を賞されて剣一振りを賜った。アはその頃の状況を詠んだものである。鹿児島の島三郎（島津久光）が江戸に下って文武（公武）の協調を成し遂げ（実際は朝廷の権威と薩摩の武威とにより幕府に要求を飲ませ）て京都へ戻り、孝明天皇に成果を報告して親しく慰労されたという。イは原注に「壬戌初冬」とあることから、幕府に攘夷決行を督促する勅使として三条実美・姉小路公知が江戸へ出立した十月十二日ごろの作であろう。幕府が朝廷の攘夷要求を呑んで攘夷実行へと方針転換することを期待する内容である。この両詩も『居諸録』に関連の記述が見当たらず、情報源は明らかではない。ともに京都の状況であるので、京都の並河本家からの情報か、あるいはかつての門人で当時は会津藩の医師として京都に在った高橋順甫からの情報かもしれない。高橋は十月十日に懐徳堂へ便りを寄越し、京都守護職となった松平容保に随行して京都に滞在している旨を伝えている。いずれにせよ、両詩には、島津久光の功績によって公武一和が成り、天皇の宿願であった幕府の攘夷決定が現実となりつつある喜びや期待が読み取れる。

おわりに――寒泉の社会政治観

懐徳堂には御触や風聞のほか、懐徳堂の人脈を通じてかなり詳細な情報が素早くもたらされ、寒泉はその情報をもとに、時事問題に対するイメージを形成し、朝廷（天皇）への篤き尊崇、幕府の暴政に対する批判、薩長両藩への期待といった所見をもつに至った。『居諸録』の記事と『寒泉遺稿』の詩文とからその展開が見て取れた。最後に、幕末の変革期に懐徳堂の存続に腐心した寒泉の社会政治観の特徴を指摘したい。

幕府から特権を受ける懐徳堂の教授であった寒泉は、基本的には公武の融和と幕府政治の安定永続を理想とした。ただし、既に見たように、井伊大老ら幕閣の開国政策と強権体制とには批判的であり、天皇の攘夷意思に沿う形で幕府が方針を転換するのを望んだ。そして、そのためには武威を誇る雄藩が幕政へ参画介入することも歓迎したのである。しかし、天皇と雄藩との直接の連携は、寒泉も奉じていた水戸学の名分論から逸脱し、幕藩体制を動揺させ、延いては幕府の崩壊につながる危険性を孕むものであった。[23]

寒泉は幕府からの恩義に報いようと献身的に努めたが、一方で尊王の念も篤く、「草莽《そうもう》の臣」を自任していた。[24]幕藩体制の動揺も省みず、薩摩・長州に期待したところを見れば、後に朝幕間の板挟みとなった寒泉が究極の選択として新政府側に立ったことは自然な帰結といえよう。[25]『居諸録』にみえる江戸幕府瓦解の記事が拍子抜けするほど淡白なのも、「大政は朝廷に対して責任を負う」という、かつて中井竹山も唱えた大政委任論の論理により、[26]幕府から天皇を奉戴する新政府への政権移行を、さほどの葛藤もなく受け容れられたためであろう。

寒泉は維新後まもなく、竹山が尊王の立場を示した『草茅危言《そうぼうきげん》』を新政府（大阪裁判所）に献上しようとした。[27]懐徳堂の尊王の立場を表明し、旧幕時代と同様の特権の存続が期待できたのである。[28]ところが明治二年（一八六九）九月五日、突如として旧幕時代からの免税の特権の打ち切りが通達された。尊王を掲げた学校の廃絶は、天皇を奉じる新政下ゆえにいっそう理不尽な仕打ちと寒泉には感じられた。明治二年十二月に懐徳堂を退去して大阪北郊の本庄村に転居するに際して詠んだ次の詩には、期待した新政への割りきれない失望が読みとれる。

懐徳堂を辞し北郊に遷るの作（原注：季冬の十三日なり）

堂構《かま》へてより今に于《お》いて百卅《しじゅう》年、皐比《こうひ》狗續《こうぞく》して尚ほ綿々たり。
豈に圖らんや 王化崇文の世に、黌帷《こうい》を席捲《せっけん》して村舎に遷らんとは。

辞懐徳堂遷北郊作（原注：季冬十三日也）
堂構于今百卅年、皐比狗續尚綿々。豈圖王化崇文世、席捲黌帷村舎遷。

【語釈】○堂構へて…懐徳堂の創設をいう。『尚書』大誥篇「厥子乃弗肯堂、矧弗肯構」（父が地割りをした後に、子が基礎固め〈堂〉をし、建物を構築〈構〉する）を意識すれば、懐徳堂が構築された後、代々受け継がれたことを含むかもしれない。○皐比…虎の皮、それを敷いた講義の席。○狗續…「狗尾續貂（狗の尾が貂に續く）」と同義で、立派なもの（貂）の後につまらぬもの（狗の尾）が続くこと。寒泉が懐徳堂の優れた師儒の跡を継いだことを謙遜して述べたもの。○席捲…席《むしろ》のように巻くこと。「黌帷」は、字義としては校舎に巡らす幕だが、和語のいわゆる「学校の暖簾（看板）」をいい、「黌帷を席捲す」で「懐徳堂の暖簾を畳む」の意味であろう。

注

（1）『居諸録』は天理大学附属天理図書館所蔵の原本による。また、『寒泉遺稿』は大阪大学附属図書館懐徳堂文庫所蔵の、『懐徳堂文庫図書目録（国書）』六十八頁所載「並河寒泉著（遺）写本 十八」による。

（2）小堀一正・山中浩之・加地伸行・井上明大『中井竹山・中井履軒』（明徳出版社〈叢書・日本の思想家24〉、一九八〇年）第二章「中井竹山の生涯」参照。

（3）幸田成友「江戸時代の大阪市制」（『幸田成友著作集』第一巻、中央公論社、一九七二年）参照。

（4）幸田成友「大阪市史編纂について」（『幸田成友著作集』第七巻、中央公論社、一九七二年）参照。

（5）『大阪市史』に見えない御触の例を一二挙げれば、『居諸録』文久二年七月二十二日所載「去六日徳川刑部卿殿思召を以、一橋家再相續被仰出、一橋領拾万石被遣之候（中略：徳川慶喜の後見職、松平春嶽の政事総裁職就任の通知）従江戸被仰下候條、此旨可令承知、戌七月」、同年九月六日所載「今度衣服之制度御改革、左之通被仰出候、一熨斗目長袴者、総而被廃止候事（中略：衣服・従者の簡素化）右之趣、従江戸被仰下候条、此旨當六日より書面之振合可令承知候」などがある。

（6）『居諸録』が近世大坂の町政を窺う貴重資料であることは、夙に羽倉敬尚「幕末・大阪市政の一面――碩儒並河朋来日記抄――」（『大阪市談』第五号、一九六一年）が指摘している。ただ本章が指摘した、懐徳堂へ届いた御触の特殊性、『大阪市史』所収の御触を補足する意義については言及していない。

（7）『維新史料綱要』（東京大学出版会、一九四一年初版）巻三参照。

（8）注（7）前掲『維新史料綱要』巻三、大仏次郎『天皇の世紀（3）』（文春文庫、二〇一〇年）「反動」参照。

（9）注（7）前掲『維新史料綱要』巻三参照。

（10）『政治の時代――井伊直弼と幕末の群像』（彦根城博物館、二〇〇九年）のコラム「桜田門外の変後の彦根藩士たち」によると、直弼遭難を国元彦根へ報せる飛脚は昼夜兼行で東海道を上り、途中川止め等のため予定より一日遅れて、七日晩に彦根に到着したという。

（11）注（7）前掲『維新史料綱要』巻三によると、桜田事件関係者が西上したとの風説により、三月十七日に幕府が京都に戒厳を加えるよう命じたとある。

（12）野口武彦『井伊直弼の首』（新潮新書、二〇〇八年）一七六～一七九頁参照。

（13）町田明広『幕末文久期の国家戦略と薩摩藩――島津久光と皇政回復』（岩田書院、二〇一〇年）五七頁参照。

（14）注（13）前掲町田論考六五～六八頁参照。

（15）「士卒三千餘を率ゐて」の「率」は原文では「卒」に作るが、文脈により改めた。

（16）島津久光の行動については注（13）前掲町田論考六四～六八頁、毛利定広の行動については同論考八〇～八二頁を参照。

（17）前掲『居諸録』文久二年四月十九日条の「薩矦之父和泉」はもと「薩矦之父伊豫」に誤り、後に「和泉」に修正している。

この「伊豫」も「和泉」の誤りで、修正し忘れたのであろう。

(18)「其の故を問ふ」の「問」は原文では「訪」に作るが、文脈により改めた。

(19)「不虞《ふぐ》に備へよ」の「備」は原文では「供」に作るが、文脈により、また下文に合わせて「備」に改めた。あるいは原文の「不虞に備へよ」のままで、「不測の事態には〔出動して武力を〕提供せよ」の意味かもしれない。

(20)「餘権を卻く」の「卻」は原文では「郤」に作るが、文脈により改めた。下文の「卻銀」も同じ。

(21)あるいは、叡襟が万方権を慰め得た〔天皇の強い意思が諸大名を安心させた〕という意味かもしれない。

(22)注(7)前掲『維新史料綱要』参照。

(23)藤田幽谷『正名論』「〔皇位は唯一無二ゆえ崇敬し君臣関係の手本とすべし。〕是故、幕府尊皇室、則諸侯崇幕府、諸侯崇幕府、則卿大夫敬諸侯。夫然後上下相保、万邦協和、甚矣名分之不可正且厳也。」(『水戸学』岩波書店〈日本思想史大系53〉、一九七三年)。

(24)「草莽」は在野・民間の意味で、寒泉は慶応二年(一八六六)十二月二十七日の孝明天皇の急逝に際し、「ああ、ああ、ああ、草茅の臣 悚懼浩嘆に堪へざるなり〔嗚呼嗚呼嗚呼、草茅臣不堪悚懼浩嘆也〕。」(『居諸録』)と自ら「草莽の臣」と称している。「草莽の臣」とは、もと『孟子』に「在野曰草莽之臣、皆謂庶人」(万章下篇)とあるように在野の者・庶民の意味であるが、「草莽という言葉自体が、幕藩体制社会における生きた言葉ではなく、どちらかというと天子に対しての草莽という観念的な形で生まれた。」(芳賀登『幕末志士の世界』雄山閣、二〇〇三年)というように、幕末とくに吉田松陰が自らを「草莽の臣」と称し(『時勢論』)、「草莽崛起」を唱えてから、尊王の色彩を帯びた言葉として盛んに用いられた。なお、中井竹山の著書『草茅危言』の「草茅」も在野・民間の意味であるが、竹山が執筆した天明から寛政にかけては朝幕関係が緊迫した状況になく、幕末の「草莽」ほど〈幕藩体制に対峙する尊王〉を強調するものではなかった。

(25)幕府への期待が完全に潰えたのが鳥羽伏見戦であった。拙稿「並河寒泉の政治思想と幕府観――鳥羽伏見戦を中心に――」(『中国研究集刊』第五十号、二〇一〇年)参照。

(26)『草茅危言』巻一王室の事「今日幸に聖天子　宇に當らせ玉ひ、東關賢佐　委任を専になさせられ〔後略〕」(稲垣国三郎

『中井竹山と草茅危言』大正洋行、一九四三年）。

（27）大阪裁判所（明治初年の行政機関）判事の伊丹右京から、『草茅危言』一冊を新政府に献上するよう命ぜられ、それに応えて懐徳堂では書写・校正が行われた。『居諸録』明治二年（一八六九）四月十六日条に「及泉と一郎と『草茅危言』を校讀す。伊丹判事の命を以て、一本を天朝に獻ぜんと欲するなり（及泉與一郎校讀『草茅危言』、以伊丹判事之命、欲獻一本于天朝也）。」（一郎は助教の藤戸一郎）と見える。伊丹右京（右京大進、一八三〇～一九〇〇）は別称を蔵人、諱を重賢という。明治二年五月に大阪裁判所権判事、七月に同判事となった。粟田青蓮院宮家の家臣で、寒泉とは恐らく並河本家を介した人脈があったのであろう。（伊丹の事績は、日本歴史学会編『明治維新人名辞典』吉川弘文館、一九八一年参照）。寒泉が伊丹を頼りにしていたことが『居諸録』から窺える。例えば、明治二年九月五日に新政府（大阪裁判所）から懐徳堂へ〈従来の免税の特典を廃す〉との通達があった際、「子（引用者注：桐園を指す）伊丹右京氏に如《ゆ》きて試みに之を質《ただ》し、而る後に當に處置すべきなり（子如伊丹右京氏試質之而後當處置也）。」と、伊丹に相談しようとした様子が記されている。

（28）実際、維新直後の明治元年（一八六八）三月十七日、懐徳堂は大阪の裁判所（行政機関）から「坂府學校の事、嚮《さき》者に仁和王（引用者注：仁和寺宮嘉彰親王）に請ひ、請ふ所 牒案のごとし。萬 當に舊典に從ふべし。（坂府學校之事、嚮者請于仁和王、所請如牒案。萬當從舊典矣。）」（牒案は公文書）との通達を受け、請願のとおり従来の特典を認めるお墨付きを得ていた。かつ注（27）のように、懐徳堂に好意的な裁判所判事伊丹氏の助言や支持により、従来通りの特典の存続が期待できた。

第四部　懐徳堂資料の継承と顕彰運動

第一章　中井木菟麻呂が受け継いだ懐徳堂の遺書遺物
――小笠原家に預けられたものを中心に――

竹田健二

はじめに

懐徳堂の学主を歴代つとめた中井家の子孫・中井木菟麻呂が懐徳堂の遺書遺物の保存に尽力したことはよく知られている。懐徳堂記念会が明治四十四年（一九一一）十月五日の懐徳堂記念祭にあわせて、十月一日から六日まで大阪博物場美術館において懐徳堂展覧会を開催した際、木菟麻呂は家蔵の懐徳堂関係遺書遺品を多数出品し、展覧会の終了後はそれらを大阪府立図書館に寄託した。木菟麻呂はその後、昭和七年（一九三二）と昭和十四年（一九三九）との二回に分けて、寄託していた遺書遺品を財団法人懐徳堂記念会に寄贈した(1)。

昭和二十四年（一九四九）十二月、財団法人懐徳堂記念会は、木菟麻呂の寄贈したものを含む蔵書三万六千冊を大阪大学に寄贈、大阪大学に懐徳堂文庫が設けられた。現在、大阪大学附属図書館総合図書館の懐徳堂文庫には、その後蒐集されたものを含めて約五万点にものぼる資料が収蔵されている。

この懐徳堂文庫の貴重資料の中で、中井家由来の遺書遺品が特に重要であることは言を俟たないが、懐徳堂の廃校後、それらがどのようにして木菟麻呂に受け継がれるに至ったのかという点については、これまで十分には解明されていない。そこで本章では、この問題を解明する手がかりを得るべく、二〇一六年に懐徳堂文庫に新たに収蔵された資料をも活用して検討を加える。

一　「懐徳堂遺物寄進の記」

本節では先ず、木菟麻呂が昭和七年（一九三二）に財団法人懐徳堂記念会に寄贈した懐徳堂関係遺書遺物について記した「懐徳堂遺物寄進の記」（『懐徳』第十一号〈昭和八年〈一九三三〉十月〉所収）に基づいて、木菟麻呂自身が、受け継いだ懐徳堂関係の遺書遺品をどのように認識していたのかという点について確認する。

木菟麻呂は「懐徳堂遺物寄進の記」において、「吾が家の藏品にて大阪府立圖書館に寄託してある懷德堂遺書遺物と稱ふる物には自から二種類がある」と述べ、その中の一種類は「舊懷德堂書院の屛障門聯扁額等、純ら書堂に附屬して、寛政再建以後に於ける書堂の裝飾となつてゐた者の中で、今に殘存してゐる者」であるとし、これを甲種遺物とする。そしてもう一種類は「甃菴竹山蕉園碩果の遺書類、專ら中井氏一家の遺品に屬する者」であるとし、これを乙種遺物とする。なお、木菟麻呂は懐徳堂の遺書遺物と水哉館の遺書遺物とを明確に区別しており、甲種遺物はもとより、乙種遺物の中にも「履軒柚園に屬する水哉館の遺物」は含まれない。そして木菟麻呂はこうした区別について、「舊幕時代には此のやうな區別はなかつたのであるが、予は便宜上此のやうに別稱してゐるのである」と述べている。

木菟麻呂の言う乙種遺物の定義は、「專ら中井氏一家の遺品に屬する者」、つまり中井家の財産として木菟麻呂が相続したものと理解することができ、甚だ明確であるが、これに対する甲種遺物の定義は、「便宜上」の区別とはいえ、明確さに欠けているように思われる。というのも、木菟麻呂は甲種遺物を更に記録類・扁額門聯類・屛障掛幅類・典籍器物類の五つに区分しており、その中の扁額門聯類や屛障掛幅類、具体的には「白鹿洞掲示額面」（白鹿洞書院掲示）・「懐徳堂講堂楣上小障宋六君子圖」（宋六君子図）・「入徳門聯」・「懐徳堂幅」・「並河寒泉教授が出懐徳堂歌」・「懐徳堂講堂障子　文晁筆歸馬放牛圖」・「懐徳堂繪圖屛風」・「木司令」などは、確かに「純ら書堂に附屬して、寛政再建以後に於ける書堂の装飾となつてゐた」ものと見なすことができる。しかし、記録類に分類されている「懐徳堂記錄十二册並に書類十二通」（学問所建立記録・懐徳堂定約附記・懐徳堂内事記・懐徳堂外事記・学校公務記録・懐徳堂義金簿・御同志中相談覚・三宅幸蔵変宅ニ付御同志中懸合覚・逸史献上記録・義金助成金簿・助成金書類・竹山先生遺状・附　懐徳堂書院掲示）、及び明治四十四年の懐徳堂展覧会の際に関係書類を収集分類して作成した「懐徳堂文書六卷」、並びに「學問所來歴一卷」、また典籍器物類に分類されている「懐徳堂考定中庸底本一卷」・「中庸錯簡説一卷」・「懐徳堂記帖　桐箱入」・五井蘭洲の「勢語通四册」・「蘭洲先生删定日本書紀四册」・「蘭洲先生遺本康煕字典　全函」・「萬年先生論孟首章講義一册」・「懐徳堂本大日本史　箱入六十册内三册闕」は、要するに書籍や記録の類であり、「純ら書堂に附屬」するものであるとしても、「書堂の装飾」の類とは見なし難いからである。

私見では、木菟麻呂の言う甲種遺物とは、乙種遺物に分類することのできないもの、つまり中井家の所有物ではなく、懐徳堂そのものに属する遺書遺物と理解するのが妥当である。このことは、木菟麻呂が昭和七年に財団法人懐徳堂記念会に寄贈したのは甲種遺物四十七点のみであり、また「懐徳堂遺物寄進の記」において、重建懐徳堂が建設された後の「或る適當の時期に於て、甲種遺物丈を新講堂に寄進するつもりであつた」と述べていることからも首肯できよう。

そして、木菟麻呂自身が「舊幕時代には此のやうな區別はなかつた」と述べていることから窺えるように、こうした甲種・乙種の区分は、懐徳堂が廃校となった時の、懐徳堂内に存在した財産の処分に由来すると推測される。すなわち、懐徳堂内に居住する者の私有財産については、それらをそれぞれが引き取り、その上で個人の私有財産と見なすことのできないものについては、それらを懐徳堂に属するものとして預人の中井桐園が引き取った結果、木菟麻呂が受け継いだ遺書遺品の中には、中井家の所有物と懐徳堂に属するものとがあることとなったと考えられる(2)。

以上本節では、「懐徳堂遺物寄進の記」の記述に基づき、木菟麻呂は受け継いだ懐徳堂関係の遺書遺品を、中井家の財産（乙種遺物）と懐徳堂に属するもの（甲種遺物）とに区分して理解していたことを確認した。

それでは、木菟麻呂の受け継いだ懐徳堂関係の遺書遺物は、懐徳堂の廃校後、どのような経緯を経て木菟麻呂に受け継がれるに至ったのであろうか。この点に関して木菟麻呂は「懐徳堂遺物寄進の記」において、受け継いだ懐徳堂関係の遺書遺物の中には、廃校後に親戚の小笠原氏に預けられていたものがあると明言している。そこで次節では、その記述を中心に検討を加える。

二　加島村の親戚・小笠原氏

「懐徳堂遺物寄進の記」において木菟麻呂は、小笠原氏について三箇所で言及している。その一つ目は冒頭の部分である。

甲種遺物には掛幅屛障堂聯等數多くあつたのであるが、多くは明治己巳廢校の際に失はれて、今の遺物は僅に其の一部が殘存してゐるに過ぎないのである。此等は廢校の後、乙種遺物と共に大阪府加島村の親戚小笠原氏の庫中に預けてあつたのを、先子の沒後、家を東京に移して後は、久しく上野の帝室博物館に託存してあつたのだが、明治四十四年十月、懷德堂記念會の主催にて、大阪博物場美術館に於て、懷德堂展覽會を開設せられた際、乙種遺品及水哉館遺物と共に出陳し、閉會後大阪府立圖書館に寄託して、今日に至つたのである。

木菟麻呂はここで、甲種遺物は「乙種遺物と共に大阪府加島村の親戚小笠原氏の庫中に預けてあつた」と述べている。なお、木菟麻呂の父・中井桐園が死去したのは明治十四年（一八八一）、木菟麻呂が正教会のニコライの要請に応じて大阪から東京へと移住したのは明治十五年（一八八二）七月である(3)。従って、この記述をそのまま読むと、木菟麻呂は明治十五年以降、彼が継承した甲種遺物を「乙種遺物と共に」すべて東京へ運んで帝室博物館に寄託し、そしてそれらを明治四十四年の懐徳堂展覧会に出品したように理解される。しかし、詳しくは後述するように、そうした理解には問題がある。

二つ目は、懐徳堂絵図屛風について述べている部分である。

西村碩園博士が海外旅行より歸られた際、網嶼の鮒宇にて歡迎會があつて、余も招請に預つたが、同日加島村小笠原氏に預けてあつた懷德堂の刻額や、破れたる竹行李を取り來りて、鮒宇の席上に開展したのであつたが、その行李の中には、余も始めて見たる懷德堂の繪圖類や諸種の記錄類などがあつたが、懷德堂展覽會の際、それらの繪圖類や家に保存してあつた書類より懷德堂の構圖に關する者を收輯して、大屛風壹雙を造つたのが是である。

三つ目は、『萬年先生論孟首章講義』について述べている部分である。

筆者不詳。是も加島村小笠原氏に預けおきたる竹行李の中から見出した者である。その中に學問所の開講が十月五日であつた事が載つてあつて、それを鮒宇の席上で披露に及んだから、懷德堂祭典の日が卽座に定つたのである。

以上のように、木菟麻呂は受け継いだ懐徳堂関係の遺書遺物の中の「懷德堂の刻額」、及び「懷德堂の繪圖類や諸種の記錄類」、並びに『萬年先生論孟首章講義』は、懐徳堂の廃校後「加島村小笠原氏に預け」られていたものであり、「繪圖類や諸種の記録類」は「破れたる竹行李」の中に、また『萬年先生論孟首章講義』も「竹行李」の中にあったとしている。(4)

それでは、小笠原氏は、中井家とどのような関係にある「親戚」なのであろうか。この点について木菟麻呂は、「懐徳堂遺物寄進の記」においては特に説明していない。しかし、西村天囚の『懐徳堂考』下巻「(五十)碩果事略(下)」に以下の記述がある。

碩果歿して後ち、桐園を以て學校預人と爲し、寒泉は教授と爲れり。(因に記す四女は夭し、長女は攝州歌島の醫家小笠原孝治に、四女は並河寒泉に、七女は大阪同心の笹脇正心に、八女は京都の儒醫並河尚教に適けり、)

この記述の中で、中井碩果の長女が嫁いだとされている摂津・歌島の医師・小笠原孝治は、桐園の先妻である霜(並河寒泉と碩果の四女との間の子。木菟麻呂の母)が明治元年(一八六八)七月に亡くなった後、翌年十一月に桐園が後妻に迎えた春《しゅん》の父親である。(5) このため、懐徳堂廃校の際、碩果の養子である桐園は、碩果の長女の嫁ぎ先であり、かつ自らの後妻の父親でもある小笠原氏を頼り、懐徳堂関係の遺書遺物を預けたものと推測される。

懐徳堂の廃校時に、懐徳堂関係の遺書遺品が中井家の親戚に預けられたことについては、『懐徳堂水哉館先哲遺事』にも記述がある。『懐徳堂水哉館先哲遺事』は、西村天囚が『懐徳堂考』下巻を執筆するにあたって木菟麻呂に資料の提供を要請し、それに応じた木菟麻呂が、明治四十三年(一九一〇)から明治四十四年(一九一一)にかけて執筆したものである。その下巻(七)には、以下のように記されている。

家藏ノ書器ハ多ク散逸シタレドモ、懐徳堂ヲ引キ拂ヒテ本庄村ニ遷ル時、尙移轉ニ廿八日ヲ費シ、本庄村ノ土藏ニ入レキラヌ者ハ一二ノ親戚ニ預ケタリシガ、其後盜難ニカ、リタル者モアリ、賣却シタル者モアリテ、現存セル者極メテ少シ、唯貴重品トシテ、先哲手書ノ遺著類ヲ存留セルノミナリ、懐徳堂を閉鎖した後、本庄村に移住した中井桐園や並河寒泉は、懐徳堂から遺書遺物を二十八日もかけて本庄村へと運び出したのだが、「本庄村ノ土藏ニ入レキラヌ者」があり、それらを「一二ノ親戚ニ預ケ」たというのである。但し、その親戚の名は記されていない。

注意しなければならないのは、懐徳堂の廃校後、預人の中井桐園と教授の並河寒泉とは、一旦共に本庄村に移住し、その後寒泉は桐園一家と別れて暮らした、という点である。つまり、懐徳堂廃校直後に懐徳堂から本庄村へと運び出された懐徳堂の遺書遺物には、後に木菟麻呂が受け継ぐところとなった中井家の所有物である乙種遺物と懐徳堂に属する甲種遺物とに加えて、寒泉の所有物も含まれていたと考えられる。

もっとも、寒泉の所有物については、中井家の所有物や懐徳堂に属するものとの間に、基本的には区別が設けられていたと推測される。というのも、『懐徳堂水哉館先哲遺事』に、以下のような記述があるからである。

並河教授ハ専ラ學藝ノ事ヲ任ジテ理財ノ途ニ通ゼズ、懐徳堂ノ財政窮迫シテ救フベカラザルニ至リテモ、一ニ桐園ノ料理ニ任セテ更ニ關知セザル者ノ如クナリシ故、桐園ノ書器ヲ鬻グヲ聞キテハ、先業保護ノ責任ヲ盡サヾル者トシテ喜バズ、書籍中竹山ノ題簽アル者ナドハ書林ヨリ買ヒ戻シテ、並河家ノ藏書ト爲シタル者モアリ

逼迫する懐徳堂の経営を支えるために桐園が書籍などを売却したことを、「専ラ學藝ノ事ヲ任ジテ理財ノ途ニ通」じていなかった寒泉は心良く思わず、「書林ヨリ買ヒ戻シテ、並河家ノ藏書ト爲」したというのである。この逸話は、中井家や懐徳堂のものと、寒泉の所有物とが、基本的には区別されていたことを示すと考えられる[6]。

なお、『懐徳堂水哉館先哲遺事』において木菟麻呂は「一二ノ親戚ニ預ケ」た遺書遺物は「其後盗難ニカ、リタル者モアリ、賣却シタル者モアリテ、現存セル者極メテ少シ」と、それらがほとんど残存していないかのように述べているが、この点についても留意する必要があろう。

すなわち、詳しくは後述するように、木菟麻呂は後に自作の漢詩の中で、小笠原家に預けられていた遺書遺物を指して「一千篇」と表現している。この表現は誇張を含むものだとしても、小笠原氏に相当の量の遺書遺物が預けられていたことを示すと考えられる。上述の通り、木菟麻呂は「懐徳堂遺物寄進の記」においては、「懐徳堂の刻額」、及び「懐徳堂の繪圖類や諸種の記録類」、並びに『萬年先生論孟首章講義』についてのみ、廃校後小笠原氏に預けられていたものと明言しているのだが、他の甲種遺物の中にも小笠原氏に預けられていたものが存在する可能性は否定できず、また乙種遺物の中にも、小笠原氏に預けられていたものが存在した可能性が十分にあると考えられる。木菟麻呂の言うように、親戚に預けられていた遺書遺物の中に盗難などによって失われたものがあるとしても、現存するものが「極メテ少」ないというのは、いささか不自然であるように思われる。

それでは、小笠原氏のところに預けられていた懐徳堂関係遺書遺物を木菟麻呂が引き取った時期は、いつ頃だったのであろうか。小笠原氏に預けていたものを木菟麻呂が引き取った時期、もしくは木菟麻呂が預けた遺書遺物の中身を明確に認識した時期は、懐徳堂の遺書遺物の伝承を理解する上で非常に重要な問題と考えられる。

この問題を解明する手がかりとなるのは、「懐徳堂遺物寄進の記」において木菟麻呂が、小笠原氏に預けていた『萬年先生論孟首章講義』等を、「西村碩園博士が海外旅行より歸られた際、網嶼の鮒宇にて歡迎會」があった時に取り出して「鮒宇の席上に開展した」と述べていることである。そこで次節では、この「歡迎會」とはいつ開催された、どのような会合なのかについて検討する。

三　大阪人文会第五次例会

結論から言えば、木菟麻呂の言う「歓迎會」とは、明治四十三年（一九一〇）七月三十日に開催された大阪人文会第五次例会のことと考えられる。

大阪人文会については、多治比郁夫氏が「中之島図書館物語　「大阪人文会」覚え書」（大阪府立図書館報『なにわづ』七十二号、一九七八年）において、大阪府立図書館の所蔵する「古い館務日誌」の記述と「大阪朝日新聞から拾った記事」とに基づいて、その活動の概要を既に解明している。もっとも、第五次例会について多治比氏は「館務日誌に記載がなく新聞記事も見つけていないが、人文会は隔月開催が建前だから、7月末に行ったものと考える」と述べるに止まっていた。

しかし、拙稿「資料紹介　懐徳堂記念会所蔵「懐徳堂記念会記録」」（『国語教育論叢』第十七号、二〇〇八年二月）、及び「大阪人文会と懐徳堂記念会――懐徳堂記念会蔵「経過報告第一」を中心に――」（『中国研究集刊』第四十六号、二〇〇八年六月）において述べた通り、一般財団法人懐徳堂記念会が所蔵する資料である「懐徳堂記念会記録」及び「経過報告第一」には、大阪人文会第五次例会が明治四十三年（一九一〇）七月末に開催されたことが記されている。

・七月三十日第五次例會ヲ開ク
懐徳堂記念祭ハ明年十月五日ヲ以テ擧行スルコトトシ同會ヽ則案ヲ再議ス
同會ハ人文會ヲ以テ主唱者トシ更ニ有力ナル發起人ヲ推薦スルノ要ヲ認メ發起人推薦委員ヲ置ク

（「経過報告第一」）

・七月廿九日大坂人文會第五次例會ヲ網島鮒宇樓ニ開キ前會ニ續キ記念會則案ヲ議決ス其文左ノ如シ（下略）

（「懐徳堂記念会記録」）

例会の開催日について、「懐徳堂記念会記録」では三十日、「経過報告第一」では二十九日と記述が異なるのだが、両資料の記述から、明治四十三年七月末に大阪人文会の第五次例会が開催されたことは確実である。しかも「懐徳堂記念会記録」の記述から、その開催場所は大阪府立図書館ではなく、「網島鮒宇楼」であったことが判明した。(7)

なお、木菟麻呂の言うところの西村天囚の海外旅行とは、明治四十三年（一九一〇）四月から大阪朝日新聞社が主催した「第二回世界一周会」のことと考えられる。大阪朝日新聞明治四十三年一月三十一日付の第一面の記事によれば、この世界一周旅行は、ロンドンで開催された日英博覧会の見学を目的とするもので、四月六日に横浜を出発し（長崎・神戸からの乗船も可）、四月十六日ハワイ—四月二十二日サンフランシスコ—四月二十七日シカゴ—五月二日ニューヨーク—五月十四日リバプール—五月十五日ロンドン—六月三日パリ—六月八日ベルリン—六月十一日ペテルブルク—六月十四日モスクワ—六月二十五日ウラジオストック—六月二十八日敦賀到着の予定であった。

さて、「懐徳堂記念会記録」・「経過報告第一」の両記録には、大阪人文会第五次例会に天囚の世界一周からの帰国を歓迎する意味があったことを示す記述や、この例会に木菟麻呂が参加したことを示す記述は無い。また木菟麻呂の「懐徳堂遺物寄進の記」の記述には、「歡迎會」が「網嶼の鮒宇」、つまり網島の鮒宇楼において開催されたとはあるものの、それが大阪人文会と関係するものであることを直接示す記述は無い。このため、これらの資料の記述からは、木菟麻呂の言う天囚の「歡迎會」と大阪人文会第五次例会とが、網島の鮒宇楼で開催された別の会合であったのか、それとも同一の会合であったのかを判断することができない。

しかし、この二つの会合が同一の会合であったことを示す決定的な証拠が得られた。それは、二〇一六年に一般財団法人懐徳堂記念会が購入し、大阪大学に寄託した百五十八点の懐徳堂関係資料の中の一つである『古漁雑記』である。

『古漁雑記』は、大阪人文会の会員である大田源之助旧蔵資料の一つと考えられ、その中には、明治四十三年六月一日から明治四十四年三月二十五日までの大田の日記が含まれている。(8) この日記の明治四十三年七月三十日付の部分には、以下のように記されている。以下、漢文で記されている日記の原文と、それを書き下し文にしたものとを示す。

卅日丙申晴至網島酒樓人文會例會圖書館西村天囚先遊外國君日歸朝故今會特會此家以歡迎之意云此日中井黃裳來會黃裳履軒曾孫也席上展懷德堂先賢之遺物堂之始成萬年講論語當時聽講錄一冊卷末記列席人名物及懷德堂圖竹山眞蹟等可知珍也

卅日、丙申、晴、網島の酒楼に至る。人文会あり。例は図書館に会す。西村天囚先に外国に遊び、君日《さき》に帰朝す、故に今会特に此の家に会するに歓迎の意を以てすと云う。此の日、中井黄裳来会す。黄裳、履軒の曾孫なり。席上、懐徳堂先賢の遺物を展ず。堂の始めて成るに萬年論語を講じたる当時の聴講録一冊、巻末に列席せし人名を記せし物、及び懐徳堂図、竹山の真蹟等あり。珍なるを知る可きなり。

大田の日記によれば、大阪人文会は通常大阪府立図書館において開催されたのだが、七月三十日の例会は網島の酒楼にて開催された。そしてこの会場変更の理由は、西村天囚の帰朝を歓迎するためであった。また、この例会には中井木菟麻呂（黄裳はその号）が出席し、木菟麻呂は持参した『萬年先生論孟首章講義』や「懐徳堂図」などを人文会の会員に展示した。

こうした大田の日記の記述内容は、「懐徳堂記念会記録」と「経過報告第一」とに七月末に大阪人文会の第五次例会が網島の鮒宇楼にて開催されたとあることを裏付けるものであり、日付については、「懐徳堂記念会記録」にある三十日が正しいことを示すと考えられる。また、大田の記していることは、木菟麻呂が「懐徳堂遺物寄進の記」において「西村碩園博士が海外旅行より帰られた際、網嶼の鮒宇にて歓迎會があつて、余も招請に預つた」と述べていること、しかもその席上で、後に「懐徳堂絵図屛風」となされる「懐徳堂の繪圖類」や『萬年先生論孟首章講義』を展

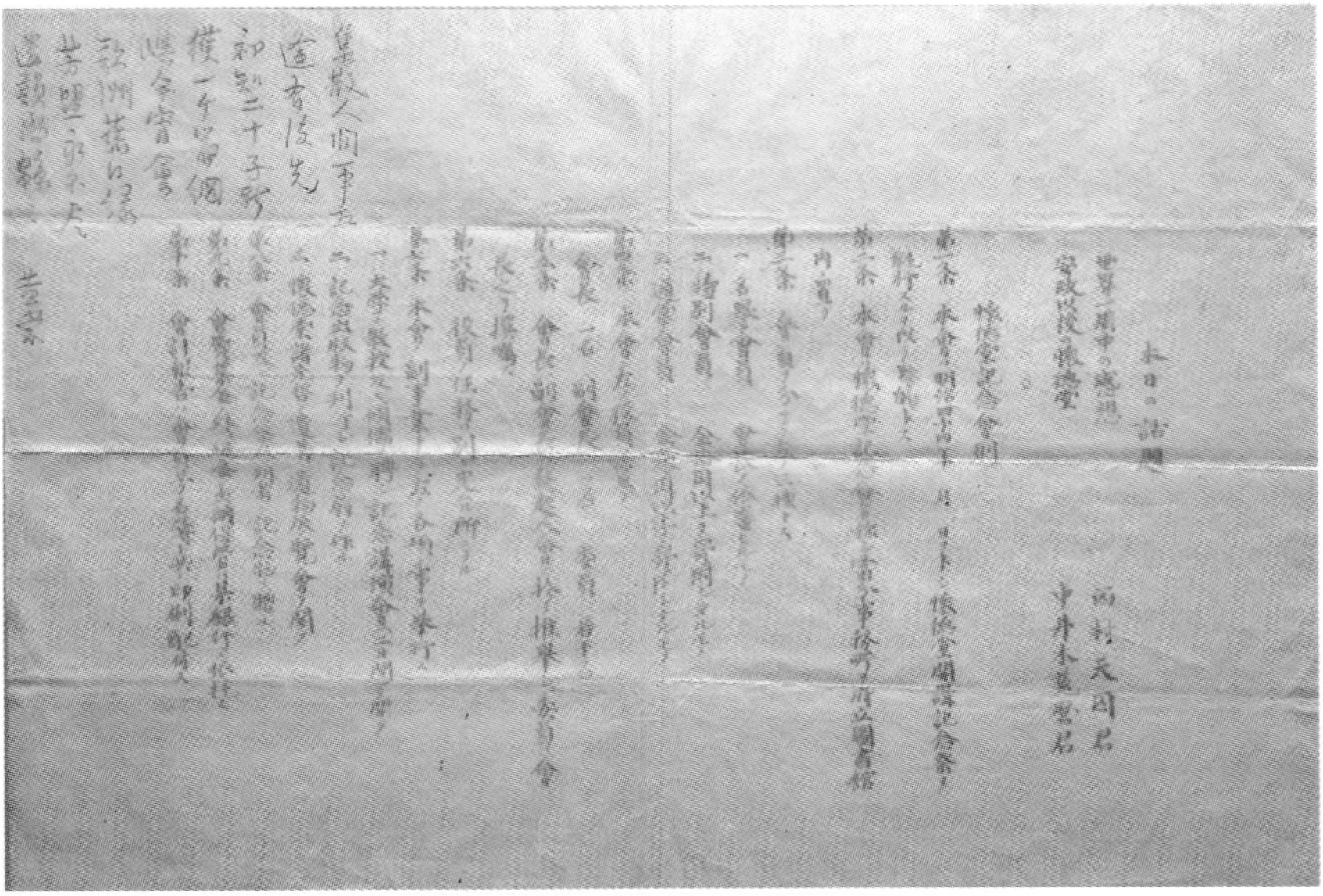

図1

示したと述べていることと符合している。従って、大阪人文会の第五次例会が明治四十三年（一九一〇年）七月三十日、西村天囚の世界一周からの帰国を歓迎する意味を込めて、通常の例会の会場であった大阪府立図書館ではなく、網島の鮒宇楼において開催されたこと、そしてこの例会に中井木菟麻呂が招かれて出席したことは確実と考えられる(9)。

　木菟麻呂が大阪人文会第五次例会に出席していたことを証明すると考えられる資料が、実は懐徳堂文庫の第一次新田文庫の中に収蔵されていた。それは、大阪人文会第五次例会の当日配布された資料と見られるものである（図1）(10)。新田文庫の資料は、木菟麻呂が亡くなるまで手元に残していたもので、木菟麻呂の没後は妹の終子が、終子の没後は終子の養子・新田和子が受け継ぎ、昭和五十四年（一九七九）と昭和五十八年（一九八三）との二回に分けて、新田氏から大阪大学に寄贈された。

　問題の新田文庫の資料は、何らかの会合において配布されたものと見受けられるものの、配布された会合の名前やその開催日に関しては何も記されていないため、従来は果たして何の資料なのかが分からなかった。しかし、この資料には、「本日の話題」として「世界一周中の感想　西村天囚／安政以後の懐徳堂　中井木菟麿」と記され、続いて十箇条からなる未確定段階の「懐徳堂記念会則」が記されている[11]。また、資料の左上部の余白には、次節で検討する、木菟麻呂の作った漢詩が記されている。この漢詩が木菟麻呂の作ったものであることは、木菟麻呂の号である「黄裳」との署名が末尾に書き添えられていることから確実である。

こうした記述内容から、この資料が配付されたのは、西村天囚が世界一周旅行から帰国した感想について語り、また中井木菟麻呂も出席して生まれ育った幕末の懐徳堂について語った会合であり、更にその会合では、懐徳堂記念会の会則に関する検討が行われたと見られ、上述の大阪人文会第五次例会に関する「懐徳堂記念会記録」・「経過報告第一」の記述、及び木菟麻呂の「懐徳堂遺物寄進の記」の記述、並びに『古漁雑記』中の大田源之助の日記の記述から判断して、その会合は、大阪人文会第五次例会にほかならないと考えられる。木菟麻呂は招かれて出席したこの人文会の例会での感動を漢詩に詠み、そしてそれを配付資料の余白に書き記して、大切に手元に保存していたと推測される。

以上本節では、木菟麻呂が「西村碩園博士が海外旅行より帰られた際、網嶼の鮒宇にて」開催されたと述べている「歡迎會」とは、明治四十三年（一九一〇）七月三十日に開催された大阪人文会第五次例会だったことを述べた。従って、木菟麻呂が小笠原氏に預けてあった懐徳堂関係の遺書遺品を直接確認し、おそらくはそれらを引き取ったのは、明治四十三年（一九一〇）七月三十日までのいずれかの時点ということになる。

それでは、それは一体いつのことだったのであろうか。大阪人文会の第五次例会が開催される直前だったのであろうか。それとも、それよりもかなり前のことだったのであろうか。

この問題を解く鍵となるのが、上述の新田文庫の資料、すなわち大阪人文会第五次例会で配布された資料に記されている木菟麻呂の漢詩であると考えられる。そこで次節では、この漢詩について検討する。

四　木菟麻呂の漢詩

大阪人文会第五次例会の時の資料に記されている木菟麻呂の漢詩は、以下の通りである（図2）。

集散人間事　　集散　人間の事
相逢有後先　　相ひ逢ふに後先有り
初知二十子　　初めて知る二十子
新獲一千篇　　新たに獲る一千篇
網嶼今宵會　　網嶼　今宵の会
歌洲舊日縁　　歌洲　旧日の縁
芳盟永不尽　　芳盟は永く尽きず
遺韻尚緜〻　　遺韻は尚ほ綿〻たり(12)

特に注目されるのは、「初知二十子　新獲一千篇　網嶼今宵會　歌洲舊日縁」（初めて知る二十子　新たに獲る一千篇　網嶼　今宵の会　歌洲　旧日の縁）の部分である。

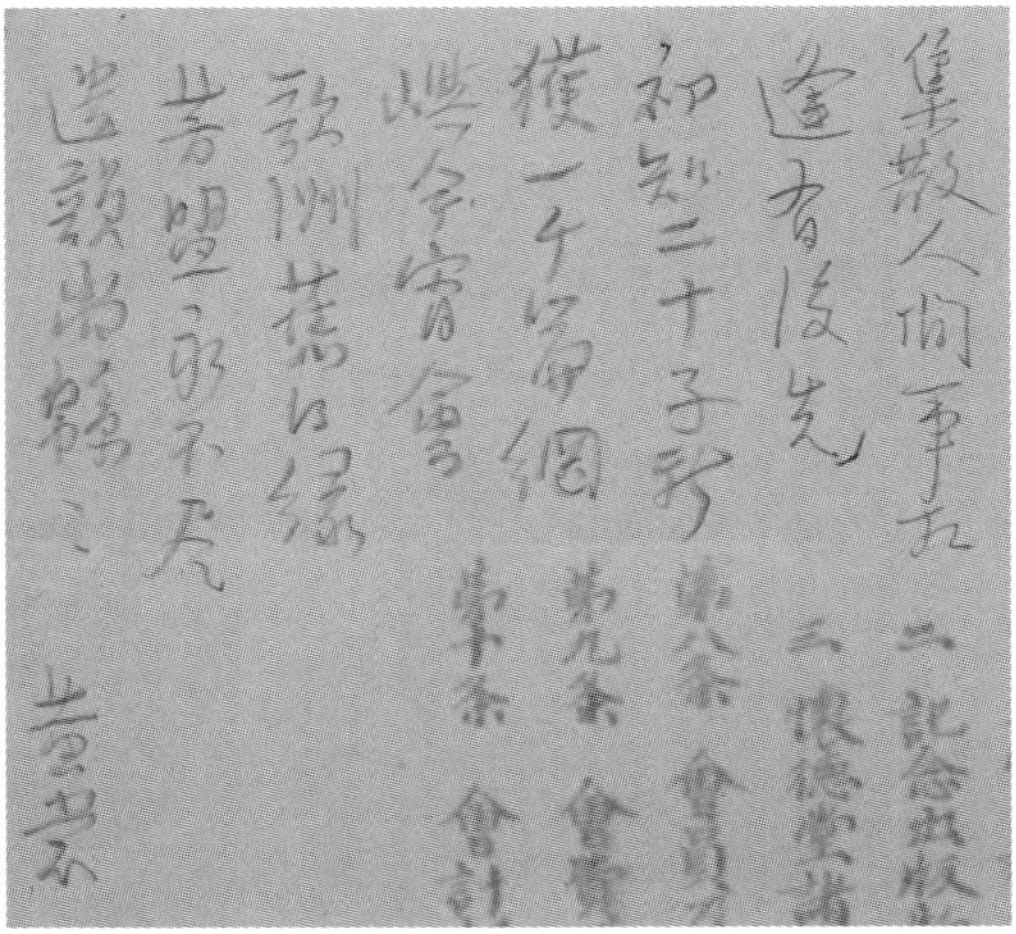

図2

「網嶼　今宵の会」とは、網島の鮒宇楼で開催された大阪人文会第五次例会のことを、また「初めて知る二十子」

とは、この例会に出席した人文会の会員のことを指していると見てよかろう。更に明治二十二年（一八八九）の町村制施行に際して、加島村と御幣島村と同野里村とが合併して歌島《うたしま》村となったことを踏まえるならば、「歌洲」とは旧加島村のことであり、「歌洲　旧日の縁」とは、懐徳堂廃校の後、懐徳堂関係の遺書遺物を旧加島村の小笠原氏に預けていたことを意味していると考えられる。

問題は、「新たに獲る一千篇」という句である。「歌洲　旧日の縁」が、懐徳堂関係の遺書遺物を旧加島村の小笠原氏に預けていたことを指しているとするならば、「新たに」「一千篇」を獲得したというのは、木菟麻呂が大阪人文会第五次例会の直前の時点で初めて、小笠原氏に預けていた遺書遺物を受け継いだ、或いはその存在を認識した、ということを意味すると考えられる。この「新たに」との表現は、木菟麻呂が「懐徳堂遺物寄進の記」において、小笠原氏に預けてあった行李の中に「余も始めて見たる懐徳堂の繪圖類や諸種の記録類などがあつた」と、小笠原氏に預けてあった遺書遺物を「始めて見た」と述べていることとも符合しよう。また、「一千篇」という語には、もとより誇張が含まれているであろうが、小笠原氏に預けられていた遺書遺物は相当の量であり、木菟麻呂の予想を上回るほどであったことを示すと推測される。

従って、廃校時に小笠原氏に預けられた懐徳堂関係の遺書遺物は、明治四十三年（一九一〇）七月三十日に開催された大阪人文会第五次例会のおそらく直前まで、小笠原氏のところに預けられたままであったと考えられる。小笠原氏に預けられていた遺書遺品の内容やその量について、廃校の時点、或いは桐園が死去した時点、更には東京移住の時点で、木菟麻呂がどのように理解していたのかは不明だが、明治四十三年（一九一〇）七月まで、木菟麻呂は小笠原氏に預けてあった遺書遺物を直接見る機会が一度も無く、だからこそそれを「新たに獲る一千篇」と表現したと推測される。

先述の通り木菟麻呂は「懐徳堂遺物寄進の記」において、甲種遺物と乙種遺物とは、懐徳堂の廃校の後「大阪府加島村の親戚小笠原氏の庫中に預けてあつたのを、先子の没後、家を東京に移して後は、久しく上野の帝室博物館に託存してあつた」と述べていた。しかし、明治四十三年（一九一〇）七月まで、小笠原氏に預けてあった遺書遺物を木菟麻呂が一度も見ていなかったのであれば、明治十五年（一八八二）七月に東京へ移住した際に、木菟麻呂がそれらを東京へ運んだということはあり得ない。木菟麻呂が、中井家の当主として受け継いだ懐徳堂関係遺書遺物の全容を知ったのは、大阪人文会による懐徳堂顕彰運動が既に始動していた、明治四十三年（一九一〇）七月のことだったと考えられる。

おわりに

中井木菟麻呂は明治二十五年（一八九二）十一月に中井履軒の『百首贅々』を博文館から出版した際、同年六月に作成した「懐徳堂遺編目録」と、同年七月に作成した「水哉館遺編目録」とを巻末に付している。

木菟麻呂は「懐徳堂遺編目録」の中で、その成立の経緯等について以下のように記している。

> 維昔我懐徳書院撤帷、圖籍散亂、先哲遺書、亡蓋多矣、書目不備、莫足徵者、今茲首春、余聚書于京畿、得二三書目、稽諸舊藏遺本、逸書篇目可得而知也、於是拾遺補闕、協厥異同、爲懐徳堂遺編目錄、凡六十九篇、無書者三十六篇、疑則闕焉、明治壬辰六月癸巳中井生成文謹識

維れ昔我が懐徳書院帷を撤してより、図籍散乱し、先哲の遺書、亡ぶもの蓋し多し、書目備はらず、徴するに足る者莫し、今茲首春、余　書を京畿に聚《あつ》め、二三の書目を得、諸を旧蔵の遺本に稽《くら》ぶるに、逸書の篇目

得て知る可きなり、是に於て遺《わす》れたるを拾ひ闕を補ひ、厥の異同を協《あは》せ、懐徳堂遺編目録を為る、凡そ六十九篇、書無き者三十六篇、疑はしきは則ち焉を闕く、明治壬辰六月癸巳　中井生成文謹しんで識す。

すなわち、合計六十九点の遺書が収録されている「懐徳堂遺編目録」は、当時木菟麻呂が所蔵していた蔵書の情報に加えて、明治二十五年（一九七六）の春に京都で得たという「一二三の書目」に基づいて「逸書の篇目」を補って作成された(13)。

この「懐徳堂遺編目録」に収録されている三宅石庵関係の遺書は、「中庸定本（石菴先生説／竹山先生述）一巻（已刊（石本））」と「萬年先生詩稿一巻（未刊）」との二点だけであり、懐徳堂が官許を得たことを記念して行われた石庵の講義を記録したものとして今日有名な『萬年先生論孟首章講義』は収録されていない。このことは、上述の通り、明治二十五年（一九七六）の時点で木菟麻呂が、「加島村小笠原氏に預けおきたる」懐徳堂関係の遺書遺物をまだ見ていなかったためと考えられる。

もとより、木菟麻呂が懐徳堂の遺書遺物をどのように継承したのかについては、なお不明な点が少なくない。それらの解明は、今後の課題としたい。

注

（1）大正五年（一九一六）に木菟麻呂は「懐徳堂の刻額」を寄贈しており、厳密に言えば、寄贈自体は三回行われた。注（4）参照。

（2）後述するように、懐徳堂の廃校時に堂内に存在した遺書遺物の中には、懐徳堂最後の教授であった並河寒泉の所有にかかるものも存在した。寒泉の没後、その所有物がどのように受け継がれたのかについては、矢羽野隆男・池田光子「『並河潤菊

家傳遺物目録』翻刻および解説」(『懐徳堂研究』第五号、二〇一四年二月) 及び同「『並河潤菊家傳遺物目録』翻刻 (増訂版)」(『懐徳堂研究』第九号、二〇一八年二月) 参照。

(3) 木菟麻呂一家の上京の時期について、羽倉敬尚「懐徳堂師儒四家の系図」(『懐徳』第三十七号、一九六六年十月)、同「中井木菟麿翁の業歴――旧教聖書及び正教聖典の飜訳に献身尽力――」(『懐徳』第四十四号、一九七四年十月) 及び竹腰礼子「懐徳堂文庫を守った人――中井木菟麻呂翁の功績――」(『大阪あーかいぶず特集号』No.2、一九九〇年十一月) は、明治二十一年 (一八八八) のこととする。しかし、木菟麻呂自身の執筆した「中井氏系譜」(幸田成友『懐徳堂旧記』〔一九一一年十月〕所収) に「明治十五年移家於東京」(明治十五年家を東京に移す) とあり、また中村健之助・中村悦子『ニコライ堂の女性たち』(教文館、二〇〇三年三月)「第七章ワルワラ中井終子」は、明治十五年 (一八八二) 八月一日発行の『正教新報』四十号に、木菟麻呂が愛々社 (正教会の出版社) の社員及びニコライ主教の翻訳者として活躍しはじめたことが報じられていると指摘している。このため、中井家の上京が明治十五年 (一八八二) であったことは確実と考えられる。

(4) 甲種遺物四十七点の中に「懐徳堂の刻額」が含まれていないのは、「懐徳堂遺物寄進の記」の「懐徳堂幅」のところで述べられているように、大正五年 (一九一六) の重建懐徳堂開堂式の際、既に財団法人懐徳堂記念会に寄進されていたためである。なお、注 (3) 前掲の竹腰礼子「懐徳堂文庫を守った人」は、懐徳堂廃校後の遺書遺物に関して、「本庄村への移居は荷物搬入になお二八日を要し、それでも土蔵に入りきらないものは、大阪府西成郡加島村の小笠原氏や奈良県生駒の淡輪氏、京都の並河氏などの親戚に預けた程であったらしい。その後、翁 (竹田注…木菟麻呂のこと) の上京するに及んで、大半は持参し残りはさらに淡輪氏に預けられた。東京へ持参した書物は主教館の書庫に保存し、その修復・曝書を怠らなかったが、『七経雕題』『七経雕題略』『七経逢原』『逸史』などの貴重本は安全を期して帝国博物館に寄託してあった」と述べている。「本庄村への移居は荷物搬入になお二八日を要し」たというのは、後述する『懐徳堂水哉館先哲遺事』の記述に基づくと見られ、また木菟麻呂が上京した際に遺書遺物の「大半」を持参し、また「残りはさらに淡輪氏に預けられた」とするのは、おそらく、注 (3) 前掲の羽倉敬尚「中井木菟麿翁の業歴」に基づくと推測される。但し、羽倉氏は小笠原氏に預けられたものについてまったく触れていない。後述するように、木菟麻呂が上京の際に受け継いだ遺書遺物の「大半」を持参したというのは疑わしい。また、淡輪氏や並河氏に預けられたものは、寒泉の所有物であった可能性が高いと推測される。

（5）注（3）前掲中村健之助・中村悦子『ニコライ堂の女性たち』、及び羽倉敬尚「懐徳堂師儒四家の系図」参照。春は、中井終子の母親である。なお、幸田成友『懐徳堂旧記』所収の「中井氏系譜」によれば、小笠原孝治に嫁いだ碩果の長女の名は「桜子《サゴ》」である。また、後述するように、加島村は、明治二十二年（一八八九）四月に御幣島村・野里村と合併し、西成郡歌《うた》島《しま》村となった。大阪府西成郡役所編『西成郡史』（一九一五年四月。一九七二年八月、名著出版より復刻。）参照。

（6）注（2）前掲矢羽野隆男・池田光子「『並河潤菊家傳遺物目録』翻刻及び解説」によれば、『並河潤菊家傳遺物目録』の末尾には、木菟麻呂が並河尚総（矢羽野・池田両氏は、並河総次郎のことと推測している）に宛てた明治二十五年（一八九二）一月十六日付の文書が別紙として付されており、その中に「中並所属不分明　存疑」との記述がある。このことは、懐徳堂の廃校時、或いは寒泉が本庄村を離れた時点で、中井家や懐徳堂のものと寒泉の所有物との間に、部分的に混在が生じた可能性があること、また懐徳堂の廃校後二十年以上経過した時点で、遺書遺物の所有権の継承に関して不明な点が存在したことを示していると考えられる。

（7）大阪市役所編『明治大正大阪市史』第一巻概説編（日本評論社、一九三四年五月。一九六六年三月、清文堂出版より復刻。）には、「網島の鮒宇樓」が明治後期の北区における「多人數の宴會席として名高い」店の一つとして挙げられている。

（8）大田源之助は、西村天囚が大阪人文会での活動として懐徳堂研究に着手した際、『蘭洲遺稿』・『浪華名家碑文集』・『懐徳堂記録』を天囚に提供し、その研究を支えた。拙稿「西村天囚の五井蘭洲研究と『懐徳堂記録』」（『懐徳堂研究』第七号、二〇一六年二月）、「西村天囚の五井蘭洲研究と関係資料――『蘭洲遺稿』・『鶏肋篇』・『浪華名家碑文集』について――」（『懐徳』第八十五号、二〇一七年一月）、「懐徳堂文庫新収資料と太田源之助」（『懐徳堂研究』第八号、二〇一七年二月）参照。なお、筆者はこの人物の氏名を、西村天囚『懐徳堂考』上巻における表記、及び『大阪人文會員名簿』の表記に基づいて「太田源之助」と表記してきたが、『碩園先生遺集』（財団法人懐徳堂記念会、一九三六年）に収録されている西村天囚の「大田蘆陰墓碣」に「君諱清高、字潔夫、稱源之助、蘆陰其號、大阪人、家世農、大父道忍獻資幕府、見允稱氏、因取家號大和屋、本氏田中首字、改稱大田。」（君　諱は清高、字は潔夫、源之助と称す、蘆陰は其の号なり、大阪の人にして、家は世々農たり、

大父道忍　資を幕府に献じて、氏を称するを允《ゆる》され、因りて家号の大和屋・本氏の田中の首字を取りて、大田と改称す。）とあること、また大正二年四月七日付大阪朝日新聞第十面に、四月五日に「兄大田源之助」が死亡したとの「弟大田信三／弟大田恒次郎／父大田仁兵衛／親戚一同」による死亡広告が掲載されていることから判断して、戸籍上の姓はおそらく「大田」であったと考えられる。このため以後は「大田源之助」と表記する。但し、『懐徳堂考』上巻や『大阪人文會員名簿』から、この人物の氏名が「太田源之助」とも表記されたことは確実で、「太田」と「大田」との姓が通用した詳しい事情については不明である。なお、『碩園先生遺集』所収の「大田蘆陰墓碣」については、佐藤由隆氏の御教示を得た。ここに記して感謝申し上げる。

（9）懐徳堂文庫新田文庫には、中井木菟麻呂の膨大な日記が収蔵されており、木菟麻呂の行動については、その日記の記述から確認することができるものが少なくない。しかし、木菟麻呂は明治四十三年七月六日から八月二十九日の間、大阪聖堂成聖式に出席するために東京を離れて大阪へ出かけているのだが、当時の木菟麻呂の日記『秋霧記』にはその間の木菟麻呂の行動がまったく記述されていない。このため、木菟麻呂が小笠原家に行った時期など、大阪人文会第五次例会前後の木菟麻呂の詳しい行動について、木菟麻呂の日記から確認することはできない。

（10）この資料は、池田光子「第一次新田文庫暫定目録」（『懐徳堂センター報』二〇〇四〔大阪大学大学院文学研究科・文学部懐徳堂センター、二〇〇四年二月〕所収）において、E146『中井木菟麻呂懐徳堂関係資料（懐徳堂再建記録他）』として収録されている、B4サイズのものである。

（11）この資料に記されている「懐徳堂記念会会則」が未確定段階のものであることは、例えば第一条について、最終的な会則では「本會ハ明治四十四年十月五日ヲトシ懐徳堂記念祭ヲ執行スルヲ以テ目的トス」との文言であるのに対して、「本會ハ明治四十四年（ママ）　月（ママ）　日ヲトシ懐徳堂開講（ママ）記念祭ヲ執行スルヲ以テ目的トス」と、懐徳堂記念祭挙行の日付が入っておらず、また字句が一部異なることなどから確認できる。なお、上述の通り、木菟麻呂は「懐徳堂遺物寄進の記」の中で『萬年先生論孟首章講義』について、「學問所の開講が十月五日であつた事が載つてあつて、それを鮒宇の席上で披露に及んだから、懐徳堂祭典の日が卽座に定つたのである。」と述べている。しかし、「経過報告第一」や「懐徳堂記念会記録」においては、『萬年先生論孟首章講義』の展示や木菟麻呂の出席について、まったく触れられていない。

(12)「遺韻尚綿ゝ（遺韻は尚ほ綿ゝたり）」の句は、懐徳堂廃校の際、寒泉が校門の門扉に貼付したという漢詩の二句目「皐比狗續尚綿々（皐比狗続して尚ほ綿々たり）」を意識したものではないかと推測される。

(13)「懐徳堂遺編目録」に収録されている六十九点のうちの三十六点は「書無き者」であるとされており、明治二十五年春の時点で木菟麻呂が所蔵していた懐徳堂関係遺書は、僅か三十三点であったということになる。但し、収録されている遺書のどれが「書無き者」なのかは示されていない。ちなみに、「懐徳堂遺編目録」とは別に作成された、履軒や柚園に関する遺書を収録する「水哉館遺編目録」には、合計百十一篇が収録され、そのうち「今存する所」は八十五篇とされている。なお、「懐徳堂遺編目録」においては、甲種・乙種といった区分は設けられておらず、六十九篇は「石菴先生著書殘編」・「蘭洲先生著書」・「竹山先生著書」・「蕉園先生著書」・「碩果先生著書」に区分されている。また、西村天囚は『懐徳堂考』上巻の中で、「懐徳堂遺編目録」について数カ所言及しており、「鶏肋篇を遺編目錄に已刊とあるは誤なり」（「蘭洲の著書」）と批判を加える箇所もある。但し、『懐徳堂考』において天囚は、「竹山の著述は、其の孫黄裳の編次せし懐徳堂遺編目錄に見えたるが、其の外太田蘆隱の遺を補ひしもの數部あり」（「竹山の著述」）と、木菟麻呂を竹山の孫と誤った説明をしている。

第二章　中井木菟麻呂宛「西村天囚書簡」の基礎的検討

池田光子

はじめに

本章で扱う「西村天囚書簡《にしむらてんしゅうしょかん》」とは、西村天囚が中井木菟麻呂《つぐまろ》に宛てた二十七点の書簡群を指す。その存在は、長い間知られていなかったが、平成二十年（二〇〇八）、懐徳堂の学主を輩出した中井家の墓所である誓願寺（大阪市中央区上本町）で発見された[1]。現在は調査のため、一般財団法人懐徳堂記念会（以下、「記念会」と略称）に寄託されている。資料名は特に付されておらず、暫定的に「西村天囚書簡」（以下、「天囚書簡」と略称）と称されている。

初めて紹介されたのは、発見から二年後の平成二十二年、記念会の創立百周年記念誌である『懐徳堂記念会百年誌一九一〇～二〇一〇』（十一月二十七日発行。以下、『百年誌』と略称）においてである。同誌では、二十七点中二点の画像と翻刻とが掲載された[2]。三年後の平成二十五年には、大阪大学大学院文学研究科の懐徳堂研究センターが運営する「WEB懐徳堂」（http://kaitokudo.jp/navi/index.html）に、「西村天囚書簡」と題したコンテンツが作成され、書簡全ての画像が公開された。現時点では、『百年誌』で紹介した書簡二点を含む、計五点の翻刻・語句説明が、画像と併せて掲載されている[3]。

以上のように、画像や書簡数点の翻刻といった、部分的な情報は明らかになっているが、各書簡の関連性や執筆時期等については判然としておらず、資料の全体像が明示されているとは言いがたい状況である。そこで本章では、〔整理・保存状況〕、〔目録および概要〕を紹介することで「天囚書簡」の全体像を提示し、資料的特徴についても一考を付した。今後の精読・翻刻作業の一助となれば幸いである。

一　天囚と木菟麻呂

まずは、本資料の中心となる天囚および木菟麻呂について、懐徳堂に関する事項を中心に、簡単な紹介をしておく。(4)

西村天囚…慶応元年（一八六五）〜大正十三年（一九二四）。鹿児島県種子島出身。名は時彦、字は子駿、号は天囚・碩園。明治十六年（一八八三）、東京帝国大学古典講習科に入学。中退後、大阪朝日新聞社に入社し、日清戦争の従軍記者や主筆をつとめた。「天声人語」の名付け親でもある。明治四十三年（一九一〇）、懐徳堂記念会を創設し、大阪朝日新聞に「懐徳堂研究」を連載。その連載をまとめた『懐徳堂考』は、現在においても懐徳堂研究の最も基本的な文献として位置づけられている。大正五年（一九一六）、重建懐徳堂の竣工後は、理事・講師として尽力した。

中井木菟麻呂…安政二年（一八五五）〜昭和十八年（一九四三）。懐徳堂の学主を輩出した中井家の子孫。号は天生・黄裳。懐徳堂内で生まれ、十四歳で懐徳堂の閉校を迎える。中井家や懐徳堂関係資料の保管・蒐集、および懐徳堂学舎の再建と先賢の顕彰につとめた。重建懐徳堂設立後は、数回に分けて多くの貴重な懐徳堂資料を懐徳堂記念会に寄贈した。

懐徳堂とは無縁であった天囚と、懐徳堂に深く関わりがある木菟麻呂との接点となったのは、傍線を付したように、

「重建《ちょうけん》懐徳堂」である。

　重建懐徳堂とは、「重建」という言葉が示しているとおり、江戸時代の学問所懐徳堂を再建したものである。懐徳堂は、享保九年（一七二四）、大坂の有力町人を中心に作られ、二年後には官許を得た、大坂を代表する学問所である。しかし、時代の余波を受け、明治二年（一八六九）に閉校となる。それから約四十年後の明治四十三年、当時活発となっていたメセナ活動もあり、懐徳堂は再興の兆しを見せ始め、大正五年に重建懐徳堂竣工に至る。[5] この明治四十年代以降、竣工に至るまでの道程を語る際、天囚と木菟麻呂との活躍を等閑視することはできない。両者の粉骨砕身の働きにより、懐徳堂はよみがえったと言っても過言では無いからである。[6]

　ここで一つ疑問が生じる。懐徳堂と深い関わりのある中井家の子孫である木菟麻呂が、懐徳堂再興に向けて尽力するのは容易に想像がつく。しかし、何故、懐徳堂と無縁であった天囚が関与することになったのか。その経緯については、木菟麻呂が天囚を述解した記述を基に説明しておこう。[7]

　木菟麻呂は、懐徳堂の再興を考えていたが、容易なことではないため、せめて自分の祖先であり、懐徳堂の学主を務めた中井甃庵《しゅうあん》・竹山《ちくざん》らを祭る式典を挙行したいと長年考えていた。明治四十一年（一九〇八）六月二十三日、その考えを実現するため、以前に面識があった、日本最初の文学博士であり、貴族院勅撰議員を務めた経験を持つ重野安《やす》繹《つぐ》（一八二七～一九一〇）に相談した。面談の結果、重野は木菟麻呂に助力を約束し、天囚を紹介した。そして、同年八月十三日、両者は直接対面し、ここから天囚と木菟麻呂とによる、懐徳堂再興に向けた活動が始まるのである。

　さて、傍点を付したように、両者は始めから懐徳堂再建を目指していたのではなく、まずは「式典」の開催を主目的としていた。そこで天囚は、この式典を実現するため、大阪人文会で懐徳堂に関する講演を行うとともに式典執行について評議し、[8] 会員全員から賛同を得た。その後、式典は「懐徳堂記念祭」という名称となり、式典を行うための拠点となる懐徳堂記念会が、大阪人文会を基盤に設立された。また、式典の関連事業として、記念出版や展覧会、学術講演なども組まれ、有識者らによる各事業のチームも編成された。これらの事業を経て、重建懐徳堂は誕生するのである。

「天囚書簡」の多くは、これら一連の事業に関する内容である。従来知られていなかった新たな情報だけではなく、書簡という資料の性質上、両者の尽力する様子も臨場感をもって伝えてくる。

では、具体的にどのような内容の書簡が発見されたのか。次節では、整理・保存状況について触れた後、各書簡の概要を紹介する。

二　全体像と概要

[整理・保存状況]

整理作業は、平成二十年の秋より開始した。劣化または散逸を防ぐための処置は施されていなかったが、緊急を要する損傷は見られなかった。しかし、虫損や剥離が散見されたため、次の応急処置を施した。劣化防止策として、各書簡を中性紙の封筒に入れ、更にそれらを数点ごとにまとめて中性紙の箱に収納（全四箱）。散逸防止のため、各封筒に「仮番号」を付与。なお、記念会の居室では管理が難しいため、現在は大阪大学大学院文学研究科・文学部懐徳堂研究センターに保管されている。

以上の作業後、書簡の翻刻に着手した。その成果の一部が、先述の『百年誌』及び「ＷＥＢ懐徳堂」に掲載した内容である。しかし、精読する上で資料群の全体像を先に把握する必要があると判断したため、翻刻作業を中断し、各書簡の概要把握と時系列に配置することを目的とした作業に変更した。その作業過程において、二十七点中二点は、付記または追記のような内容であるため、他の書簡の一部から、分かれてしまったものであることが判明した。よって、実際の書簡数は二十五通と言える。

書簡の執筆時期については、精読をまたないと年代の確定が困難なものが複数ある[9]。本章では、このような書簡について、書簡に登場する書物の出版時期や木菟麻呂の日記等を基に、暫定的な判断をしている[10]。この作業を通じても判断が難しい書簡は、年代の判定を保留し、「不明」とした。なお、平成二十五年に「ＷＥＢ懐徳堂」で公開した時点では、時系列にそった配置が困難であったため、先述の仮番号に従って書簡を配列している。当時は、新資料を早い段階で公開することを目的にしていたためであるが、今後は時系列順に配列を改める必要があろう。

さて、以上のように、年代について不確定要素が残っている状態ではあるが、本章では現時点で判明または判断した時代順に沿って配列し、各書簡の概要を紹介する。現時点での配列を「暫定配列」とし、仮番号と合わせたものが次の目録である。目録の後には、書簡の年代や形状、翻刻状況をまとめた表を付した。

［目録および概要］

《凡例》

暫定配列／仮番号

(1)年月日（存疑のものには△を付す）　(2)外寸（縦×横cm）[11]　(3)概要　(4)備考・注記（特に無い場合は省略）

1／仮1

(1)明治四十三年（一九一〇）二月四日　(2)一八・一×一〇一・五

(3)①大阪人文会における講演（「五井蘭洲事蹟」）の報告。②大阪朝日新聞に連載をする件（「懐徳堂研究」）。③世界一周旅行による不在予定日の報告。

(4)「WEB懐徳堂」に掲載済。

2／仮6

(1)明治四十三年三月四日　(2)一八・三×四〇・七

(3)①資料閲覧の御礼。②書目（懐徳堂記念祭での記念出版予定書籍の件カ）の相談。

3／仮4

(1)明治四十三年十月五日　(2)一八・二×二三四・〇

(3)①懐徳堂記念祭の各委員、および懐徳堂記念会の発起人を報告。②記念出版（編次、配布）の相談。③懐徳堂記念祭が公祭であるため、中井家からは発起人を出さない方針を報告。

(4)「WEB懐徳堂」に掲載済み。本文冒頭の六行は朱筆。

4／仮7

(1)明治四十四年一月七日　(2)一八・〇×八一・六

(3)①資料送付の御礼（『蒙養編』『建学意見』『先哲遺事』等）。②「履軒遺事」より「蕉園遺事」を先に送付するよう依頼（『懐徳堂考』執筆のため）。③竹山、履軒の門人で一家を為した人物についての情報提供依頼。

5／仮9

(1)明治四十四年一月二十七日　(2)一八・〇×五九・〇
(3)①『先哲遺事』二巻一冊送付の御礼。②「履軒遺事」送付と併せ、柚園の事跡について情報提供依頼。

6／仮10
(1)明治四十四年三月二十三日　(2)一八・一×七五・七
(3)①大阪朝日新聞に『懐徳堂考』が掲載されるため（おそらく出版告知）、「履軒遺事」と「蕉園遺事」の至急送付依頼。②『論語逢原』謄写成功の報告とその送付（原物はなし）。

7／仮14
(1)明治四十四年五月二十日　(2)一八・〇×六七・三〜六九・二
(3)①『懐徳堂考』下巻の件。②「履軒遺事」の送付要請。③『龍野貞婦記録』送付依頼。

8／仮11
(1)明治四十四年六月十五日　(2)一八・〇×一〇九・二
(3)竹山、履軒の尊王思想について、文部省に伝えてみることを提案。②碩果、寒泉、桐園に関する質問。③「逡巡碑」の名称について、出典等の情報提供依頼。

9／仮12
(1)明治四十四年六月二十六日　(2)一七・八〜一九・九×七〇・七
(3)①『先哲遺事』六巻、送付の御礼。②慰労金（一五円）送付の件。

10／仮2
(1)明治四十四年七月三十一日　(2)一八・二×一六四・八

(3)①『懐徳堂考』擱筆の報告。②竹山、履軒の事跡や山片蟠桃『夢の代』に関する講演の報告。③『論語逢原』の件（印刷見積と一千部の内の五百部を早急に送付するよう要請）。

11／仮3

(1)明治四十四年八月七日　(2)一七・八～二〇・二×四八七・五

(3)①『論語逢原』印刷見積に対して木莵麻呂が立腹したのに対する謝罪・説明等。また、印刷部数を一千部から五百部に減殺することを報告。②『懐徳堂五種』及び『懐徳堂遺書』の装丁、書体等の相談。③懐徳堂記念祭の式次第や祭壇に祀る肖像画、木主の相談。

(4)本紙末尾に封筒添付。冒頭四行は朱筆。本文裏面に「〇（朱筆）存留（墨筆）」の書付有り。本資料から、祭典は釈奠に準ずる形式で執り行うことや、甃庵の『喪祭私説』に則り、木主を作成しようとしていたことが分かる。

12／仮13

(1)明治四十四年八月九日　(2)一八・一×一六八・五

(3)①『論語逢原』印刷の件（訓点の有無、印刷製本の場所、製本統一等）。②銅印の件（「懐徳堂遺編」は見合わせ、「懐徳堂記念会校刊」を使用する旨）。③『懐徳堂考』の印刷部数と寄贈について報告。

(4)虫損が多く、判読が困難な箇所有り。

13／仮15

(1)不明　(2)一八・〇×三一・二

(3)出版図書印（銅印）の件を大阪府立図書館に送付依頼。

(4)別紙であるが、いずれの書簡のものであるか不明。出版図書とは記念出版のことを指すのではないかと考え、

「銅印」をキーワードに、現時点では仮15の別紙として配列している。

14／仮25

(1)明治四十四年十月二十日（△）　(2)一八・一×一三八・四

(3)隆文館より、懐徳堂諸儒の墨迹を写真版で出版する話があったことを報告（おそらくは、後に出版される『懐徳堂先賢墨迹』を指す）。

15／仮8

(1)明治四十五年一月九日（△）　(2)一八・二×五二・○

(3)『懐徳堂印譜』（『懐徳堂印存』カ）及び『懐徳堂先賢墨迹』の件。

16／仮16

(1)明治四十五年三月二十九日　(2)一七・八×九九・七

(3)『懐徳堂先賢墨迹』に掲載する先賢たちの小伝執筆依頼。

(4)虫損多数。本文に「別紙」とあるが、仮5の資料を指すと思われる。

17／仮5

(1)不明　(2)一七・七×三三・○

(3)人名の羅列。

(4)別紙。十名の人名が列挙されている。内、九名は『懐徳堂先賢墨迹』に掲載の人物名である。よって、仮16の別紙と判断。

18／仮17

(1)明治四十五年四月三日（△）　(2)一八・三×九二・五
(3)『懐徳堂先賢墨迹』に掲載する小伝の件。

19／仮18
(1)大正五年（一九一六）五月二十六日　(2)一七・一×四二・四
(3)重建懐徳堂竣工と開講日の報告。

20／仮19
(1)大正六年六月五日　(2)一八・〇×一一一・五
(3)①石庵の遺墨反古類寄託の御礼。②「懐徳堂旧址碑」の相談。
(4)「ＷＥＢ懐徳堂」に掲載済。

21／仮20
(1)大正六年十二月三十日　(2)一七・五×六八・六
(3)「懐徳堂旧址碑」碑文添削の御礼。

22／仮21
(1)大正七年一月十四日　(2)一八・三×一一〇・九
(3)①「懐徳堂旧址碑」碑文添削の御礼と相談。②重建懐徳堂の授業回数について報告。
(4)「ＷＥＢ懐徳堂」に掲載済み。虫損多数。

23／仮22
(1)大正七年二月十三日　(2)一八・二×八一・二

(3)①「懐徳堂旧址碑」の件。②東坊城氏への御礼。
(4)本紙末尾に封筒貼付。

24／仮23
(1)大正七年七月二十二日　(2)一九・四×八四・二
(3)木菟麻呂が相談した件について、良案が無いと返答。
(4)木菟麻呂の相談内容未詳。

25／仮24
(1)大正十年十月二十九日　(2)一九・二×八六・八
(3)『日本名家四書註釈全書』の件（編者の関儀一郎が、履軒の「四書逢原」を収載したいため、履軒の子孫にあたる木菟麻呂を紹介してくれるよう天囚に依頼）。
(4)「WEB懐徳堂」に掲載済み。

26／仮26
(1)三月二十九日（年代不明）　(2)一七・五×四七・三
(3)①大阪の文会「景社」の会合への招待。②往復尺牘提供の御礼（具体的な資料名は不明）。

27／仮27
(1)六月二十四日（年代不明）　(2)一八・一×二〇・九
(3)木菟麻呂の作品（批評文ヵ）への同意。

暫定配列	仮番	年代	日付	外寸（縦×横cm）	翻刻（WEB）
1	仮1	明治43年	2月4日	18.1×101.5	済
2	仮6	明治43年	3月4日	18.3×40.7	
3	仮4	明治43年	10月5日	18.2×234.0	済
4	仮7	明治44年	1月7日	18.0×81.6	
5	仮9	明治44年	1月27日	18.0×59.0	
6	仮10	明治44年	3月23日	18.1×75.7	
7	仮14	明治44年	5月20日	18.0×67.3～69.2	
8	仮11	明治44年	6月15日	18.0×109.2	
9	仮12	明治44年	6月26日	17.8～19.9×70.7	
10	仮2	明治44年	7月31日	18.2×164.8	
11	仮3	明治44年	8月7日	17.8～20.2×487.5	
12	仮13	明治44年	8月9日	18.1×168.5	
13	仮15	不明	不明	18.0×31.2	
14	仮25	明治44年（△）	10月20日	18.1×138.4	
15	仮8	明治45年（△）	1月9日	18.2×52.0	
16	仮16	明治45年	3月29日	17.8×99.7	
17	仮5	不明	不明	17.7×33.0	
18	仮17	明治45年（△）	4月3日	18.3×92.5	
19	仮18	大正5年	5月26日	17.1×42.4	
20	仮19	大正6年	6月5日	18.0×111.5	済
21	仮20	大正6年	12月30日	17.5×68.6	
22	仮21	大正7年	1月14日	18.3×110.9	済
23	仮22	大正7年	2月13日	18.2×81.2	
24	仮23	大正7年	7月22日	19.4×84.2	
25	仮24	大正10年	10月29日	19.2×86.8	済
26	仮26	不明	3月29日	17.5×47.3	
27	仮27	不明	6月24日	18.1×20.9	

[一覧表]

おわりに

各書簡の概要から、「天囚書簡」は大きく二つの内容に分類できることが分かる。一つが、懐徳堂記念祭に関わる一連の事業に関することであり、(12) 一つが、江戸時代の懐徳堂が在った場所に建てられた「懐徳堂旧址碑」の件である。(13)前者に関しては、本資料群の半数以上が該当しており、頻繁に遣り取りをしていたことが日付からも窺える。

また、「天囚書簡」は、懐徳堂記念祭や懐徳堂記念会設立時について語る際、天囚の精力的な活動の様子は取りあげられることが多いが、その精力的な活動に必要であった知識や資料、この重要な部分を支えていたのが木菟麻呂であったことも伝えている。系図や遺事の資料作成・調査等、一年という短期間の中では実現不可能とも思われる多くの求めに対し、木菟麻呂は驚くほど迅速に対応しており、心血を注いでいたことが窺える。(14)勿論、この木菟麻呂の奮励に呼応するかのように、天囚が東奔西走の活躍をしていたことも、書簡は伝えている。

さて、臨場感をもって両者の様子を伝えるだけではなく、「天囚書簡」の発見により、新たに明らかになった内容がある。例えば書簡11は、記念出版物の体裁について、長文にわたり相談・報告をしており、木菟麻呂が直接関与していない事業についても、可能な限り諒解を得ようとしていた天囚の配慮が窺える。ほか、木菟麻呂を懐徳堂記念会の発起人に加えなかった理由や（書簡1）、日本近世儒学を研究する上で必携の書と言える『日本名家四書註釈全書』に、懐徳堂の代表的儒者・中井履軒《りけん》の四書注釈書が収載されるに至った経緯（書簡25）等が、「天囚書簡」の発見により明らかになった。今後も各書簡の精読を進めることで、懐徳堂関連事項の空白を埋める新たな情報が、判明する可能性は高い。

以上、懐徳堂に関わる内容を中心に資料の特質を述べてきたが、「天囚書簡」は、重建懐徳堂竣工に至るまでに関わった、各界著名人の動向を窺うことができる内容も含まれている。そのため、懐徳堂研究だけではなく、明治から大正期における大阪のメセナ運動や、学芸史の一端を探るための有用な資料にも成り得ると予測される。「天囚書簡」の持つ資料的価値を更に明らかにするためにも、今後も継続して各書簡の精読・翻刻作業を進め、適宜発表していく予定である。

注

（1）学主とは、懐徳堂の学長兼教授を指す。二代目、四代目〜六代目の学主を中井家がつとめた。なお、本資料が誓願寺に保管された経緯は、現時点では未詳である。

（2）拙稿「西村天囚の中井木菟麻呂宛書簡」。

（3）平成二十五年三月より公開。注（2）に挙げた二点の書簡については、翻刻の誤りを訂正し、掲載している。なお、原文は崩し字で書かれた候文である。翻刻に際し、旧漢字は常用漢字に、片仮名は平仮名に変え、合字は開いて表記した。また、必要に応じて空格・濁点を施し、未判読の文字は「□」で記している。未判読の文字はひとえに筆者の力不足によるものが多い。また、翻字には誤りも存在すると思われる。博雅の士のご教示・ご批正を賜りたい。

（4）天囚および木菟麻呂の事跡については、『増補改訂版　懐徳堂事典』（湯浅邦弘編、大阪大学出版会、二〇一六年十月二十一日）を参考にした。

（5）重建懐徳堂は、東区豊後町、現在のマイドーム大阪（中央区本町橋）のある場所に建てられた。しかし残念ながら、昭和二十年（一九四五）の大阪大空襲により、書庫以外の全てを焼失してしまう。

（6）両者の具体的な活躍については、竹田健二氏が詳細な研究を行っており、その成果を書籍にまとめられている。『市民大学の誕生――大坂学問所懐徳堂の再興』（大阪大学出版会、二〇一〇年二月十五日）。

（7）「追懐遺事三篇」（『懐徳（碩園先生追悼録）』第二号、懐徳堂堂友会、一九二五年二月十日）。本文には、書簡1の一部が引用されているのが確認できる。なお、碩園とは天囚の号の一つである。

（8）大阪人文会とは、大阪府立図書館の初代館長であった今井貫一が中心となり、大阪の文化・教育の発展に寄与することを目的として、明治四十二年（一九〇九）に設立した団体である。会員はそれぞれ大阪の学問について分担研究しており、天囚は、大阪漢学の担当であった。なお、注（6）で挙げた竹田氏の研究に、詳細な説明とその活動内容とが記されている。

（9）一部の書簡については、裏面に年代が書き付けられている。しかし、内容から判断して誤りもあると考えられたため、注意が必要である。なお、書付の筆者は未詳。

（10）書簡が送付されたであろう時期に該当する木菟麻呂の日記が、第一次新田文庫に遺されている。第一次新田文庫とは、大阪大学附属図書館懐徳堂文庫を形成する文庫の一つであり、懐徳堂及び木菟麻呂に関する遺品が多く含まれている。その中でも、今回の作業で用いた資料名と日記の時期は次のとおりである。『秋霧記』（E250、明治四十一年～大正三年）、『鶴室記』（E284、大正四年～七年）、『鶴室記』（E287、大正七～十年）。なお、木菟麻呂の日記は上の三種以外にも多数遺されている。詳細は拙稿「第一次新田文庫暫定目録」（『懐徳堂センター報２００４』大阪大学大学院文学研究科・文学部懐徳堂センター、二〇〇四年二月二十九日）を参照。

（11）小数点第二位以下は省略した。

（12）本章では、記念出版や展覧会だけではなく、懐徳堂記念会設立も、懐徳堂記念祭執行に関わる事業と捉えている。

（13）重建懐徳堂竣工の約一年後、江戸時代の懐徳堂が在った場所（大阪市中央区今橋）にビルを構えていた日本生命保険株式会社が、懐徳堂記念会への協賛の意を込めて、記念碑設立を申し出てきたことにより作成。現在も懐徳堂旧址碑は、「懐徳堂」があったことを示す貴重な石碑として扱われるとともに、大阪の観光スポットの一つとなっている。

（14）木菟麻呂のこのような対応は、竹田氏の研究のほか、釜田啓市氏の「中井木菟麻呂『懐徳堂水哉館先哲遺事』の成立事情」（『懐徳堂センター報二〇〇七』大阪大学大学院文学研究科・文学部 懐徳堂センター、二〇〇七年二月二十八日）でも指摘されている。

第三章　懐徳堂文庫新収資料中の大田源之助旧蔵資料

竹田健二

はじめに

一般財団法人懐徳堂記念会は、二〇一六年度に新たな懐徳堂関係資料一五八点を購入した。その後、それらは大阪大学に寄託され、懐徳堂文庫に収蔵された。この新収資料群については、購入に際して基礎的な調査が行われており、「調査概要報告」が作成されている。もっとも、この時の調査は、書名・書型・寸法・装丁・冊数・丁数・刊本と写本との区別等を明らかにするところに主眼が置かれたようで、各資料の由来等を詳らかにするには至っていない[1]。

但し、この「調査概要報告」は、一部の新収資料についてその由来を解明する手がかりとなる重要な指摘を行っている。その中でも特に、新収資料中の「仮綴になっているものの多く」が大田源之助（号は蘆隠）と関わっていると指摘している点は、大いに注目される[2]。

大田源之助は、明治の末期から隆興する懐徳堂顕彰運動を推進した、大阪人文会の会員の一人である。西村天囚の『懐徳堂考』上巻（明治四十三年（一九一〇）三月）の記述によれば、天囚は大阪人文会の会員の濱和助（真砂）から『鶏肋篇』を借用するとともに、大田から『蘭洲遺稿』二冊・『浪華名家碑文集』一冊・『懐徳堂記録』四冊を借用して、五井蘭洲を中心とする懐徳堂研究に取り組んだ。周知の通り天囚は、明治四十三年（一九一〇）一月二十九日の大阪人文会第二次例会において五井蘭州に関する講演を行い、また翌二月には大阪朝日新聞紙上に「懐徳堂研究」を連載した。この連載はその後まとめられて、『懐徳堂考』上巻として同年三月に刊行された。こうした天囚の一連の懐徳堂研究は、大田等による資料の提供によって支えられていたのである(3)。

このため、新収資料の中に大田源之助と深く関わるものが含まれているとするならば、そこから懐徳堂顕彰運動の実態を解明する上での貴重な手がかりが得られる可能性があると考えられる。そこで筆者は、新収資料に含まれている大田源之助関連の資料を明らかにすべく調査を行った。本章は、その報告である。

一　整理番号42〜45の四点について

新収資料の内、筆者が先ず興味を抱いたのは、整理番号42『懐徳堂記録拾遺』一冊・整理番号43『学校公務記録』一冊・整理番号44『懐徳堂内事記・懐徳堂外事記』一冊・整理番号45『◎懐徳堂関係記録』一冊の四点である(4)。四針眼訂法で装丁されているこの四点は、いずれも表紙・裏表紙に同じ紙が用いられており、またそれぞれ巻頭部分に「蘆隠清玩」の印記が認められる。「蘆隠」が大田源之助の号であることは、『懐徳堂考』上巻や明治四十三年十一月印刷の『大阪人文會員名簿』の記述から明らかである。また詳しくは後述するように、整理番号42『懐徳堂記録拾遺』の巻末には、書写の経緯について記した簡潔な識語があり、その下に「蘆隠」の署名と「古漁」の印記とがある。こうしたことから、この四点の資料が大田源之助旧蔵の資料であることは確実と考えられる。

実は、この四冊とまったく同じ内容の資料が、懐徳堂文庫碩園記念文庫の小天地閣叢書に収録されている。その資料は、『懐徳堂文庫図書目録』（大阪大学文学部、一九七六年）において、小天地閣叢書乾集の「懐徳堂記録」として記載されている四冊（以下、小天地閣本懐徳堂記録）である。結論から言えば、新収資料の整理番号42『懐徳堂記録拾遺』一冊・整理番号43『学校公務記録』一冊・整理番号44『懐徳堂内事記・懐徳堂外事記』一冊・整理番号45『◎懐徳堂関係記録』一冊の四点は、小天地閣本懐徳堂記録四冊の原本と考えられる。

碩園記念文庫中の資料であり、天囚旧蔵の資料であることの明確な小天地閣本懐徳堂記録は、天囚が大田から借用した「懐徳堂記録四冊」に基づいて作成した写本と考えられる。[5] すなわち、明治四十二年（一九〇九）五月、大田源之助は大阪市史編纂係の収蔵するところの懐徳堂関係資料を編集して、四冊からなる資料集を作成した。この時四冊に収録された資料は、明治三十五年（一九〇二）五月に森本専助が提供した『懐徳堂記』に収録されていた「懐徳堂定約」[6]、及び同年十月に中井木菟麻呂が提供した十種の資料（「学問所建立記録」・「懐徳堂定約附記」・「懐徳堂内事記」・「懐徳堂外事記」・「学校公務記録」・「懐徳堂義金簿」・「三宅幸蔵変宅ニ付御同志中へ懸合候覚」・「逸史献上記録」・「義金助成金簿」・「御同志中相談覚」）、並びに木菟麻呂が明治四十二年（一九〇九）に提供した『懐徳堂記録拾遺』の、合計十二種の資料である。『懐徳堂考』上巻において、天囚が大田から借用した資料の一つとして名を挙げている「懐徳堂記録四冊」とは、この大田が編集した四冊の資料集のことであり、小天地閣本懐徳堂記録は、大田の所蔵するその原本から作成された写本と考えられる。

新収資料中の整理番号42『懐徳堂記録拾遺』・整理番号43『学校公務記録』・整理番号44『懐徳堂内事記・懐徳堂外事記』・整理番号45『◎懐徳堂関係記録』の四冊（以下、新収本懐徳堂記録）と小天地閣本懐徳堂記録とを比較するならば、表1に示す通り、四冊はそれぞれに収録されている資料が同一である。しかも、複数の資料を収録しているものについては、その資料の排列についても合致している。[7]

特に注目される点は、『懐徳堂記録拾遺』を収録する一冊の巻末に認められる識語の部分である。書写の経緯を記

表1　新収本懐徳堂記録・小天地閣本懐徳堂記録　対照表

新収本懐徳堂記録	小天地閣本懐徳堂記録
・整理番号42『懐徳堂記録拾遺』 ＋「蘆隠」の識語＋「古漁」の印記	・第二冊『懐徳堂記録拾遺』 ＋「蘆隠」の識語
・整理番号43『学校公務記録』	・第三冊『学校公務記録』
・整理番号44『懐徳堂内事記・懐徳堂外事記』	・第四冊『懐徳堂内事記・懐徳堂外事記』
・整理番号45『◎懐徳堂関係記録』 「学問所建立記録」 「懐徳堂定約」 「懐徳堂定約附記」 「懐徳堂義金簿」 「御同志中相談覚」 「三宅幸蔵変宅ニ付御同志中へ懸合候覚」 「逸史献上記録」 「義金助成金簿」	・第一冊 「学問所建立記録」 「懐徳堂定約」 「懐徳堂定約附記」 「懐徳堂義金簿」 「御同志中相談覚」 「三宅幸蔵変宅ニ付御同志中へ懸合候」 「逸史献上記録」 「義金助成金簿」

した識語には、「己酉仲夏借幸田氏謄本而寫之　蘆隠」（己酉仲夏、幸田氏の謄本を借りて之を写す　蘆隠）とあり、その識語の下には、大田源之助の号である「蘆隠」と署名されている。新収本懐徳堂記録と小天地閣本懐徳堂記録とは、両者ともこの識語と署名とがあるのだが、新収本懐徳堂記録には「蘆隠」の署名の下に「古漁」の印記があるのに対して、小天地閣本懐徳堂記録にはその印記が無い（図1・図2）。このことは、新収本懐徳堂記録が小天地閣本懐

徳堂記録の原本であることを示していると考えられる。

図1　新収本懐徳堂記録『懐徳堂記録拾遺』巻末の識語

図2　小天地閣本懐徳堂記録『懐徳堂記録拾遺』巻末の識語

以上のように、「蘆隠清玩」の印記と「古漁」の印記とを有する新収本懐徳堂記録は、大田源之助旧蔵の資料であり、小天地閣本懐徳堂記録の原本であったと考えられる。「古漁」は、「蘆隠」と同様に、大田の号の一つであったと見てよかろう。

二　印記と大田源之助旧蔵資料

前節で述べたように、「蘆隠清玩」の印記（図3）と「古漁」の印記（図4）とを有する新収本懐徳堂記録は大田源之助旧蔵の資料であり、「古漁」は大田のもう一つの号と考えられる。このため、新収資料の中の「蘆隠清玩」及び「古漁」の印記を有する資料はすべて、大田源之助旧蔵の資料と判断してよいと考えられる。

図3　「蘆隠清玩」

図4　「古漁」

一五八点の新収資料の中で「古漁」の印記を有するものは、以下の五点である。

・整理番号8『月可録』
・整理番号26『芳山遊草』
・整理番号42『懐徳堂記録拾遺』
・整理番号111『錫類記』
・整理番号114『萱野三平墓誌・矢頭長助教照墓誌』

また、新収資料の中で「蘆隠清玩」の印記を有するものは、以下の二十三点である。なお、このうち整理番号42『懐徳堂記録拾遺』・整理番号111『錫類記』の二点には、前述の「古漁」の印記も認められる。

・整理番号7『和語集解』[8]
・整理番号9『◎紀行文集』
・整理番号13『答加藤敦善書』[9]
・整理番号22『五孝子伝』
・整理番号23『◎竹里雑抄』
・整理番号30『国本論』
・整理番号40『論語』

・整理番号42『懐徳堂記録拾遺』
・整理番号43『学校公務記録』
・整理番号44『懐徳堂内事記・懐徳堂外事記』
・整理番号45『◎懐徳堂関係記録』
・整理番号55『三器攷略』
・整理番号68『西岡集』
・整理番号77『大学』
・整理番号96『樫窓先生詩略』
・整理番号110『園露集目録』
・整理番号111『錫類記』
・整理番号122『ななしくさ　附録』
・整理番号132『水哉子』
・整理番号135『龍角功能・寿龍角図並功能』
・整理番号139『弁志斎集』(10)
・整理番号152『旧事玄義抜萃』
・整理番号153『留守括嚢遺状』

従って、一五八点の新収資料の内、以上の「古漁」及び「蘆隠清玩」の印記を有する合計二十六点の資料は、すべて大田源之助旧蔵の資料と考えられる。

新収資料に認められる印記の中には、「古漁」・「蘆隠清玩」以外にも、大田源之助旧蔵のものであることを示すと考えられるものが複数確認できる。その一つが、以下の五点の資料に認められる「古漁寶玩」の印記である（図5）。

図5　「古漁寶玩」

・整理番号13『答加藤敦善書』
・整理番号48『懐徳堂考』
・整理番号49『片北海称謂論』
・整理番号76『五井持軒先生神道遺書』
・整理番号108『名家手簡』

「古漁寶玩」の印記を有する資料が大田旧蔵のものであることは、「古漁」が大田の号と考えられることに加えて、整理番号48『懐徳堂考』の上巻が、天囚から大田に寄贈されたものであることから確認できる。

すなわち、整理番号48『懐徳堂考』の上巻の序文の頁には、その右下の端に「古漁寶玩」の印記があるが、同じ頁の左下の端、つまり印刷された「天囚郁彦」の署名の下に「天囚居士」の印記がある。加えて、同じく上巻の巻末（図6）には、「庚戌三月世界一周発途前／天囚生持贈／蘆隠仁兄哂存」との天囚の識語が記されている。このため、本資料が天囚から大田に寄贈されたものであることは確実である。

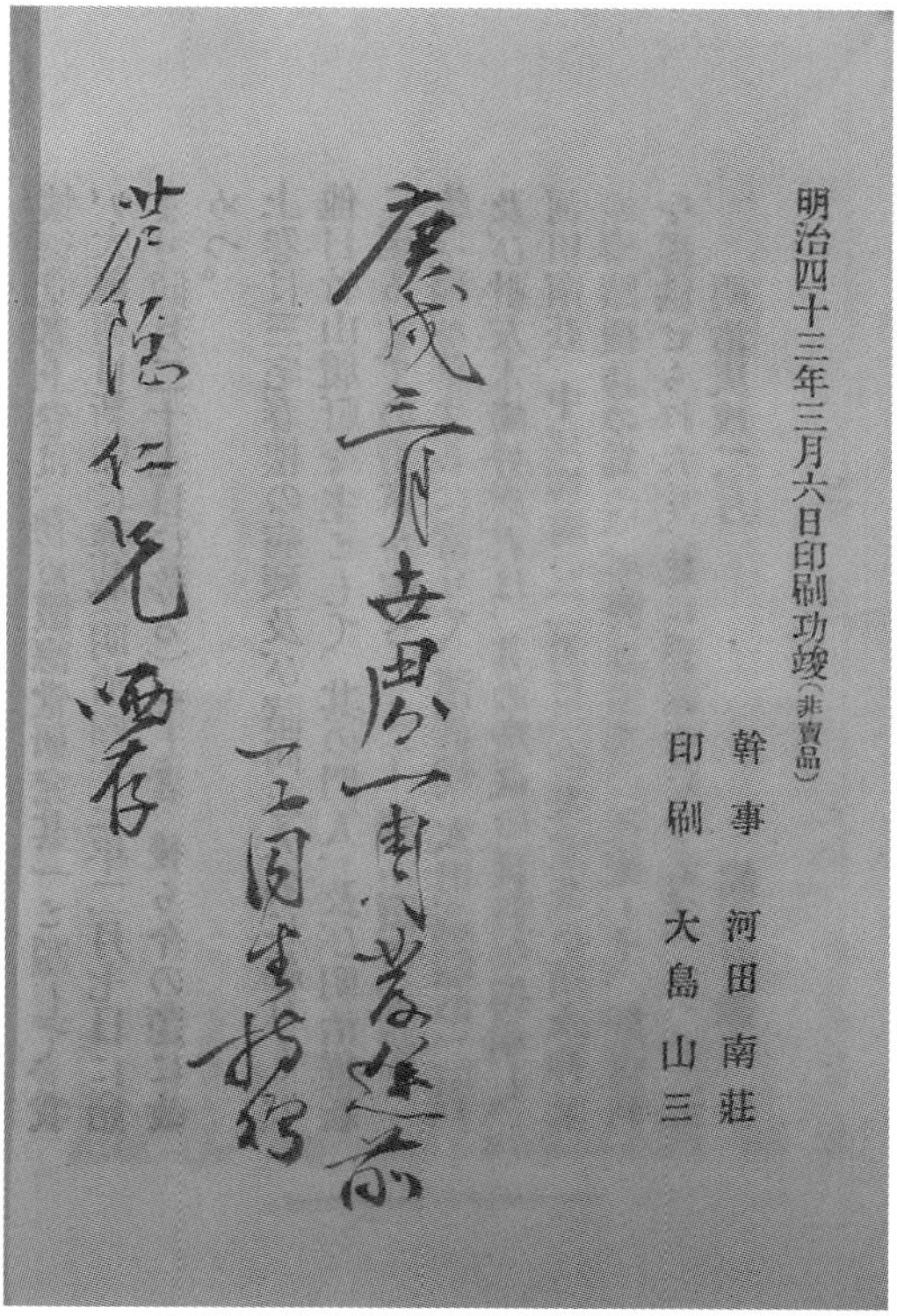

図６　整理番号48『懐徳堂考』上巻巻末の頁

なお、周知の通り『懐徳堂考』の上巻の発行部数はわずか三十五部であったが、発行部数がこれほど少ないのは、本書が大阪人文会会員に配布することを目的として刊行されたためと考えられた。[11]整理番号48『懐徳堂考』上巻が天囚から大田に寄贈されたものであることは、その推測が妥当であったことを示すと思われる。

また整理番号108『名家手簡』は、その表紙に大田の号と考えられる「古漁」の語を含む「古漁郁舎蔵本」との打ち付け書きがある。[12]加えて本資料には、「太田」宛に「北山」なる人物が書いた、明治四十四年十二月二十五日付の覚書きの紙片が挟み込まれている。[13]このため、この資料も大田旧蔵の資料であったと考えられる。

以上のことから、「古漁寶玩」の印記を有する資料も大田源之助旧蔵の資料であったことは確実と考えられる。

更にまた、「古漁村舎」の印記（図７）も、大田旧蔵の資料であったことを示すと考えられる。「古漁村舎」の印記があるのは、以下の二点の資料である。

・整理番号147『漁村漫録』

・整理番号154『南秋江鬼神論』

整理番号147『漁村漫録』は、第一葉表右下に、「古漁村舎」の印記があり、また扉に用いられている紙に、「浪華今宮大田氏蔵」「古漁珍蔵」「蘆隠」などといった語が乱雑に記されている。上述の通り、「古漁」「蘆隠」は大田の号と考えられることから、本資料は大田の旧蔵の資料であり、「漁村」も大田の号の一つと考えられる。

整理番号154『南秋江鬼神論』は、題簽の下部に「田氏之印」の印記が、また巻末に「蘆浦草堂主漁村閑人」の署名に続いて「田氏之印」「漁村」「古漁村舎」の印記がある。「漁村閑人」或いは「漁村」も大田の号であった可能性が高いと考えられる。

加えて、整理番号91『何世語　他』に認められる、「漁村書堂」との印記（図8）も、「漁村」が大田の号の一つであると考えられることから、大田旧蔵の資料であった可能性があると考えられる。

図7　「古漁村舎」

図8　「漁村書堂」

以上、本節では、新収資料一五八点の内、「古漁」・「蘆隠清玩」・「古漁寶玩」・「古漁村舎」の印記を有する資料合計三十二点は大田源之助旧蔵の資料と考えられること、また「漁村書堂」の印記を有する一点も大田旧蔵の資料である可能性があることを述べた。次節では、印記以外の手がかりから、新収資料中の大田源之助旧蔵と考えられるものについて述べる。

三　他の大田源之助旧蔵資料

新収資料の中には、印記以外の手がかりから大田源之助旧蔵の資料と判断できるものがあり、結論から言えば、前節で述べた三十二点に加えて、更に十四点が大田旧蔵の資料であると考えられる。以下、それらについて、判断の根拠と併せて述べる。

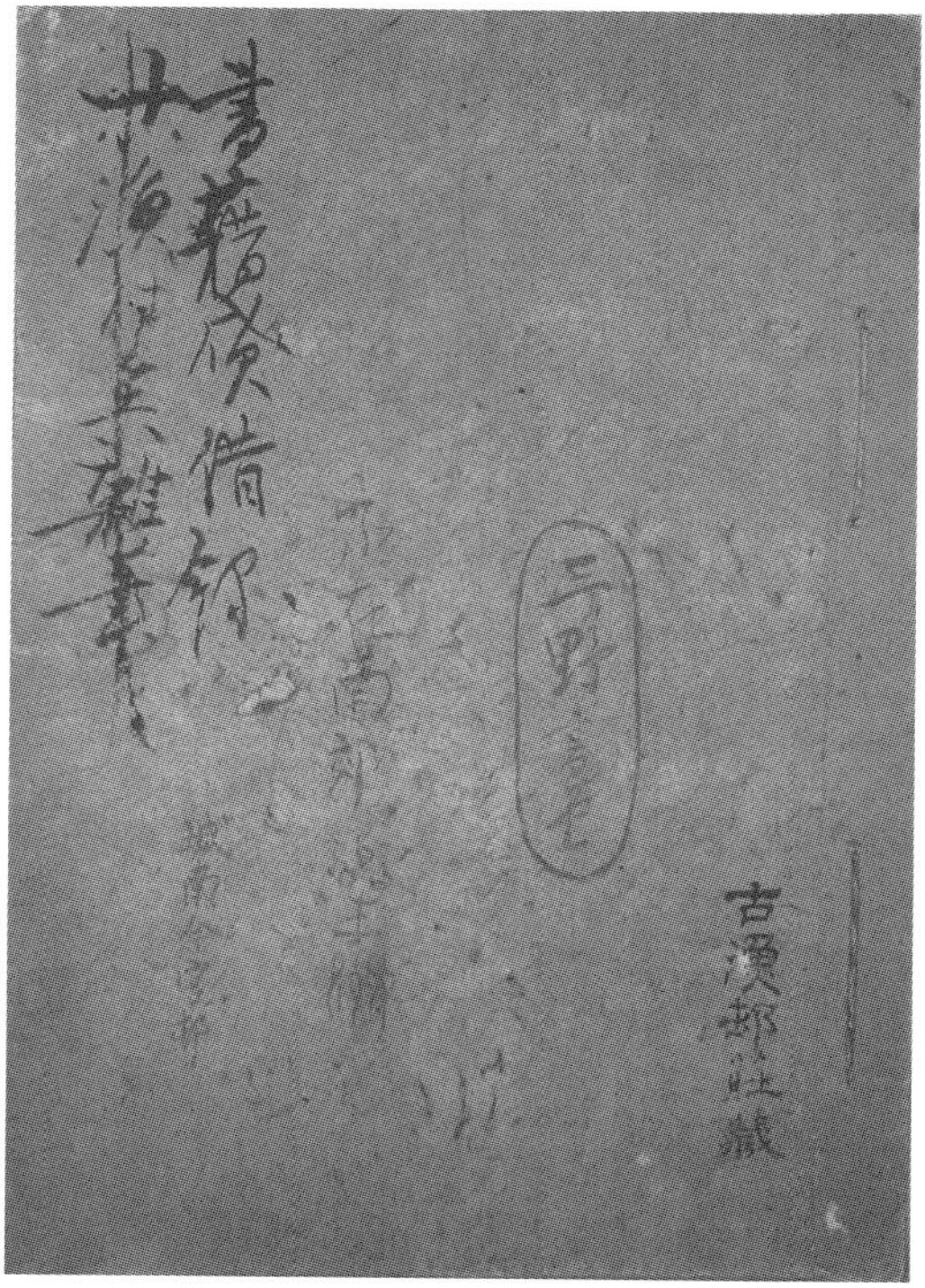

図9　整理番号1『書籍貸借録』表紙

○整理番号1『書籍貸借録』

本資料の書名「書籍貸借録」は、表紙に打ち付け書きされたもともとの書名「古漁村舎雑筆」を墨線により見せ消ちにし、その右側にやはり打ち付け書きで記されている（図9）。また表紙の右下には、やはり打ち付け書きで「古漁郁荘蔵」とも記されている。前述の通り、「古漁」は大田源之助の号であり、「古漁寶玩」や「古漁村舎」の印記を有する資料は大田旧蔵の資料と考えられたことから、本資料は大田旧蔵の資料であり、「古漁邨（村）荘」は大田の住居を指すと見てよいと考えられる。

本資料が大田旧蔵のものであることは、本資料には二枚の「郵便物受領証」（差出人が受け取る控えの部分）が挟み込まれているのだが、その差出人が、いずれも大田源之助であることからも裏付けられると考えられる（日付印は明治四十三年三月二十一日と同年九月十一日）。ちなみに、受取人はいずれも東京の幸田成友である。

更に、本資料に記述されている内容からも、本資料は大田源之助旧蔵のものであることが確認できると考えられる。一例を挙げるならば、本資料には、明治四十三年三月二十日に「南浦文集三冊　幸田氏」と墨筆で記され、しかもその「南浦文集三冊」の上には朱筆の線が記されている部分がある（図10中央の行）。これは「南浦文集三冊」を幸田成友に貸与し、後日返却されたことを示す記述と推測され、前述の明治四十三年三月二十一日付の「郵便物受領証」と対応する記述と考えられる。なお、日付が一日ずれているのだが、これは何らか事情により実際の発送が一日遅れたためか、或いは大田の記憶違いのためではないかと推測される(14)。

図10『書籍貸借録』中の記述（部分）

加えて、本資料には、明治四十三年一月十五日に『蘭洲遺稿』を「木崎愛吉へかす」と、木崎愛吉に貸与したことが記されており、その「木崎愛吉」の右横に朱筆で「西村氏ニ移ス」と朱筆で記され、また『蘭洲遺稿』の書名の上にも朱筆の線が記されている（図11右端の行）。これは、大田が一月十五日に『蘭洲遺稿』を木崎に貸した後、木崎がその『蘭洲遺稿』を西村天囚に又貸しし、その後大田に返却されたことを示す記述と考えられる。また続く行には、同月二十三日に『良齋先生行状』一冊と『胎範先生行状』一冊とともに、『浪華碑銘集』一冊と『懐徳堂記録』四冊とを「西村時彦」、つまり西村天囚に貸与したことが記されており、それぞれの書名の上には朱筆の線が書き加えられている。これも、四冊の資料が天囚に貸与され、後日返却されたことを示す記述と考えられる。

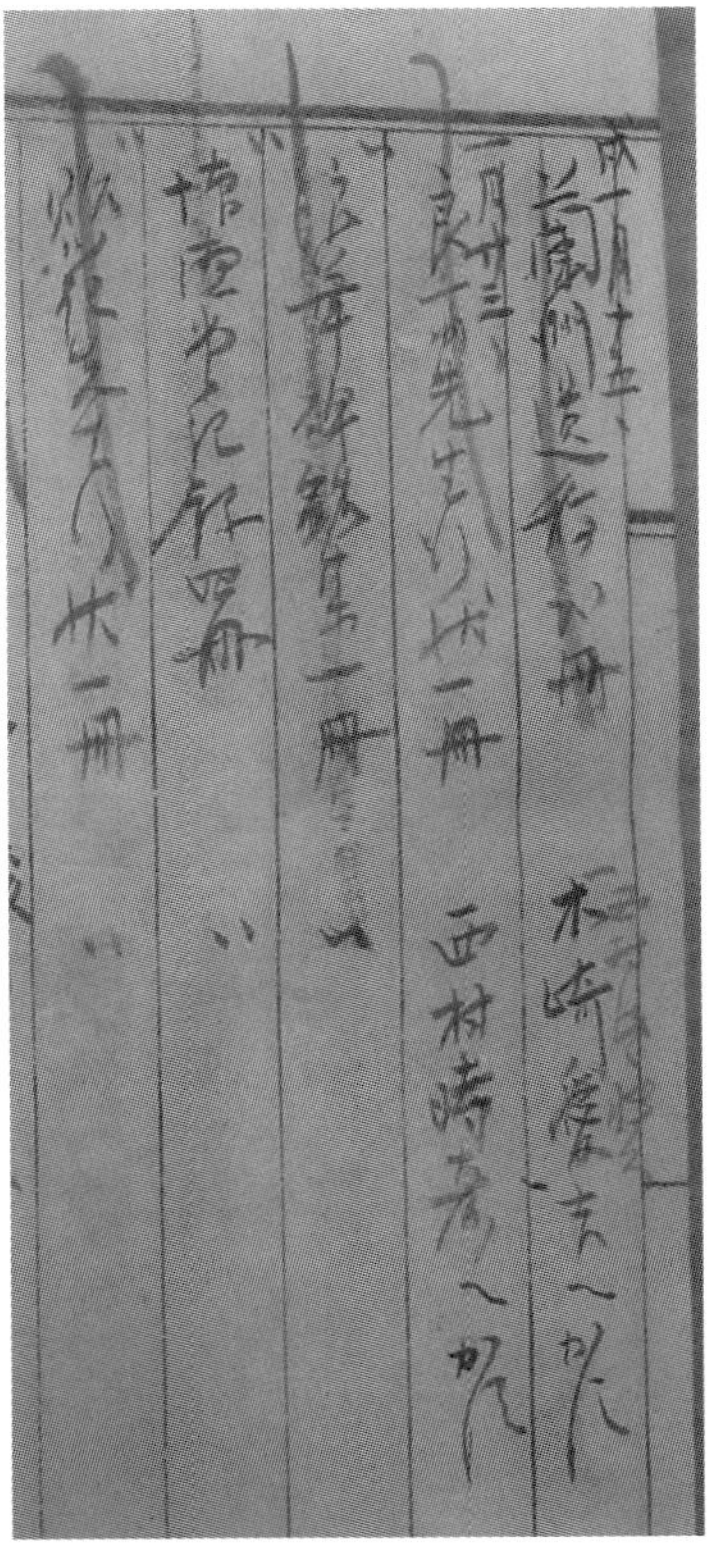
図11　『書籍貸借録』中の記述（部分）

このように大田が『蘭洲遺稿』・『浪華碑銘集』・『懐徳堂記録』を西村天囚に貸与したとの記述は、大阪人文会第二次例会における講演の中で、天囚が『蘭洲遺稿』を入手した経緯について「本年になりまして木崎君が太田君から蘭洲遺稿を借られましたのを又借りで讀みました」と述べていること、(15) また『懐徳堂考』上巻において「初め予れ懐徳堂を研究せんとして、未だ端緒を得ず、既にして蘭洲の鷄肋篇四冊を會員眞砂濱君（和助）に借りて之を讀み、（中略）

尋で蘭洲遺稿二册を會員蘆隱太田君（源之助）に借るを得たり」「太田君は更に貸すに其の苦心蒐集せる浪華名家碑文集一册、及び手寫の懷德堂記錄四册を以し」と述べていることと符合する。

以上のことから、本資料が大田源之助旧蔵のものであることは確実である。

○整理番号2『懐徳堂旧記』

『懐徳堂旧記』は、懐徳堂記念祭の挙行を喜んだ幸田成友が、大阪市の許可を得て、私財を投じて出版した懐徳堂関連資料集である。本書には、『大阪市史』第五巻（大阪市参事会、明治四十四年〔一九一一〕五月）に収録された中井竹山の肖像（並河総次郎所蔵）・「学問所建立記録」（中井木菟麻呂所蔵）・「懐徳堂定約」（森本専助所蔵『懐徳堂記』所収）・「懐徳堂定約附記」（中井木菟麻呂所蔵）、及び『大阪市史』第二巻（同、大正三年〔一九一四〕八月）に収録された中井履軒の肖像（中井木菟麻呂所蔵）、並びに中井木菟麻呂の執筆した「中井氏系譜」が収録されており、表紙の書題は木菟麻呂が揮毫した。

本資料の表紙右上には、朱筆にて「幸田学士所贈」と打ち付け書きされている。また、本資料には挟み込まれている一枚の紙片には、明治四十四年十月四日付の消印付が押された郵便切手が下端部に貼付され、紙片全体の右上から大田源之助の住所と氏名とが、また左下には幸田成友の氏名が墨筆で記されている。この紙片は、本資料を幸田が大田に寄贈するにあたって用いられた封筒から切り取られたものと考えられる。以上のことから、本資料が大田旧蔵の資料であることは確実と考えられる。

○整理番号3『古漁雑記』

本資料は、書名の中に、大田の号「古漁」を含んでいることから、大田の旧蔵資料と考えられる。

このことを傍証すると考えられるのが、第一葉表から第一葉裏にかけて、上下二段に「先君子胎範先生行状」「胎範先生略伝」「履軒先生行状」「蘭洲墓表」「持軒墓表」「甃庵墓表」「甃庵壙誌」「竹山壙誌」「履軒壙誌」「蕉園壙誌」「柚園壙誌」「寒泉壙誌」「桐園壙誌」「懐徳堂記」「懐徳書院掲示」「大阪府庠五舎銘　并序」と記され、更にその後に「右懐徳堂纂録目録　中井天生輯」と記されている点である。これらはいずれも、『懐徳堂纂録』に収録されている資料名である。

『懐徳堂纂録』は、中井家の所蔵する漢文で記された懐徳堂関係資料を編集したもので、中井木菟麻呂が明治四十一年（一九〇八）四月に大阪市史編纂係の幸田成友から要請を受け、それに応じて明治四十二年（一九〇九）二月に完成させたものである。[16] 木菟麻呂が『懐徳堂纂録』と並行して編集したのが、前述の新収資料本・小天地閣本両懐徳堂記録に収録されている『懐徳堂記録拾遺』であり、こちらには和文で記された懐徳堂関係資料が収録されている。『懐徳堂纂録』と『懐徳堂記録拾遺』とは、それぞれの原本が懐徳堂文庫新田文庫に、また大阪市史編纂係において作成された写本が大阪市史編纂所に現存する。なお、木菟麻呂は幸田に、『懐徳堂纂録』と『懐徳堂記録拾遺』とに併せて、並河寒泉の『拝恩志喜』を送っており、大阪市史編纂所に現存する大阪市史編纂係旧蔵の写本は、『懐徳堂纂録』と『懐徳堂記録拾遺』と『拝恩志喜』とが合冊になっている。

前述の通り、大田は大阪市史編纂係の所蔵する『懐徳堂記録拾遺』の写本を含めて新収本懐徳堂記録を作成している。従って、大田がその時同時に『懐徳堂纂録』の写本も見た可能性は極めて高いと考えられる。整理番号3『古漁雑記』に『懐徳堂纂録』に収録されている資料名が列記されていることは、そのことを裏付けるものと考えられる。

○整理番号12『五孝子伝』

本資料の裏表紙には、十二支を基軸として十干・易を配当した二十四方の図の印刷されている紙が用いられている。この二十四方の図が印刷された紙は、前述した大田旧蔵の新収本懐徳堂記録中の一冊である整理番号42『懐徳堂記録拾遺』の裏表紙にも用いられている。このため、この二十四方の図の印刷されている紙を裏表紙として用いている資料は、いずれも大田旧蔵の資料であると考えられる。

新収資料の中では、以下の資料に二十四方の図が認められる。

・整理番号12『五孝子伝』
・整理番号42『懐徳堂記録拾遺』
・整理番号93『浴風雑詠』
・整理番号112『名流春遊篇・芳野遊草』
・整理番号130『幣帚続篇』
・整理番号132『水哉子』…「蘆隠清玩」の印記有り。
・整理番号138『浪華詩話』

○整理番号72『承聖篇』

本資料には、和歌一首が記されている紙片が挟み込まれており、その紙片には「浪華人蘆隠」の署名がある。このため、本資料は大田旧蔵の資料である可能性があると考えられる。

○整理番号113『落花三十首・昭忠逸詠』(17)

本資料の巻末には、「庚子春王正月念五日　漁村生写」との識語が記されている。「漁村」は大田の号の一つと考えられることから、本資料は大田が書写し、所蔵していたものである可能性が高いと考えられる。

○整理番号124『画髆』

本資料の表紙右下には、墨筆の「己巳晩秋写蘆隠」との打ち付け書きがある。このため、本資料は大田旧蔵の資料であると考えられる。

なお、本資料の巻末には朱筆にて「蘆洲漁隠玲玩」と記されている。「蘆隠清玩」の印記を有する整理番号135『龍角功能・寿龍角図並功能』の表紙には、墨筆にて「蘆洲漁隠蔵本」と記されており、「漁隠」もまた大田の号であった可能性が考えられる。

○整理番号137『文讖』

本資料の表紙右下には、朱筆の「古漁清玩」との打ち付け書きがある。前述の通り「古漁」は大田の号と考えられることから、本資料は大田旧蔵の資料であると考えられる。

○整理番号140『竹山先生国字牘』

本資料はもともと五冊からなり、第四冊を欠いているが、第一冊『竹山先生国字牘　一』の表紙右下に、墨筆の

「古漁邨舎蔵」との打ち付け書きがある。前述の通り「古漁」は大田の号であり、「古漁邨（或いは「村」）荘」は大田の住居を指していたと考えられ、本資料は大田旧蔵の資料であったと考えられる。

○整理番号146『寒話』

本資料の表紙右下には、朱筆の「己巳初秋下浣（筆者注…下旬のこと）写蘆隠」との打ち付け書きがある。このため、本資料は大田旧蔵の資料と考えられる。

おわりに

新収資料一五八点について、印記等を検討した結果、表2に示す合計四十六点が大田源之助旧蔵の資料と考えられることが明らかとなった(18)。もとより、新収資料の中には、この他にも大田旧蔵の資料が含まれている可能性が否定できない。今後調査を継続し、各資料の由来について更に解明を進めたい。

なお、今回の調査中には、懐徳堂顕彰運動の実態の解明につながる貴重な発見が得られた。一例を挙げれば、新収資料整理番号1『書籍貸借録』の記述により、天囚が明治四十三年（一九一〇）一月二十九日の大阪人文会第二次例会において五井蘭州に関する講演を行うにあたり、蘭州関係資料を入手した時期がほぼ判明した。すなわち、第二節で述べたように、天囚が『蘭洲遺稿』を入手したのは同年一月十五日以降、『浪華名家碑銘集』と『懐徳堂記録』とを入手したのは同月二十三日のことであった。従って、天囚の講演は、資料の入手後わずか二週間という短期間に準備が行われたということが明らかになった(19)。

表2　新収資料中の大田源之助旧蔵資料一覧

●整理番号1『書籍貸借録』
●整理番号2『懐徳堂旧記』
●整理番号3『古漁雑記』
●整理番号7『和語集解』
●整理番号8『月可録』
●整理番号9『◎紀行文集』
●整理番号12『五孝子伝』
●整理番号13『答加藤敦善書』
●整理番号22『五孝子伝』
●整理番号23『◎竹里雑抄』
●整理番号26『芳山遊草』
●整理番号30『国本論』
●整理番号40『論語』
●整理番号42『懐徳堂記録拾遺』
●整理番号43『学校公務記録』
●整理番号44『懐徳堂内事記・懐徳堂外事記』
●整理番号45『◎懐徳堂関係記録』
●整理番号48『懐徳堂考』
●整理番号49『片北海称謂論』
●整理番号55『三器攷略』
●整理番号68『西岡集』
●整理番号72『承聖篇』
●整理番号76『五井持軒先生神道遺書』
●整理番号77『大学』
●整理番号91『何世語　他』
●整理番号93『浴風雑詠』
●整理番号96『樫窓先生詩略』
●整理番号108『名家手簡』
●整理番号110『園露集目録』
●整理番号111『錫類記』
●整理番号112『名流春遊篇・芳野遊草』
●整理番号113『落花三十首・昭忠逸詠』
●整理番号114『萱野三平墓誌・矢頭長助教照墓誌』
●整理番号122『ななしくさ　附録』
●整理番号124『画觿』
●整理番号130『幣帚続篇』
●整理番号132『水哉子』
●整理番号135『龍角功能・寿龍角図並功能』
●整理番号137『文識』
●整理番号138『浪華詩話』
●整理番号139『弁志斎集』
●整理番号140『竹山先生国字牘』
●整理番号146『寒話』
●整理番号147『漁村漫録』
●整理番号152『旧事玄義抜萃』
●整理番号153『留守括囊遺状』
●整理番号154『南秋江鬼神論』

加えて、この『書籍貸借録』の記述からは、大田源之助と幸田成友との間で、多くの書籍の貸借が行われていたことが窺え、両者の間に密接な関係があったことが判明した。すなわち、大田は幸田、或いは大阪図書館に対して、上述の「南浦文集三冊」のみならず、『蘭洲遺稿』・『鶏肋篇』・『浪華名家碑銘集』・『月可録』等を貸与していることが『書籍貸借録』の記述から見て取ることができるのである。大田と幸田との間にこうした密接な関係があったからこそ、大田は大阪市史編纂係の所蔵する懐徳堂関係資料を編集して新収本懐徳堂記録を編集することができたと推測される。

新収資料から得られる新たな知見を踏まえるならば、懐徳堂顕彰運動の実態解明が大いに進展すると期待される。この点についても、あわせて今後の課題としたい。

注

（1）二〇一六年三月二十九日に開催された第二十三回懐徳堂研究会の際、筆者は大阪大学大学院の湯浅邦弘教授よりそのコピーを入手した。

（2）「調査概要報告」には、以下のように述べられている。「本資料群は、『懐徳堂旧記』、『懐徳堂考』を除き、すべて写本からなり、資料番号42～45のように懐徳堂の実務に関わる記録の他に、豊富な漢詩関係書を有する。なお、通常の目録作成の場合、装丁の項目に「仮綴」をあえて立てることはしないと思われるが、今回の調査の結果、仮綴になっているものの多くが、大田源之助がその書写及び蒐書に関わっていると思われるため、臨時的な扱いとして仮綴を装丁の項目に立てた。仮綴の多くに付されている朱筆についても大田源之助が書写の際に記入したものと推測される。」

（3）拙稿「西村天囚の五井蘭洲研究と『懐徳堂記録』」（『懐徳堂研究』第七号、二〇一六年二月）、「西村天囚の五井蘭洲研究と関係資料――『蘭洲遺稿』・『鶏肋篇』・『浪華名家碑文集』について――」（『懐徳』第八十五号、二〇一七年一月）参照。なお、第四部第一章の注（8）に記したように、筆者はこの人物の氏名を、西村天囚『懐徳堂考』上巻における表記、及び『大阪人文會員名簿』の表記等に基づいて、これまで「太田源之助」と表記してきたが、『碩園先生遺集』（財団法人懐徳堂記念会、一九三六年）に収録されている西村天囚の「大田蘆陰墓碣」や大正二年四月七日付大阪朝日新聞第十面に掲載されているところの、四月五日に「兄大田源之助」が死亡したとの「弟大田信三／弟大田恒次郎／父大田仁兵衛／親戚一同」による死亡広告から判断して、戸籍上はおそらく「大田」であったと考えられる。但し、「大田」と「太田」とはしばしば通用されており、以下に引用する資料の中にも「太田」となっているものが複数存在する。本章においては、それらの表記は改めずに、そのまま「太田」と表記した。

（4）以下、混乱を避けるために、資料の名称に関しては基本的に「調査概要報告」における資料名を用いる。但し、整理番号124の書名については、「調査概要報告」では「書觿」とされているが、「畫（画）觿」の誤りであるため、本稿ではこの資料名を「画觿」とする。ちなみに、資料名に「◎」が付されているものは、「調査概要報告」において仮の書名とされているものである。

（5）注（3）前掲の拙稿「西村天囚の五井蘭洲研究と『懐徳堂記録』」参照。

（6）森本専助所蔵の『懐徳堂記』には、もともと書題が無かった。このことは、大阪市史編纂係旧蔵の写本（現在は大阪市史編纂所所蔵）に記述されている。なお、森本の所蔵していた原本の所在は不明である。

（7）小天地閣本懐徳堂記録の第一～第四冊は、各冊の題簽の枠外下部に小さく記されている漢数字による便宜的な呼び名である。この漢数字自体は、後に何者かによって誤って書き加えられたものと考えられ、小天地閣本懐徳堂記録・新収本懐徳堂記録の両者とも、四冊の本来の排列は不明である。但し、両者とも、識語と「蘆隠」の署名が記されている『懐徳堂記録拾遺』が全体の末尾に位置していたことは確実と考えられる。注（3）前掲の拙稿「西村天囚の五井蘭洲研究と『懐徳堂記録』」参照。

（8）印記は、見返しの裏書きにある。

（9）この資料は、明治四十四年（一九一一）十月に懐徳堂記念会が懐徳堂記念祭にあわせて開催した記念展覧会に、大田が出品したものと考えられる。『懐徳堂展覧会目録』（懐徳堂記念会、明治四十四年十月）参照。

(10) この資料は、巻末に墨筆による蘆隠の識語が記されており、その後に朱筆にて「辛亥五月一校」とある。「辛亥」は、明治四十四年（一九一一）を指す。

(11) 拙著『市民大学の誕生——大坂学問所懐徳堂の再興——』（大阪大学出版会、二〇一〇年二月）参照。

(12) ちなみに、「古漁」・「蘆隠清玩」の印記を共に有する整理番号111『錫類記』の表紙にも、「古漁邨舎蔵本」との打ち付け書きがある。「古漁邨舎」は大田の住居を指していると考えられる。

(13) この覚書には、「諸名家之巻二」を譲って金十二円を受け取ったことが記されている。

(14) 本資料の記述の中には、明治四十三年九月十一日付けの「郵便物受領証」と対応するものは確認することができない。

(15) 拙稿「資料紹介　西村天囚「五井蘭洲」（大阪人文会第二次例会講演速記録）」（『国語教育論叢』第十八号、二〇〇九年二月）参照。

(16) 拙稿「『懐徳堂纂録』とその成立過程」（『中国研究集刊』第五十八号、二〇一四年六月）参照。なお、整理番号3『古漁雑記』では「蘭洲墓表」「持軒墓表」「甃庵墓表」「甃庵壙誌」「竹山壙誌」「履軒壙誌」「蕉園壙誌」「柚園壙誌」「寒泉壙誌」「桐園壙誌」の部分に「懐徳堂先哲墓誌銘」と表記されている資料名は、懐徳堂文庫新田文庫に収蔵されている『懐徳堂纂録』の原本、及び大阪市史編纂係旧蔵の写本（大阪市史編纂所現存）においては、「蘭洲五井先生墓表　附記　持軒五井先生墓表」「甃庵中井先生墓表」「貽範家君壙誌」「文恵家君壙誌」「文清家君壙誌」「文明家君壙誌」「文正家君壙誌」「恭粛並河先生壙誌」「温良家君壙誌」と表記されている。

(17) 本資料が大田旧蔵のものであると考えられることについては、二〇一七年十二月十日・十一日に大阪大学で開催された「儒学——蜀学と文献学——」国際シンポジウムにおいて、湯城吉信氏より御教示いただいた。ここに記して感謝申し上げる。

(18) 「はじめに」で述べたように、「調査概要報告」では、新収資料の「仮綴になっているものの多く」が大田と関わっていると指摘している。しかし、新収資料一五八点のうち仮綴の資料は七十点あるのだが、筆者の検討によれば、仮綴の資料の中で大田旧蔵の資料と考えられるものは合計十七点に止まる。

（19）注（3）前掲の拙稿「西村天囚の五井蘭洲研究と『懐徳堂記録』」において、天囚が大田から懐徳堂関係資料を借りた時期について、「天囚が太田本を借用した時期は、明治四二年の秋頃であった可能性が高いように思われる。」と述べたが、『書籍貸借録』の記述により、この推測は誤りであったことが明らかとなった。ここに訂正する。

第五部　懐徳堂資料のデジタルアーカイブ化

第一章　書簡と扇のデジタルアーカイブ

——懐徳堂文庫の取り組み——

湯浅邦弘

はじめに

江戸時代の学問所「懐徳堂」に由来する約五万点の貴重資料が、現在、大阪大学に「懐徳堂文庫」として収蔵されている。[1] 大阪大学では、大学創立七十周年にあたる二〇〇一年から、この懐徳堂文庫のデジタルアーカイブに取り組んでいる。年々、その成果は蓄積され、「ＷＥＢ懐徳堂 http://kaitokudo.jp/」での公開を進めている。

筆者はこれまで、このサイトの制作・運営の中心的役割を担ってきた。まずこのサイトを制作する際、最も工夫したのは、多様な資料への対応である。文献については、比較的容易にデジタルアーカイブが可能であるが、その他の資料については、その形状や特質に留意した対応が必要となる。

本章では、その中から特に、従来デジタルアーカイブには馴染まないとされてきた書簡（書状）と扇（扇子）について紹介したい。

一　書　簡

書簡（手書きの書状）は、古文書読解の中でも最難関の資料であるとされる。それは、当事者同士でしか分からない情報が記されており、しかも、かなりの崩し字が使用される場合があるからである。

懐徳堂記念会の創設（一九一〇年）に尽力した西村天囚（一八六五～一九二四）の書簡二十七通が、近年、懐徳堂歴代学主の菩提寺である誓願寺（大阪市中央区）で発見された。デジタルコンテンツ「西村天囚書簡」では、その中から、明治時代末期の懐徳堂記念会創設の経緯を記した重要書簡を取り上げ、その画像、翻刻、注釈、解説を提示した。

なお、懐徳堂記念会とは、江戸時代の懐徳堂（一七二四年創立～一八六九年閉校）の顕彰と復興を目的として、明治四十三年（一九一〇）、大阪の政財界の協力により設立された団体である。三年後の大正二年（一九一三）に財団法人として認可され、その歴史はすでに百年を超えている。平成二十四年（二〇一二）、一般財団法人に移行して現在に至っている。

また、西村天囚とは、重建懐徳堂の理事兼講師。名は時彦、字は子駿、号は天囚・碩園。鹿児島種子島出身。明治十六年（一八八三）、東京大学古典講習科に入学。中退の後、大阪朝日新聞社に入り、懐徳堂記念会の創設に尽力し、大阪朝日新聞に「懐徳堂研究」を連載して、その顕彰に努めた。その連載をまとめた『懐徳堂考』は、今日においても、懐徳堂研究の最も基本的な文献としての価値を持つ。

西村天囚は、大正五年（一九一六）の懐徳堂の復興後は、懐徳堂理事・講師を務めた。主著に『日本宋学史』がある。また、晩年には『楚辞』『尚書』の研究と資料収集に努め、天囚の書斎は『楚辞』にちなんで「読騒廬」と名づけられた。現在、大阪大学懐徳堂文庫漢籍の内でも『楚辞』関係資料は、「楚辞百種」と総称され、重要なコレクションの一つとなっている。

二〇一三年四月、大阪大学懐徳堂研究センターは、この天囚の書簡を、デジタルコンテンツ「西村天囚書簡」として公開した。http://kaitokudo.jp/tensyu/tensyu_top.html

まず、トップページ（図1）には、全二十七通の書簡のアイコンと、発信者である西村天囚、受信者である中井木菟麻呂の肖像画を配置した。書簡の全体的な解説と、西村天囚・中井木菟麻呂の人物紹介については、それぞれ青いアイコンをクリックすると閲覧できるようになっている。

次に、各書簡は、そのアイコンをクリックすると画像が掲示される（図2）。書簡の画像は、上に「部分」、下に「全体」が示される。部分画像には、文番号が付されている。崩し字で書かれた書簡は判読が大変難しいので、この文番号をクリックすると、それに対応する翻刻文と注釈が画面右側の上段と下段に掲示される。閲覧者は、この文番号をクリックしながら、書簡を読み進めることができるのである。画像は、マウスのドラッグによって移動させることができ、現在閲覧している位置が、下の全体画像に示される。

江戸時代や明治時代の書簡を紹介した本は数多くあるが、それらは書簡の写真を紹介するだけのものが多い。また、写真に添えて、翻刻を提示する場合でも、崩し字が読めない読者には、写真のどの部分と翻刻のどの部分が対応しているのか、判別するのは非常に困難である。

また、紙媒体で公開すると一方通行の情報提供に終わってしまうが、このコンテンツの公開により、閲覧者から、翻刻・注釈などに関する新たな情報が得られるようになった。今から約百年前の懐徳堂記念会設立時の状況が分かり、かつ、閲覧者から新情報を得られる貴重なコンテンツである。

図1　「西村天囚書簡」トップページ

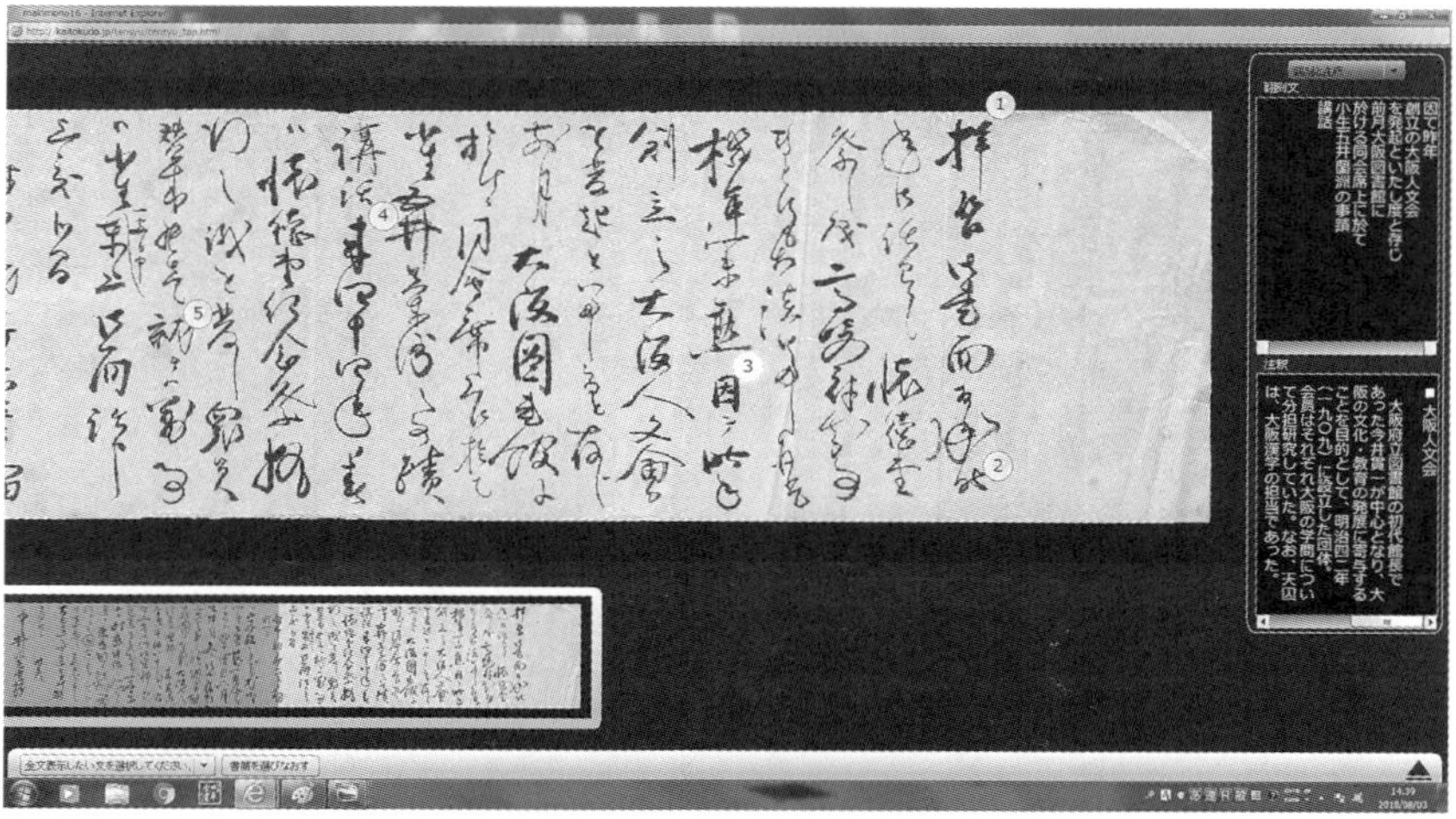

図2　各書簡の画像と翻刻・注釈

図３　デジタルコンテンツ「聖賢扇」

二　扇

日本の伝統文化の一つである扇（扇子）をどのように理解してもらうかも、重要な問題である。江戸時代の懐徳堂の学者・中井履軒（一七三二～一八一七）が制作した「聖賢扇」という資料がある。二百年以上前の資料なので、これまで、この扇を折りたたんだり広げたりすることには大いに躊躇いがあった。そこで、デジタルコンテンツ「聖賢扇」を制作し、インターネットで公開することにした。http://kaitokudo.jp/ougi/index.html（図３）

この扇は、扇面の表に歴代の聖賢や学者の名を朱筆し、裏面には「醸評」と題して、これらの人々を酒にたとえて評を加えたものである。表と裏を対照してみて初めてその面白さが分かる。このコンテンツでは簡単なマウス操作で、扇の表と裏を対照できるように工夫した。日本の扇文化が視覚的に分かるとともに、そこに込められた儒教尊重の念をうかがうことができる。

この扇の外形寸法は、上弦長五四・五cm、幅一六・四cm。原本は失われて存しないが、文政三年（一八二〇）に履軒の子・柚園が写したものが残されており、その扇面の記載は、懐徳堂記念会刊行の『懐徳』第十七号（一九三九年）付録の吉田鋭雄「懐徳堂水哉館遺書遺物目録」に翻刻されている。

以下、履軒の評を、表面・裏面を対照させて各々記す。なお、［　］内は裏面の「醸評」の細書。（　）は筆者（湯浅）の注記。漢字を現行字体にし、送りがなを加えるなど、表現の一部を改めた。

・孔孟（孔子と孟子）……伊丹極上御膳酒［賞賛に詞なし］
・漢以来の俗学……諸国の酒［上酒もあり粗酒もあり、処により時によりて様々差別あり、但よきというには限りあり、あしきは限りなし］
・老荘……薩摩あわもり［たまたまに一盞の賞玩、但酒宴に出されぬ］
・釈（仏教）……チンタ［夷狄人はうまがるげな］
・道家……薬保命酒［名目は結構なれど取りあぐる人なし］
・神道……濁醪（どぶろく）［古代はこれにて事すみたるか］
・禅……焼酎［暑中或いは積気おさえに一杯はよき事もあるべし。畢竟は毒と心得たるがよからん］
・程朱（北宋の程明道・程伊川と南宋の朱熹）……伊丹並諸白［どちからみても江戸づみづみ、但並酒の古道具を用いて造られたる故、すこしのうつり臭《か》あり。又実《み》が漓《うす》うて足がよわい。ここが御膳酒におよばぬ所］
・明諸儒（明代の儒者）……火入酒［損じたる酒をなおすが手段。但酢き味はなおりたるようなれど灰の気が鼻をつく。さらは酒はなおりたるやあらずや］

・陽明（明の王陽明）……贋伊丹酒［急度伊丹極上御膳酒と印はあれど、実は並酒に焼酎を合わせたるものと見えたり。やはりビイドロの猪口にてまいるべし。間してはいけまい］
・仁斎（伊藤仁斎）……新酒［下戸がすく］
・徂徠春台（荻生徂徠と太宰春台）……鬼ころし［あらき計にて酒ともおもほらず］

このように、本資料では、孔子孟子の正統儒学が「伊丹極上御膳酒」として絶讃される。ちなみに、「伊丹」とは現在の兵庫県の地名で、当時から名酒の生産地として有名である。一方、漢代以降の儒者、宋代・明代の儒者については徐々に評価が厳しくなり、また、儒家以外の老荘や仏教、神道、禅宗などには手厳しい評価が下され、さらに、荻生徂徠と太宰春台は酷評されている。諸学に対する履軒の評価、特に反荻生徂徠の立場を明快に示す資料であると言えよう。

しかし従来は、この扇の文言を直接確認することはかなり困難であった。展覧会で展示する場合にも、どちらか一面だけしか掲示できなかったのである。仮に、この扇を立方体のガラスケース内に立てて展示すれば、両面を閲覧できるわけであるが、そうすると、扇を細いワイヤーで固定しなければならず、資料を傷つける恐れがある。

そこで、このデジタルコンテンツ「聖賢扇」では、表面・裏面どちらも表示でき、また、マウスクリック一回で、簡単に反転表示させることができるように工夫した。画像の拡大も可能である。

しかも、表面と裏面の文言がどのように対応しているのか分かりやすく表示できる。例えば、「醸評」の「伊丹極上御膳酒［賞賛に詞なし］」にマウスを当てると、その釈文が表示され、クリックすると、反対面の「孔孟」が赤色表示される。つまり、これによって、孔子と孟子とが最高級の吟醸酒として評価されていることが容易に分かるのである。

同様に、「陽明」をクリックすると、反対面の「醸評」の「贋伊丹酒《ニセ》」が赤色表示される。つまり、陽明学は、孔孟の学に似てはいるけれども「贋物」だとするのである。江戸時代における学問評価の一端を示す資料として興味深い。このコンテンツは、こうした資料の特色を視覚的に分かりやすく表示できるのである。

なお、中井履軒が、こうした批評を扇に記したのはなぜであろうか。筆者は以下のように推測する。扇は、折りたたむと一本の棒のようになり、展開すると扇状に開く。こうした扇の特性を重視すれば、諸学派が追究すべき道は本来一つであるが、それぞれに理論を展開していくと、大きな違いが生じてくる、ということを示唆しているのではなかろうか。

また、この扇が「聖賢扇」と称されるのは、履軒自身の命名か後人の命名なのか、実のところ不明である。しかしいずれにしても、聖人が清酒、賢人が濁り酒に喩えられることから、聖賢と酒は密接な関係にあり(2)、この醸評を記した扇が「聖賢扇」と呼ばれるのは、二重の意味で興味深い。

三　WEB懐徳堂の展開

以上、懐徳堂デジタルアーカイブの内、「西村天囚書簡」と「聖賢扇」について紹介してきたが、これらを集約する「WEB懐徳堂」http://kaitokudo.jp/では、他にも様々なコンテンツを公開している。

漢籍を電子書籍として公開しているのはもちろん、多様な器物のデジタルコンテンツ化にも積極的に取り組んでいる。中には、印章や版木、医学書や本草書、屏風や模型など、日本のデジタルアーカイブでは他に見られないものもある。具体的には次の通りである。

（1）「懐徳堂文庫電子図書目録」……『懐徳堂文庫図書目録』の全ページ約三万六千点の資料を検索できる。また（2）のデータベースにリンクしている。

（2）「懐徳堂貴重資料データベース」……懐徳堂文庫資料の内、最重要資料約四百点を検索することができる。高精細な画像、詳細な解題が付されている。

（3）「懐徳堂印章展示」……懐徳堂文庫に残されている二百を越える印章の内、代表的なものをデジタルアーカイブ化したもの。3D画像により、印をマウス操作で回転させ、あらゆる角度から確認することができる。また、中井竹山・中井履軒の印については、そのすべてを印譜『懐徳堂印存』と対照しながら閲覧できる。

（4）「懐徳堂絵図屏風展示」……懐徳堂文庫に残されている巨大な屏風をデジタルアーカイブ化したもの。一双十二面からなる屏風に貼り付けられた歴代の懐徳堂学舎の様子を閲覧することができる。

（5）「左九羅帖」……中井履軒の著した動植物図鑑（本草書）『左九羅帖』の全ページをデジタルブックとして公開するもの。簡単なマウス操作により、実際に本をめくるようにして、全ページを閲覧できる。

（6）「懐徳堂四書」……懐徳堂を代表する「四書」注釈の内、中井履軒の『大学雑議』『中庸逢原』『論語逢原』『孟子逢原』を取り上げて、その全容を紹介するもの。『大学雑議』と『中庸逢原』については、朱子の「章句集注」との違いを視覚的に明らかにする「対照ツール」を付けている。

（7）「天図シミュレーション」……中井履軒が作成した木製の天体模型「天図」を動かしてみる（シミュレーションできる）もの。これにより、履軒の天体観が、天動説と地動説を折衷したような、修正天動説の立場にあったことがよく理解できる。

（8）「越俎弄筆」……中井履軒の医学書をデジタルブックとして公開したもの。単に全ページを閲覧できるだけではなく、重要な語句、印記などには、閲覧者のマウスクリックを促す赤枠を付け、それをクリックすると辞書画面が開いて、読解を支援するように工夫されている。

（9）「懐徳堂文庫蔵版木『画本大阪新繁昌詩』」……懐徳堂文庫に残されている約三百枚の版木の中から、最も保存状態の良い『画本大阪新繁昌詩』をデジタル化したもの。木版印刷の時代の原版であり、また、著作権の保有を意味していた版木は、世界にも、そう多くは現存していない。このコンテンツでは、版木と版本を対照させ、その版本が実際に懐徳堂の版木で刷られたものであるかどうかを検証することもできる。なお、この詳細については、本書第五部第二章参照。

世界には、「〇〇文庫」と称するコレクションがあるが、その多くは書籍である。しかし、懐徳堂文庫は、書籍を中心に多くの器物を含んでいる。具体的には、書籍約九千三百点（五万三千五百冊）、内、漢籍約六千三百点、和書約三千点。器物約六百点といった状況である。さらに現在も、懐徳堂記念会の購入や関係者の寄贈により、点数がわずかながら増加している点にも特色がある。言わば、生きている文庫なのである。

こうした特色ある文庫をより有効に活用し、また公開するために、デジタルアーカイブの手法は極めて重要である。その手法は、大阪大学懐徳堂文庫だけに限定されるものではなく、多くの図書館・博物館におけるデジタルアーカイブ、および電子出版などにも応用が可能である。懐徳堂の手法が一つの手がかりとなり、世界のデジタルアーカイブが進展することを大いに期待したい。

なお、これらの資料は、いずれも大阪大学附属図書館貴重図書室に保管されており、制作したコンテンツは、「W

ＥＢ懐徳堂」において無料で公開している。課金による収入を得ることよりも、懐徳堂の貴重資料をできるだけ多くの方々に見ていただくことを重視しているからである。

注

（１）懐徳堂の基礎的な情報については、『懐徳堂事典』（湯浅邦弘編著、大阪大学出版会、初版二〇〇一年、増補改訂版二〇一六年）、及び『懐徳堂研究』（湯浅邦弘編著、汲古書院、二〇〇七年）参照。

（２）「聖賢」とは、もとより聖人と賢人との併称であるが、その他、聖人が清酒、賢人が濁り酒に喩えられ、また広く酒の意味で使われることもある。そうした用例としては、唐・白居易「和夢游春詩一百韻」に「九醞備聖賢、八珍究水陸」、宋・蘇轍「九日陰雨不止病中把酒示諸子」詩之三に「庭菊兼黄白、村醪雑聖賢」などがある。

第二章　懐徳堂文庫所蔵「版木」のデジタルアーカイブ

湯浅邦弘

はじめに

版木（または板木、木板）は、かつての印刷原版であり、千年の歴史を持つ貴重な文化遺産である。現在、その版木を大量に保存している国は、中国、韓国、ベトナム、日本などであり、具体的な機関としては、（中国）揚州中国雕版印刷博物館、首都博物館、（日本）塙保己一史料館、奈良大学博物館、（韓国）海印寺、韓国国学振興院などがある。二〇一五年三月には、韓国国学振興院の主催で、「国際木板保存研究協議会」がソウル大学で開催され、改めて版木の保存・研究・デジタルアーカイブ化の重要性が確認された(1)。

そこで本章では、東アジアに残存する貴重な版木に注目し、それをどのようにデジタルアーカイブすれば良いのかについて、大阪大学懐徳堂文庫の取り組みを紹介しながら、考察してみたい。

一　懐徳堂文庫と日本の版木

大阪大学には、約四百万冊の書籍、約七万タイトルの雑誌などが収蔵されている（日本の国立大学では第三位の蔵書量）。ただ、これ以外にも、懐徳堂文庫には、五万点の書籍とともに、多くの器物が収蔵されている。

その器物類の中に、三三〇枚の版木がある。版木はかつての印刷原版で、千年の伝統がある。日本でも、明治時代の初期（一八八〇年頃）まで、通常、この版木によって印刷が行われていた。

しかし、その後、印刷は活版印刷に変わり、版木は急速にその姿を消してしまう。日本では、第二次世界大戦の空襲で、ほとんど焼失してしまったと考えられていた。だが、日本には、まだ二十万枚程度の版木が残存していると推計される(2)（ボストン美術館、大英博物館など海外所蔵の日本版木も含む）。

版木を保存している日本の主要な機関は、次の通りである。

【大学】奈良大学、天理大学、京都大学、大阪大学、大谷大学、早稲田大学、神戸女子大学、慶應義塾大学、立命館大学

【寺社】佛光寺、高野山金剛峯寺、黄檗山万福寺

【博物館】和歌山市立博物館

【民間企業・出版社】芸艸堂、法蔵館

【社団法人】温故学会

二　江戸時代の懐徳堂と版木

江戸時代の懐徳堂は、明治二年（一八六九）に閉校となり、その後、建物は借家に転用されたのち、明治の末には

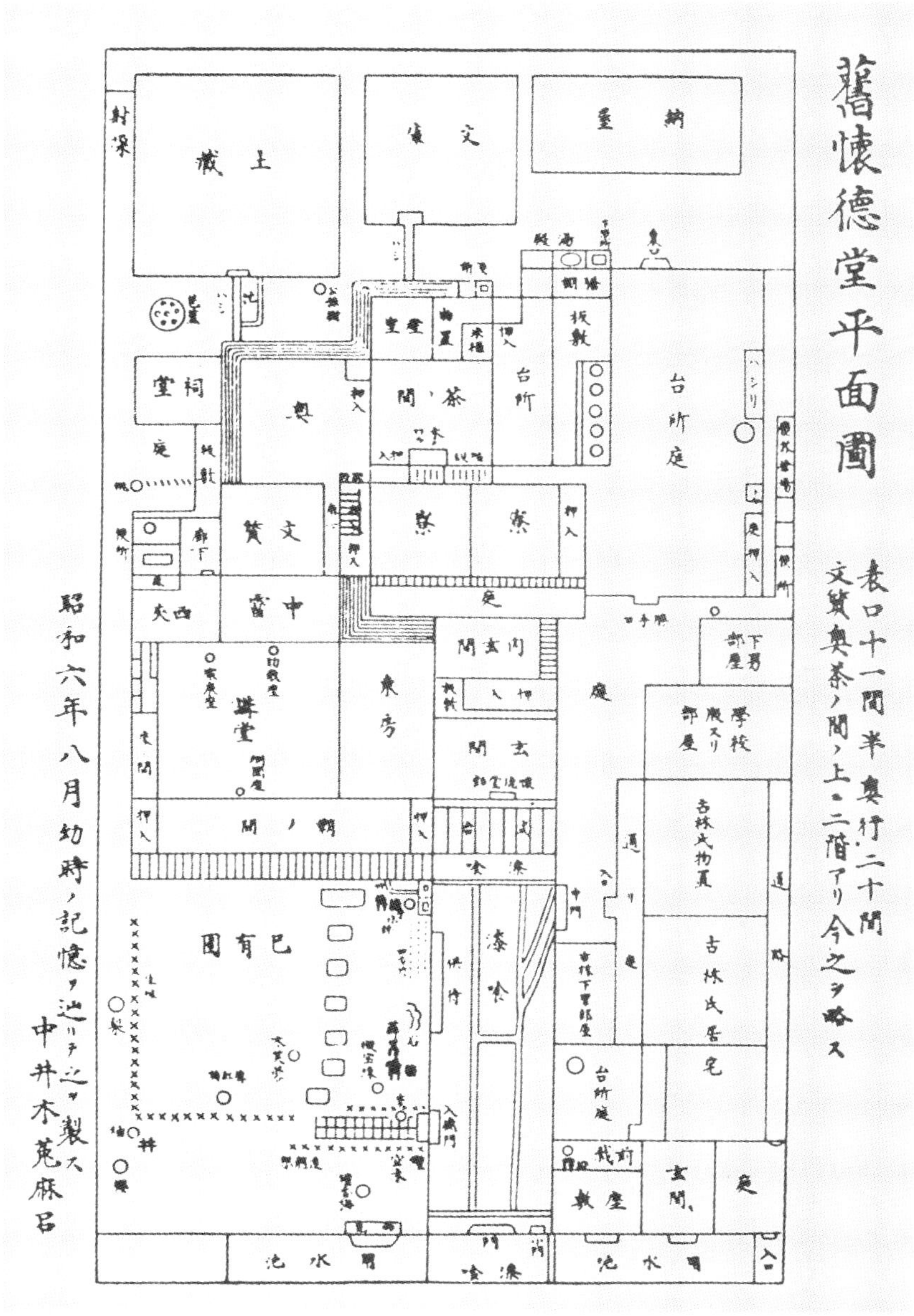
舊懐徳堂平面圖
表口十一間半奥行二十間
文質奥茶ノ間ノ上ニ二階アリ今之ヲ略ス
昭和六年八月幼時ノ記憶ヲ辿リテ之ヲ製ス
中井木菟麻呂

旧懐徳堂平面図

取り壊されたという。

だが、懐徳堂の平面図が残されていて、当時の学舎の様子を知ることができる。それによれば、その内部に「学校版スリ部屋」があったことが分かり、関係者の証言によれば、「板木が置かれ、いつも職人が出入りして仕事をしていた」という。

ここで、「懐徳堂蔵版」の印刷が行われていたのである。当時の学校には様々な機能があったが、その一つに、印刷出版所としての機能がある。たとえば、韓国の陶山書院に大量の版木が残されていたことから分かるように、郷校や書院は、地方の出版文化に大きく貢献した。懐徳堂も、印刷出版所としての機能を備えていたようである。もっとも、それらは、懐徳堂の学者の著述を対象とした印刷が中心であって、広く一般の書物を刊行販売したというものではない。しかし、学校の附属施設として印刷部屋があったことは注目されてよい。印刷出版所としての機能を備えていた懐徳堂には、当然のことながら、当時の印刷原版である版木が多数あった。版木を保有することは、版権の保持を意味しており、版木は重要な学校資産であった。

しかし、江戸幕府の崩壊とともに懐徳堂も閉校となり、これらの版木の多くは失われてしまった。

三　版木のデジタルアーカイブ

ただ、その後、大阪大学に寄贈された懐徳堂文庫の中には、三百枚を超える版木が含まれていた。最も著名なのは、「華胥国物語版木」であろう。これは、中井履軒が理想の国の有様を流麗な仮名文で記した物語『華胥国物語』の版木である。履軒の曽孫に当たる中井木菟麻呂が同書を刊行したときに彫らせたもので、版面に「明治十九年（一八八六）二月十日版権免許」「同年五月刻成」の表記が見える。計十枚からなり、各版木の両面に文字が彫られ、表紙および本文十八丁分の版面となっている。版木の厚さは二・四㎝。匡郭一八・九×一三・九㎝、毎半葉十行、版心には丁数が彫られている。明治期の版行の様子を知りうる貴重な資料である。

さらに、懐徳堂文庫には、これ以外にも多数の貴重な版木が収蔵されている。多くは明治初期頃のものである。そこで二〇一二年三月、その中で最も保存状態の良い『画本大阪新繁昌詩』の版木をデジタルコンテンツとして公開す

華胥国物語版木

『画本大阪新繁昌詩』蒸気船の部分

ることとした。

『画本大阪新繁昌詩』とは、明治初期における大阪の文明開化の様子を記した画入りの詩集。明治八年（一八七五）刊、田中華城著。大阪城、造幣場、大阪府庁などの大阪を代表する建造物から、庶民生活を一変させた鉄道・蒸気船・郵便・ガス灯・牛肉屋に至るまで、文明開化の新風がもたらした大阪の変化（全二十場面）が細かく描写されている。場面ごとに岡島鳳洲による挿絵と田中華城による七言絶句一～三首が配されており、挿絵に描かれた新しい大阪の情景・風俗を、平易な語り口の七言詩で解説するという形式をとっている。

その版木はすべて二丁張《にちょうばり》（版木の表と裏に二丁ずつ彫ったもの）で、両端に端食《はしばみ》が付けられている。ただ、韓国の典型的な版木と比べると、やや小ぶりで、また端食も小さい。韓国の版木は、端食が極めて大きいが、これは版面の接触を防止して、その劣化を防ぐとともに、保存の際の通気を考慮したものであるという[3]。

四　版木デジタルアーカイブの特色と意義

大阪大学懐徳堂研究センターが、懐徳堂研究の総合サイトである「WEB懐徳堂 http://kaitokudo.jp/」に公開した版木のコンテンツは、以下のような特徴を備えている。

①「版木とは何か」「懐徳堂の版木」などの解説を読んで、版木に関する基礎的な知識を得ることができる。

②版木を一枚ずつ高精細の画像で閲覧できる。これにより、版木の埋め木（版木を修正する際、もとの版木の一部を削り取った後、新たな木を埋め込んで彫り直すこと）を発見できる。

③版木は鏡文字で彫られていて、そのままでは読みにくいので、擬似的に反転させて閲覧することができる。

④版木と版本とを、同一画面で左右対照しながら閲覧することができる。これにより、その版本が、実際にその版木で刷られたのかどうかを検証することができる。

⑤それぞれの版木は大型オルソスキャナ（自走式）を使用して３Ｄの高精細画像で撮影している。このスキャナは、立体物の撮影も可能で、画面に歪みが出ない。最大入力は一二〇㎝×一五〇㎝×一五㎝。

「埋め木」の実例

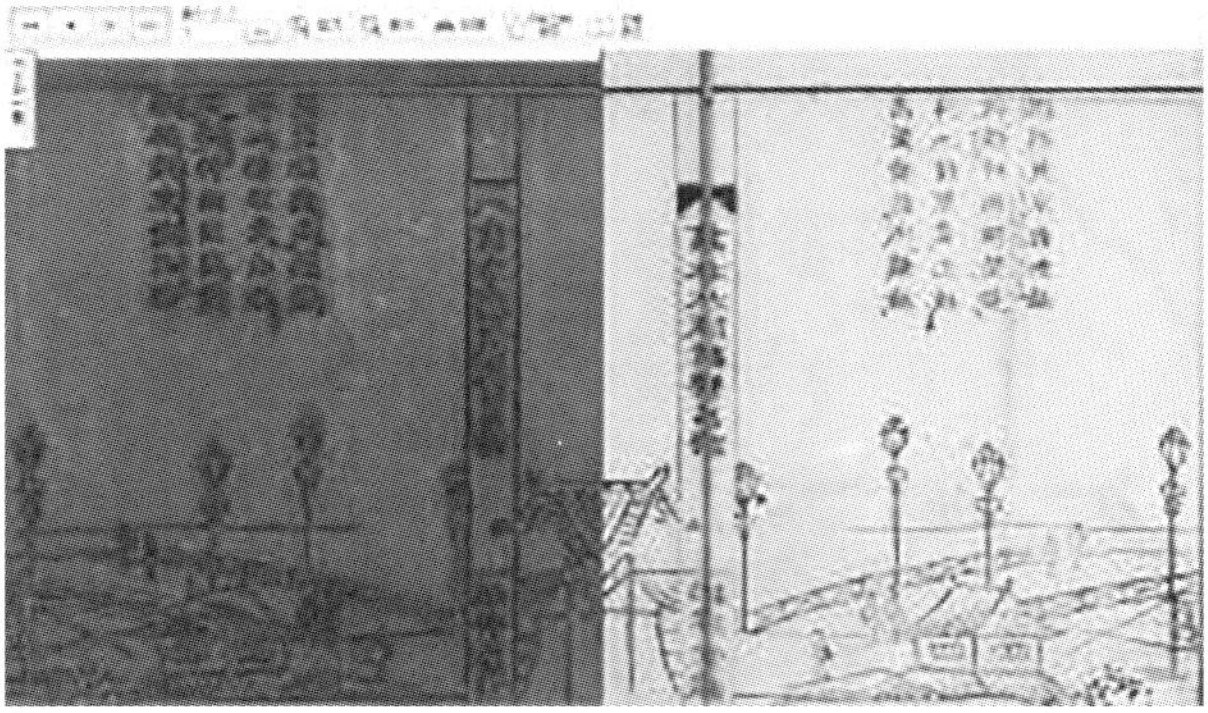

版木と版本の対照ビューア

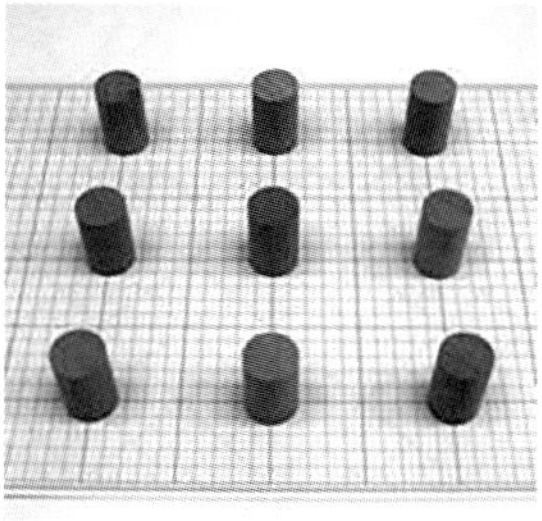

撮影対象物

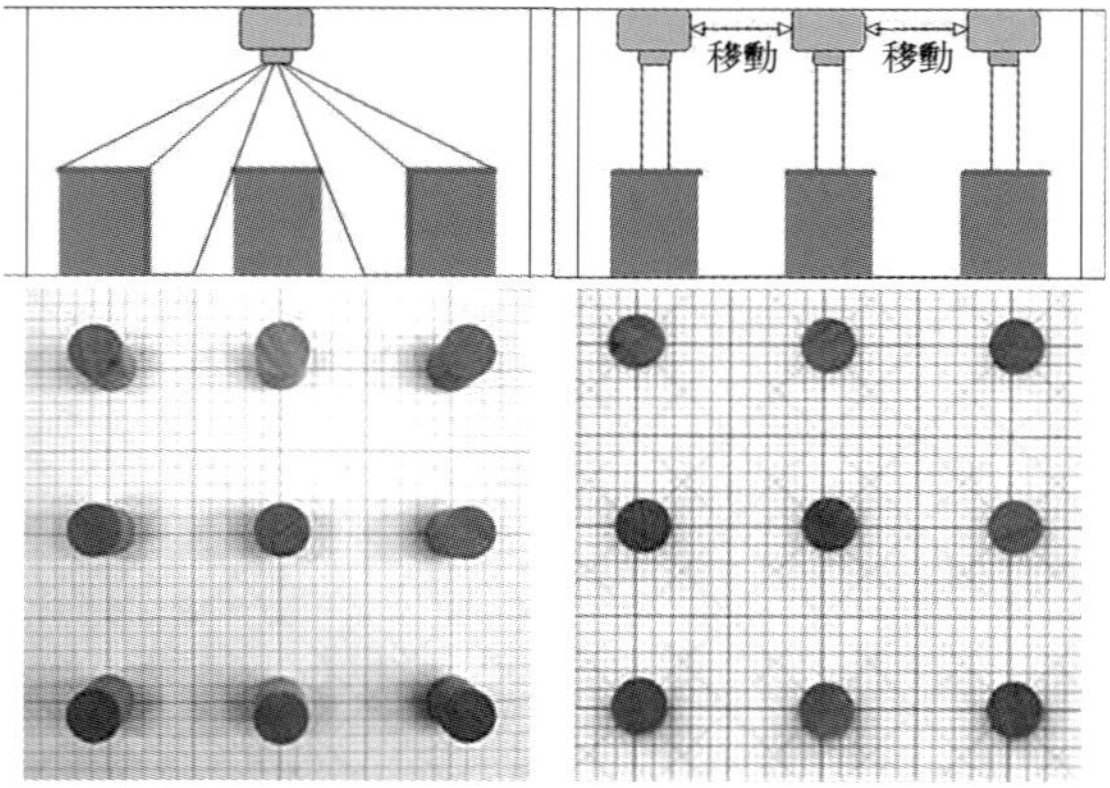

通常のデジカメ（周辺が歪む）　オルソスキャナ（歪みがない）

⑥さらに、この高精細画像を基に3Dプリンターを使って版木を再現することもできる。これにより、実際の版木を使わずに、3Dプリンターで再現した仮装版木から印刷することができる。こうすれば、貴重な版木の劣化を防ぎつつ、印刷の実演をすることも可能となる。

おわりに

このように、写真撮影やデジタル化になじまないと思われていた版木をデジタルアーカイブ化することにより、大きな夢が広がっている。千年の歴史を持つ版木文化をデジタルアーカイブの手法により、もう一度見直すことができる。それが、このコンテンツの最大の意義である。

【参考】懐徳堂文庫所蔵版木一覧
懐徳堂関連の版木

・『華胥国物語』（中井履軒、明治十九年［一八八六］刊）

この版木は、履軒の曽孫にあたる中井木菟麻呂が同書を刊行したときに彫らせたものである。

田中華城・田中金峰関連の版木

・『大阪繁昌詩』（田中金峰、文久三年［一八六三］刊）
・『温疫論集覧』（田中華城、慶応元年［一八六五］刊）
・『大阪繁昌詩後編』（田中華城、慶応二年［一八六六］刊）
・『日本復古詩』（田中華城、明治三年［一八七〇］刊）
・『西洋千字文』（田中華城、明治七年［一八七四］刊）
・『金峰絶句類選』（田中金峰、明治七年［一八七四］刊）
・『画本大阪新繁昌詩』（田中華城、明治八年［一八七五］刊）

以上は、田中華城（文政八年［一八二五］～明治十三年［一八八〇］）とその息子である田中金峰（弘化元年［一八四四］～文久二年［一八六二］）の著作の版木である。田中華城は、医術を難波抱節、儒学を泊園書院の藤澤東畡に学び、さらに詩作をよくした。その子の金峰も詩文の才を発揮したが、十九歳の若さで夭折。金峰の死後、父の華城が息子の遺稿を集めて刊行したものが、『大阪繁昌詩』・『金峰絶句類選』である。従って、上記の版木はすべて父の華城が出版に際して彫らせたものと考えられる。

注

（1）この学会には筆者も招待され、参加した。その概要については、拙稿「人類の文化遺産「板木」――「国際木板保存研究協議会」参加記――」（『東方』第四一二号、二〇一五年六月号）参照。

（2）注（1）の学会参加者の一人である永井一彰氏（奈良大学名誉教授）が同学会において示教された内容。

（3）注（1）の学会の主催者である韓国国学振興院からのご教示。

初出誌一覧

（各章の原著者・原タイトル・初出誌を以下に列挙する。ただし、本書に採録するにあたり、加筆修正を加えたものがある。）

第一部　五井蘭洲研究

第一章　寺門日出男「大阪府立中之島図書館蔵蘭洲遺稿について」（『懐徳堂研究』第六号、二〇一五年）

第二章　寺門日出男「五井蘭洲『非伊編』について」（『懐徳』第八五号、二〇一七年）

第三章　湯城吉信「五井蘭洲「『中庸』天命性図」について」（『日本漢文学研究』第一一号、二〇一六年）

第四章　佐藤由隆「五井蘭洲と中井履軒の格物致知論」（『東アジア文化交渉研究』第一〇号、二〇一七年）

第二部　懐徳堂の思想的特質

第一章　湯浅邦弘「懐徳堂学派の『論語』解釈――「異端」の説をめぐって――」（『懐徳堂研究』第七号、二〇一六年）

第二章　藤居岳人「中井履軒にとっての「命」――『論語逢原』の程注批判から――」（『中国研究集刊』第六〇号、二〇一五年）

第三章　藤居岳人「尾藤二洲の朱子学と懐徳堂の朱子学と」（『懐徳堂研究』第八号、二〇一七年）

第四章　藤居岳人「儒者と寛政改革と」（科研費研究成果報告書『懐徳堂学派における儒教の展開に関する研究』、二〇一七年）

第五章　黒田秀教「中井履軒的喪服説之變遷――《服忌圖》〈擬服圖〉成立過程――」（『経学研究集刊』第一六期、二〇一四年）

第六章　黒田秀教「尽くは書を信ぜざる儒者――中井履軒の経書観」（『台大日本語文研究』第三三期、二〇一七年）
第七章　佐野大介「中井履軒の忠孝観――忠孝背反事例を中心に――」（『新しい漢字漢文教育』第五六号、二〇一三年）
第八章　佐野大介「懐徳堂の「不孝有三無後為大」解釈」（『懐徳堂研究』第五号、二〇一四年）

第三部　幕末期の懐徳堂

第一章　矢羽野隆男「並河寒泉の陵墓調査――幕末懐徳堂教授の活動――」（『懐徳』第八二号、二〇一四年）
第二章　矢羽野隆男「幕末懐徳堂の情報環境――島津久光の率兵上洛を中心に――」（『懐徳』第八五号、二〇一七年）

第四部　懐徳堂資料の継承と顕彰運動

第一章　竹田健二「中井木菟麻呂が受け継いだ懐徳堂の遺書遺物――小笠原家に預けられたものを中心に――」（『中国研究集刊』第六三号、二〇一七年）
第二章　池田光子「中井木菟麻呂宛『西村天囚書簡』の基礎的検討」（『懐徳』第八四号、二〇一六年）
第三章　竹田健二「懐徳堂文庫新収資料と太田源之助」（『懐徳堂研究』第八号、二〇一七年）

第五部　懐徳堂資料のデジタルアーカイブ化

第一章　湯浅邦弘「書簡と扇のデジタルアーカイブ――大阪大学懐徳堂文庫の取り組み――」（『懐徳堂研究』第五号、二〇一四年）
第二章　湯浅邦弘「懐徳堂文庫所蔵「版木」のデジタルアーカイブ」（四川大学学術講座講演原稿、四川大学古籍整理研究

所、二〇一六年）

［附記］本書は、日本学術振興会平成三十年度科学研究費補助金（研究成果公開促進費）による刊行物である。

著者紹介
（掲載順）

竹田　健二（たけだ　けんじ）
1962年生まれ。島根大学学術研究院教育学系教授。中国古代思想史・日本漢学専攻。『市民大学の誕生――大坂学問所懐徳堂の再興――』（大阪大学出版会、2010）、『懐徳堂アーカイブ　懐徳堂の歴史を読む』（共編著、大阪大学出版会、2005）、『先秦思想與出土文獻研究』（台湾・花木蘭文化出版社、2014）、『清華簡研究』（共著、汲古書院、2017）ほか。

寺門　日出男（てらかど　ひでお）
1958年生まれ。都留文科大学文学部教授。漢代儒教思想史・日本近世思想史専攻。『新釈漢文大系史記（十表　二）』、（明治書院、2008）、「松平定信と懐徳堂」（竹林舎『江戸の漢文脈文化』、2012）、「中井履軒撰『世説新語補雕題』について」（『国文学論考』第50号、2016）、「中井蕉園の漢詩文集について」（『懐徳』第86号、2018）ほか。

湯城　吉信（ゆうき　よしのぶ）
1964年生まれ。大東文化大学文学部歴史文化学科教授。中国思想史・日本思想史専攻。「中井履軒の宇宙観――その天文関係図を読む」（『日本中国学会報』第57号、2005）、「中井履軒《論語逢原》的特徴――多用比喩的具體解釈」（林慶彰主編『國際漢學論叢』第５輯、2016）、「五井蘭洲著『茗話』写本における未翻刻部分の存在について」（『大阪府立大学工業高等専門学校研究紀要』第50号、2016）ほか。

佐藤　由隆（さとう　よしたか）
1990年生まれ。大阪大学大学院文学研究科博士後期課程在学。朱子学・日本漢学専攻。『教養としての中国古典』（共著、ミネルヴァ書房、2018）、「懐徳堂学派の知行論」（『日本中国学会報』第69集、2017）、「五井蘭洲の「敬」論についての一考察」（『懐徳堂研究』第９号、2018）ほか。

湯浅　邦弘（ゆあさ　くにひろ）
1957年生まれ。大阪大学大学院文学研究科教授。中国思想史専攻。懐徳堂に関する著書に、『懐徳堂の至宝――大阪の「美」と「学問」をたどる――』、『墨の道 印の宇宙』（以上、大阪大学出版会）ほか。その他著書に、『論語』、『諸子百家』、『菜根譚』、『中国の世界遺産を旅する』（以上、中央公論新社）、『孫子・三十六計』、『貞観政要』、『呻吟語』（以上、角川ソフィア文庫）ほか。

藤居　岳人（ふじい　たけと）
1965年生まれ。阿南工業高等専門学校教授。中国古代思想史・日本近世思想史専攻。「中井竹山と実学と」（『懐徳』第83号、2015）、「江戸時代における儒者の朝廷観――中井竹山、新井白石らを例として――」（『懐徳堂研究』第9号、2018）、『教養としての中国古典』（共著、ミネルヴァ書房、2018）ほか。

黒田　秀教（くろだ　ひでのり）
1976年生まれ。台湾・明道大学応用日語学系助理教授。史学思想史、日本漢学専攻。「日本における儒教祭祀の敗北――懐徳堂記念祭の意義――」（『中国研究集刊崐号』総第53号、2011）、「日本古代における祖先祭祀の形成――外来思想の影響と特色と――」（『台大日本語文研究』第27期、2014）、「懐徳堂無鬼論の再検討――祖霊を軸にして――」（『東方宗教』131号、2018）ほか。

佐野　大介（さの　だいすけ）
1973年生まれ。大阪大学大学院文学研究科懐徳堂研究センター教務補佐員。中国思想史・日本思想史専攻。『「孝」の研究――孝経注釈と孝行譚との分析――』（研文出版、2015）、『ビギナーズ・クラシックス 中国の古典 孟子』（KADOKAWA、2015）、『江戸時代の親孝行』（共著、大阪大学出版会、2009）、『N５日本語』（上・下）（共著、毫風出版有限公司、2011）ほか。

矢羽野　隆男（やはの　たかお）
1965年生まれ。四天王寺大学人文社会学部日本学科教授。中国哲学・日本漢学専攻。『大学・中庸』（角川ソフィア文庫、2016）、『教養としての中国古典』（共著、ミネルヴァ書房、2018）、『名言で読み解く中国の思想家』（共著、ミネルヴァ書房、2012）、『入門

講座 白川静の世界Ⅰ 文字』（共著、平凡社、2010）、『初級中国語課本（改訂版）』（共著、駿河台出版社、2014）ほか。

池田　光子（いけだ　みつこ）

1976年生まれ。松江工業高等専門学校人文科学科助教。日本漢学・中国哲学専攻。『「見る科学」の歴史――懐徳堂・中井履軒の目』（共著、大阪大学出版会、2006）、『江戸時代の親孝行』（共著、大阪大学出版会、2009）、『白川静を読むときの辞典』（共著、平凡社、2013）、『教養としての中国古典』（共著、ミネルヴァ書房、2018）ほか。

懐徳堂研究　第二集

二〇一八年十一月二十一日　発行

編　者　竹　田　健　二

発行者　三　井　久　人

整版印刷　富　士　リ　プ　ロ　㈱

発行所　汲　古　書　院

〒102-0072 東京都千代田区飯田橋二-五-四

電　話　〇三（三二六五）九七六四

FAX　〇三（三二二二）一八四五

ISBN978 - 4 - 7629 - 3642 - 5　C3321